国 家 出 版 基 金 资 助 项 目

中国社会科学院重大课题成果

马克思主义史学思想史

于 沛·主编 李红岩·著

新中国马克思主义史学思想

第4卷

中国社会科学出版社

图书在版编目(CIP)数据

马克思主义史学思想史.第4卷,新中国马克思主义史学思想/
于沛主编;李红岩著.—北京:中国社会科学出版社,2015.12
ISBN 978 - 7 - 5161 - 6589 - 8

Ⅰ.①马… Ⅱ.①于…②李… Ⅲ.①马克思主义—史学思想—
研究—中国—现代 Ⅳ.①A811.692

中国版本图书馆 CIP 数据核字(2015)第 160103 号

出 版 人 赵剑英
选题策划 郭沂纹
责任编辑 郭沂纹
特约编辑 张 湉
责任校对 王 斐
责任印制 李寡寡

出 版 中国社会科学出版社
社 址 北京鼓楼西大街甲 158 号
邮 编 100720
网 址 http://www.csspw.cn
发 行 部 010 - 84083685
门 市 部 010 - 84029450
经 销 新华书店及其他书店

印刷装订 北京鲁汇荣彩印刷有限公司
版 次 2015 年 12 月第 1 版
印 次 2015 年 12 月第 1 次印刷

开 本 710×1000 1/16
印 张 31.5
字 数 513 千字
定 价 158.00 元

作者简介

李红岩，研究员，博士生导师。现任中国社会科学杂志社副总编辑，中国社会科学网总编辑，《历史研究》主编。

序

庞卓恒

于沛教授主编和主笔、并约集国内诸多名家协力完成的 6 卷本《马克思主义史学思想史》，不仅卷帙浩繁，而且是一部以唯物史观为指导的马克思主义史学发展史上具有里程碑意义的巨著。

为什么说它具有里程碑意义呢？简单来说，就是因为它的论述范围涵盖了唯物史观及其指引下的马克思主义史学长达一个半世纪的一个发展阶段：从 19 世纪中叶初创之时开始，到 20 世纪中叶发展到辉煌的高峰，再到 20 世纪末随着世界社会主义运动遭遇空前挫折而走向低潮，但同时也预示着它必将从挫折中再度崛起，走向一个更加宏阔壮伟的新高潮。6 卷本《马克思主义史学思想史》恰在此时面世，这个历史时刻本身就赋予了它一个里程碑的地位。

1976 年，在 20 世纪国际史坛享有盛誉的英国著名史学家杰弗里·巴勒克拉夫（Geoffrey Barraclough），受联合国教科文组织的委托，负责编写一部对当代世界历史科学概况和趋势加以综合概述的著作。他在一批国际著名史家协助下，历经两年完成初稿，又经集体讨论后定稿。该书作为联合国教科文组织组编的《社会与人的科学研究的主要趋势》（*Main Trends of Research in Social and Human Sciences*）丛书之一，于 1978 年出版。该书的中文版就是杨豫先生翻译的《当代史学主要趋势》一书。巴勒克拉夫在该书中对唯物史观和它指引下的马克思主义史学的初创和发展历程做了简略但颇有深度的回顾，值得在此引述。

巴勒克拉夫认为："马克思主义对历史学家思想所发生的真正影响直到第一次世界大战结束后才开始。其中有多种多样的原因，但最根本的一个原因是 1848 年以来欧洲大陆普遍存在着对共产主义的仇恨和疑惧。在包括沙皇俄国在内的大多数国家里，高等学校的教学组织实质上排斥了马克思主义者和社会主义者。……如果说马克思主义在 19、20 世纪之交终于开始崭露头角的话，也还是被'当成流行的崇拜实证主义的变态形式，是一种特别有害的形式'①。……促使这种状态开始真正转变的是 1928—1930 年的世界性大萧条和资本主义社会的深刻危机。马克思的历史判断的正确性这时看来得到了证实②。1929 年的大萧条结束了无视或蔑视地排斥马克思主义的时期。1930 年以后，马克思主义的影响广泛扩展，即使那些否定马克思主义历史解释的历史学家们（他们在苏联以外仍占大多数），也不得不用马克思主义的观点来重新考虑自己的观点。这时历史学家所面临的任务，正像查尔斯·韦伯斯特爵士所说的，是应付马克思主义的挑战。然而，这次不是'否定他对历史思想所作出的贡献'，而是'用我们逐渐积累起来的而他却完全不知道的关于过去的大量证据，去对他的历史解释'进行新的分析'。"③

　　我之所以在此大段地援引巴勒克拉夫的论述，因为他本人并不是一个马克思主义学者，如他自己所说，"我只是想在这里尽可能实事求是地简略说明马克思主义作为一种历史哲学所产生的影响"④。这种实事求是的态度是十分难能可贵的。而且他在这里阐明了一个十分深刻的认识：唯物史观的科学理论在多大程度上能够被人们接受，取决于人们能够在多大程度上从现实生活体验中感受到它言之有理。这就是巴勒克拉夫说"1929 年的大萧条结束了无视或蔑视地排斥马克

----

① H. S. Hughes, *Consciousness and Society*, New York, 1958, pp. 226 – 227——巴勒克拉夫原注。

② ［法］J. 格伦尼松：《当代法国史学》，载《1949—1965 年的法国历史研究》（*La recherche historique en France de 1949 a 1965*），1965 年版，第 21—22 页——巴勒克拉夫原注。

③ ［英］杰弗里·巴勒克拉夫：《当代史学主要趋势》，杨豫译，上海译文出版社 1987 年版，第 31—32 页。引文中提到的 C. 韦伯斯特的话，见他所撰《历史教学和研究变化的五十年》，载《历史协会，1906—1956 年》（*The Historical Association, 1906—1956*）——巴勒克拉夫原注。

④ ［英］杰弗里·巴勒克拉夫：《当代史学主要趋势》，杨豫译，上海译文出版社 1987 年版，第 261 页注③。

思主义的时期"这句话包含的真理所在。这也正是实践唯物论的认识论揭示的人们的认识规律。

巴勒克拉夫还指出："马克思主义作为哲学和总的观念，从五个方面对历史学家的思想产生了影响。首先，它既反映又促进了历史学研究方向的转变，从描述孤立的——主要是政治的——事件转向对社会和经济的复杂而长期的过程的研究。其次，马克思主义使历史学家认识到需要研究人们生活的物质条件，把工业关系当作整体的而不是孤立的现象，并且在这个背景下研究技术和经济的历史。再次，马克思促进了对人民群众历史作用的研究，尤其是他们在社会和政治动荡时期的作用。又次，马克思的社会阶级结构观念以及他对阶级斗争的研究不仅对历史研究产生了广泛影响，而且特别引起了对研究西方早期资产阶级社会中阶级形成过程的注意，也引起了对研究其他社会制度——尤其是奴隶制社会、农奴制社会和封建制社会——中出现的类似过程的注意。最后，马克思主义的重要性在于它重新唤起了对历史研究的理论前提的兴趣以及对整个历史学理论的兴趣。"①

巴勒克拉夫把唯物史观对历史学的影响归纳为上述五个方面，实际上这个时期唯物史观指引下的马克思主义史学的成就也主要体现在上述五个方面。巴勒克拉夫的归纳实际上可说是这个历史阶段上马克思主义史学的辉煌成就的即时记录。读了于沛教授主编的 6 卷本《马克思主义史学思想史》，我们对此会有更多体会。

那么，为什么到 20 世纪末它逐渐走向了低潮呢？这需要我们去认真做一番总结。我深信，通过这样的总结，马克思主义历史学必然会迎来一个空前宏阔壮伟的新高潮。

2015 年 2 月 9 日

---

① ［英］杰弗里·巴勒克拉夫：《当代史学主要趋势》，杨豫译，上海译文出版社 1987 年版，第 27 页。

目　　录

绪　论

中国马克思主义史学思想概述

第一节　中国马克思主义史学思想的基本历程

中国是世界上历史最悠久的文明古国之一。中国的历史学也具有非常悠久的历史。一般认为，中国史学的发展已有三千多年。即使从司马迁的《史记》算起，中国的史学也具有两千多年的历史。[①] 但中国产生马克思主义史学，还只是近百年来的事情。截至 2014 年，中国的马克思主义史学，走过了九十多年的历程。[②]

从中国马克思主义史学所走过的九十多年历程来看，她取得过辉煌的成就，也曾遭受曲折，但成就始终是第一位的。大体说来，这九十多年可以划分为三个时期。这三个时期有其一以贯之的基本内容与形式，但随着巨大的社会变动，又有其鲜明的形态性特征，从而构成中国马克思主义史学的三大样态。

（1）1919—1949 年，中国马克思主义史学的第一个时期，亦即第一阶段与第一样态。这是中国马克思主义史学诞生、形成、巩固，取得巨大成就并开始取得话语主导权的阶段，是与中国民主革命时期的历史任务相适应并交了一份优异答卷的阶段。

中国马克思主义史学的诞生时间，不是 20 世纪 30 年代，而应该

[①] 参见瞿林东《中国简明史学史》，上海人民出版社 2005 年版，第 14、25 页。

[②] 关于中国马克思主义史学史，最近十几年来推出的论著越来越多。其中陈其泰主编的《中国马克思主义史学的理论成就》（国家图书馆出版社 2008 年版）与本书的主题联系紧密。张剑平等著《新中国历史学发展路径研究》（人民出版社 2012 年版）不专注于研究史学理论史，但与本书主题同样关系密切。

上推到 1919 年的五四运动，与中国新民主主义革命的起始时期相一致。特别是 1924—1927 年的大革命，直接催生了中国马克思主义史学的诞生。其历史与逻辑的起点，是中国社会性质问题。其后，在20 世纪 20 年代末至 30 年代的社会性质与社会史大论战中正式形成，并在当时及其后取得一大批丰硕成果。

中国马克思主义史学的核心主题，是揭示中国历史奥秘，阐明中国历史发展的规律性及其与世界历史发展规律性的关系。由此出发，中国马克思主义史家将唯物史观，特别是马克思主义的历史理论、广义政治经济学以及东方社会理论应用于对中国历史的研究，彻底改变了历史论证的所有传统方式，使得整个中国史学的话语系统呈现出前所未有的深刻性，最大限度地接近和破解了中国历史的奥秘，形成了以郭沫若、范文澜、吕振羽、翦伯赞、侯外庐为代表的中国马克思主义史学基本队伍，形成了中国马克思主义史学的基本框架、基本议题与基本特色，将近代以来的各家非马克思主义史学流派远远甩在了后面。

在这一时期，中国马克思主义史学已经取得史学领域的话语主导权。中国马克思主义史学家之间也有分歧，但属于唯物史观内部的分歧。就他们所讨论的问题，甚至就他们之间不同意见的所指而言，其深刻性均是中国历史上从来没有过的。对这些问题的提出和深入研讨，不仅是对两千多年来中国悠久史学传统的超越，也是代替近代以来各家非马克思主义史学话语系统的基本前提。

（2）1949—1978 年年底，中国马克思主义史学的第二个时期，亦即第二阶段与第二样态。这是中国马克思主义史学取得绝对主导权并沿着自身的逻辑框架深入发展的阶段。随着民主革命向社会主义革命与建设过渡，这一阶段的中国马克思主义史学也开始转型，自觉地与新社会的形势相适应，不断地做大方向之下的调试。

这一阶段，又大体可以划分为前十七年（1949—1966 年）、"文化大革命"十年（1966—1976 年）、拨乱反正（1976—1978 年）三个小的阶段。

新中国成立后，中国的马克思主义史学与史学思想继续发展，持续深化，领域不断扩展，队伍不断壮大，成为主导性的史学形态。尽管新中国成立后的中国马克思主义史学经历过若干曲折，但科学与健康力量始终是它的主流与主干。

其中前17年成就巨大，主要是：实现了以唯物史观为指导的历史观大变革，史学与史学思想继续发展，不断深化，领域不断扩大，队伍不断壮大，提出了诸多重大史学思想命题，推出了一大批具有标志性的史学成果。

新中国诞生是翻天覆地的政治变革，把那些原先没有接触马克思主义，按照传统方式治史的学者们"从梦中惊醒"。大部分史家从对中国共产党的由衷敬佩出发，对马克思主义史学非常崇敬，把在历史研究中学习运用马克思主义当作跟党干革命、科学治学的实际行动。整个中国史学界集合到了唯物史观、党和革命的旗帜之下。

唯物史观的深刻观察力和马克思主义理论的巨大逻辑力量，给史学园地带来勃勃生机。按照阶级斗争理论，采用阶级分析方法，中国史研究中的许多传统结论和观点被从根本上颠倒过来。被称为"五朵金花"的古史分期问题研究与讨论、农民战争史问题研究与讨论、资本主义萌芽问题研究与讨论、汉民族形成和民族关系问题研究与讨论，是新中国成立十七年来史学研究成果的代表，至今依然具有强大的生命力与巨大的理论价值。

这一阶段，在取得极大成绩的同时，实用主义、教条主义倾向也存在和发展着。对于这种倾向，一些马克思主义史家有所觉悟和抵制，他们强调历史主义的观点、历史唯物主义的观点，力图将科学性与革命性有机地融合起来。这是新中国成立后中国马克思主义史学思想的主线。但是，鉴于当时的客观环境，实用主义、教条主义仍难以克服。

"文化大革命"十年，持正确意见的马克思主义史学家处境艰难，甚至遭受迫害。以历史学家吴晗的历史剧作《海瑞罢官》酿成冤案起始，直到"批儒评法""批周公"，"影射史学"泛滥，中国马克思主义史学受到严重摧残，留下了深刻的教训。

1976年粉碎"四人帮"后，马克思主义史学工作者激情澎湃，

3

纷纷投入到揭批"四人帮"运动中去。他们本着解放思想、实事求是的科学精神，撰写发表了一大批拨乱反正的优秀文章。这些文章，是对"文化大革命"史学的终结，也构成改革开放新时期马克思主义史学的历史与逻辑起点。

（3）1978 年年底—2014 年，中国马克思主义史学的第三个时期，亦即第三阶段与第三样态。这是中国马克思主义史学在改革开放新时期全面繁荣发展的阶段，是以中国特色社会主义理论体系①为指导、相适应的阶段。同时，中国马克思主义史学也面临着一些前所未有的新情况，出现了一些对马克思主义史学质疑、挑战乃至否定的问题，还出现了史学在整体样态上分化和多样化的现象。如何在坚持唯物史观理论指导的前提下，在改革开放以及全球经济一体化、信息共享化的新变局中开拓创新，是中国马克思主义史学所面对的新的历史任务。

以党的十一届三中全会为标志，中国历史进入新时期。经过深入揭批"四人帮"，史学界开始重新学习、回归真正的马克思主义。随着对以往经验教训的总结，人们认识到马克思主义的革命性与科学性的统一有着深刻的内涵，而以往对于马克思主义的了解与掌握还远远不够。依照这样的认识形成的口号是"回到马克思"。在重新学习马克思主义，用马克思主义的"真经"研究历史的过程中，在实事求是原则的指导下，许多重大的史学课题获得了新的认识，极大推动了中国马克思主义史学的发展。

在改革开放不断深入，中国与世界日益融合，人类进入信息化时代的 21 世纪，外国（主要是西方）各种史学理论与方法的引进，自然科学研究新认识与方法论的启示，以及跨学科研究的开展等，使得中国史学及其思想的发展，进入到挑战与机遇同在的复杂环境之中。马克思主义本身是发展的科学。史家们意识到自己面临着双重的任

---

① 中国特色社会主义理论体系是 2007 年 10 月胡锦涛在中共十七大报告中正式提出的概念，是指包括邓小平理论、"三个代表"重要思想以及科学发展观等重大战略思想在内的科学理论体系。

务：创造历史与认识历史。他们积极投身改革开放，建设现代化国家的伟大事业，以唯物史观最基本的原则——发展社会生产力的实践来检验一切社会科学理论的真理性，丰富发展唯物史观。同时，创造历史的实践又给认识历史的实践注入了新生命，提供条件使史家得以站在时代的高度，确立史学研究的新课题与新方向，不断获得新的理论原则、新的认识手段和方法，在创造历史和认识历史的社会实践中检验真理，发现真理，发展真理，这正是新时期中国史学繁荣的基础。

伴随着新时期史学的极大繁荣，史学思想空前活跃。在具体的史学研究领域，出现了一些"新"的"模式"、讲法或说法，"突破"和"创新"纷纷涌现出来。这些新的"突破"与"创新"，有的是对原有马克思主义史学样态的深化与拓展，但有的却是对原有马克思主义史学样态的"突破"与"另起炉灶"。

总结新时期的马克思主义史学思想，应当找准主流，做好定位。应当以坚持和发展唯物史观的马克思主义史学队伍为主线展开叙述。只有把握好主流，搞清楚叙述对象，才能凸显马克思主义的特质，不被纷繁热闹的史学思想场景遮蔽眼睛。既要坚持重点论，又要坚持两点论，在马克思主义的主线之下，该肯定的肯定，该扬弃的扬弃，该批评的批评。通过梳理，分清哪些坚持了唯物史观，哪些丰富了唯物史观，哪些背弃了唯物史观。只有这样处理，才能为建设面向未来的中国特色社会主义马克思主义史学话语体系，提供真正有益的平台和借鉴。需要强调的是，背弃唯物史观的现象，不属于马克思主义史学或史学思想的范畴，因此除非为说明问题，没有必要专门叙述。

对马克思主义史学队伍本身来讲，在新的历史时期要不断深入学习马克思主义经典著作，但也应该深刻地学习领会中国特色社会主义理论体系。不如此，则难以站在时代的制高点上，不能找准发展方向。应该分清哪些是必须长期坚持的马克思主义基本原理，哪些是需要结合新的实际加以丰富发展的具体判断，哪些是必须破除的对马克思主义的教条式的理解，哪些是必须澄清的附加在马克思主义名义下的歪曲，以与时俱进、综合创新的精神，自觉地构建中国特色社会主义的马克思主义史学新样态。

中国马克思主义史学的三大阶段与三大样态，决定了中国马克思主义的史学思想也经历了三大阶段与三大形态。本书叙述的内容，就是后两个阶段的中国马克思主义史学思想。

第二节　中国马克思主义史学思想与中国马克思主义史学相一致

中国的马克思主义史学思想，也就是中国马克思主义史学所阐明、所蕴含的思想，它包括关于历史客体的思想与历史主体的思想两个方面。所谓历史客体的思想，一般又称作历史思想，也就是关于客观历史发展规律、发展动力、发展阶段等方面的思想，例如关于社会形态的理论，即属于这一范畴。而所谓关于历史主体的思想，主要指历史认识论、方法论、编纂理论等方面的思想，也可以称之为关于历史的思想的思想。两个方面合在一起，可以统称之为中国马克思主义史学思想。

中国马克思主义史学与中国马克思主义史学思想，是两个不可分割、紧密关联但又不完全一致的概念。大体说来，前者是指马克思主义史学的全部内容与成果，后者指马克思主义史学中的思想理论部分，不包括具体的实证性或文献性研究成果。可以这样说，马克思主义史学思想是中国马克思主义史学的灵魂。它最根本的特征，在于将唯物史观与中国的历史实际相结合。

新中国的马克思主义史学思想，从其所处的国家与社会性质来说，经历了新民主主义国家与社会主义初级阶段两个历史时期。从1949年10月1日新中国成立到1956年，我国属于新民主主义国家。其后，进入社会主义初级阶段。[①] 从其所处的国家战略与政策环境来说，经历了社会主义革命与建设、改革开放两个历史时期。从其遵行的指导思想来说，两大阶段的中国马克思主义史学均是在中国共产党

---

① 参见金冲及《新民主主义社会和社会主义初级阶段》，《党的文献》2008年第5期。

执政的情况下，以马列主义、毛泽东思想为指导，但前一阶段以毛泽东思想为指导思想上的基本特征，后一阶段以中国特色社会主义理论体系为指导思想上的基本特征。

新中国马克思主义史学与新中国成立前中国马克思主义史学的最大不同，就是新中国的成立、新民主主义革命的胜利、社会主义基本制度的建立，使得它成为中国史学合法的绝对主导与主流。新中国成立前，中国马克思主义史学已经形成一支梯队层次清晰、学术功力深厚的学术队伍，构建了一套独特的话语体系与理论形态，出版了一大批优秀的史学著作。由此而奠立的中国马克思主义史学，既与国际上的马克思主义史学具有同质性，又富于自己本民族的特点。它深深地植根于马克思主义的理论之中，又深深地植根于自己国家悠久的历史之中，在史学领域优秀地实现了马克思主义理论的一般性与本民族国家历史特性的有机结合。在此基础上形成了具有中国特色、中国气派的中国马克思主义史学思想，在国际史学界与史学理论界也具有重要的地位和一定的影响力。但是，新中国成立前，中国马克思主义史学虽然已经具有强有力的话语主导权，却不具备绝对的话语支配权，甚至处于"非法"的状态之中。各种非马克思主义和反马克思主义的史学样态不仅大量存在，而且很有市场与影响力，还经常挑战马克思主义的话语权。新中国的成立，经过各种改造运动，彻底改变了这种状态。

需要指出的是，正如"中国马克思主义史学"与"中国马克思主义史学思想"不可分割，中国马克思主义史学及其史学思想的各发展阶段，也不可分割。它们是继承发展的关系，不是相互替代或相互否定的关系。从根本上说，它们都依据唯物史观的指导而来，其本质是一致的。特别是新中国成立后，改革开放前后两个历史时期的史学与史学思想，既有区别，又不可分割；既不能以改革开放后的史学去否定改革开放前的史学，也不能以改革开放前的史学整体否定改革开放后的史学。对此，应该依据历史唯物主义和辩证唯物主义的立场与视角，予以科学的整体把握与具体分析。

当然，就改革开放前后两个历史时期的历史学整体面貌而言，二者的区别是显而易见的。这种区别，如果把历史学比作人体的话，可以这样说：改革开放前的中国马克思主义史学，更加突出关注研究历史的骨骼，而改革开放后则更加关注研究血肉。所以，新时期中国历史学最突出的成就与特征，可以一言以蔽之：历史的血肉空前丰满。这一特点的好处在于可以弥补因为过于关注历史的骨骼而带来的历史具体内容上的贫瘠状况，让历史的内容丰富起来，让人们看到更多具体的历史和历史的细节，但所带来的负面的效应则是容易导致研究状态的碎片化、形式主义化以及理论性的弱化，以至于在实践中往往忘记了"历史的规定性"，也就是历史的"质"。显然，历史的骨骼与血肉正如鸟之双翼、车之两轮，是不可分割的。偏于任何一方，都会导致历史学的偏枯。唯有相互为用、有机融合，方不失历史学的全体大用。

历史是一条大河。古往今来，源流相接，滚滚向前。这条大河的主脉与大势，就是历史的骨骼，也就是人类发展的历程与大道。迄今为止，对这条大道最完整、最系统、最深刻、最科学的揭示，是由唯物史观完成的。借助唯物史观的伟力，中国的马克思主义史学家最完整、最系统、最深刻、最科学地揭示了中国历史发展的大道。

中国的马克思主义史学家们对中国历史发展大道的揭示，是通过史论结合的方法，在探讨中国古代、近代社会经济形态的客观历史研究过程中完成的，表现为对于原始社会、奴隶社会、封建社会、半殖民地半封建社会以及亚细亚生产方式等历史课题的丰富的研究成果。尽管这些研究成果的具体观点并不一致，但根本精神、根本方法、基本思路、精神气质是一致的。他们的具体观点的不一致，不但不影响其结论的科学性，反而彰显了马克思主义史学的独特魅力，前所未有地深化了中国人对本国历史的规律性认识，说明在唯物史观指导下，历史学完全可以做到百花齐放、百家争鸣，繁荣发展。

也是由于对中国历史发展大道的揭示，中国人最终解决了从何处来、向何处去的问题。与之相应，历史学的形态也发生了根本性的变化。神道史观、君权史观、循环史观以及其他种种落后、肤浅乃至荒诞的历史观，在唯物史观映照下，无不显露出其落后、肤浅乃至荒诞的真容。

马克思主义改变了中国，也改变了古老的中国史学。在马克思主义引领下，经济史研究在民国时期即异军突起，成绩卓著。新中国成立后，对中国历史发展规律的探究，通过对古代史分期、土地制度、农民战争、资本主义萌芽、汉民族形成、历史发展动力、近代历史发展主题主线等重大历史理论问题的深入研讨，不仅空前深刻地揭示了中国历史发展的特殊规律与人类历史发展的普遍规律之间的辩证关系，清晰地向世界展示了中国历史发展的强壮骨骼，而且让中国历史具有了崭新的血脉与神采。

每个时代都有属于它自己的问题，都有它要完成的时代任务。大体说来，从20世纪初梁启超提出"史界革命"，一直到改革开放前，中国史学第一位的时代任务，就是揭示中国历史发展的大道，彰显中国历史发展的骨骼。为此，老一辈历史学家特别是马克思主义史学家，提交了一份完美的答卷。郭沫若、范文澜、吕振羽、翦伯赞、侯外庐是提交这份答卷的代表人物。在新中国成长起来的一大批马克思主义史学家，同样在这份答卷上书写了华章。怎样在前人开辟的路径上继续开拓？这是改革开放后中国史家要回答的新的时代课题。

给历史的骨骼增添血肉；让历史之树不仅主干强壮，而且枝繁叶茂；让历史之河不仅主流清晰，而且支系发达。这成为新时期史学最突出的特征。

于是，人们看到，文化史、社会史蓬蓬勃勃地兴起了。特别是社会史，不仅中国古代社会史得到细腻的描绘，而且近代、现代、当代的社会史同样受到空前重视。社会史的理论方法、学科定位、内部分支等问题，无不得到深入研讨。一提到当今的中国史学，许多人脱口而出的便是社会史。当然，随着社会史研究的进一步演变分化，如何建构整体的社会史理论系统，如何超越社会史对于社会生活乃至社会风俗习惯的现象性的描述，成为问题。

伴随社会史研究的勃兴，改革开放以来，环境史、灾荒史、城市史及观念史、概念史、医疗史与区域史、生活史、风俗史等相互交叉，蔚为重镇，成为历史学发展中新的学术增长点。可以这样说，凡人类以往的形迹，几乎全被纳入了中国史家的视野，出版了专著。历史的领域与范围，空前扩大。

一大批通史与断代史著作、大型史料集成、大型丛书出版。世界史升级为一级学科。一批精通外语的世界史专家，与国际同行进行着同步研究。诸多世界史著作已经不逊色于国外的同类作品。考古发掘走出专业圈子，甚至走出国门，成为全社会关注的对象。历史学的研究领域日益拓展，手段日益先进，科研经费日益丰盈，研究方法、研究样态、研究理念日趋多样，与国际同行的交流空前频繁，跨学科研究、交叉学科研究、田野考察蔚然成风。讲到中国气派、中国风格，改革开放后推出的诸多史学成果堪称当之无愧。

如何让丰满的血肉不拖累骨骼，如何让丰茂的枝叶不遮蔽主干，如何让细密的支流汇入江河？如何在血肉空前丰满的前提下不流于"碎片化"？史学家们在思考。因此，在区域研究中观照全体、在历史描述中不忘本质、在借鉴交流中不失自我、在微观考据中不止于碎片、在史料梳理中不忘思想，总之，在丰满中保持神采，不失历史学真善美的全体大用，成为改革开放新时期思考的史学主题。

沿着唯物史观的路径与时俱进，继续开拓，而不是另起炉灶，不是抛弃唯物史观，不是放弃中国马克思主义史学的优秀传统，这是新时期主流历史学家们的答案。

为实现这一努力方向，信仰并具有创新精神的中国马克思主义史学领军者，在改革开放后的三十多年时间里，一直在努力有所作为。例如由中国社会科学杂志社《历史研究》编辑部发起举办的"历史学前沿论坛"，就力图发挥引领作用。这一始于 2007 年的全国性权威论坛，汇集史学界的重要学科带头人，先以"历史进程与社会转型"开题，后围绕"理论与方法：中国历史学三十年（1978—2008）""历史记忆与失忆：价值选择与史学功能""延续与断裂：全球视阈下的历史变迁""时间与空间：文明的成长""天人之际：史学视阈下的自然与社会"等宏大议题，连续展开研讨。论坛主题的设定，有其内在的根据与理路，既映现了历史发展的某种实际轨迹，也映现了历史学的某种逻辑秩序，从而显示了在史论结合中追求宏大主题与叙事模式的旨趣和追求。

改革开放以来中国史学的巨大进步，无疑得益于科学发展的大好环境。中国史学是科学发展的受益者，中国史家享受了科学发展的辉煌成就。下一步，在实现中华民族伟大复兴"中国梦"的指引下，中国史学必将在进一步丰满血肉的过程中解决零碎化、形式化、理论思维弱化等问题，必将在新的史学样态中彰显唯物史观的科学价值，必将在多样化的繁荣发展格局中彰显出中国价值。

第三节　中国马克思主义史学是对晚清
"新史学"的超越

中国马克思主义史学不是无源之水、无本之木。它是马克思主义传入中国的结果，但也具有本土的学术根脉与源流。

马克思主义史学的特质，在于以唯物史观为理论指导。以这一特质研究历史的中国史学队伍及其成果，即中国马克思主义史学。前面我们已经说过，中国马克思主义史学，建立于20世纪20年代，形成于30年代。马克思主义史学之所以在这个时候的中国出现，能够得以建立、形成并不断发展，不是历史的偶然，而是当时国际形势与国内形势相互作用的结果。

具体说，有四个要点：（1）晚清民初资产阶级史学的最新成果"新史学"，为它奠定了学术基础与平台。马克思主义史学是对晚清新史学的超越与扬弃。（2）以第一次世界大战和"十月革命"为标志，世界战略格局发生根本改变；以新文化运动和五四爱国运动为标志，中国的政治生态及文化、思想环境，也发生了形态性的转向。国际、国内两大因素相互作用，为中国马克思主义史学的诞生提供了时代基础和直接动力。马克思主义史学是上述国际、国内两大因素在思想文化领域分化及深入发展的结果。（3）作为以无产阶级革命为核心内容的全球化国际共产主义运动，列宁领导下的新生苏维埃政权在中国直接指导了大革命运动，大革命促成了马克思主义在中国广泛传播的态势，直接催生了中国的马克思主义史学。（4）中国共产党的

11

成立以及一大批运用唯物史观分析中国社会的政治活动家、思想家和史学家的涌现，为中国马克思主义史学的建立提供了最初的代表人物和著作，建构了中国马克思主义史学的基本框架和基本内容。

由上述四点可知，中国马克思主义史学之产生，是历史的必然，不以人的意志为转移。马克思主义史学建立后，在与各种非马克思主义及反马克思主义史学的互动中逐步成为中国史学的主流。走向马克思主义，是20世纪中国史学的基本脉络。

下面简要说明一下中国马克思主义史学与晚清"新史学"的关系。因为，只有把握了中国马克思主义史学发生发展的历史背景，才能准确地把握新中国成立后中国马克思主义史学思想的内在理路。

众所周知，1840年鸦片战争后，随着中国整体社会形态的转向，古老而悠久的中国史学也开始了向近代形态的转变。这一转变过程，初期以龚自珍、魏源、徐继畬为代表，中期以王韬、郑观应、黄遵宪为代表，最后于20世纪初年形成以梁启超为代表的所谓"新史学"。

"新史学"是建立在批判和超越封建旧史学基础上的一种全新的史学样式，是旧民主主义时期资产阶级史学所取得的最高成果，在史学史上具有划时代的意义。"新史学"的领军人物虽然以资产阶级改良派（如梁启超、夏曾佑）为主，但革命派学者（如章太炎、刘师培等）也做出了很大贡献。所以，"新史学"代表了晚清时期的整个资产阶级学术阵营。[①] 新史学的意义，从根本上说，在于它客观上为马克思主义史学的诞生奠定了逻辑的起点和学术的基础。如果没有"新史学"，马克思主义史学就要直接面对封建旧史学，就会付出更多艰苦的工作。有了"新史学"，马克思主义史学就可以直接超越封建旧史学，在资产阶级所建立的学术与思想起点上，实现更高程度的超越。

第一，"新史学"已经具备晚清时期最完备的世界眼光，这与马

[①] 在《〈刘申叔先生遗书〉序》中，钱玄同曾说，辛亥革命以前，有12位学者最值得关注。他们是：康有为、宋恕、谭嗣同、梁启超、严复、夏曾佑、章太炎、孙诒让、蔡元培、刘师培、王国维、崔适。其中既有改良派，又有革命派。就史学范围来说，这个名单还可加以扩充，如陈黻宸、汪荣宝就可以列入。

克思主义史学强调世界统一性和规律性的特征相衔接。从龚自珍、魏源、徐继畬等人开始，进步的中国史家即开始以一种世界的眼光来审视中国历史。其后，从世界性的眼光出发，成为王韬、郑观应、黄遵宪等人著作的共同特点。正是他们，改变了两千多年来以中国为中心的"天下"观念，开始将中国视为世界的一部分，最早开创了中国近代的世界史研究。康有为、梁启超、夏曾佑、严复、章太炎、刘师培等人登上历史舞台后，更是竭尽全力地吸收世界历史知识，总是将中国放在世界历史发展和全球大势变动的格局中予以思考和观察。从此，在史学观念上，中国与世界无法再分离。这种全球性和世界化的眼光，是史学观念上的一场革命，与马克思主义史学一致。马克思主义史学，也是一种立足于全球化和具有世界性目光的史学。

第二，"新史学"是以"经世"为价值取向的致用史学，是与时代脉搏息息相关的实践性史学，这与马克思主义史学的实践性与革命性的品格相衔接。从产生根源上说，"新史学"乃出于西方资本主义对中国的"相逼相迫"，并不是从书斋中自发地生长出来的。所以，"经世致用"、爱国图强是自龚自珍到梁启超一以贯之的主题。"新史学"家们深刻思考国家民族命运，尝试着从历史中寻找使祖国走上富强之路的努力，是中国马克思主义史学所继承的重要遗产，具有重要的思想启蒙、启示和方法意义。马克思主义史学，同样是一种经世致用的史学，是应时而起的史学，是将历史与现实打通的史学。

第三，"新史学"家所尊奉的进化史观，虽然与唯物史观具有本质上的区别，但与马克思主义史学相信人类进步、追求人类进步、构建历史分阶段演进模式的属性相衔接。当然，在不同的新史学家身上，对进化史观的尊奉程度是不同的，进化史观本身也颇多缺陷（如单线一元性、简单化等等）。还有一些新史学家最后放弃了进化史观。但是，总体上看，在一定的时间段内（主要是在晚清时期），进化史观是新史学家们整体上的价值取向。进化史观以进化、进步的理念为前提，而马克思主义史学所遵奉的唯物史观，同样是一种进步史观。

第四，"新史学"对封建旧史学所展开的猛烈批判，与马克思主义史学所具有的批判性的品格相衔接。"新史学"的代表人物梁启超等人曾经提出"史学革命"口号，并且与当时的今文经学思潮、诗界革命、文界革命、小说界革命相配合，汇合成晚清思想解放与启蒙运动的巨大潮流。马克思主义史学正是在此基础上继续前进，在前人"革命"的基础上继续"革命"，在封建史学日益没落和边缘化的基础上使其愈加没落和边缘化，在中国史学近代化转向不可逆转的基础上使其继续前行，实现超越。

第五，"新史学"家"伸民权""写民史""去君史"、鼓动史学通俗化、强调多学科综合研究的一系列主张和实践，与马克思主义史学强调人民群众历史作用、打破王朝体系、以社会经济形态理论治史的特性相衔接。"新史学"从"历史哲学"到编撰理论，都增加了许多旧史学不具备的内容，许多西方的历史著作、历史理念、历史话语，被介绍引进到中国的历史学当中。这些理念与话语，既是马克思主义史学的批判对象，也是马克思主义史学得以建立的平台和基础。

所以，就学术流变而言，"新史学"实为中国马克思主义史学的孕育阶段，是学术传承过程中不可或缺的一环，为马克思主义史学的诞生清扫了道路，做了逻辑的、思想的以及学术资料上的准备。不消说，梁启超等人在建构"新史学"的过程中，不仅曾经提到马克思，而且还对马克思主义的个别学说有所认识和介绍，已经接触到唯物史观。①

正因为"新史学"的巨大历史进步作用，所以后来的马克思主义史学家，大都对其予以积极评价。比如郭沫若，对王国维就评价甚高。

但是，"新史学"无法自发地发展成为马克思主义史学。归根到底，它是一种唯心主义史学，还是一种形式主义史学，思想源流庞杂而多元，许多见解也偏激而错谬。由于它不懂得社会经济形态理论，

---

① 早在1902年9月，梁启超就对马克思作过简单介绍，从而成为最早在个人著作中提到马克思名字的中国人。不过，"新史学"在介绍马克思主义上的最高成果，应当是1908年前后刘师培、何震夫妇所主办的《天义》报对《共产党宣言》等著作的翻译介绍。

不懂得从生产力与生产关系相互作用的角度去阐释历史，因此，它"没有摸到社会关系体系发展的客观规律性，没有看出物质生产发展程度是这种关系的根源"；对历史主体背后的诸多"奥秘"，只能触及，无法揭示。这样，它虽然已经接触到马克思主义，却只能徘徊于门外，进而抵触与抵制，非但不能发展成为马克思主义史学，而且还会与马克思主义渐行渐远，愈加背离。因此，辉煌期过后，当更大的社会变局到来时，"新史学"立即与时代脱钩，成为明日黄花，落在了时代后面。一方面，在史观上逐步走向相对主义，直至与唯物史观直接冲突；一方面，在研究领域上逐步向历史考据及所谓"纯学术"的方向退缩，不复当年的宏大气魄与气象。故而，就连新兴的资产阶级史家，都开始批判它。新史学被更新形态与样式的史学所代替，也就成为必然。

第四节　中国马克思主义史学与中国革命史息息相关

辛亥革命后，"新史学"走向衰落。其后发生的新文化运动和五四爱国运动，更使得新史学从文化的中心位置旁落，以至于逐渐淡出了人们的视野。随着第一次世界大战的结束以及俄国"十月革命"的成功，新民主主义革命成为中国人民首要的历史任务，这就需要有新的文化、新的史学与之相适应。中国马克思主义史学的诞生，适应了这一历史使命的需要，因此，中国马克思主义史学从其诞生之日起，就与"中国革命"的命题息息相关。考察中国马克思主义史学的发展历程，仅仅从史学史的视角出发是不够的，必须结合中国革命史的视角来进行。

"十月革命"后，由于列宁领导的新兴苏维埃政府推行对华友好政策，主动放弃旧沙俄政权强加于中国的一系列不平等特权，同时积极在中国开展活动，适应了中国社会的紧迫需求，所以列宁的世界革命及殖民地理论在中国得到快速传播，原已存在的马克思主义思想也很快滚动为潮流。这股潮流不仅与旧有的及新出现的各种非马克思主义思想对峙、较量、斗争，而且很快便转入政治实践的层面。一是直接介入政治言论；二是积极影响青年学生；三是在莫斯科的指导与帮助下，直接创立组织。这就是1921年中国共产党第一次代表大会的召开。

中国共产党的成立，开辟了中国历史发展的新时代，也为中国马克思主义史学的建立奠定了政治组织基础。可以这样说，中国的马克思主义史学，是伴随着中国共产党的诞生而诞生、伴随着中国共产党的成长而成长、伴随着中国共产党的发展而发展，与中国共产党在不同历史时期的政治使命紧密地结合在一起。因此，从起点上说，中国的马克思主义史学，是为新民主主义革命的历史任务而生。就政治属性来说，中国的马克思主义史学，是中国共产党革命与建设事业的组成部分。中国的马克思主义史学，既是一种学术样式，也是中国马克思主义史家的理论信仰和意识形态。

但是，从中国马克思主义史学的产生和壮大来看，它并不是推行意识形态的结果。中国共产党信仰并倡导唯物史观，但在20世纪二三十年代，它既没有能力也没有可能强迫人们接受和信奉唯物史观。人们是否相信唯物史观，是否向马克思主义史学靠拢，主要取决于马克思主义史学是否能做出超出其他史学流派的优异成绩。事实表明，由于中国共产党是最先进的政党，具有最先进的理论——马克思列宁主义；这种最先进的理论无论在解剖现实还是在观察历史方面，都显示出前所未有的深刻性与科学性，这就使得弱小的中国马克思主义史学，必然会在各种史学流派纷呈歧出、竞相表现的环境中，脱颖而出，一锤定音，迅速壮大。

中国共产党成立不久，便做了一件惊天动地的大事。那就是在共产国际的指导和领导下，与中国国民党实行政治合作，于1923年6月至1927年7月实际领导了轰轰烈烈、席卷全国的以反帝反封建为主题的大革命运动，又称"国民革命"运动。中国的马克思主义史学，就是在这场大革命当中建立起来的。

大革命之前，马克思主义思潮已经初步实现了与中国社会，特别是与进步青年学生的结合。但是，这股思潮主要局限在知识分子中间，没有触及更广泛的中国社会，与工人、农民、士兵等社会阶层是脱节的，更谈不上触及生产资料的所有制。唯物史观大体上局限为书本上的原理或道理，没有与中国的社会现实相结合。大革命一开展，情况立刻就不一样了。

大革命是民族独立和国家统一的政治运动，也是思想文化领域的革命运动。这场运动对中国社会结构及人们思想的冲击，超过以往的历次政治与文化变革。从此，马克思主义不仅成为中国共产党人自觉遵奉的意识形态和理论信仰，而且还深刻地影响了中国国民党。当时，许多后来成为反共急先锋的国民党右派人物（包括蒋介石、戴季陶），也曾经学习某些马克思主义的著作，受到马克思主义一定程度的影响。舍弃马克思主义，即无从观察中国社会。没有第二种理论可以代替马克思主义。所以，从这个时候开始，用马克思主义观点观察中国的现实社会和历史进程，成为许多人的思想自觉。

可以这样说，凡民国时期曾经与唯物史观有过接触的重要人物（更无论曾经以唯物史观释史之史家），几乎都是在大革命中成长起来的。中国人能够触摸到社会现实与历史的本质问题，乃始于大革命。

用马克思主义观点观察中国现实社会，首先要回答的问题，就是眼下的中国社会状态，到底是什么性质。这个问题本身，其深刻性即前所未有，为各种非马克思主义学人所想不到，提不出。只有回答这个问题，才能为大革命找出理据，为革命规划目标。因此，对这一问题的解答，成为中国马克思主义史学得以建立的直接动因。中国社会性质问题，也因此而成为中国马克思主义史学的学术之源。

中国共产党一成立，就意识到了中国社会性质问题的重要性。因为，社会性质与革命性质、政党性质直接关联。当我们说中国共产党是最先进的政党的时候，其中一层含义，是说它一登上历史舞台，就能够提出并解答时代所要求解答的最急迫、最深刻的问题。为此，中国共产党第一代领导人的早期著述，几乎毫无例外地触及或论述到这一问题，几乎毫无例外地围绕这一问题而展开其思想行程。其中，陈独秀、李大钊、毛泽东、瞿秋白、恽代英、蔡和森、邓中夏、萧楚女、罗亦农等人发表的文章或言论，最具有代表性。毛泽东的名篇《中国社会各阶级的分析》《湖南农民运动考察报告》，均是社会性质之作。这些文章和言论虽然还不够系统和完整，认识上也不乏模糊之处，却是在列宁思想指导下，运用唯物史观分析中国社会性质的最初尝试，指示了尔后的思考方向。同时，在国民党（主要是左派）和关注现实的学者中间，也开始了对这一问题的思考。结果，到"五卅"运动前后，出现了最早的一批专门探讨中国社会性质的论著和刊物。例如廖划平的《社会进化史》，张伯简的《社会进化简史》，漆树芬的《经济侵略下之中国》，彭湃的《海陆丰农民运动》，李达的《中国产业革命概观》，郭真的《中国资本主义史》，吴贯因的《中国经济史眼》，刘大钧的《我国农佃经济状况》，陈达的《中国劳工问题》，唐道海的《劳动问题》，等等。此外，外国人的著作，如波格丹诺夫的《经济科学大纲》，拉狄克的《中国革命运动史》，马扎亚尔的《中国农村经济研究》，长野朗的《中国社会组织》《支那土地制度研究》，伊藤武雄的《中国产业组织和资本主义的发展》，也颇为流行。刊物则有《中国农民》《工人之路》《中国工人》，等等。从学术传承来看，后来发生的中国社会史大论战，正是以这些论著为开端的。也就是说，中国马克思主义史学的基本问题和基本框架，乃由大革命所引发的中国社会性质问题发其端。特别是以唯物史观为指导的中国近代史学科，乃直接以近代社会性质问题为核心。

中国马克思主义史学的直接建立者，首推李大钊。众所周知，李大钊是我国最早接受和宣传马克思主义的人，又是五四运动的重要组织者和领导者，是中国共产党的主要创建者之一。李大钊还是大革命的主要领导者和推动者。他不仅是第一位以个人身份加入国民党的中国共产党党员，还是国民党内身份最高的中国共产党领袖之一。当时，代表中国共产党在国民党内发表各类意见和观点的，正是李大钊，而不是对国共合作政策心怀不满和持抵制态度的总书记陈独秀。李大钊这种集多重身份于一身的特点，鲜明地反映了中国马克思主义史学建立时期的多重性的特征。从晚清到民国，像李大钊这样既具有国际组织背景，又集理论家、宣传家、政治活动家、政党创建者及大学教授于一身的人物，找不出第二位。因此，要搞清中国马克思主义史学得以建立的主要条件以及在建立过程中的主要特点，就需要对李大钊的多重身份及活动领域予以综合体认。

早在新文化运动中，李大钊就具备了一些马克思主义的知识与观念，萌生了共产主义思想，为创立中国的马克思主义史学储备了个人条件。他创立中国马克思主义史学的过程，可以概括为四个"结合"。一是与传播马克思主义理论密切结合，二是与宣传十月革命密切结合，三是与中国的现实政治密切结合，四是与对各种非马克思主义的思想斗争密切结合。从这四个结合，可以看出中国的马克思主义史学自其建立之时起，就具有鲜明的理论性、革命性、实践性及批判性。

李大钊的史学著作，主要刊布于大革命之前及大革命的早期，但与大革命的时代脉搏息息相关。其中著名的论著，如《史学思想史讲义》《五一运动史》《大英帝国侵略中国史》《唯物史观在现代史学上的价值》《史学与哲学》《研究历史的任务》，对参与大革命活动的人士影响甚为深刻。而 1924 年出版的《史学要论》，是我国马克思主义史学的里程碑。李大钊的这些论著，是从世界无产阶级革命的立场出发的，将中国的前途命运与世界历史的共产主义发展目标密切联系起来，客观上也勾画出了中国的马克思主义世界史研究模式。

与李大钊同时或稍晚，中国共产党早期领导人和先进分子，如瞿秋白、蔡和森、恽代英、邓中夏、罗亦农、张太雷、杨匏安、李达等人，都曾经在大革命期间积极撰写文章，宣传唯物史观。因此，他们虽然不像李大钊那样直接，却同样是中国马克思主义史学的创建者。李大钊是他们的代表。这种情形，在形式上颇类似于 1902 年前后的新史学，亦即以梁启超为代表，同时涌现出一批既论政又论学的高手。据不完全统计，1925—1927 年，仅上海出版的马恩著作和书信单行本、专题文集等，就达五十多种，其中包括《资本论》《反杜林论》《哲学的贫困》《家庭、私有制和国家的起源》《政治经济学批判》《费尔巴哈和德国古典哲学的终结》等经典名著。而蔡和森 1924 年出版的《社会进化史》，是我国第一部用唯物史观写成的社会发展史。同年，瞿秋白出版了《社会科学概论》。李达则于 1926 年出版了《现代社会学》。这些著作，与李大钊的著作具有共同的特点，亦即都或轻或重地具有"四个结合"的特点。特别是反帝反封建的主题，格外突出。

中国的马克思主义史学在建立过程当中及建立不久，便写出了最初的一批优秀著作。这些著作，在当时给人的感觉是眼前一亮，耳目一新。特别是对旧式学者来说，可谓闻所未闻，平生仅见。当然，这些著作还仅代表我国马克思主义史学的最初形态，虽然尝试着将唯物史观落实到具体的中国史实中去，但总体上说还是初步的，还没有与中国历史实行全面的系统的结合。马克思主义的专业史学队伍，也没有形成。许多深层次的历史理论与技术性的史学理论问题，还没有涉及。担当马克思主义史学建构工作的，大都是中国共产党的领导人。第二国际某些错误理论的影响，也程度不等地存在着。这种情况，与国共两党的革命统一战线尚未破裂，共产国际内部对中国问题缺乏深入认识以及托派问题还处在萌生状态等，是相互关联的。但是，后来中国马克思主义史学的基本属性和诸多特点，均已在其建立初期具备；中国马克思主义史学目光锐利、高出时流的光彩，已得彰显。这就规划了中国马克思主义史学的基本走向。

从上面的简要叙述可以看到，中国马克思主义史学是与中国革命史紧密结合在一起的。在它建立之初，便与"大革命"运动密不可分，便与李大钊等一大批革命家的名字结合在一起。中国马克思主义史学的话语之源——中国社会性质问题，是在大革命当中提出来的。由此可见，大革命不仅拉开了中国新民主主义革命的大幕，也拉开了中国马克思主义史学的话语建构之幕。

第五节　中国马克思主义史学与国际共产主义
　　　　运动息息相关

1927 年 7 月，轰轰烈烈的大革命遭到惨痛失败。这场革命的失败，是国际共产主义运动的一大挫折，是民国历史的拐点，在许多方面都具有非同寻常的意义，对中国马克思主义史学来说，同样意义非凡。

众所周知，大革命失败的一个思想成果，就是迫使人们追问：到底应当怎样革命？到底应当怎样认识中国社会？共产主义运动到底在中国适合不适合？这样，关于中国社会性质、革命性质、革命对象、革命步骤、革命方法等问题，不但没有因大革命的失败而消歇，反而以前所未有的态势摆在了人们面前。

当时的中国知识界与思想界之所以出现乃至流行这样的思维方式，是与共产国际对中国革命的指导直接相关的。共产国际不仅"教"中国人怎样革命，而且"教"中国人怎样思想。前者立足于实践，后者立足于理论。理论指导实践，实践践行理论。这二者，同样不可分割。大革命中，中国人树立了从社会性质说明社会革命的思维方法。大革命失败后，"社会性质"问题之所以以前所未有的急迫性被提出来，乃至于成为中国马克思主义学术的话语之源，遵循的都是共产国际的思想方法。这就使得中国的马克思主义史学，与国际共产主义运动史，具有天然的血缘关系。

但是历史的曲折性与复杂性就在于，遵循同样的思想方法，得出的结论却未必一致。中国马克思主义史学在它的幼年时期，就肩负起了回答"中国社会性质是什么"这一重大命题的历史任务，而指导它回答这一问题的老师们，意见却并不一致。

关于中国近代社会性质，列宁原本有所论述。列宁认为中国属于半殖民地国家，但封建关系或宗法关系和宗法农民关系也占很大的优势。列宁从国家主权角度确定了中国的半殖民地地位，也从经济形态角度揭示出中国社会的半封建性。正是在列宁这一基本论断指导下，共产国际指导中国共产党与中国国民党合作，开展了1924—1927年的国民革命运动，并且开展得如火如荼、有声有色。

但是，这样一场开展得如火如荼、有声有色的大革命运动的最终失败，它所引起的后果，不仅是军事上的、政治上的，也不仅是普通思想层面的，重要的是理论上的。对这段历史的研究，成果颇丰，但理论方面的研究成果却非常少。这不仅对于我们研究中国马克思主史学不利，而且对于深入透彻地研究马克思主义中国化的历程，也是不利的。

大体说来，在共产国际内部，关于近代中国社会性质，主要有两大观点。这两大观点，从正、负两个方面极大地影响了中国马克思主义史学的发展，是我们了解中国马克思主义史学话语逻辑内在理路的重要线索。

一派观点以托洛茨基为代表。他认为，中国虽然既有"半殖民地"性，又有"半封建"性，却是资本主义关系压倒一切。在资本主义关系主导下，革命的基本任务，除反帝反封建外，还应该反资产阶级。因此，代表无产阶级的共产党和代表资产阶级的国民党不可以实行党内形式的合作，而应该在反帝反封建的过程中进行阶级斗争，推翻国民党，实行社会主义革命。托派的口号是：反帝、反封建、反资产阶级。

一派观点以斯大林为代表，而主要论述者是布哈林。他们认为，中国具有半殖民地、半封建性，但封建势力占优势，基本矛盾是中华民族与帝国主义、资产阶级与封建势力的矛盾。国民党不是资产阶级政党，而是几个（四个）阶级的联盟。所以，国共两党共同反帝的民族斗争是第一位的，而由于帝国主义与中国的封建势力（军阀）密切关联，故反帝的同时要反封建，不存在"反资产阶级"的问题。

上述两大观点，概括地说，前者属于"不断革命论"，后者属于"革命阶段论"。这两大"论"背后的理论支撑，均是历史唯物主义的社会发展理论。

如何判断他们之间的是非曲直，不是本书的任务。但可以肯定的是，这样的争论深化了对中国国情的认识。不了解这场交锋的来龙去脉，就无法通解中国社会性质论战、无法通解中国马克思主义史学的话语逻辑。考察中国马克思主义史学的发展过程，必须要有国际共产主义运动的视角。缺少这一视角，就会不完整，对问题的认识也必然不会深刻。事实上，中国马克思主义史学中的一些命题，其来源或直接或间接地与批判托洛茨基派的观点相关，也与莫斯科、共产国际以及苏联学者的相关争论、讨论相关。只有对这方面的情况进行透彻的学术史梳理，才能更完整清晰地呈现中国马克思主义史学的内在理路。

第六节　中国马克思主义史学与马克思主义
中国化的历程息息相关

关于共产国际指导中国革命的问题，在改革开放以前，国际上的托派分子还是推出了不少所谓"研究成果"的，其中心思想无非是论证托洛茨基多么了不起，他们的理论是多么"正确"云云。改革开放后，史学界推出的共产国际与中国革命关系的相关成果也越来越多。但总体上说，有两个需要补充的研究环节：从马克思主义史学发生发展的过程来看，共产国际对中国马克思主义史学本质特征、整体样貌的形成，都是有影响的；从马克思主义中国化的历程来看，中国马克思主义史学直接参与了马克思主义中国化的全过程，需要予以揭示。

新中国成立前，中国马克思主义史学是与对"托派"的批判密不可分的。批判托派，是马克思主义中国化的重要内容之一。

五大之前，中共不存在托派。大革命的失败，将陈独秀等人推向托洛茨基，也促进了中共对中国社会性质问题的系统思考。任曙、严灵峰、王宜昌、李季这些托派理论家，是中国马克思主义史学家们的主要论战对象。

中共自觉地对中国社会性质予以论证，乃始于六大。最直接的动因，就是莫斯科的理论大交锋。托洛茨基等人遭组织清洗后，亟须肃清其思想影响。

托洛茨基思想对中国党的影响非常严重。这种影响，有些是自觉的，有些是不自觉的。当时，一些并未沦为托派的中共领导，也或多或少地同情乃至具有托派观点。① 就社会性质而言，正如周恩来所说，它在六大时还"是个很严重的问题。什么叫革命性质？革命性质是以什么来决定的？这些在当时都是问题"②。因此，党代表大会必须对此做出解答。

1928 年 6 月 18 日至 7 月 11 日，中共六大在莫斯科举行。六大共通过十几项决议案，其中关于社会性质的论述虽在《政治决议案》中有所涉及，集中表述却在《土地问题决议案》中。

六大决议继续肯定中国是半殖民地，同时指出："现在的中国经济政治制度，的确应当规定为半封建制度。"理由是："地主阶级私有土地制度并没有推翻，一切半封建余孽并没有肃清"，"农村的封建关系之余孽，还有帝国主义压迫半殖民地的制度维持它"③。这段话，要言不烦，是半殖民地半封建观点在中共文件上的正式确立。

周恩来说过，六大决议对中国革命性质（资产阶级民主革命）和任务（反帝反封建）的分析是正确的。④

从马克思主义中国化的角度考察，"新思潮派"为中国马克思主义史学的发展与成型做出了不可磨灭的贡献。他们是中国共产党理论的自觉实践者，其工作既是理论阐述，也是学术研究，同时又是当时肃清托派政治斗争的组成部分。

广义的新思潮派，是指直接或间接受中共领导、按照中共思想阐述中国社会史与社会性质的所有人士。狭义的新思潮派，则指在中共直接领导下参加社会性质论战的人士。狭义的新思潮派又分前后两

---

① 如张国焘，自称三大前即与马林激烈争论，认为除国民革命外，还有阶级斗争。又说："封建制度已在没落之中。"见《我的回忆》第 1 册，东方出版社 1991 年版，第 287—288、291 页。郑超麟则说，激烈反托派的瞿秋白，也曾相信不断革命论。

② 周恩来：《关于党的"六大"的研究》（1944 年 3 月 3 日、4 日），《共产国际、联共（布）与中国革命档案资料丛书》（第 11 册），中央文献出版社 2002 年版，第 222—223 页。

③ 《中国共产党第六次代表大会底决议案》，见《六大以来》，人民出版社 1981 年版。

④ 周恩来：《周恩来选集》（下卷），人民出版社 1997 年版，第 307 页。按张国焘认为六大对于中国革命性质的确定，是毛泽东新民主主义的蓝本。见李颖编《从一大到十六大》上册，中央文献出版社 2003 年版，第 375 页。

期。前期代表人物为王学文、潘东周，主要以《新思潮》杂志为阵地，直接受李立三领导，并以"中国社会科学家联盟"（简称"社联"）的社团组织形式出现。1930年9月，李立三因"立三路线"错误离开中央领导岗位，瞿秋白成为中共中央总书记，新思潮派随即转入第二期，其代表人物为刘苏华、何干之。

新思潮派主要的论战对象，正是中国托派（又称"动力派"），其次是以国民党改组派为背景的一些国民党学者（又称"新生命派"）。针对托派认为中国是资本主义关系主导、封建势力只是残余的观点，以及"新生命派"认为中国是混合型的特殊社会、只有国民党才能担任此种社会政治领导的观点，新思潮派着重论证了中国的半殖民地与半封建性质。

这里要特别提到何干之1934年9月出版的《中国经济读本》，他自称这本书"始终企图以半殖民地性半封建性这个主题为经"。并说："半封建性半殖民地性是中国经济的特点。"他对中国社会性质做整体概括时，说中国是"半殖民地化的半封建社会"。①

1936年11月，何干之撰写的《中国的过去、现在和未来》（第二年初改名为《转变期的中国》）出版，开篇即提出，他要解答的问题之一，即"一般人所说半殖民地半封建的中国经济是一个什么样的东西"。何干之提出：中国革命既不是一般的民主主义，也不是社会主义，而是一种过渡形式，即"过渡到社会主义的新的民主革命"。② 第二年，何干之又先后出版《中国社会性质问题论战》《中国社会史论战》两本小册子，半殖民地半封建的观点愈加明确。

毛泽东至少在1923年7月发表的《北京政变与商人》中，就已经确认中国是半殖民地。③ 1926年9月，发表《国民革命与农民运动》，又提到中国是半殖民地，同时认为革命的最大对象是"乡村宗

---

① 杜鲁人（何干之）:《中国经济读本》（节录本），见高军编《中国社会性质问题论战（资料选辑）》下册，第813、815—816页。

② 何干之:《中国的过去、现在和未来》，当代青年出版社1937年版，第100页。收入《民国丛书》第2编，第78种。上海书店影印本。

③ 泽东:《北京政变与商人》，《向导》第31/32期合刊，1923年7月11日。

法封建阶级（地主阶级）"。① 这表明，毛泽东原有自己的认识轨迹。1935 年到延安后，毛泽东开始系统进行理论建构，逐渐形成毛泽东思想。其中关于中国社会性质的思想，至少在 1938 年 3 月即已成熟。当年 3 月 20 日，毛泽东对抗日军政大学第四期第三大队毕业学员作过一个简短演讲，专门论述半殖民地半封建理论的意义和价值，是他这方面思想已经成熟的标志。毛泽东说：

> 知道中国社会性质是半封建性的，但是不要忘了半殖民地的性质，这是最本质的东西……
>
> 这个问题是很大的，现在许许多多报章杂志都来讨论这个问题，意见当然是各色各样都有，站在国民党立场有国民党的意见，站在共产党立场有共产党的意见，还有其他种种。
>
> 我们认识了中国是半封建性的社会，那末，革命的任务就是反封建，改造封建，以封建的对头——民主来对抗。有些人说"中国是封建的社会"，这是不对的，照他们的结论，目前革命任务只反封建，这种错误，显然用不着证明。托洛茨基分子说中国是资本主义的社会，这种说法的结论就是："我们推翻资产阶级，实行社会主义革命，实行无产阶级专政。"他们不懂得中国是半殖民地性半封建性的社会，于是乎就忽略了反帝反封建的革命性质和任务……
>
> 我们懂得了中国社会还有半殖民地的性质，那末就要反帝。可是，有一部分人会不高兴，而且要反对，就是那些买办分子。中国社会有半封建性就要反封建，那末也免不了有些地主会反对……
>
> 比方，我们研究中国的结果，是一个半殖民地半封建的社会，这是一条规律，是一个总的最本质的规律，所以我们要用这

---

① 中央档案馆编：《中国共产党八十年珍贵档案》（上册），中国档案出版社 2001 年版，第 177 页。

个规律去观察一切事物。①

毛泽东将"半殖民地半封建"理论视为"规律""总的最本质的规律""认清一切革命问题的基本的根据",足见他把这一问题看得多么重要。毛泽东的这一定性,是他将马克思主义中国化的整体理论构造的重要构件。其后,众所周知,毛泽东在《战争和战略问题》《中国革命和中国共产党》②《新民主主义论》等著作中,都不惜笔墨地论述了这一理论。特别是下列《新民主主义论》中一段话,早已成为马克思主义学者研究中国历史的指南:

> 自周秦以来,中国是一个封建社会,其政治是封建的政治,其经济是封建的经济,而为这种政治经济之反映的文化,则是封建的文化。
>
> 自外国资本主义侵略中国,中国社会又逐渐生长了资本主义因素以来,即自鸦片战争到中日战争,一百年来,中国已逐渐变成了一个殖民地、半殖民地、半封建的社会。现在的中国社会,在沦陷区,是殖民地社会;在非沦陷区,基本上也还是一个半殖民地社会;而不论在沦陷区与非沦陷区,都是封建制度占优势的社会。这就是中国社会的性质,这就是现时中国的国情。③

前文我们已经说过,"社会性质"是中国马克思主义史学的话语之源。而从相关研究的发生顺序上考察,"中国近代社会性质"又是"中国古代社会性质"研究的起点——先有对前者的研究,后有对后者的研究;先有社会性质论战,后有社会史论战。因此,梳理过中国

---

① 毛泽东:《认识中国社会性质是重要的中心的一点》,《党的文献》2002年第3期。

② 按,王明说该文为中央宣传部杨松等人起草,经张闻天、王明修改,再交政治局全体审阅。见王明《中共50年》,东方出版社2004年版,第135页。

③ 按,1940年2月20日在延安各界宪政促进会成立大会上演讲《新民主主义的宪政》,指中国为"殖民地半殖民地半封建的国家",见《解放》第101期,1940年3月8日。

近代社会性质这一话语的形成史后，我们自然会明了，中国马克思主义史学与马克思主义中国化之间，具有怎样密切的关联。关于这一问题，还有广大的研究空间。

第七节 中国马克思主义史学是科学的 学术形态

从上面的叙述可知，中国马克思主义史学不是躲进"象牙塔"的纯粹学问，而是具有强烈的现实关怀与历史使命感的学术形态。但是，是否可以据此而认为，中国马克思主义史学不是一门学问、不具有学术上的科学性呢？否。

事实上，中国马克思主义史学是中国史学产生以来最深刻最科学的史学形态。革命性、实践性、时代性、使命感的特性，非但没有使其丧失学科的科学性与真理性，反而使其科学性与真理性经受了实践的检验，得到了实践的证明。

从中国马克思主义史学发生、发展的背景来考察，中国马克思主义史学不是在"顺境"中，而是在非常险恶的"逆境"中发展起来的。

众所周知，大革命失败后，蒋介石集团推行一个政党、一种主义的专制统治，对马克思主义极力扼杀。1929 年 7 月，外交部部长王正廷在关于"中东铁路事件"的说明中就曾说："世界各国之对于共产宣传虽有禁有不禁，而吾国法律实在必禁之列。"[1] 蒋介石本人更是公然叫嚣，要"在一定时期内，把共产党的一切理论方法和口号全数铲除"[2]。他恫吓青年人说，如不退出共产党"皈依三民主义"，就要给予"最严厉的处分"[3]。正是在这种肃杀的形势下，马克思主义反而成了"时髦"，中国马克思主义史学走向了学术的前台。

---

① 《共产国际、联共（布）与中国革命档案资料丛书》，第 11 册，第 652 页。

② 蒋中正：《革命和不革命》，《新生命》第 2 卷第 3 期，1929 年 3 月。

③ 蒋中正：《中国国民党国民革命和俄国共产党共产革命的区别》，《新生命》第 2 卷第 5 期，1929 年 5 月。

据说"1928 年至 1932 年短短的时期中，除了普罗文学的口号外，便是唯物辩证法和唯物史观之介绍。这是新书业的黄金时代，在这时，一个教员或一个学生书架上如没有几本马克思的书总要被人瞧不起了"①。当时有人甚至这样说："马克思主义在一般被压迫的群众中已是一种最有权威的学说，不仅工人阶级的先进分子要研究它，力求了解与应用它，即一些知识分子也为它所吸引，全部的或局部的接受其方法与结论。"② 还有人说："共产主义在目前的中国，俨然哄动一时，有许多人觉得他是万验灵丹。"③ 对这种"奇怪"的现象，许多人不能理解，视之为 30 年代的一个"谜"。其实，这个"谜"并不难破解。

说到底，人们之所以敢冒国民党"最严厉处分"的风险而去研读马克思主义，就是因为马克思主义是唯一的真理，是"管用"的学问。分析社会、历史及政治问题，唯有马克思主义最能洞彻实质。舍此，其他各种理论，均软绵无力，不能为功。

特别是要解答最现实最急迫的社会性质、革命性质问题，不借助马克思主义，简直就连最基本的话语概念都建构不起来。所以，马克思主义和唯物史观，依靠其无从替代的科学性与深刻性，虽遭政治围堵，却能在整个社会和思想理论界，占据势不可当的气势和地位。当时许多人可能不信仰、不使用乃至悬置、排斥或痛恨唯物史观，但一涉足社会历史领域，便只有运用唯物史观的人才有发言权，才能相对地把问题讲透彻。在此形势下，试图依靠政治高压来围堵扼杀马克思主义，只能徒显其螳臂当车而已。因为马克思主义是真理，所以它不但不会因中国共产主义运动的受挫而减弱，反而会变得愈加坚毅和深沉。

---

① 唐宝林主编：《马克思主义在中国一百年》，安徽人民出版社 1998 年版，第 159 页。

② 余沈：《经验主义的、观念主义的和马克思主义的中国经济论》，《中国社会史的论战》第 4 辑，《读书杂志》第 3 卷第 3/4 期合刊，1933 年 4 月。

③ 罗隆基：《论共产主义：共产主义理论上的批评》，《新月》月刊第 3 卷第 1 期，1930 年 3 月 10 日。

从中国马克思主义史学所讨论的问题来看，它在中国近代以来各种政治思潮、社会思潮、思想流派当中，是最深刻的。没有第二个流派，在深刻性上可以与它相比。许多在封建旧史学中成长起来的学人，甚至连它的话语都听不懂。

以中国社会性质论战以及由此而引发的中国社会史大论战而言，就可以充分看出中国马克思主义史学的深刻性。

参加论战的人士，共有四派。代表中国共产党观点的一派，即"新思潮派"。中国托派，旧称"动力派"，是因大革命失败而从中国共产党分裂出来的反对派，人员涵盖了中国托派不同的小组织。代表国民党的一派，旧称"新生命"派，主要由国民党改组派人员构成，原具有国民党左派的背景，但正处于向右翼转化的过程当中。该派的代表人物是陶希圣，在其旗帜下汇集了一批没有什么直接政治背景的大学教员和青年学生。1934 年 12 月，陶希圣创办《食货》半月刊，该派便演变为所谓的"食货派"。代表自由马克思主义者观点的一派，是论战中的"第三种势力"，政治上处于国共两党之间，时而以中国共产党同路人的面目出现，时而以国民党内自由主义者的面目出现。该派人员最少，主要是胡秋原和王礼锡，其中王礼锡于 1931 年8 月、1932 年 3 月和 8 月、1933 年 4 月以所主编的《读书杂志》的名义，编辑出版了四期《中国社会史的论战》专号，风靡一时，是当时最著名的社会史论战出版物，所以该派被称为"读书杂志派"。

上述四派之外，胡适等资产阶级自由派学者对论战采取挖苦讽刺的态度，也发表了若干言论，因而遭到四派的一致批判。但是，胡适一系的影响非常深远。迄今海内外诸多对中国社会形态问题持所谓"悬置"或批判立场的观点，大都可溯源于胡适。陶希圣与胡适后来都投靠了蒋介石，所以蒋介石对中国社会属性的看法，虽然多来自陶希圣，但也掺杂有胡适的影子。

上述四大派别，在政治上是对立的，或者是有差别的；在学术观点上，也是对立的，或者是有差异或相互交叉的。在交往上，可能相互憎恶，也可能非常亲密。但是，他们之所以能够"论战"起来，乃在于有一个最大公约数，即至少口头上都声称自己以马克思主义为指导，坚持唯物史观。至于他们当中某些人是否真的信奉唯物史观，在多大程度和怎样的层面上、怎样的时间段内信奉唯物史观，就需要具体辨析了。

这个现象本身就是耐人寻味的。为什么一些骨子里反对马克思主义的人，或者背叛了马克思主义的人，却披上马克思主义的外衣，声称自己尊奉唯物史观呢？答案只有一个，那就是马克思主义具有不可代替的唯一性，这使得马克思主义理论在论战者之间自然会具有不容置疑的深刻性、真理性与权威性。马克思主义的真理属性，使得陶希圣这种痛恨阶级斗争理论的人，也不能不羞答答地运用辩证唯物史观。陶希圣之流如果不这样做，那么在社会史论战中就连发言权都不会得到。同样，王礼锡、胡秋原一类人，充其量不过是灰色的动摇的一时的马克思主义同路人而已。

中国社会史大论战的问题，主要有三个：一、奴隶制社会是不是人类必经的社会阶段，中国历史上有没有奴隶社会？二、中国封建社会始于何时、终于何时？有什么特征？三、亚细亚生产方式到底是什么，中国历史上是否出现过亚细亚生产方式？

这三大问题，是中国社会性质问题的逻辑延展，蕴含了中国新民主主义革命的历史根据和逻辑秩序。只有解决好这三大问题，近代中国社会性质（半殖民地半封建社会）的确定，才能既合乎历史发展规律，又合乎逻辑的秩序，中国革命也才能确定其对象、目标和任务。所以，这三大问题，是我国马克思主义史学所要解决的基本问题，是我国马克思主义史学体系的基本框架所在。事实表明，30年代末毛泽东代表中国共产党提出的半殖民地半封建理论，其中就凝聚了中国马克思主义史家的贡献。[①]

这三大问题均具有相对独立的学术范围和意义。比较而言，奴隶制问题的政治指向最低，封建社会问题的政治指向最高。封建社会问题的政治意义，不在于封建社会的上限，而在其下限。至于亚细亚生

---

① 详见拙文《半殖民地半封建理论的来龙去脉》，收入拙著《中国近代史学史论》，中国社会科学出版社2011年版。

产方式问题，实际附着于上述两大问题之中。

"新思潮"派的主要价值取向，是说明历史发展的统一性和历史规律的普遍性，在于把唯物史观关于人类社会从低级向高级分阶段发展的社会经济形态学说，具体落实到中国历史当中去，最终说明近代中国半殖民地半封建的性质，指明中国社会发展的社会主义前途。

围绕这一核心，他们普遍肯定奴隶制是人类必经的社会阶段，中国历史上同样存在这样的阶段。但是，他们的具体主张不同。后来，郭沫若、翦伯赞、邓拓等人均肯定了吕振羽的主张，即殷商为奴隶社会，并为新中国成立后的一般历史教科书所采用。由于他们把马克思主义关于社会形态依次演进的理论等同于唯物史观，所以自然而然地将否定奴隶社会普遍性的观点，看作是否定唯物史观。对此，翦伯赞有过非常清楚的论述。不过，唯物史观与社会形态理论是否在一个理论层次上，社会形态理论是否较唯物史观低一个层次，否定中国存在奴隶社会是否必然导致否定唯物史观，在新思潮派之间，也有不同的理解。例如王明和陈伯达，就曾经认为中国没有经历过奴隶制阶段。但不可否认，当时确实有人试图借否定奴隶制来否定唯物史观，进而否定"共产革命"。例如刘兴唐和李立中，就曾经借此来否定中国可走"苏俄道路"。对这类问题，需要作具体的辨析。

值得注意的是，托派的王宜昌（夏至三国为奴隶社会），国民党改组派的陶希圣（战国到后汉为奴隶经济占主要地位的社会），以及戴振辉（汉代是奴隶经济社会）、傅安华（秦汉是奴隶社会）以及陶希圣的弟子曾謇（西周是奴隶社会）等人，都曾经肯定中国奴隶社会的存在。不过，据何干之说，当时否认中国存在奴隶社会的人却占多数。最激烈的反对者是刘兴唐、李立中、丁迪豪，托派的李季、杜畏之、陈独秀，自由马克思主义者胡秋原、王礼锡，陶希圣派的陈邦国等人，均持否定的观点。很明显，同样是承认奴隶社会，却可能隐含着明确的政治对立。反之，持相同政治立场的人，也不一定都肯定奴隶社会的存在。对此，同样需要作具体分析。[①]

在封建社会问题上，新思潮派学者的分歧，只在上限。郭沫若、何干之主张"东周封建说"，吕振羽、翦伯赞、嵇文甫、邓拓等人主张西周封建说，等等。可是在下限上，他们之间没有分歧。也就是说，他们一致认为鸦片战争前的中国，是封建社会；近代半殖民地半封建的中国，乃承接于封建形态的中国。这种一致，其意义和价值远远大于他们在起点上的分歧。所以，在论战中，他们一致对中国社会特殊论、商业资本主义说以及诸如封建社会并不由奴隶社会演变而来、奴隶社会还在封建社会后头之类观点，给予了批判。相应地，所谓亚细亚生产方式问题，也就自然而然地被消解在了社会形态依次演进的序列当中。

与奴隶社会问题不同，当时各派均不否认中国存在封建社会（奇怪的是今天却有人出来公然否定中国存在封建社会），并把注意力集中在中国封建社会的内部特征与下限上。以陶希圣后期稳定下来的观点为例，他说由三国到唐末五代，是一个发达的封建庄园时期，鸦片战争以前的中国则是"先资本主义时期"，其后进入半殖民地阶段。陈公博说三代至春秋是封建时代，陈邦国说东周时代中国封建社会就开始崩溃了，李季说中国真正的封建制度仅仅与周代相终始，胡秋原说秦至清末是含有封建要素的"先资本主义时期"（又名"专制主义社会时代"），王礼锡说秦以后中国就不是纯粹的封建制度了，而是专制主义社会，等等[②]。他们的着眼点虽然有异，却都在下限上与马克思主义史家持相反的观点。这样，他们的政治意涵（不管有意、无意），就不言自明了。这也就足以看出，"下限"的问题，比"上限"重要得多。

有些例外的是王宜昌。他认为，五胡十六国后，中国进入封建社会，至清末止。但是，他这样做的目的，只是为其近代中国是资本主

[①]　详见拙文《20 世纪 30 年代关于奴隶社会的论争》，《中国社会科学院近代史研究所青年学术论坛 2002 年卷》，社会科学文献出版社 2004 年版。

[②]　详见王雨霖《中国封建社会：20 世纪 30 年代的解答》，《文史知识》2005 年第 4期。

义主导的社会的主张做逻辑铺垫。

须指出的是，新思潮派虽然以历史规律的普遍性为依归，但没有忽略中国社会的独特性。相反，他们对中国社会独特性（主要表现为封建性）的关注，是很强烈的。为此，他们还曾经受到过中国托派的指责，被诬蔑为"民粹派"或"新修正主义"，"和第三党改组派以至蒋介石站在一条战线"上，等等①。托派分子王宜昌甚至诬蔑说，新思潮派"是小资产阶级与无产阶级难分的小农民"，与陶希圣"实质上没有什么两样"，"实在是比新生命派还落后于封建之中，极力主张着封建之存在"，反映的只是一种"小农民的意识"②，等等。如果说这种指责有什么"价值"的话，那就是它反衬出了新思潮派对中国社会独特性的重视。事实上，半殖民地半封建理论，就是普遍性（半殖民地）与特殊性（半封建）相互结合的理论，毛泽东思想更是马克思主义普遍原理与中国革命实际相结合的结晶。

国民党改组派的立场，在于"证明"中国仅仅是一个复杂的特殊社会。既然是特殊社会，"当然"就不能把它纳入第三国际所"宣讲"的"世界共产革命"的普遍"模式"中去，而须应用特殊的理论来"应付"。什么特殊理论呢？就是三民主义。至于为什么说中国是特殊社会，特殊在什么地方，则是他们之间可以探讨和争论的（其核心概念为商业资本）。所以，在奴隶制问题上，在封建社会内部特征问题上，他们都可以让步，唯独在为三民主义寻求历史根据上，毫不让步。这一派代表人物陶希圣的著作虽然数量很多，表述混杂，也运用马克思主义的概念和术语，甚至吸取第三国际学者的某些观点，但万变不离其宗，即为三民主义寻求社会理论支持。所以，他们始终不接受阶级斗争理论，并试图用第二国际的某些理论，来消弭

---

① 见《共产国际、联共（布）与中国革命文献资料选辑（1926—1927）》下册，北京图书馆出版社 1998 年版，第 375 页。

② 王宜昌：《中国社会史论史》，《中国社会史的论战》第二辑，《读书杂志》第 2 卷第 2/3 期合刊，1932 年。

列宁主义的影响。①

自由马克思主义者，虽然徘徊于第三条道路上，但客观上也是以论证中国社会的独特性为依归。

中国托派虽然高举列宁学说，却以论证托洛茨基的观点为职志，从而走向另一个极端，即忽略中国社会的独特性，强迫中国社会与历史遵从他们的"逻辑序列"。他们必欲认定中国社会为资本主义所主导，因为只有这样才与"国际大势"相一致。围绕这一基本点，中国托派之间也相互争吵和谩骂，在奴隶制等问题上观点分裂，但万变不离其宗，最后还是在于说明托洛茨基理论的"正确性"和"唯一性"。

相对来说，关于亚细亚生产方式的论战，不仅规模小，而且还带有某种程度的神秘性。这个问题的关键，正如何干之所指出的：如果认为西方资本主义侵入之前，中国是一个亚细亚社会，那么，"帝国主义侵略也就是有益无害的美事了，反帝反封建的任务也就子虚乌有了"。因此，新思潮派着力回击了中国是亚细亚社会、静止不动的观点，并由此而深化了对马克思主义历史理论的认识，揭示了中国历史的诸多特点。无论是郭沫若、王亚南的原始社会说，还是吕振羽的早期奴隶制说，虽然观点不同，作用却是一样的，即破除神秘性，揭示独特性，强化唯物史观与中国历史结合的深度。事实上，中国史家深入细致地研讨马克思主义历史理论、广义政治经济学以及东方社会理论，乃始于对亚细亚生产方式的探讨。

从上面的简单梳理可以看出，中国马克思主义史学，当然是科学的史学形态。上述问题，不仅是学术问题，而且是宏大的学术问题。只有马克思主义史学，才有勇气和能力来面对与解决这些宏大的学术问题，而饾饤小儒是无法胜任这一工作的。

中国马克思主义史学之所以是科学的史学形态，还在于它将科学

---

① 陶希圣曾说，"共产主义者"是"以欧洲资本主义社会解剖所得的论断来应用于中国社会"，是人为地制造出"中国已有尖锐的阶级对立"，"制造"出无产阶级，"以求适合于社会革命的实行"。他又说自己的政治关系可以左至共产主义，但社会政治思想路线，却不会左至共产主义。

的历史观与史料中所反映出来的中国历史实际进行了科学的结合。"史论结合"是中国马克思主义史学所采用的基本方法，虽然在运用过程中产生过教条主义的偏差，发生过"以论代史""以论带史""论从史出"等歧异性的提法，但总体上看，"史论结合"无论在理论上，还是在实践中，都居于主导性的位置。

在中国社会史大论战中，大体说来，中国托派的方法论，以马、恩、列、托（洛茨基）为线索。国民党改组派，则以马、恩、考（茨基）、桑（巴德）、奥（本海默）为标榜。自由马克思主义者，以马、恩、普（列汉诺夫）为路径。这种理论宗尚上的交叉与差异，与政治立场纠缠在一起，曾经使得大论战变得异常诡异和复杂。所以，论战中的一些错误观点、错误提法，在20世纪30年代的中国共产党内部，在莫斯科，均有不同程度的影响和传播。随着国民党一党专制的强化，左翼思潮不断遭受打击，论战的艰难性，也就日益增加。但是，我们不能不说，中国老一辈的马克思主义史家，在中国马克思主义史学发展史上交了一份出色的答卷。他们以马、恩、列、斯（大林）的理论为指导，以社会史论战为舞台，促使唯物史观全面进入了中国历史学领域，中国马克思主义史学的基本形态被确立起来了。特别是马克思主义的历史理论和广义政治经济学学说，成为历史研究的锐利方法武器。中国马克思主义史学的基本框架，所思考的基本问题，所具有的基本特色，最具有代表性的史学大师及专业史学队伍，最早的经典著作，均经由社会史大论战得以形成和展现。这是李大钊等人创立中国马克思主义史学以来的一次飞跃，具有里程碑的意义。此后中国马克思主义史学的研究工作，正是沿着此时形成的方法和路径展开。因此，中国社会史大论战，是中国马克思主义史学形成的标志性事件。郭沫若1930年3月出版的《中国古代社会研究》，是中国马克思主义史学形成的标志性著作。

毋庸讳言，《中国古代社会研究》等著作存在着教条化的缺陷，对中国历史独特性的关注不够。但是，我们须认识到，从方法论的角度考察，会发现，他们的教条化缺陷，正是在关注中国历史独特性的过程中发生的。它不是因为像托派那样以"逻辑"来代替历史才导致教条化，而是在理论与史实的结合上存在不足。所以，就思考方向与价值趋向上说，尽管中国马克思主义史学有过教条主义的缺陷，但中国马克思主义史学的方法论始终是反教条主义的。①

因此，除郭沫若外，人们考察吕振羽的《史前期中国社会研究》《殷周时代的中国社会》，翦伯赞1938年夏出版的《历史哲学教程》；侯外庐1939年发表的《社会史论导言》，以及延安时期范文澜出版的《中国通史简编》和《中国近代史》（上册），都应当看到其方法论的科学性与有效性。

当然，新中国成立前，中国马克思主义史学已经拥有一支比较庞大的队伍。李达、邓初民、华岗、邓拓、李平心、嵇文甫、杜国庠、李亚农、胡绳、尚钺、刘大年、赵纪彬、吴泽、尹达等人，都是这支队伍中的著名史学家。他们之所以走向马克思主义史学，也说明了马克思主义史学的科学性。

第八节　社会性质是中国马克思主义史学的话语之源

研究中国马克思主义史学或史学思想，主要有两项任务。第一，把历史事实叙述清楚；第二，把理论逻辑揭示出来。而研究中国马克思主义史学思想的主要任务，就是把中国马克思主义史学思想的内在逻辑揭示出来。

要做到这一点，就需要抓住"社会性质"这一马克思主义史学的话语之源。

中国马克思主义史学与史学思想，是从"社会性质"开始展开其实际的历史行程与逻辑行程的，表现为"历史"与"逻辑"的高度一致。马克思主义中国化的历程，同样是从"社会性质"开始展开其实际的历史行程与逻辑行程的。由此我们可以扩大地说，考察中国马克思主义话语的逻辑体系，都需要从"社会性质"入手。

---

①　详见拙文《正确评价〈中国古代社会研究〉》，《光明日报》2003年1月7日。

关于"社会性质"的实际的历史行程，亦即所谓"社会性质"的概念史，我们在前面的简要叙述中已经作了叙述，这里不再重复。这里重点从"社会性质"的理论地位出发，来揭示中国马克思主义史学的逻辑框架或逻辑结撰体系。

众所周知，中国马克思主义史学一诞生，就面对着一个问题，即现实的中国到底是什么？亦即中国的社会性质是什么。这个问题，既构成中国马克思主义史学的现实环境，也是当时中国最紧迫的现实问题。因为，经历过鸦片战争以来的种种苦难之后，中国人最紧要的问题就是，中国为什么受人欺负？中国是不是天生就"活该"受人欺负？

要回答这样的问题，就需要有理论工具。恰好，十月革命一声炮响，给我们送来了马克思列宁主义。

马克思列宁主义帮助中国人经过苦苦的思索、激烈的论战，最后得出了一个关于近代中国社会性质的总观点与总结论，即近代中国是半殖民地半封建社会。有了这样的认识，所以，中国人该干什么、向何处去，也就顺理成章了。

至于说半殖民地半封建社会内部如何？沿海与内地有没有差别？城市与乡村有没有差别？怎么见得中国是半殖民地半封建？它又经历了怎样的过程和阶段，等等，那就是这个总观点与总结论的细化问题了。

但是，半殖民地半封建社会又是怎样产生的呢？这就把问题从近代中国引向了古代中国，从近代社会性质引向古代社会性质。而对中国古代社会性质的研究与探讨，主要是借助马克思主义的广义政治经济学、东方社会理论以及社会经济形态划分的理论来进行。由古代中国再到中国原始社会、国家与文明的起源等等更遥远的问题，在当时的背景下，都需要借助于马克思主义经典作家的论述来予以阐释。

中国马克思主义史学家们非常热烈地讨论过的诸如什么亚细亚生产方式问题、奴隶制问题、封建社会何以长期延续的问题、井田制的问题、郡县与分封的问题、资本主义萌芽的问题、农民战争的问题等，各种看似纷繁无章的问题，其实质只在于一点，即确认中国古代的社会性质。

　　所以，我们看到，"社会性质"确实是中国马克思主义学术理论、思想理论以及政治理论的话语之源。正是从"社会性质"的厘定出发，具有中国特色的马克思主义话语体系才得以建构起其完整的理论系统。从近代社会性质，到古代社会性质，再到农村社会性质；从新民主主义阶段，到社会主义初级阶段，近代以来中国人民的历史使命与历史任务，乃根源于对"社会性质"的认识而来。因此，"社会性质"问题，是170多年来中国的根本问题、核心问题，也是中国马克思主义史学的根本问题、核心问题。它既是一个实践问题，也是一个理论问题；既是对社会现实进行考察研究而得出的结论，也是马克思主义中国化的理论成果。只有以"社会性质"为核心关键词去考察近代以来中国人的理论成果与实践过程，才能比较彻底地认识清楚今日中国的来龙去脉，亦即其内在逻辑与实践品格。

　　近代中国的基本面貌与特征，是由近代中国的社会性质所决定的。半殖民地半封建的科学结论，解决了中国人何以如此、应奔向何处的问题。也就是说，它从历史理论与历史哲学的高度，解决了中国由新民主主义最终走向社会主义的前途问题。中国古代社会性质的讨论与论战，要解决的是"中国从何处来"的问题。它虽然在许多问题上没有取得一致意见，但基本精神及基本共识是存在的，那就是：第一，中国古代历史符合历史唯物主义社会发展史所阐明的基本规律；第二，中国历史的特殊性，是在人类共同文明历史统一规律性之下的特殊性，并没有游离于人类共同文明之外；第三，中国半殖民地半封建社会的前身，是一个封建社会。这些基本共识，是中国马克思主义史学思想的精髓，其价值与意义远远大于马克思史学家们观点上的分歧。

　　"社会性质"之所以是中国马克思主义史学的话语之源，除其居于中国史研究的逻辑首要位置外，还在于由"社会性质"出发，中国马克思主义史学家们开始了其理论思考、理论撰述的行程。

　　首先是对唯物史观的学习与理解，中国的马克思主义史学家们大体上是从社会性质出发去学习、理解和阐释的。唯物史观是关于世界历史的历史观。在唯物史观的总观点下，形成了一套完整的历史唯物主义的社会发展史系统。特别是对历史发展动力、历史发展规律、历史发展阶段的阐释，对中国马克思主义史学家进行理论思考起到了根本性的指导作用，使得中国的马克思主义史学家们能够从世界的角度看中国，即使在世界史的理论方面，也推出了许多具有中国气派、中国特色的成果。

其次是对历史发展规律普遍性与民族历史特殊性的关系，从社会性质的角度出发，做出了科学的阐释。以翦伯赞的《历史哲学教程》为例，在历史理论上，该书的最大特点，是在唯物史观指导下，坚持历史的普遍性、统一性与特殊性、多样性的统一，坚持描述历史现象与揭示历史本质的统一。同时，将普遍性、统一性作为理解历史现象的基础，将历史本质作为解释历史规律的规定性所在。而这些，正是中国马克思主义史学基本特征之一，反映了中国马克思主义史学的基本逻辑架构。

比如郭沫若在《中国古代社会研究》中说："只要是一个人体，他的发展，无论红黄黑白，大抵相同。由人所组织的社会也正是一样。""中国人不是神，也不是猴子，中国人所组成的社会不应该有甚么不同。"这是对历史发展的普遍性、统一性所作的最直观、形象与凝炼的概括。同时，郭沫若又说，要"把中国实际的社会清算出来"，"看看中国的国情、中国的传统，究竟是否两样"。这显然又是注重历史发展多样性与特殊性的表征。

《历史哲学教程》的总纲，在"一般性与特殊性之辩证的统一"一节中。在这节文字中，翦伯赞从唯物辩证法的总理论出发，鲜明表现出历史与逻辑相互统一的思维方法。总起来看，他是将多样性与复杂性理解为历史的形式，将"一般法则"理解为历史的本质。他指出，"人类社会的历史，不论其地理条件如何，技术如何，以及一切特殊的关系如何，在本质上，是有其发展之一般法则的。虽然各个民族在其历史发展中，也有其特殊的法则，但这只是多少改变其形式，对于本质上，是没有改变的可能的"。历史科学的任务，就是发现"支配着人类历史的合法则性"，同时"把历史的具体性复现"出来。

前者是后者的综合与抽象，后者是前者在不同空间的具体内容。忽视前者，可能会滑入历史二元论或多元论；忽视后者，则可能成为观念论。

中国马克思主义史学家们向来主张历史的普遍性与特殊性相统一。他们对历史的全部阐释与论述，就是在上述原则下展开的。他们对其他历史理论问题，如历史的关联性、实践性、适应性的阐发，则可视为上述理论框架的逻辑延展。

再次，中国的马克思主义史学家们从社会性质问题出发，对中外历史上的社会形态、特别是生产关系问题，作了最为全面深刻的阐释。翦伯赞注意到奴隶社会自身的复杂性，指出奴隶制既有阶段性，又有多样性，从最原始的奴隶制到最发达的奴隶制，在形式上可以表现为"家长制的""家内的""古代希腊罗马的"以及其他的奴隶制，等等。而且，奴隶制还可以与农业共同体并存。但是，不管奴隶制怎样变换花样，也只是表现了"历史发展之不均等性"，基本的"质"不会变。

在考察古代历史的时候，中国马克思主义史学家向来把生产关系作为考察的基点。正如翦伯赞所批判的那样，有人从"轮船"与"民船"的数量比较，或"龙旗"与"五色旗""皇帝"与"大总统"的区别上去判别社会性质，就完全忽略了"作为中国现阶段的社会经济基础的生产方法以及剥削关系"。中国马克思主义史学思想要求研究历史要时时把握住历史最深层的"质"，绝不可被历史的外在形式遮蔽住眼睛。而历史最深层的"质"，主要通过生产关系反映出来。

马克思说过一句名言："现代历史著述方面的一切真正进步，都是当历史学家从政治形式的外表深入到社会生活的深处时才取得的。"显然，中国马克思主义史学家们的史学思想，贯穿着马克思的这一思想。

当然，从"社会性质"的视角出发去观察中国马克思主义史学家们的理论成果，会有许多发现，会提出许多的命题。例如关于农民战争问题、资本主义萌芽问题、阶级分析方法问题，等等，可以说都可以在逻辑上归结到"社会性质"的命题上去。限于篇幅，这里仅作提示，就不展开论述了。

第九节　中国马克思主义史学的思想贡献

中国马克思主义史学无论在中国几千年的文明发展史上，还是在世界历史舞台上，都具有重要的思想贡献。关于这个问题，上面的叙述中已经有所涉及，这里再略作总结与提示。

第一，中国马克思主义史学实现了唯物史观与中国历史的结合，这是我国史学发展、乃至文化发展史上翻天覆地的变化，是一个巨大的历史进步。

中国的马克思主义史学家，不仅把唯物史观引入中国，而且使其与中国历史实现了科学的结合，从而使得中国的史学在历史观上得到革命性的进步、在整体样貌上得到系统性的改观、在思想理论上得到前所未有的深化。中国近代以来历史学最大的进步，是历史观的进步。而历史观的进步，是经由马克思主义史学完成的。

第二，中国马克思主义史学第一次让中国历史从纷繁复杂的杂乱状态中走出来，具有了逻辑秩序，显示出了其内在的规律性。

中国古代史学繁荣而发达，但由于天命史观以及王朝体系的限制，终究不能科学地揭示历史发展的规律。虽然一些古代天才的历史学家提出了许多精美而深刻的思想，但距离揭示历史发展规律，却还有很遥远的距离。近代资产阶级史学家们虽然在整体上有所进步，但同样不能揭示历史发展的根本规律。唯有中国马克思主义史学，第一次实现了从社会经济形态的高度，从生产力与生产关系、经济基础与上层建筑相结合的角度，对数千年的中国文明史作了理论抽象，使其基本上映现出从原始社会到社会主义社会的历史唯物主义社会发展史的历史框架。虽然说，中国马克思主义史学家们的结论与框架并不完全一致，却同样给出了科学的结论。因此，他们的结论在科学方法论上，不是相互排斥的，而是相互补充的。正确的结论，不是非此即彼，而是蕴于各家之中。认识没有止境，对中国历史的解读不会终止，但中国马克思主义史学家们的基本贡献，却与世长存。

第三，中国马克思主义史学家前所未有地探讨、研究、提出了一系列史学理论命题，极大地丰富了中国人的历史认识、深化了中国人的历史思想。

中国的马克思主义史学，有其独特的不可替代的特质。这种独特的不可替代的特质，是通过它所探讨、研究、提出的一系列理论命题而体现出来的。例如关于阶级观点与历史主义的关系问题、关于史与论的关系问题、关于清官的评价问题、关于农民战争建立起来的政权的性质问题、关于人民群众与英雄的历史作用问题、关于统治阶级的反攻倒算问题、关于近代中国的基本线索问题，等等，这些命题均产生了不同的争议与反响，甚至有不同的评价，但提出这些问题本身，则是其他流派的史学所做不到的。

第四，中国马克思主义史学为新民主主义革命理论做出了独特的不可替代的理论贡献，为马克思主义中国化做出了巨大的理论贡献，为当代中国马克思主义话语体系的形成做出了历史贡献。对此，前文已述，兹不重复。

第五，中国马克思主义史学为中国史学引入了一批科学的思想方法与研究方法。这些思想方法与研究方法，与唯物史观相伴而生，相得益彰。例如历史与逻辑相互统一的方法，阶级分析的方法，"人体解剖是猴体解剖的一把钥匙"的方法，历史研究不能从永恒的正义出发的方法，历史研究不能以常识冒充真理的方法，历史主义的方法，历史研究不能建立在虚假事实上的方法，等等。这些思想方法与研究方法，在唯物史观统领下，极大地提升了中国史学的质量。

在历史学社会化、历史教学、历史教育等领域，中国马克思主义史学都有其突出的贡献，限于篇幅，就不再叙述了。

第十节　新中国马克思主义史学的主要任务

新中国成立后，中国马克思主义史学进入了一个新的发展阶段。

新中国的成立，标志着国家政权性质的根本性改变。在这一大格局中，民国时期的马克思主义史学家继续引领中国的马克思主义史学向前发展。同时，新中国自己培养起来的马克思主义史学家，也开始崭露头角，推出研究成果。民国时期疏离马克思主义乃至排斥马克思主义史学思想的史学家们，在总体上开始向马克思主义史学靠近，最终融入。

这时新旧两代马克思主义史学家的基本思想状态是，坚定信仰唯物史观，虔诚学习马列主义，爱党爱国，赓续民国时期中国马克思主义史学的知识形态与意识形态，精神饱满地积极配合社会主义建设时期中国共产党的历史任务，努力在史学理论、中国史、马克思主义经典著作解读、历史科研组织、历史教学、世界史等方面做出贡献。

这时期的马克思主义历史学家，许多在 1950 年前后参加了土改运动。尔后则用很大的精力学习马列主义名著、联共（布）党史、中国社会发展史等。这些原本信仰马克思主义的史学家，特别是刚刚大学毕业的青年学生们，在新中国成立后的十多年中，大都激情澎湃、奋发有为。他们置身于浓烈的马列主义学风中，全身心投入到对马克思主义的教学与宣传，力求用马列主义思想改造旧中国的学风与文风，塑造全新的学术样态，在自觉顺应并推进新政权总体政治格局的思想指导下，大力促进学术繁荣。比如著名马克思主义史学家华岗，这一时期论著的根本特点，"就是结合中国革命实际和历史实际阐明马克思列宁主义、毛泽东思想"。① 这一特点，正是当时中国马克思主义史学的整体样貌。

20 世纪 50 年代初期，史学界开始讨论有关亚细亚生产方式、中国奴隶社会和封建社会分期等问题。同时，开始对以胡适为代表的资产阶级史学思想展开批判。显然，前者是对民国时期马克思主义史学议题的赓续，而后者则是适应时代需要的新举措，体现了通过批胡适来树马列大旗的基本思想，而这一基本思想，同样具有民国时期的学术渊源。

---

① 葛懋春：《回忆早期〈文史哲〉杂志社社长华岗同志》，《文史哲》1981 年第 4 期。

　　因此，批判胡适，在当时具有广泛的思想基础，是中国马克思主义史家一直以来的学术宗仰。只是由于环境的巨大变化，批判的效果显然与民国时期不可同日而言。其后，发生了"史学革命"运动，"厚今薄古"成为史学家们的基本宗尚与切入方法。"厚今薄古"的目的，同样在于改造思想，树立全新的史学思想。

　　总起来看，在改革开放前，中国马克思主义史学的基本任务，就是筑牢唯物史观的指导地位，在民国时期中国马克思主义史学成就的基础上，结合新中国的形势与任务，继续拓展，继续深化。同时，通过对资产阶级史学的批判运动，通过对学术思想的改造运动，通过对一些新命题的提出，来使中国史学更加自觉地与新的历史环境与社会条件相适应。这期间，有巨大的成绩，也有沉痛的教训。

　　"文化大革命"结束后，健在的老一辈马克思主义史学家的基本共识，是继续坚定地信仰、维护马列主义；同时，也力求适应形势的发展，有所拓展和前进。因此，在原有的宗旨下加入开放的特质，是新时期马克思主义史学家们的基本学术取向。

　　这一时期，在深入揭批江青集团的背景下，史学界对阶级斗争理论、阶级分析方法进行了新的审视，总的趋势是不赞成过分夸大历史上的阶级斗争现象、反对将阶级分析方法夸大为历史研究的唯一方法。中国的马克思主义史学家们大都介入了讨论。他们不赞成废弃阶级分析方法，而主张坚守，同时反对公式化，简单化。

　　随着时间的流逝，中国老一辈马克思主义史学家逐渐离去，主要出道于20世纪50年代的一大批马克思主义史学家，继承了"马列五老"等人开创的学术话语体系，站在新的时代高度，通过对新旧史料的深入解读，扩展了马克思主义史学的研究领域，深化了以往的历史认识。改革开放后，他们当中的许多人又对新时期史学的发展做出了贡献。这批人是新中国马克思主义史学的中坚力量。但是，进入21世纪后，也大都荣休或故去了。

　　目前，无论中国史学，抑或马克思主义史学，都发生了很大变化。新中国成立后培养出来的马克思主义史学家们的学生们，大都已经成长为史学领军人物与学科带头人，其中又有一批优秀分子，沿着老一辈马克思主义史学家所开创的路径，不断开拓进取，为构建中国特色社会主义历史学研究的新样态做出了贡献。中国马克思主义史学不仅后继有人，而且会随着民族伟大复兴而大有作为。有出息的青年史学工作者，应当自觉地继承中国马克思主义史学这一丰厚的财产，争当马克思主义史学的领头羊。

如何评估新中国的马克思主义史学？我们认为，新中国马克思主义史学的主流是健康的、科学的，而艰难与曲折是非主流。即使在"文化大革命"最艰难的时期，许多马克思主义史家也对林彪、江青集团所鼓吹的"影射史学"、评法批儒等进行了抵制。20世纪60年代，"以阶级斗争为纲"成为执政党的政治路线，持正确意见的史家处境困难。1965年，戚本禹发表《为革命而研究历史》，是为"文化大革命史学"的宣言书。"文化大革命史学"的思想特征表现为史学的学术性完全让位于政治性，史学成为政治斗争的工具。这是中国马克思主义史学发展过程中的逆流，需要永远警惕和批判。新中国的马克思主义史学取得了举世瞩目的成就，这是当代中国史学的主流，应当予以继承与弘扬。

马克思、恩格斯多次说过，随着每一次社会制度的巨大历史变动，人们的观点和观念也会发生变革。也就是说，人们的观念、观点和概念，一句话，人们的意识，随着人们的生活条件、人们的社会关系、人们的社会存在的改变而改变。人们的意识如此，人类的知识形态与意识形态也是如此。所以，恩格斯又曾明确地说："每一时代的理论思维，从而我们时代的理论思维，都是一种历史的产物，在不同的时代具有非常不同的形式，并因而具有非常不同的内容。"

中国的马克思主义史学，同样是一种历史的产物，在不同的时代具有非常不同的形式和内容，但基本理论与基本精神是一贯的。

本书的写作思想，是以唯物史观为指导，以中共中央《关于建国以来若干历史问题的决议》为准绳，力求科学、客观、摘要地总结马克思主义史学思想的基本历程、主要成就和主要问题，展示新中国成立后中国马克思史学的理论成就，予以客观评价，为构建面向21世纪的中国马克思主义史学思想新体系提供理论参考。

　　唯物史观是马克思主义史学及史学思想的灵魂，在马克思主义史学体系中居于核心地位，是马克思主义史学的指导思想。评价马克思主义史学，首先要看马克思主义的史学思想。科学地系统地总结马克思主义史学思想，是构建面向未来的马克思主义史学话语体系的需要。

　　站在新世纪新阶段新的历史起点上，展望中国史学的未来发展方向，推动中国史学大发展大繁荣的着力点，应该进一步发挥历史唯物主义观点，并且把它放在现时代，自觉地构建与中国特色社会主义理论体系相适应相配合的新型马克思主义史学形态。

　　最后，需要交代的是，"马克思主义史学"与"中国马克思主义史学"是既密切关联又有所区别的概念。"马克思主义史学"与"马克思主义史学思想"也是既密切关联又有所区别的概念。马克思主义史学泛指世界上所有以马克思主义理论为指导的史学流派与样态，马克思主义史学思想则是马克思主义史学的思想与理论形态。如此说来，"中国马克思主义史学思想"就是一个范围很小的概念了。它是马克思主义的，是史学的，是思想方面的，而且限于是新中国的。

第一章

马克思主义史学主导地位的确立

第一节　新中国的性质与文化定位

一　新中国的性质

1949 年 10 月 1 日，中华人民共和国中央人民政府宣告成立。从此，经历了清政府、北洋军阀、中华民国之后，中国历史进入了中华人民共和国的阶段。中华人民共和国的历史，在 1978 年十一届三中全会之前，叫作社会主义革命与建设时期。之后，叫作改革开放时期。

1949 年的中国，经济非常落后，被后人称作"千疮百孔的烂摊子"。1949 年，全国人口 80% 以上是文盲，学龄儿童入学率只有 20% 左右。专门从事科学研究工作的人员不足 500 人，专门的科研机构只有 30 多个。居民平均预期寿命是 35 岁。全国城镇失业者达 474.2 万人，相当于当时职工的 60%。人均国内生产总值，1952 年时也只有 119 元；外汇储备只有 1.39 亿美元。1949 年，中国粮食产量只有 11318 万吨，人均 209 公斤。猪牛羊肉类产量 1952 年只有 339 万吨，人均 5.9 公斤。水果产量 1949 年 120 万吨，人均 2.2 公斤。水产品产量 1949 年 44.8 万吨，人均 0.8 公斤。中国基本上是个农业国，1952 年农业增加值占国内生产总值的 51%。农业机械总动力 1952 年时只有 18 万千瓦。原煤产量 1949 年只有 0.32 亿吨，原油产量 12 万吨，发电装机容量 185 万千瓦，发电量 43 亿千瓦小时，铁路运营里程 2.18 万公里，公路通车里程 8.07 万公里，内河航道通航里程 7.36 万公里。进出口贸易总额 1950 年为 11.3 亿美元，出口额 5.5 亿美元，进口额 5.8 亿美元。城镇居民人均可支配收入，1949 年时不足 100 元，农村居民人均纯收入 44 元。直到 1978 年，中国农村的绝对贫困人口仍还约有 2.5 亿人，约占全部人口的四分之一。①

那时，中国的绝大部分家庭没有电灯，而是使用油灯。蜡烛是奢侈品。许多妇女缠过足。人们普遍穿着补丁衣服，许多人吃不饱饭。虽然存在北平、上海、广州等近代城市，但落后而广袤的农村与男耕女织的辛劳情景，依然是社会的一般性写照。

受中国实际情形制约，新中国还不具备立即进入社会主义社会的条件，而是实行新民主主义。新民主主义国家性质的确定，是通过中国人民政治协商会议完成的。

1949 年 9 月 21 日，中国人民政治协商会议第一届全体会议在北京开幕。毛泽东以《中国人从此站立起来了》为题作开幕词。他说：

> 我们团结起来，以人民解放战争和人民大革命打倒了内外压迫者，宣布中华人民共和国成立了。我们的民族将从此列入爱好和平自由的世界各民族的大家庭，以勇敢而勤劳的姿态工作着，创造自己的文明和幸福，同时也促进世界的和平和自由。②

中国国民党革命委员会代表何香凝在大会上说，中国人民大革命的胜利，证明毛主席的新民主主义是比我们所信仰的革命的三民主义来得妥善些，要来得彻底些。我们信仰孙中山先生的革命的三民主义的信徒，今天，要来做一个模范的新民主主义工作者。③ 民主建国会代表黄炎培说：新（中国）大厦的基础是马克思主义、毛泽东思想。

---

① 关于 1949 年前后中国的基本经济与社会状况数据，请参看武力主编《中华人民共和国经济史（增订版）》（上卷），中国时代经济出版社 2010 年版，第 42—56 页。

② 《人民日报》1949 年 9 月 22 日。

③ 当代中国研究所编：《中华人民共和国史编年》（1949 年卷），当代中国出版社 2004 年版，第 492 页。

大厦最高顶尖上飘扬的大旗上写的是新民主主义。①

在 24 日的会议上，中国民主同盟代表沈钧儒说：中国要走新民主主义的道路，决不再走旧民主主义的道路。产业落后的中国，只有从新民主主义才能通到社会主义和共产主义的道路。新民主主义的政治原则，人民民主专政的国家机构，再加上民主集中的组织，团结协商的精神，这就成为目前我们所可能采取的总的方向和总的路线。②

29 日，政协第一届全体会议一致通过《中国人民政治协商会议共同纲领》，以具有宪法意义的文件形式，规定了国家的性质和任务，即"中华人民共和国为新民主主义即人民民主主义的国家，实行工人阶级领导的、以工农联盟为基础的、团结各民主阶级和国内各民族的人民民主专政，反对帝国主义、封建主义和官僚资本主义，为中国的独立、民主、和平、统一和富强而奋斗"。

《共同纲领》规定，国家存在五种经济成分，即国营经济、合作社经济、农民和手工业者的个体经济、私人资本主义经济和国家资本主义经济。凡有利于国计民生的私营经济，应鼓励其经营的积极性，并扶助其发展。经济建设的根本方针是：公私兼顾、劳资两利、城乡互补、内外交流，达到发展生产、繁荣经济的目的。

10 月 1 日，《人民日报》发表《中华人民共和国万岁》的社论。社论写道：

> 中国人民政协通过的共同纲领，是全国人民意志和利益的集中表现，是革命斗争经验的总结，也是中华人民共和国在相当长的时期内的施政准则。这个共同纲领规定我们中华人民共和国是新民主主义即人民民主主义的国家，政权是中国工人阶级、农民阶级、小资产阶级、民族资产阶级及其他爱国民主分子的人民民主统一战线政权，而以工农联盟为基础，以工人阶级为领导；目标是反对帝国主义、封建主义和官僚资本主义，为中国的独立、

---

① 《中华人民共和国史编年》（1949 年卷），第 493 页。
② 同上书，第 519 页。

民主、和平、统一和富强而奋斗。它给我们新生的中国，制定了政权机构、军事制度以及经济政策、文化教育政策、民族政策，外交政策的总原则。它保障了全中国人民广大范围内的民主权利，也规定了人人必须遵守若干义务。这原本是中国共产党的最低纲领，即新民主主义纲领，现在已被各民主党派、各人民团体、各民主阶级、各少数民族、海外华侨及其他爱国民主分子所一致接受，成为新中国的建设蓝图。①

社论说，新民主主义政权"不同于资产阶级的旧民主主义政权，也不完全相同于苏联的社会主义政权和东欧各国的人民民主政权。中国的新民主主义政权有工人阶级、农民阶级、小资产阶级和民族资产阶级四个阶级参加。但是，在属于世界反帝国主义阵营，以工人阶级的革命政党为领导力量和实行民主集中制这几点上，中国现在的新民主主义政权，却是与苏联的社会主义政权和东欧各国人民民主政权相同的"。

新中国的马克思主义史学，正是在新的国家性质定位的前提下，开始其思想与历史行程的。而在新民主主义的国家定位中，凝聚着中国马克思主义史学思想的贡献。新的国家性质、新的政权、新的环境，都对中国马克思主义史学提出了新的要求，提出了新的历史任务。

二 新中国的文化定位

历史学是人类知识体系中的重要组成部分，也是人类文化的重要组成部分。在马克思主义理论体系中，历史学占有独特的不可替代的重要位置。在新民主主义的总体建构中，文化是非常重要的组成部分，受到中共高度重视。历史学同样是在新民主主义文化的整体框架下展开其历史行程的。

1949 年 9 月 21 日，毛泽东在中国人民政治协商会议第一届全体

---

① 《中华人民共和国史编年》（1949 年卷），第 570 页。

会议的开幕词中，开宗明义地说："随着经济建设的高潮的到来，不可避免地要出现一个文化建设的高潮。中国人被人认为不文明的时代已经过去了，我们将以一个具有高度文化的民族出现于世界。"

22 日，周恩来在政协会上作报告，进一步明确说："新民主主义的文化政策，简单地说来，就是民族的形式，科学的内容，大众的方向。"

当时，在拟定的庆祝政协会议成功与中央人民政府成立的口号中，第 17 个口号是"发展新民主主义的文化"。

政协通过的《共同纲领》第五章是"文化教育政策"。其中第四十四条写道："提倡用科学的历史观点，研究和解释历史、经济、政治、文化及国际事务。奖励优秀的社会科学著作。"这两段具有宪法属性的文字，对社会科学界的人们来说，应该是最醒目的断语。

因此，在新中国成立前后的繁忙工作中，中共在文化方面的工作，丝毫没有放松，而是紧锣密鼓地开展着。

例如，9 月 24 日，华北人民政府规定，有益于新民主主义文化教育的影剧减半征税。25 日，全国文联机关刊物《文艺报》创刊，茅盾在发刊词中呼吁文艺界同人加强理论学习，继续对封建文艺以及买办文艺、帝国主义文艺开展顽强的斗争。同日，《中国儿童》杂志在北平创刊。26 日，北平自然科学工作者集会纪念巴甫洛夫诞辰 100 周年。28 日，苏联文化艺术科学工作者代表团对中国展开为期一个月的参观访问。9 月 30 日，华北人民政府高等教育委员会所属四个文物机关布展的专题陈列室陆续向公众开放，计有：故宫博物院的"革命史料陈列室""帝后生活陈列室""丝织品陈列室""玉器陈列室"及"禁书陈列室"；北平图书馆的"抗日史料陈列室""美帝侵华史料陈列室""中国政体资料陈列室"及"赵城藏特展"；历史博物馆的"人民捐献文物陈列室"与"新收文物陈列室"；北平文物整理委员会的"历史古迹及文物建筑法式等图片陈列室"。上海各界人士检举英美以电影进行文化侵略。北平市民政局组织僧尼学习政治和文化。10 月 1 日，中央广播事业局成立，北京新华广播电台第一次进行全国实况转播。3—19 日，中共中央宣传部在北京召开全国新华

书店出版工作会议。10 日，中国文字改革协会在北京成立。15 日，
北京市大众文艺创作研究会成立。19 日，北京、上海等地集会纪念
鲁迅逝世 13 周年。25 日，《人民文学》创刊。11 月 1 日，中国科学
院成立。该院接收了原中央研究院历史语言研究所图书资料处等机
构，下设社会研究所、考古研究所等 22 个单位，郭沫若担任院长。①

　　新民主主义的文化定位，以及与之相伴随的一系列文化政策与文
化活动，核心是破旧立新。所谓"旧"，即封建的、买办的、帝国主
义的、法西斯主义的文化。所谓"新"，即新民主主义的文化。这一
转变，是逐步但全面地推进的。当时，各民主党派对此衷心拥护，绝
大部分知识分子由衷欢迎。中国的文化面貌很快呈现出新的气象。

三　知识分子对新中国的态度

　　政协第一届全体会议的代表与候补代表中，许多是知识精英，其
中包含一些史学家或著名学者。例如代表中国民主同盟的费孝通，代
表无党派民主人士的郭沫若、李达、周谷城，代表中国民主促进会的
马叙伦，代表华中解放区的嵇文甫，代表待解放区民主人士的杜国
庠，代表中华全国民主青年联合总会的吴晗，代表全国社会科学工作
者代表会议筹备会的陈伯达、范文澜、邓初民、王学文、艾思奇、翦
伯赞、侯外庐、胡绳，代表中华全国新闻工作者协会筹备会的胡乔
木、邓拓，代表国内少数民族的白寿彝，等等。他们直接参加了新中
国的筹备工作，是建立新中国的见证者与推动者。

　　人民政协开幕后，北平各大学教授应《人民日报》之约，畅谈
新中国诞生。北京大学教授唐兰、闻家驷等人均对新中国诞生表达了
欢呼欣喜之情，决心"永远跟随在毛泽东的旗帜下前进"。

　　9 月 25 日，无党派民主人士首席代表郭沫若在政协会议上说，
我们是无党派民主人士，没有什么党派的意见可以代表，因而仿佛都
是个人，但我们绝不是美帝国主义所企图引诱的"民主的个人主义
者"。我们也绝不是自以为站在中间路线上的所谓"自由主义者"。

---

　　① 《中华人民共和国史编年》（1949 年卷），第 562—563 页。

我们确实是相当自由的，我们要自由自在地跟着毛主席向一边倒。我们在国内要自由自在地倒在中国共产党一边。[①]

早在 1949 年 3 月 20 日，陈垣即在辅仁大学欢送考取华北革命军政大学及南下工作团大会上的讲话中，对青年人"为解放全中国而效力，或作改革及建设新中国的准备"，表示钦佩。[②] 5 月 4 日，他在纪念五一五四的会上讲话，再次表达了北平解放与共产党到来的欣喜之情。[③] 9 月 9 日，《人民日报》刊出陈垣《对北平各界代表会议的感想》一文，写道："解放后的北平，看不见打人的兵，看不见打洋车夫的警察，街上看不见乞丐，看不见整天花天酒地的政府官吏。看不见托人情送官礼的事情，更看不见有所谓'新贵'在琉璃厂买古董，这些虽只是表面的现象，但这表面的现象，说明了政府事实上已有了根本的不同。这不同于以前的改朝换代，的确是历史上空前的、翻天覆地的大变革。"[④]

陈垣的立场与态度，是没有随国民党离开大陆的旧知识分子思想转变的一个典范，在史学史上具有重要的示范效应。

新中国的马克思主义史学，正是在新民主主义的国家性质、新民主主义的文化政策以及广大知识分子的崭新心情下，开始了其历史的行程。

第二节　新中国对学术思想的变革

一　对教学课程的变革

新中国马克思主义史学的最初变化，是与教育界对教学课程的改造联系在一起的。新中国成立前，解放区已经实行新民主主义教育体制。伴随新中国的建立，对教育体制与教育课程的改造也

---

① 《中华人民共和国史编年》（1949 年卷），第 524 页。
② 陈智超主编：《陈垣全集》（第 22 册），广西师范大学出版社 2009 年版，第 575页。
③ 同上书，第 577 页。
④ 同上书，第 583 页。

开展起来。而历史教学作为教育领域的重要内容，自然也会随之改变。

1949 年 12 月 30 日，钱俊瑞在第一次全国教育工作会议上的总结报告要点中说，中国的新教育，正和中国的新政治、新经济一样，开始于二十多年前的老解放区（即当时的土地革命根据地），根据新的形势，要有新的发展。创办人民大学，就是新中国的完全新式的高等教育的起点。争取团结和改造知识分子是新区教育工作的关键。"中国的知识分子大多数与土地有联系，他们在土地革命的斗争中是动摇的，但是他们的立场是可以经过教育而改变的。"对于新区的教师和学生要进行政治与思想教育，"这种教育是国民教育的一部分，其基本性质是新民主主义的，还不是社会主义的。这种教育首先要反对买办的、封建的、法西斯主义的思想，建立为人民服务的思想。但是为了建立和巩固为人民服务的思想，应当提倡和鼓励马克思列宁主义世界观和毛泽东思想的学习。这种提倡和学习，目的是在保证和贯彻目前历史时期的新民主主义建设，并不是要求立即实现社会主义"。[1] 这对历史教育来说，当然同样适用。

中国人民大学是 1949 年 12 月 16 日在政务院第 11 次政务会议上决定设立的，目的在于有计划有步骤地培养新中国的各种建设干部。1950 年 10 月 3 日，中国人民大学举行开学典礼。校长吴玉章在大会上说，培养的学生都要用马列主义毛泽东思想武装起来。

在当时百废待兴的历史环境中，中国共产党人对教育却丝毫没有放松，而是有专人负责，并制订了规章文本。1949 年 6 月 1 日，华北高等教育委员会成立。华北人民政府主席董必武兼任主任委员。10 月 11 日，该委员会颁布《各大学、专科学校文法学院各系课程暂行规定》，规定文学院、法学院的公共必修课程是：辩证唯物论与历史唯物论（包括社会发展简史），新民主主义论（包括近代中国革命运动史），政治经济学。课程的实施原则是废除反动课程（如国民党党义、六法全书等），添设马列主义课程，逐步改造其他课程。该委员

---

[1] 《建国以来重要文献选编》第 1 册，第 91 页。

会组织了文学、历史、哲学、法律、政治、经济、教育七个课改研究小组，对相关课程进行了专门设计，其中对"历史系课程"的规定是：

任务：培养学生以历史唯物主义的观点分析中外历史发展过程的能力，并培养其对中国和世界历史的基本知识。

基本课程暂定下列五门：社会发展史（应尽可能多用中国史实说明）；中国近代史［以上两项课程须与公共必修课密切配合作必要的补充］；马列主义史学名著选读（在下列各书中选读：家族私有财产及国家之起源，德国农民战争，法兰西阶级斗争，拿破仑第三政变记，法兰西内战，德国的革命与反革命，论一元论历史观之发展，什么是人民之友，国家与革命，帝国主义论，联共党史，思想方法论附录。以上各书，或选读几本，或按问题编成讲义，如无适当教员，可采集体讨论方式）；中国通史；世界通史（必须包括苏联史及亚洲史，参考"殖民地附属国历史"一书）。

选修课程：中国断代史及外国国别史［必须选读几门，其他课程由各校酌定］。①

文件对文学系、哲学系、教育系、经济系、政治学系、法律学系的课程设置均作了规定，基本精神均为强调马克思主义的立场、观点、方法。14 日，《人民日报》发表题为《认真实施文法学院的新课程》的社论，指出这是改革大学课程的一个重要开端，"目的在于使高等教育在民族的、科学的、大众的这个文化总方针指导下提高一步，前进一步；使青年们获得科学的世界观、社会观和方法论，正确地了解中国与外国的历史，批判地接受中国与外国的哲学、文学以及其他方面学术的遗产，研究和解决目前的实际问题"。

很快，北京各大学即进行了课程改革的具体实施。《人民日报》

---

① 《建国以来重要文献选编》第 1 册，第 608 页。

为此专门刊发消息，说燕京大学在上半年自动添设了中国新民主主义经济问题、马列主义基本原理、中国社会史、历史哲学及《共产党宣言》和《联共党史》等课程。北京市委组织部在 1949—1950 年 1 月的学校党支部计划中提出，党的支部在学校中的任务，首先是保证新民主主义教育方针能在教学工作中贯彻执行，对现存的不合理的旧学制课程彻底改革，对于各种旧的、反动的思想要进行不断的斗争，团结绝大多数的教职员与学生，共同建设新的人们的教育。①

1950 年 2 月 1 日至 7 日，教育部召开讨论会，研究高等学校《新民主主义论》的教学内容、教学组织、教学方法，并编写讲授提纲。3 月 18 日至 6 月 17 日，北京人民广播电台"广播学习讲座"栏目开始分 9 次播讲新民主主义理论，题目为：中国革命的历史特点、中国新民主主义革命史、中国革命的主要经验、新民主主义的政治、新民主主义的经济、新民主主义的文化、中国革命的前途。天津人民广播电台同时联播。4 月 10 日，中央人民广播电台开始举办"社会科学讲座"，其中包括中共中央党校副校长艾思奇主讲的《社会发展史》，于光远、王惠德主讲的列昂节夫著《政治经济学》等。这是新中国成立初期影响最大的帮助干部学习马克思列宁主义的理论讲座节目，全国 27 个省市都有单位组织收听。② 北京市委宣传部并组织全市干部重新复习社会发展史，依然由艾思奇主讲，历时四个半月，参加学习的干部 1.1 万多人，听讲座的人数 2.3 万人。③

1950 年 6 月 6 日，毛泽东在七届三中全会的书面报告中，谈到全党和全国人民必须做好的若干项工作，其中第四项强调："有步骤地谨慎地进行旧有学校教育事业和旧有社会文化事业的改革工作，争取一切爱国的知识分子为人民服务。在这个问题上，拖延时间不愿改革的思想是不对的，过于性急，企图用粗暴方法进行改革的思想也是不对的。"④

---

① 《建国以来重要文献选编》第 1 册，第 621—622 页。
② 《中华人民共和国史编年》（1950 年卷），第 260 页。
③ 同上书，第 321 页。
④ 《建国以来毛泽东文稿》第 1 册，第 394 页。

通过课程设置等措施，新民主主义思想迅速进入大学和研究机关，并在社会上扩展开来，取得了支配地位。

据悉，至1950年7月，在全国13万大学生中间，已经进行了比较正规的政治思想教育，大部分学生认识了马列主义的世界观与人生观，初步掌握了劳动创造世界、阶级斗争等观点。同时，大多学校也出现了"左"的偏向，笼统地采用以无产阶级思想改造非无产阶级思想的口号，忽略了政治教育应该把肃清封建的、买办的、法西斯主义的三大敌人的思想作为首要任务，有的甚至把重点放在改造个人主义或者自由主义思想上。①

另据1950年10月1日《人民日报》刊登的郭沫若《一年来的文教工作》介绍：经过全国规模的群众学习运动，全国各地纷纷展开了工人农民和知识分子的政治学习。各大中学校普遍设立了政治课。对旧有高等学校课程进行了谨慎而有步骤的改革，准备在三年之内逐步完成这项改革。建立的完全新型的高等学校已有21所，正由旧型高等学校转变过来的有11所。已经完成旧有科学研究机构的调整和改组。

1951年11月30日，中共中央印发关于在学校中进行思想改造和组织清理工作的指示的通知，要求各中央局，并转分局、省委、市委、区党委、地委、青年团团委、各同级政府的党组和教育公安两部门的党组或党委遵照执行。中共中央关于在学校中进行思想改造和组织清理工作的指示指出：学校是培植干部和教育人民的重要机关。党和人民政府必须进行有系统的工作，以期从思想上、政治上和组织上清除学校中的反动遗迹，使全国学校都逐步掌握在党的领导之下，并逐步取得与保持其革命的纯洁性。因此，必须立即开始准备有计划、有领导、有步骤地于一年至两年内，在所有大中小学校的教职员中和高中学校以上的学生中，普遍地进行初步的思想改造的工作，培养干部和积极分子，并在这些基础上，在大中小学校的教职员中和专科学校以上（即大学一年级）的学生中，组织忠诚老实交清历史的运动，

---

① 《中华人民共和国史编年》（1950年卷），第541页。

清理其中的反革命分子。①

显然，在建立一个崭新的与新国家相适应的文化生态方面，中国共产党人有着很高的思想自觉，并做出了可操作的措施安排。中国共产党对文化教育的重视，是近代以来任何政党都无法比拟的，显示了中国共产党要建立一个全新的中国的雄心壮志。

二 新型历史研究机构的设立

与教育领域的改革相同步，新中国成立后，对历史研究以及与之相关的领域，同样非常重视。当时，有关部门曾发通知要求保护历史遗迹、保护革命旧址、征集革命文物，等等。一些新型的专业历史研究机构也逐步建立起来，一批新型刊物得以创刊。

1949 年 3 月下旬，中共中央即考虑在新中国成立后建立统一的科学院，并由郭沫若负责。7 月 13 日，中国人民革命军事委员会副主席周恩来在中华全国自然科学工作者代表会议筹备会议上讲话说：筹备中的科学院，将统筹并领导全国自然科学与社会科学的研究事业。11 月 1 日，中国科学院在北京开始办公。5 日，科学院从华北人民政府高等教育委员会接收了原北平研究院总办事处及所属史学等 6 个研究所，以及原中央研究院历史语言研究所在北京的图书史料整理处。1950 年 5 月，由解放区迁北平的华北大学研究部历史研究室划归科学院。其后，又先后接收了在南京的国民党政府国史馆等。在科学院的研究机构中，包括了专门研究历史的研究所。5 月 19 日，经政务院批准，范文澜为近代史研究所所长，郑振铎为考古所所长，罗常培为语言研究所所长，陶孟和为社会研究所所长。其中近代史研究所由华北大学研究部历史研究室扩建而成。6 月 20 日至 26 日，在中国科学院第一次扩大院务会议闭幕式上，范文澜代表北京的科学家发言，强调思想改造的重要性，表示要学习马列主义思想，站稳为人民服务的立场。

1955 年 6 月，中国科学院又设立了哲学社会科学部，主任郭沫

---

① 《建国以来毛泽东文稿》第 2 册，第 526 页。

若，副主任潘梓年。1957 年，该部的学术思想工作转由中宣部领导，同时成立学部"分党组"，潘梓年任书记，刘导生任副书记，成员有裴丽生、尹达、刘大年、何其芳。1977 年，在哲学社会科学部的基础上，成立了中国社会科学院，胡乔木任院长。此时，该院已经包括考古、历史、近代史、民族、宗教、世界历史等历史专业或与史学关系密切的研究所，成为反映新中国马克思主义史学成就与史学队伍的大本营。

中国新史学研究会于 1949 年 7 月 1 日正式成立，该研究会将"学习并运用历史唯物主义的观点和方法，批判各种旧历史观，并养成史学工作者实事求是的作风，以从事新史学的建设工作"为宗旨。中国史学会于 1951 年 7 月举行正式成立大会，著名历史学家郭沫若任主席，吴玉章、范文澜为副主席。该组织是新中国史学领域最高端的民间社团组织，集合了一大批最著名的史学家。他们当中有的已经是蜚声中外的马克思主义史学家，有的在积极向马克思主义史学靠拢，有的则还在马克思主义与非马克思主义之间徘徊。

1952 年 8 月 18 日，毛泽东对政务院关于设置文史研究馆的决定草案作了批语，同意中央人民政府自 1951 年 7 月成立文史研究馆[①]，吸收社会夙有声望的文人耆宿参加。华东、中南某些地区也设有类似组织，安置了一部分年老贫困的知识分子。全国各省及中央或大行政区的直属市均设置文史研究馆。此种安排，也可以看作是对历史研究的重视。

尤其能反映中国共产党重视历史研究的事件，是 1953 年中共中央决定成立"中国历史问题研究委员会"，把"学习马恩列斯关于历史唯物主义的基本著作"作为重要任务之一。《苏联共产党（布）历史简明教程》和艾思奇的《辩证唯物主义和历史唯物主义》《大众哲学》等书在这一时期被多次再版和重印。毛泽东亲自对"中国历史问题研究委员会"的工作发布指示，陈伯达担任最高领导，郭沫若等人均参加委员会的工作。委员会是党内机构，是研究性质的组织，

---

① 《建国以来毛泽东文稿》第 3 册，第 518 页。

并不干预具体研究工作，但对新中国史学形态的培育、养成、巩固、提高，发挥了一定的作用。

三　理论与史学刊物的创办

在教育改革、专门史学机构纷纷成立的同时，新型的期刊也如雨后春笋一般，被创办起来。期刊是学术的园地。期刊兴，学术兴。据悉，截至 1950 年上半年，全国共有期刊 172 种。这些期刊中，有一些是新中国成立前后创刊的思想理论及学术刊物，成为新中国史学发展的主要园地。

其中最著名的一个期刊，是 1949 年创刊、由中央宣传部理论宣传处编辑的《学习》杂志，后来改名为《红旗》，再后来改名为《求是》。这个杂志在新中国成立初期，对于宣传历史唯物主义，对于树立马克思主义的历史观，起到了很大的作用，受到社会的广泛关注。当时，该杂志所刊登的史学文章，被视为具有风向标的作用。有意思的是，1952 年 3 月 29 日，中共中央宣传部部长陆定一曾因该杂志刊登有错误观点的文章给毛泽东并中央提交检讨报告。检讨报告说，《学习》杂志在 1952 年第 1、第 2、第 3 期发表一系列文章，实质上是否定了民族资产阶级在现阶段还存在着两面性，而认为只有反动的腐朽的一面，从而达到了根本否定民族资产阶级在现阶段仍有其一定的积极性的结论，这样就公开地违反了党的路线和政策。"在中央宣传部的刊物上连续地发表违反党的路线和政策的文章，这对于我们，实在是个严重的教训。"毛泽东亲自作了批示。①

另一个著名期刊，是 1949 年创刊的《新建设》。1950 年 10 月改为学术性月刊，千家驹、何达、沈志远、吴晗等人为编辑委员，基本任务是提高学术，加强全国学术工作者的联系和团结，以马列主义和毛泽东思想为指导，建立和扩大学术界的统一战线。这本期刊对于新中国马克思主义史学的发展，做出了重要的贡献。

1951 年，《新史学通讯》和《历史教学》《文史哲》杂志创刊。

---

① 《建国以来毛泽东文稿》第 3 册，第 376—377 页。

1954 年,《历史研究》创刊。这都是新中国最著名的史学园地。特别是《历史研究》,是中共中央"中国历史问题研究委员会"倡议创办的,毛泽东专门就创办《历史研究》提出了"百家争鸣"的方针。郭沫若是《历史研究》编委会的召集人。《历史研究》"是一份在特殊历史时期以特殊方式诞生的学术刊物,从一开始就被赋予神圣的历史使命,这就是引领当代中国史学的前进方向"。创刊后,史学家们在《历史研究》上"从社会形态研究的角度,以开阔的视野对人类历史进行新的全方位审视,尤其是围绕中国古代史分期问题、中国封建土地所有制形式问题、中国封建社会农民战争问题、中国资本主义萌芽问题、汉民族形成问题这'五朵金花'展开的研究和讨论,不但使一批千百年来被忽略、被遗忘的历史领域得到了应有的重视,一大批沉沦埋没、几近渐灭无闻的历史资料、历史真相重见天日,而且推动史学界建立起以历史唯物主义为指导的学术研究体系。这一崭新的学术研究体系,将中国现代史学和以儒家思想为指导、以考经证史为特征的传统史学彻底区别开来;和以资产阶级唯心史观为指导、以实证为特色的近代史学彻底区别开来。史学家们沿着历史唯物主义指引的方向,以严谨求是的学风钩深致远,从生产力和生产关系、经济基础和上层建筑相互作用的角度,考察了人类社会变迁的内在轨迹,比较准确地揭示了人类历史演进的一般规律,特别是揭示了中国社会既遵循人类社会发展的一般规律、又具有自己鲜明民族特色的独特历史道路"。"《历史研究》还陆续刊发了有关历史发展动力、历史创造者、历史人物评价、唯物史观科学性、中国历史上的唯物主义思想、中国革命何以成功、新民主主义革命等一系列带有规律性认识的文章,对开创新中国史学研究新局面作出了自己的贡献。"① 显然,没有《历史研究》这样一大批史学专业刊物,新中国马克思主义史学的繁荣就会大打折扣。

从 20 世纪 50 年代初开始,学术界大量翻译了马克思、恩格斯、

---

① 高翔:《始终引领当代中国史学的前进方向——写在"历史研究"创刊 60 周年之际》,《人民日报》2014 年 6 月 29 日。

列宁、斯大林的著作,《马克思恩格斯全集》《列宁全集》《斯大林全集》和《毛泽东选集》等著作相继出版。在这方面,史学期刊同样做出了贡献。

四　对马克思主义方法的强调

1950 年 8 月 29 日,毛泽东在一封私人信函中写道:"中国的历史学,若不用马克思主义的方法去研究,势将徒费精力,不能有良好结果,此点尚祈注意及之。"[①] 1951 年 3 月 27 日,他在另一封信中说:"关于辩证唯物论的通俗宣传,过去做得太少,而这是广大工作干部和青年学生的迫切需要。"[②] 毛泽东这里所表达的思想,是新中国马克思主义史学的基本遵循。

1963 年 3 月 13 日,翦伯赞对新中国成立以来北京大学学习唯物史观的情况进行了系统总结:在充分肯定学习成绩的基础上,指出仍有"少数的同志对于马列主义理论的学习有些放松,甚至有忽视马列主义理论的倾向",并且深入分析了三种忽视马列主义理论学习的情况。[③] 在这种情形下,倡导学习马克思主义理论,学习历史唯物主义,成为中国大地上风起云涌的强大社会思潮。

随着新的国家政权的建立,包括思想文化在内的全部上层建筑领域,也必然会作出全新的改变。历史学作为思想文化领域的重要组成部分,自然也会随大势的改变而改变。是自觉地顺应这一变化?抑或是消极观望?还是积极引领?怎样在全新的转型过程中调试自己的思想与做学问的方式?这不仅对非马克思主义阵营的旧知识分子来说是一个挑战,即使对从民国走来的马克思主义史学家以及马克思主义史学新锐来说,也是一个重大的课题。研究历史的史学家们,在重大的历史转折关头,需要做出历史的抉择。这考验的不仅是他们的智慧,重要的是他们的思想与立场。

---

① 《建国以来毛泽东文稿》第 1 册,第 490 页。
② 《建国以来毛泽东文稿》第 2 册,第 195 页。
③ 翦伯赞:《巩固地确立马列主义、毛泽东思想在教学与科学研究中的指导地位》,《翦伯赞史学论文选集》第三辑,人民出版社 1980 年版,第 133 页。

第三节 非马克思主义史家向马克思主义史学靠拢

一 实证型史家由"史论结合"而提升境界

从历史现场还原的角度考察，在历史的大转折时代，许多非马克思主义史学家选择了积极向马克思主义史学转向和靠拢。

据学者陈其泰研究，1949 年后，一批在三四十年代受到严密考证方法训练的学者，如蒙文通、郑天挺、韩儒林、徐中舒、谭其骧、唐长孺、罗尔纲、杨向奎、邓广铭、周一良、王仲荦、韩国磐、傅衣凌、梁方仲、赵光贤、杨志玖、王玉哲、史念海等，还有一些健在的著名学者，进入新中国时大都正当 40 岁上下（其中有几位年纪较长，已过 50 岁）。他们对于新中国成立初年全国范围内形成的学习唯物史观的热潮真诚欢迎。一方面，因唯物史观与实证史学有诸多类通而容易接受；另一方面，又因唯物史观具有更高的科学性和巨大的进步性而感到眼前打开了新天地，能引导自己更加接近真理。所以他们学习的态度是充分自觉的、兴奋的，而且充满自我解剖精神，勇于放弃以前不恰当的观点，迫切要求进步。同时，这些史学家又非常注重唯物史观与中国历史实际的具体结合，警惕并抵制教条化倾向。如唐长孺起初读马克思关于古代东方国家普遍存在土地国有制的论述后，曾认为中国也不例外，但经反复思考，终于认为土地国有制与中国古代历史实际有许多不通之处，最后决然放弃先前的看法。因为这些史学家既重视唯物史观指导，又重视中国历史实际的特点，因而在理论和研究实践两个方面，都深化了认识，相关研究成果因而得到海内外同行的充分肯定。

陈其泰的研究表明，许多研究者学习马列主义是自觉的、愉快的，收获巨大，学术上升到新的境界，能够对复杂的历史现象和学术问题，透过现象，看到本质，以辩证的眼光作具体、细致分析，互相联系，上下贯通，得出正确结论，解决了长期困惑的问题，获得真理性的认识。这是中国学术史上的重大事件，是由历史观和治学方法进入新境从而带动学术取得新的创获的明证。①

事实上，马克思主义史学重视理论指导，但丝毫不轻视史料的作用。马克思本人对史料就考索得极其严格。就唯物史观与中国史实的结合来说，实证型的学者一旦掌握一些唯物史观原理，往往更容易出成果。20 世纪 50 年代在山东大学任教的童书业教授，写出新中国成立后最早的关于亚细亚生产方式的文章，就是一个很明显的例证。童书业教授在新中国成立后学术上有了新的境界，得益于马克思主义理论给他的娴熟的史料学功底插上了腾飞的翅膀。不仅童书业教授如此，当时一大批学者普遍如此。正如陈其泰教授所说，新中国成立初年的考证学者学习马克思主义理论之后，将之运用于自己熟悉的研究领域，取得诸多独具特色的成就。谭其骧、唐长孺、赵光贤在历史地理学、魏晋南北朝史、先秦史领域的建树，就是例证。

对于童书业这样的学者来说，因为学习马克思主义而受益，所以，他们学习马克思主义非但没有思想上的抵触情绪，而且思想上高度自觉。每当有马克思主义的新译文问世，他们都会设法在第一时间得到手，仔细进行阅读，然后与中国的史料相互印证。对他们来说，"学术"与"学问"将马克思主义与实证性研究连接了起来。马克思主义对他们来说，绝不仅仅是政治理论或意识形态，更重要的是一门更艰深的学问，也是学术。他们更多地是以对待学问的方式来对待马克思主义，而这样的立足点、出发点及视角，与老一辈的马克思主义史学家更容易产生共鸣，却未必十分符合社会大转型时代对马克思主义的定位。由于将马克思主义观点、方法乃至许多具体论断与中国、东方的历史资料相结合，这就不仅使他们在新中国成立初期找到了自己的学术定位与方向，而且也改变了他们做学问的方式与样态。他们的文章具有宏观的关怀，但不乏细腻与精微；他们的文章含有哲学思辨的意味，但处处都体现着实证性的精神。甚至对待马克思主义的文本，他们大体上也抱持着实证性的立场与视角。所以，考察这一时期实证型学者与马克思主义学习之间的关系，是一个很值得深入分析的

---

① 参看陈其泰《新历史考证学与史观指导》，《中国史研究》2012 年第 2 期。

课题。沿着这样的路径继续开掘，对于未来的中国马克思主义史学来说，依然是有前途的。

二 史学家的自我思想改造

1951年9月7日，北京大学校长马寅初致函周恩来，说北大教授中有新思想的学者，如汤用彤副校长、张景钺教务长、杨晦副教务长、张龙翔秘书长等12位教授，响应周总理改造思想的号召，发起了北大教员政治学习运动。此举获得毛泽东的肯定。[①] 10月23日，毛泽东在中国人民政治协商会议第一届全国委员会第三次全体会议的开会词中说："在我国的文化教育战线和各种知识分子中，根据中央人民政府的方针，广泛地开展了一个自我教育和自我改造的运动，这同样是我国值得庆贺的新气象。在全国委员会第二次会议闭幕的时候，我曾提出了以批评和自我批评方法进行自我教育和自我改造的建议。现在，这个建议已经逐步地变为现实。思想改造，首先是各种知识分子的思想改造，是我国在各方面彻底实现民主改革和逐步实行工业化的重要条件之一。因此，我们预祝这个自我教育和自我改造运动能够在稳步前进中获得更大的成就。"[②]

自我教育和自我改造，主要是指转变思想观念。

在向马克思主义治学路径的转化方面，思想自觉具有举足轻重的作用。只有思想自觉，所谓自我变革才能具有坚实的基础。这方面，史学界最常举的一个例子，是著名史学家陈垣的例子。

陈垣是在史学界具有重要影响的实证型学者，与南方的陈寅恪有"二陈"之称。但相对于陈寅恪来说，他向马克思主义治学路径上的靠拢，要自觉得多。这种靠拢，是思想理论上的，也是政治上的。

北京解放后，陈垣看到"纪律严明的军队，勤劳朴实的干部，一切为人民利益着想的政党"，他发现"我们所向往的中国独立富强的道路，就是中国共产党所领导的革命道路"。这对从北洋走过来的

---

① 《建国以来毛泽东文稿》第2册，第448页。
② 同上书，第482—483页。

陈垣来说，思想震动非常大。在 1950 年首届全国高等教育会议上，他对自己以前"为学术而学术"的治学方法进行了反省，认为从前的研究"谈不到大众化，更谈不到为人民服务"，"糊里糊涂做了一辈子学问，也不知为谁服务"。后来，他在给朋友的信中说："解放前我著书，只凭自己一时的兴起，不问人民需要不需要，故所著多不切实用之书。"1955 年，在中国科学院学部成立大会上，陈垣又代表哲学社会科学部发言说："解放前大多数科学研究工作都是'单干户'，各人搞各人的……彼此之间很少有联系，更难得有合作。结果常常是'所学非所用'，'所用非所学'，'为学术而学术'，脱离实际，对国家和人民不可能有多少贡献。"而现在，"我们可以按照人民的迫切需要、国家当前的任务来从事科学研究工作了"。

陈垣是在历史转折关头最早公开表示与胡适决裂的非马克思主义学者。在《给胡适之的一封公开信》中，他说，读了毛泽东的《中国革命与中国共产党》《新民主主义论》《论联合政府》以及《毛泽东选集》的一些其他文章，"初步研究了辩证唯物论和历史唯物论，使我对历史有了新的见解，确定了今后治学的方法"。此后，他又"学习了《社会发展史》、恩格斯《家庭、私有制和国家的起源》、列宁《国家与革命》，还有其他经典著作"。他说："解放后，得学毛泽东思想，始幡然悟前者之非，一切须从头学起。年力就衰，时感不及，为可恨耳。"

他还说："学习马克思主义并不是'降低身份'，实际上一个人能向真理投降，是最光荣的事情。""因此，我不愿作旧史学界的旗帜，我愿作马克思主义历史科学队伍中的老兵，我不愿作旧史学界的大师，我甘心作新史学界的小学生。"①

陈垣的表态具有强大的示范性。这一方面是由于陈垣的地位与影响，二是由于陈垣是典型的实证型学者，特别是在古文献学方面，造诣极其深厚。他的表态说明，学问的形态在改变，只有自觉地适应这

---

①　本节关于陈垣的内容，均来自周少川《陈垣晚年史学及学术思想的升华》，《史学史研究》2000 年第 4 期。

种"变",而且自觉地去推动这种"变",学术的生命才会得到更生与提升。

思想改造对绝大部分知识分子来说,都可以比较顺利地过关。对那些有抵触情绪的学者,也能采取说服教育的方式。1952 年 4 月 20 日,中共北京市委报送毛泽东并中央的北京高等学校"三反"简报中说,为了帮助北京大学法学院教授周炳琳更好地解除对思想改造的顾虑和端正对"三反"的态度,北大党组织有领导有计划地派人同他谈话。在张奚若、马寅初同周谈话和周的女儿(共产党员)做工作后,周的态度有所转变,表示愿意听取大家的批评,进一步作思想检讨。对这种作法,毛泽东给予了肯定,认为"像周炳琳那样的人还是帮助他们过关为宜,时间可以放宽些。北京大学最近对周炳琳的作法很好,望推广至各校,这是有关争取许多反动的或中间派的教授们的必要的作法"①。

三 唯物史观在 20 世纪 50 年代全面主导史学研究

20 世纪 50 年代,由于唯物史观的运用,历史研究的整体格局得到改变。从历史观到历史思想,从研究课题到研究视角,从历史对象的选择到对历史对象的叙述方式,乃至于整个历史学的话语方式,都在改变。而这些,具有重大的历史进步意义。

讲到 20 世纪 50 年代运用唯物史观所取得的成绩,学者林甘泉总结出六点。第一,历史不再看作是一些偶然事件的堆积,而是有规律可循的历史过程。历史必然性通过偶然性表现出来。第二,历史变动的原因不应单纯用人们的思想动机来解释,而应着重考察这种变动背后的物质生活条件。第三,人民群众是历史的真正主人,杰出人物可以在历史上起重要作用,甚至可以在一定时期内改变一个国家或民族的历史发展的方向,但最终决定历史命运的力量是人民群众。第四,中国封建社会的主要矛盾是地主阶级和农民阶级的矛盾,农民的阶级斗争和农民战争是推动封建社会历史发展的动力。第五,中国自古以

① 《建国以来毛泽东文稿》第 3 册,第 422—423 页。

来是一个多民族国家，各民族的历史都是中国历史的组成部分。第六，鸦片战争以后中国逐步沦为半殖民地半封建社会。帝国主义和中华民族的矛盾，封建主义和人民大众的矛盾，是近代中国社会的主要矛盾。[①]

上述六点，主要有两个方面。一是关于历史观念，即看待历史的观念，开始依据历史唯物主义的基本点来进行。二是关于中国历史的解释框架，看待中国历史的整体视角，立足于唯物史观与中国历史实际的结合。

学者庞卓恒对 20 世纪 50 年代著名历史学家雷海宗的状况进行了分析，从这位著名历史学家的变化上，也能鲜明地折射出时代的特征。

雷海宗先生在新中国成立前以斯宾格勒、汤因比倡导的文化形态史观作为历史研究的指导思想。新中国成立后，他认真学习马克思主义，运用唯物史观指导教学和研究，编写了新的教材，发表了一批以唯物史观为指导思想的学术论文。雷先生 1956 年发表的《上古中晚期亚欧大草原的游牧世界与土著世界》一文，开拓了世界史研究的新视野。1984 年吴于廑先生发表《世界历史上的游牧世界与农耕世界》一文，堪称这一视角的新的开拓和发展。雷先生 1957 年发表的《世界史分期与上古史中的一些问题》一文，运用唯物史观的生产力与生产关系的理论，对世界古代史的分期提出了自己的独到见解。他认为马克思所说的"古典社会"和"封建社会"实际上都属于封建社会，只是有前期和后期之别。雅典和罗马一度盛行过的奴隶制，只是封建社会前期的一种特殊现象，不宜视为具有普遍意义的一个历史发展阶段。20 世纪八九十年代，胡钟达先生提出"广义封建社会"概念，也可以说是对雷先生这一思路的进一步发展。在 50 年代，马克思关于"三大形态"的论说的著作还没有在中国翻译出版。雷先生居然能够凭自己的理解提出与马克思的论说有所吻合的见解，这表明他学习和运用唯物史观指导历史研究，不是教条式地学习和运用，

---

① 《林甘泉文集》，上海辞书出版社 2005 年版，第 366—367 页。

而是以它作为指导，进行创造性的思考和研究。这些事实充分表明，马克思主义的史学理论在那时确实是深得人心的。[①]

如果我们进一步深入思考雷海宗现象，会发现他实际上与童书业等人的情况是一样的。由此出发，再去思考历史学的学科特性，也会给人启发。那就是说，历史学家一旦能够做到"史"与"论"双过硬，并且能够将其实现有机的结合，就会做出不平凡的贡献。中国历史上有所谓"汉宋之争"，亦即争辩所谓汉学与宋学的高下，一般认为汉学之弊，在于饾饤、琐屑、獭祭，而宋学之弊，在于空疏、游谈、无根。只有二者相互结合，才能去双方之短，而取各自之长。历史学的特性，也正在于史与论的结合。只有这样，它才能既避免成为哲学式的单纯逻辑建构，又避免成为文献的单纯资料搜讨。因此，对马克思主义唯物史观的提倡、推动、学习，从一定意义上说，也是对历史学学科特性的维护与巩固。

学者张剑平从另一个视角考察20世纪50年代史学界的整体状况，也提出了一些富于启发性的见解。他说，新中国史学是在20世纪初期新史学发展的基础上产生的，1949年之前已逐步发展起来的中国马克思主义史学，到1956年前后已成为中国历史学发展的主流。新中国的成立，马克思主义的社会经济形态学说、阶级分析的方法，毛泽东关于中国历史和中国近代社会的矛盾的学说，对于促进中国史学家深入系统地研究中国的历史，发挥了重要的作用。1952年全国院系调整之后，根据苏联的历史专业教学计划，新中国也制订了自己的高等学校历史教学计划，1956年又重新审定了高等院校的历史学各科教学大纲，编写了新的中学历史教材，颁发了新的中学历史教学计划。同年，开始制订"历史学十二年发展规划"。历史学从业人数由1953年历史学教师、研究生不到500人，发展到1962年的1万余人。吴玉章、郭沫若、范文澜、翦伯赞、侯外庐、胡绳等创立的中国新史学研究会和后来的中国史学会，组织全国的历史学家，开始了关于中国奴隶社会与封建社会的分期、中国封建社会内部的分期、中国

---

① 庞卓恒：《新中国马克思主义史学发展历程》，《史学理论研究》2009年第4期。

近代史分期以及中国封建土地所有制形式、中国汉民族形成、中国资本主义萌芽问题、历史人物评价问题、历史主义与阶级分析等重要问题的争鸣，这极大地推动了中国马克思主义史学的发展。在通史编纂方面，范文澜修订的《中国通史简编》五代十国以前部分问世，翦伯赞的《中国史纲要》基本编著完成，侯外庐的《中国思想通史》编写工作完成，郭沫若主持编写了《中国史稿》。中国史学会编著的大型历史资料《中国近代史资料丛刊》，一千多万字的篇幅和丰富的资料更是给新中国马克思主义史学发展历程、中国历史学增添了亮丽的色彩。中国近代经济史研究成果显著，严中平的《中国近代经济史资料选辑》，孙毓棠、汪敬虞以及陈真、姚洛的《中国近代工业史资料》，彭泽益的《中国近代手工业资料》，姚贤镐的《中国对外贸易史资料》，宓汝成的《中国近代铁路史资料》，聂宝璋的《中国近代航运史资料》等纷纷问世。在断代史研究方面，杨宽、杨翼骧、何兹全、王仲荦、韩国磐、岑仲勉、吴枫、韩儒林、傅衣凌、郑天挺等皆取得了巨大的成就。此外，在中国近现代史研究、中共党史研究、世界史的教学和研究以及学科建设方面也都有了新的进展。①

这也就是说，历史观的改变，整体历史观念的革命，对于具体的历史研究来说，非但没有阻碍，而且是大大的促进。在马克思主义指导下，无论文献学，还是历史著作撰写，同样可以百花争艳，繁荣发展。而且，由于有国家政权的支持，研究队伍与格局可以超乎寻常的速度扩展，这是中国的优势。用好这一优势，不发生偏差与曲折，中国史学的"盛世"是完全可以期待的。

学者吴英认为，新中国的成立迫切要求人们，尤其是知识界在思想观念上有一个彻底的转化，摒弃帝国主义、封建主义和官僚资本主义的思想影响，树立科学的人生观与世界观。史学界自然也不例外，史学工作者以极大的热情投入思想转化的洪流。通过对马克思唯物史观的学习、比对、认识，多数人接受了这一历史研究的指导理论。他们中既有老一代原本笃信马克思主义的史学家，也包括在新中国成立

---

① 张剑平：《新中国历史学发展的道路和成就》，《史学理论研究》2009 年第 4 期。

后开始学习和运用唯物史观指导历史研究的众多史学名家，像陈垣老先生就曾表示要"一切从头学起"。可以说，这一时期对以唯物史观为理论指导研究历史，学界表现出很高的热情和积极性。自觉接受并运用唯物史观进行历史研究成为主流，基本奠定了唯物史观作为史学研究指导理论的地位。①

学者瞿林东总结性地概况说，20 世纪五六十年代，"历史学界对中国历史上的一系列重大问题全面地展开了讨论、商榷、辩难，使人们对中国历史有了全新的认识，其成就、功绩之大，在中国史学发展史上前所未有"。②

思想转变的成效怎样，最终需要看科研成果，要经受实践的检验。事实表明，在新中国成立初期学习马克思主义的热潮中，人们对许多问题思考的科学性、学理性，不是在减弱，而是在加强。比如对史料的认识，在批评"史料即史学"的观点的同时，是否就可以轻视史料了呢？胡绳在 1956 年就批评了把马克思主义唯物史观与史料研究对立起来的观点："轻视史料学家的工作是错误的。因为历史发展的科学规律的认识必须建立在丰富的确实的史料的基础上，所以在有的情况下，史料学的研究成果，甚至对于解决某个历史问题起着决定性作用。决不能把马克思主义的历史研究和史料工作看做互相对立的。史料学家也需要学习马克思主义，把辩证唯物主义和历史唯物主义的观点和方法同史料学上的知识专门结合起来，那就更能提高史料工作的水平。"③

著名史学家尚钺在 1957 年提出要以唯物史观的严肃科学性分析史料，认为这是马克思主义史学区别于其他史学的重要特征之一。他认为："运用史料还要严肃地掌握阶级性，马列主义告诉我们：历史科学就是严肃的党性科学，所以必须掌握阶级观点，因为不严肃掌握

---

① 吴英：《唯物史观与历史研究 60 年》，《史学理论研究》2009 年第 4 期。
② 瞿林东：《历史学的理论成就与中国史学史研究的发展》，《中国社会科学报》2009 年 7 月 23 日。
③ 胡绳：《社会历史的研究怎样成为科学》，《胡绳集》，中国社会科学出版社 2003 年版，第 156 页。

阶级观点，就要犯大的原则上的错误，同时我们搞历史的人是知道的，过去历史记录权不掌握在人民群众手里，掌握在奴隶主阶级手里，掌握在封建主阶级手里，掌握在资产阶级手里，因此我们运用过去史料，要不严格地批判地来看这些史料，就很容易落到地主阶级和资产阶级那个迷魂阵里边去。"① 在这样的论述中，史料不再仅仅是一个文献的整理与运用问题，而是包含了更多的思想内涵。这样的视角，是旧时期的史料学者从未采用过的。将理论与史料研究结合起来，以及史料的阶级性分析等思想都丰富了对于史料的认识。

1951 年，毛泽东曾为中国戏曲研究院题词："百花齐放，推陈出新。"新中国成立后中国史学的状况，大体也可以用这八个字来概括。

---

① 尚钺：《关于研究历史中的几个问题》，《尚钺史学论文选集》，人民出版社 1984 年版，第 33 页。

第二章

对资产阶级史学思想的批判

第一节　电影《武训传》大讨论

武训是中国近代史上的一位下层群众。他非常贫穷，却节衣缩食，省下钱来帮助穷苦孩子上学读书，因此被民间社会赞誉为一个大好人、大善人。如何评价武训的所作所为，怎样看待其社会影响，不仅是一个普通的历史人物定位、评价问题，而是直接牵涉到历史观、价值观的分野。因此，当相关的机遇出现的时候，电影《武训传》便成为与史学关联紧密的思想斗争的契机和平台。

1950 年年底到 1951 年年初，电影《武训传》放映，受到广泛赞誉。1950 年，还出版了三本关于武训的书：孙瑜的电影小说《武训传》（上海新亚书店），李士钊编、孙之偶绘的《武训画传》（上海万叶书店）和柏水的章回小说《千古奇丐》（上海通联书店），郭沫若为《武训画传》题了封面并作序。

人们之所以对电影《武训传》给予好评，无非是出于对行善行为加以赞美的朴素情感。但是，在历史大变革的时代，这种朴素的情感却需要经受更加严苛的考验与衡量。

1951 年 3 月 18 日，《人民日报》刊登了一封《对〈武训画传〉提意见》的读者来信。信中说："在这本书中，最不能使我同意的是《著者序》中的一句话：实际上武训先生是一个最典型最具体的历史唯物主义的身体力行者，他为了赚钱可以过非人的牛马生活，只要达到他的'积钱兴学'的目的，他可以任人打骂和侮辱。这样肤浅地、庸俗地、错误地解释历史唯物主义，是有害的。"《人民日报》加按语说："意见是值得重视的。"

应该说，把武训说成是"历史唯物主义者的身体力行者"，确实是不适当的。因为，武训帮助穷人孩子上学，也仅仅是出于善良的愿望，是一种值得称赞的善行。无论是过分地贬低他，还是过分地拔高他，都是不合适的。

3月25日，《进步日报》刊载《武训不是我们的好传统》的文章，从政治的高度对武训进行了定位，认为"武训是歪曲中国人民的斗争，反现实主义的人物"。应该说，这样的评价，对武训来说，也不合适。因为，武训毕竟不是对历史发展起重要作用的历史人物，他充其量只是一位有着好心肠、好行为的底层民众。让他负载太多的历史责任，是不合适的。但是，作为艺术形象的武训，与作为实际历史人物的武训，又是不一样的。作为艺术形象，他的身上则负载了更多的因素，其历史价值和意义，当然也就不一样的。

面对开始出现的争议，《武训画传》的作者李士钊也在理论上无法得到确解，便去向马克思主义史学家翦伯赞请教。翦伯赞说："依我看，首先得充分掌握史料；然后才能讲唯物史观；但不能反历史主义。本乎这三个原则，就可以不怕来自任何高层的批评。"

翦伯赞这里提出了"历史主义"的基本原则问题。也就是说，考察任何历史人物，都应当从其所处的特定的历史时代出发，不能从永恒的正义出发，不能从后世的条件出发。这是历史唯物主义的一条基本原则。因此，他的立足点，在于依照历史主义的原则，对武训进行具体的研究和分析，反对轻易地下结论。我们看到，历史主义一直是翦伯赞坚守的研究原则。此后，他还曾就此问题作过详细的阐述。但历史主义与阶级原则的关系问题，在武训评价上面，已经开始浮出水面。

作为新中国的最高领导人，毛泽东对电影《武训传》的看法，显然会站位更高，也更具有政治上的考虑，权威性更强。他看了电影《武训传》后，认为"这个电影是改良主义的，要批判"。1951年4月25日，《文艺报》刊发文章《不足为训的武训》《建议教育界讨论〈武训传〉》，并刊登了鲁迅谈武训的文章《难答的问题》。《文艺报》编者按说:"《武训传》影片上映后,引起了对于武训这一历史人物,对于影片《武训传》的思想与艺术内容的论争,……这一论争,不仅反映了很多同志,还缺乏坚强的阶级观点与正确的历史观点,而且对于中国革命传统的认识,尤其反映了很多糊涂观念。"

中国新民主主义青年团中央宣传部副部长许立群以杨耳的笔名,在 5 月 10 日《文艺报》发表《试谈陶行知先生表扬"武训精神"有无积极作用?》。5 月 16 日,《人民日报》转载,题目改为《陶行知表扬"武训精神"有积极作用么?》,并加编者按。

5 月 20 日,《人民日报》发表社论《应当重视电影〈武训传〉的讨论》,其中有几段文字是毛泽东加写和改写的。1967 年 5 月 26 日,这几段文字作为毛泽东的文章在《人民日报》发表。可见,当时绝大部分读者并不知晓社论是经毛泽东修改过的。

毛泽东首先把《武训传》所提出的问题看得非常严重,认为它"带有根本的性质"。其一,他从历史与时代的大背景出发,认为武训并没有顺应时代发展,依据历史的时代使命去定位自己的行为。"像武训那样的人,处在清朝末年中国人民反对外国侵略者和反对国内的反动封建统治者的伟大斗争的时代,根本不去触动封建经济基础及其上层建筑的一根毫毛,反而狂热地宣传封建文化,并为了取得自己所没有的宣传封建文化的地位,就对反动的封建统治者竭尽奴颜婢膝的能事"。这里反映出毛泽东评价历史人物的一个基本原则,就是从大的时代背景出发,看历史人物是否与历史进步潮流相互合拍。

其二,他认为在武训的问题上,反映了如何对待农民起义与农民战争的原则问题。而这个问题,直接与历史发展动力相关,因此,同样是原则问题。他说:承认或者容忍歌颂武训,"就是承认或者容忍污蔑农民革命斗争,污蔑中国历史"。而这直接关联到历史观,因此,在他看来,这绝不是小问题。

其三,从社会各界对武训的评价,使他感到革命的历史观要想真正在新中国扎下根,不要说在普通民众之间,即使是在文化界和知识界,也还任重道远。"电影《武训传》的出现,特别是对于武训和电影《武训传》的歌颂竟至如此之多,说明了我国文化界的思想混乱达到了何等的程度！"他甚至严厉批评说："特别值得注意的，是一些号称学得了马克思主义的共产党员。他们学得了社会发展史——历史唯物论，但是一遇到具体的历史事件，具体的历史人物（如像武训），具体的反历史的思想（如像电影《武训传》及其他关于武训的著作），就丧失了批判的能力，有些人则竟至向这种反动思想投降。资产阶级的反动思想侵入了战斗的共产党，这难道不是事实吗？一些共产党员自称已经学得的马克思主义，究竟跑到什么地方去了呢？"因此，要让革命的历史观入人心进人脑，成为人们的自觉行为，他认为开展适当的思想斗争与交锋，是完全必要的。毛泽东要的不是口头上文本上的马克思主义，而是马克思主义的自觉与行为。

其四，毛泽东通过武训问题的讨论，提出了怎样讲述历史、怎样选择历史对象、什么才应该是历史叙述的主体的问题。这些问题，都可以说是新中国马克思主义史学思想的基本问题。毛泽东说：

> 在许多作者看来，历史的发展不是以新事物代替旧事物，而是以种种努力去保持旧事物使它得免于死亡；不是以阶级斗争去推翻应当推翻的反动的封建统治者，而是像武训那样否定被压迫人民的阶级斗争，向反动的封建统治者投降。我们的作者们不去研究过去历史中压迫中国人民的敌人是些什么人，向这些敌人投降并为他们服务的人是否有值得称赞的地方。我们的作者们也不去研究自从一八四〇年鸦片战争以来的一百多年中，中国发生了一些什么向着旧的社会经济形态及其上层建筑（政治、文化等等）作斗争的新的社会经济形态，新的阶级力量，新的人物和新的思想，而去决定什么东西是应当称赞或歌颂的，什么东西是不应当称赞或歌颂的，什么东西是应当反对的。[1]

毛泽东这里实际上提出了一种新的历史撰写与编纂视角及模型。

---

[1] 《建国以来毛泽东文稿》第2册，第316—317页。

此后，新中国史学思想中的种种讨论和命题，都与毛泽东的这种新视角与新的叙事模型相关联，直接受毛泽东这些思想的指导或影响。

正因为毛泽东没有孤立地看待武训的问题，而是试图通过武训这一历史人物的艺术形象来达到更宽广的目的，所以，他认为"应当展开关于电影《武训传》及其他有关武训的著作和论文的讨论，求得彻底地澄清在这个问题上的混乱思想"。

因此，毛泽东非但没有让讨论停止下来，而是通过特定的方式，继续向社会传递他的思想与看法。1951 年 6 月，在审阅杨耳《评武训和关于武训的宣传》稿时，他又加写了几段文字，愈加把他的思想细化了。

毛泽东对武训的行乞和办"义"学行为，做了整体性的否定。他做出否定性论断的基点，是武训所办之学，并不是所谓为了"穷孩子"，"为穷孩子"只是一句空话，实际是为富孩子。也就是说，毛泽东分析问题的基点，是立足于为穷人讲话的立场。值得注意的是，毛泽东实事求是地区分了武训其人与武训艺术形象之间的不同。他说："武训自己怎样想是一件事，武训的后人替他宣传又是一件事。武训自己一个人想得不对，是极小的事，没有什么影响。后人替他宣传就不同了，这是借武训来宣传自己的主张，而且要拍成电影，写成著作成论文，向中国人民大肆宣传，这就引起了根本问题了。"① 可见，对武训其人，毛泽东并没有什么先入之见，他所看重的，是在武训宣传中所传达出来的信息。这些信息，因其与革命的历史观相违背，因此不能被毛泽东所赞同。当然，对武训本人，毛泽东也是很反感的。但是，如果没有艺术形象的塑造，这个人是否会进入毛泽东的视野，还需要打一个问号。

1951 年 7 月 2 日，中共中央华北局宣传部给中央宣传部提交报告，其中说：河北省委对现有武训纪念物提出了处理意见，华北局认为，首先对群众广泛进行教育，从思想上解决问题，然后再分别不同情况进行处理。（一）凡私立武训学校（如北京武训小学），在对武

---

① 《建国以来毛泽东文稿》第 2 册，第 374—376 页。

训及电影《武训传》讨论渐趋成熟时，由他们自己提出更名和改组，我们同意批准，仍为私立学校。凡公立的武训学校（如平原武训师范），在教职员学生思想澄清后，更改校名（按，已改省立堂邑师范）。（二）关于纪念武训的碑文、建筑等物，教育群众认清武训以后，由群众自觉地拆除。石刻、塑像、柱、碑要拔除，画像要涂抹，武训纪念林要改名，但武训墓和墓碑，我们认为应当保留。7月7日，毛泽东批示："可予同意。但应着重教育解释，其余可以从容处理。"① 可见，毛泽东的意图是重在思想改造与教育，对于涉及实际层面的动作，还是非常慎重的，并没有采取疾风暴雨式的激烈做法。

1951年夏，由《人民日报》社和中央文化部发起，组织了一个13人的武训历史调查团，赴山东堂邑、临清、馆陶等县，先后进行了二十多天的调查。其后，写出了《武训历史调查记》。毛泽东对之进行了修改。他在加写、修改文字中，又表述了一些重要思想。这些思想，对当代中国史学思想的发展演变具有指导性的影响。

关于怎样运用历史主义原则的问题，毛泽东并不否定历史主义原则的科学性，认为应当予以遵循。但他认为，怎样运用历史主义原则，却大有讲究。以武训来说，他"所处的具体历史环境，正是太平天国和北方捻军的农民大革命时代以后"，而且，武训家乡就有地方性的农民革命军。毛泽东认为，这种事实，使我们能够提供一个"具体的历史条件"和一些"历史上的人物"，作为大家判断的根据。可见，历史主义是应当遵循的，但将历史主义运用恰当，还需要具体问题具体分析。

关于"封建制度的规律"，毛泽东指出："封建制度的生产关系，是地主阶级掌握主要的生产资料。地主阶级有政权，有军队，保护这种生产关系。因而只有地主阶级能够垄断文化，办学校。被剥削被压迫的农民阶级是不可能有受教育学文化的机会的。在封建地主阶级看来，使用简单工具从事农业劳动的农民，也没有要使他们受教育学文化的必要。这是几千年封建制度的规律，是唯物史观所指示的法则。

---

① 《建国以来毛泽东文稿》第2册，第388页。

被剥削被压迫的农民阶级要在文化教育方面翻身，要自己办学校，学文化，受教育，只有在工人阶级领导之下，推翻地主阶级的政权，建立以工农联盟为基础的政权，并取消地主与农民间的封建的生产关系即地主的土地所有制，改变成为农民的土地所有制，才有这种可能。在中国的解放区和中华人民共和国建立以后的全中国，就有这种可能了。"毛泽东从生产关系、阶级关系、社会变迁的角度看问题，提出核心理念，这同样成为新中国史学思想的重要内容。

在毛泽东的直接推动下，关于电影《武训传》的讨论，迅速开展起来。1951年5月20日，也就是在《人民日报》刊登社论的同一天，该报第3版"党的生活"专栏还发表了《共产党员应当参加关于〈武训传〉的批判》的短评，号召"每个看过这部电影或看过歌颂武训的文章的共产党员，都不应对于这样重要的思想政治问题保持沉默，都应当积极起来自觉地同错误思想进行斗争。如果自己犯过歌颂武训的错误，就应当作严肃的公开的自我批评"。

随后，全国迅速掀起了一个群众性的大批判运动的高潮。据统计，从5月20日《人民日报》社论发表到7月23日《武训历史调查记》在《人民日报》连载，《人民日报》所刊登的有关武训的稿件有134篇。

8月8日，《人民日报》发表周扬的长篇文章《反人民反历史的思想和反现实主义的艺术》，分别从"两种历史观""武训和电影《武训传》迷惑人的地方在哪里""电影《武训传》主题的反动性""武训形象的虚伪和丑恶"四个方面，对电影《武训传》进行了总结性的批判："电影《武训传》诬蔑了中国人民历史的道路，宣传了资产阶级的反动思想，用改良主义来代替革命，用个人奋斗来代替群众斗争，用卑躬屈节的投降主义来代替革命的英雄主义。电影中的武训的形象是丑恶的、虚伪的，在他身上反映了我国封建社会的黑暗和卑鄙，歌颂他就是歌颂黑暗和卑鄙，就是反人民的，反爱国主义的。"

郭沫若写了《联系着武训批判的自我检查》一文，在6月7日的《人民日报》发表。胡绳、范文澜、翦伯赞、郑天挺、雷海宗、赵俪生等史学家，也参加了批判。胡绳于6月7日在《人民日报》

发表《为什么歌颂武训是资产阶级反动思想的表现》。赵俪生《武训处在农民运动高涨时代，甘心充当封建统治者的奴才》发表在 6 月 14 日《人民日报》。范文澜于 7 月 6 日在《人民日报》发表《武训是什么人？为什么有人要歌颂他？》。《学习》（半月刊）1951 年第 4 卷第 5 期（6 月 16 日）发表了翦伯赞的《我对于电影〈武训传〉的意见》、雷海宗的《目前流行的几种退一步为武训辩解的说法》、郑天挺的《笔谈〈武训传〉》。

他们均认为，武训不值得赞扬，应该批判。但当时也有人提出，应该从历史主义观点出发，客观地评价武训，不应该苛求古人。董渭川说："历史上的任何一个伟大人物和伟大事迹，如果拿今天的革命成就来比较衡量，恐怕都有被否定的可能，但是只要在历史上称得起伟大的人和事，我们就应该从那个人代表的精神和那件事完成的过程，以及人和事在当时所发生的影响，特别是在今天还应该重视和发扬的某些优点，作肯定的介绍，似乎不应该用今天的尺度作否定的结论。"① 程庆华说："我们认识一个历史人物必须从历史唯物主义的观点出发。……不能拿现在的人物与历史上的人物比较，来衡量他们的轻重。"② 1951 年 6 月 1 日，《人民日报》刊登一封来信说："要批判一个人的'全部人格、思想、行为的意义和价值'，就一定得搞清楚他当时的'历史条件'才行，这并不是什么'借口历史条件所限'的问题，也不是什么'降低尺度'的问题，而实在是就事论事的问题。"

林默涵认为："当时，中国革命刚刚取得胜利，这个革命是通过武装斗争的道路取得胜利的，而电影《武训传》恰恰是宣扬了改良主义。进行这次批判，教育人民懂得中国革命是怎样胜利的，肃清改良主义的思想影响和对美帝的幻想，具有重要意义。"③

批判《武训传》是新中国成立后意识形态领域的第一场大批判，

---

① 《由教育观点评武训传》，《光明日报》1951 年 2 月 28 日。
② 《进步报》1951 年 4 月 4 日。
③ 《共和国要事口述史》，湖南人民出版社 1999 年版，第 75 页。

也是直接与历史学相关的第一次大批判。这场批判运动有进步意义，也有消极影响。说到进步意义，它无疑更广泛地宣传推广了唯物史观，对于人们加深对革命历史观的理解，特别是将马克思主义具体运用于研究对象，防止马克思主义的空泛化、空心化，都是有积极作用的。讲到消极影响，就是在当时的特定背景下，给武训的帽子戴得过多、过高，并不十分妥当。1985 年，胡乔木说：当时这场批判，"是非常片面的、极端的和粗暴的"，尽管这个批判有它特定的历史原因，但是由于批判所采取的方法，我们"不但不能认为是完全正确，甚至也不能认为基本正确，但目前也没有充分的理由说明这个批判完全错误"。胡乔木还说："我们没有理由说谁称许过武训，这个人的思想就是反动的，就是反马克思主义的。因为对一个历史人物的评价，经常因人因时而异，也很难对历史上有争议的每个人作出最后的唯一正确的评价。"① 但是，无论怎样说，作为新中国成立后思想文化领域的一个重大事件，对电影《武训传》的争议与批判，都对后世产生了很大影响。无论对电影艺术，还是对历史研究，它都提出了一些根本性的问题。就历史研究来说，它实际上蕴含并提出了新中国历史研究的指导思想与写作范式问题。这样的问题，沿着清晰的逻辑线路，在其后开展的胡适思想大批判运动中，得到延展与巩固。

第二节　批判胡适思想

胡适是民国时期最有影响的自由主义学者。他与梁启超等晚清时期出名的学者不同，是从"五四"这一分水岭中分化出来的。他与李大钊、陈独秀等马克思主义者一起从"五四"新文化运动中走来，却走上了一条与马克思主义背离的自由主义的道路。20 世纪 30 年代，胡适从提倡白话文学，转入对整理国故的倡导与践行，与"新月派"等一批同人办杂志，支持"疑古"运动，提出诸多治学方法

---

① 详见张燕冬《胡乔木同志否定对电影〈武训传〉的批判》，《电影通讯》1985 年第 10 期。

论方面的主张，成为学界的大名人，追随者甚众。同时，从 20 世纪
30 年代开始，他也成为左翼学者的批判对象。左翼自由主义者胡秋
原就曾经与王礼锡一起，发动过一场讨伐胡适的刀笔大战。在 1931
年 6 月 1 日出版的《读书杂志》第 1 卷第 3 期上，胡秋原发表《贫
困的哲学》，王礼锡发表《活文学史之死》，对胡适予以严厉抨击。
他们在文章中说，胡适不反对帝国主义，根本否认帝国主义是中国发
展的障碍，"实在是无出息的资产阶级的代表"。托派理论家李季也
曾出版《胡适中国哲学史大纲批判》一书，对胡适进行剖析。1949
年 5 月，陈垣在《人民日报》发表《给胡适之一封公开信》，"事实
上开始了公开批评胡适的新时期"。1950 年下半年，正在华北革命大
学政治研究院学习的胡适的次子胡思杜写了一份思想反省材料，内容
中就有对胡适的批判。后来，其中的一部分以《对我父亲——胡适
的批判》为题在 1950 年 9 月 16 日的《文汇报》发表，并被其他一
些报刊所转载。可以这样说，终胡适一生，他都是与争议相伴随的。
新中国批判胡适，具有必然性，只待合适的机缘与契机。

　　大规模集中性地批判胡适，是在 1954—1955 年两年间进行的。
但是，此前与此后，对胡适均不乏批判文章推出。其中，以马克思主
义史学家华岗为首脑人物的《文史哲》杂志，起到了带头作用。

　　据《文史哲》老人葛懋春回忆，1952—1954 年，《文史哲》涉
及批判胡适实用主义的文章有六篇之多。1954 年第 5 期还特别发表
了童书业的文章《批判胡适"实验主义"学术思想》。由于有批判胡
适的指导思想，所以，该刊 1954 年发表李希凡、蓝翎轰动全国的批
评《红楼梦》研究的文章，也就顺理成章了。

　　李希凡、蓝翎合写的《关于"红楼梦简论"及其他》一文，发
表于《文史哲》杂志 1954 年第 9 期。这篇文章适应了新中国的形
势，以一种新的革命立场和观点批评著名红学家俞平伯在《红楼梦》
研究中的观点，认为"俞平伯先生未能从现实主义的原则去探讨
《红楼梦》鲜明的反封建的倾向，而迷惑于作品的个别章节和作者对
某些问题的态度，所以只能得出模棱两可的结论"。"俞平伯先生不
但否认《红楼梦》鲜明的政治倾向性，同时也否认它是一部现实主

义作品。""俞平伯先生的唯心论的观点，在接触到《红楼梦》的传统性问题时表现的更为明显。"

李希凡、蓝翎是两位学术新人，他们敢于挑战学术权威，提出自己的独立见解，是值得鼓励的学术行为。而且，在他们写作之初，根本想不到文章会引起此后那样大的反响。但是，作为政治家、国家最高领导人的毛泽东，当然不会仅仅把这篇文章单纯看作是一个学术争鸣事件。1954 年 10 月 16 日，他在一封党内通信中，联系电影《清宫秘史》与《武训传》的放映，尖锐指出"被人称为爱国主义影片而实际是卖国主义影片的《清宫秘史》，在全国放映之后，至今没有被批判。《武训传》虽然批判了，却至今没有引出教训"。因此，他认为很有必要以"两个青年团员"的文章为契机，开展一场"反对在古典文学领域毒害青年三十余年的胡适资产阶级唯心论的斗争"，以此来补足批判电影《武训传》所未能完成的缺憾，亦即真正把马克思主义的立场、观点、方法落实到实践中去。①

在毛泽东的要求与呼吁下，以对《红楼梦》研究问题的批评文章起始，一场批判胡适的运动，很快在全国开展起来。

10 月 23 日，《人民日报》发表钟洛的《应该重视对〈红楼梦〉研究中的错误观点的批判》一文。10 月 28 日，《人民日报》发表了袁水拍署名的文章《质问〈文艺报〉编者》，指责《文艺报》对"唯心论观点的容忍依从"和编者的"资产阶级贵族老爷态度"。后引发了全国范围内对《红楼梦》研究的一场大讨论、大争鸣，并逐渐扩大为对胡适思想的全面清算。

批判胡适的重要文章，曾经由三联书店结集为《胡适思想批判》出版。② 从这部资料集，可以看出当时批判胡适的规模、范围、参加人员以及核心观点、基本观点。

《胡适思想批判》第 1 辑的第 1 篇文章，是中国科学院院长郭沫若关于文化学术界应开展反对资产阶级错误思想的斗争对《光明日

---

① 《毛泽东选集》第 5 卷，人民出版社 1977 年版，第 134—135 页。
② 共出版 8 辑，由三联书店于 1955 年 3 月至 1956 年 4 月出版。

报》记者的谈话，可以看作是一篇具有指导性意义的文件。

郭沫若说，由俞平伯研究《红楼梦》的错误观点所引起的讨论，是当前文化学术界的一个重大事件。这不仅仅是对于俞平伯本人，或者对于有关《红楼梦》研究进行讨论和批判的问题，而应该看作是马克思列宁主义思想与资产阶级唯心论思想的斗争，这是一场严重的思想斗争。

郭沫若的看法，真实地表达了当时政治高层对这场运动的本真认识与进行运动的思想动机，因此，运动以全国性的规模展开，也就不奇怪了。

1954 年 12 月 2 日，中国科学院、中国作协举行联席会议，决定成立“胡适思想批判讨论工作委员会”，拟定了九项工作内容，分别批判胡适的哲学思想、政治思想、历史观点、文学思想和哲学史观等有关的问题。每项问题由主要研究人写成文章，公开报告，进行讨论。从运动的后续发展情况看，对胡适的批判，总体上是依照这一范围和步骤进行的。

12 月 8 日，在中国文学界联合会主席团、中国作家协会主席团扩大联席会议上，郭沫若发言说，胡适在新中国成立前被人称为“圣人”，称为“当今孔子”。他受着美帝国主义的扶植，成为买办资产阶级第一号的代言人。他由学术界、教育界而政界，他和蒋介石两人一文一武，难兄难弟，倒真是有点像“两峰对峙，双水分流”。① 这就把胡适作为批判靶子的价值揭示出来了。

但是，郭沫若呼吁把批判胡适的“对敌战斗”与“学术上的自由讨论”区分开来。他说：“历史的事实告诉我们，凡是自由讨论的风气旺盛的时代，学术的发展是蓬蓬勃勃的；反之便看不到学术的进步，连社会的发展也因而停顿了。”② 这表明，“对敌战斗”的目的不是让学术归于死寂，而是要填充新的内容，赋予新的形式，走向新的繁荣。

---

① 《胡适思想批判》第 1 辑，第 10 页。
② 同上书，第 12 页。

郭沫若还呼吁进行建设性的批评，即：明辨是非，分清敌友，与人为善，言之有物。这无疑是完全正确的。

1955 年 1 月，党中央发出《关于在干部和知识分子中组织宣传唯物主义和批判资产阶级唯心主义思想的讲演工作的通知》。1 月 21 日，党中央批转中宣部《关于开展批判胡风思想的报告》。批判胡适运动以更广泛的形式开展起来，并与文化界的其他一些运动相互配合进行。

批判胡适是一场全国性的运动，参加者不限于史学界，批判的范围也不限于历史学领域，但史学界与历史领域无疑是批判胡适的重镇。在史学界，几乎所有的知名史学家和史学工作者都参加了批判胡适运动。他们从历史观到历史研究方法，从阶级立场到具体学术论断，对胡适进行了全面的系统的分析、揭露与清算。总体上看，这些批判文章虽然存在着非科学的成分，但基本上保持着知识分子的良知，在一些观点和论断上，也不乏深刻、精当。例如范文澜在相应文章中，就精当地剖析了胡适的名篇《说儒》，把胡适这篇名作的不当之处一一举了出来。① 其他学者的文章，在举出案例进行剖析时，也多有至今尚可成立的学术观点。

关于胡适的阶级立场，许多人都指出，胡适是站在买办资产阶级的立场上来看待历史的，因此，其历史观必然是反动的。实验主义是胡适历史观的思想基础，而实验主义否认世界的物质性和客观规律性，是与马克思主义根本对立的资产阶级唯心主义，在本质上是反动的、反科学的。

关于胡适的历史观，人们认为胡适的历史观本质上是历史唯心论，是反马克思主义的。胡适否认历史发展规律，否认各种生产方式的更迭，目的是维护反动统治、否认共产主义胜利的必然性。例如周一良批判道："人类社会的发展是有其不以人们意志为转移的规律的，而胡适却认为历史是一些彼此孤立、不相联系的个别史实，犹如

① 范文澜：《看看胡适的"历史的态度"和"科学的方法"》，《历史研究》1955 年第 3 期。

一堆铜钱，你怎样摆弄，它就被摆弄成什么样子。这就是说，历史的发展不但无规律可言，而且历史的真实性也根本不存在。历史只是历史学家随心所欲地、支离片段地摆弄而成。这种看法，正是和实验主义的不可知论相符合的。"①

在历史的主体与历史发展的动力方面，学者们指出胡适看不见人民群众的作用，否认阶级斗争，鼓吹改良主义。沙英写道："在胡适的眼中，人民群众是愚昧无知的，是附和盲动的，是阿斗，是奴才，是贫穷、疾病的化身，并且是没有什么力量的。""胡适不仅仅是轻视人民群众，而且是非常仇视和反对人民群众的革命运动的。""对于个人在历史上的作用，胡适则是推崇备至。"②

关于胡适对待祖国历史的虚无主义态度，学者们纷纷批判胡适诬蔑中国历史，否定中国的优良文化传统。白寿彝提出，胡适既是一个民族虚无主义者，也是一个种族主义者，"污蔑祖国历史，企图造成鄙视祖国、厌恶祖国的成见，这是胡适经常的企图"。"祖国历史上的某些成就，胡适不能从正面去抹杀，就转弯抹角地从侧面加以歪曲，总要把所谓'西洋文明'的欧美资产阶级文明捧到天上，把中国的一切说得一文不值。"③

关于胡适倡导的"整理国故"运动，学者认为有着"阴险"的政治目的。金应熙提出，胡适提倡"整理国故"，其目的就在破坏马克思主义的传播和歪曲中国人民对古典文学遗产的认识，另一目的就是要借此把实用主义的毒素散布到青年的头脑中去，变成反对马克思主义的本领。④

关于胡适的史学方法论，是史学界的一个批判重点。学者们重点批判了胡适"大胆的假设，小心的求证"的史学方法论。郭沫若就

① 周一良：《批判胡适反动的历史观》，《胡适思想批判》第 1 辑，第 107—108 页。

② 沙英：《论人民群众和个人在历史上的作用》，《胡适思想批判》第 3 辑，第 270、271、273 页。

③ 白寿彝：《胡适对待祖国历史的奴才思想》，《胡适思想批判》第 5 辑，生活·读书·新知三联书店 1955 年版，第 115—116 页。

④ 金应熙：《胡适的治学方法和其反动本质》，《胡适思想批判》第 3 辑，第 259 页。

指出：真正的科学方法，应该是"小心的假设，大胆的反证"。[1] 嵇文甫则提出，在所谓多元历史观的指导下，胡适的"思想方法的特点，就是只看见片面的、表面的偶然的现象，而看不见全面，看不见本质"。以这样的观点来对待历史，便成为"历史的变戏法"。[2] 对胡适所倡导的考据方法，学者们也进行了严厉批判。例如童书业提出，胡适实验主义的"考据学"，在表面上看，可以分作两类。"一类是明显地宣传他的实验主义反动哲学和他的反动政治理论；一类是引导人脱离现实，钻牛角尖，间接为反动政治服务。"他认为胡适的考据著作相应有两个倾向，"一种倾向带有明显的思想性，一种倾向是表面上没有什么思想性的"，但危害都很大。[3]

对胡适一些涉及自然科学的方法论言论，学者们也进行了批判。例如葛懋春与庞朴就批判了胡适的庸俗进化论，指出他以庸俗进化论来冒充科学进化论，利用科学进化论关于普遍联系的观念，用非本质联系代替本质联系，认为发展只是量的增减，抹杀矛盾斗争的发展动力。[4]

批判胡适运动，冲击了当时存在的各种唯心史观，促进了唯物史观的学习和普及，培育出一批新型的马克思主义史学继承人，老一辈马克思主义史学家也经受了锻炼，思想受到震动和洗礼，因此，这场运动的积极性是不可否定的。但是，批判运动中非科学的成分也是显而易见的。

1955年3月，中国科学院负责人潘梓年对批判胡适思想的价值和意义作了阐释，对于后人更深入地认识这场运动，很有参考价值。潘梓年说，之所以要批判胡适，首先是因为胡适所代表的唯心主义思想对于当时的社会主义建设和社会主义改造事业"是一个很大的阻

---

① 《胡适思想批判》第1辑，第10页。
② 嵇文甫：《胡适唯心论观点在史学中的流毒》，《胡适思想批判》第2辑，生活·读书·新知三联书店1955年版，第159、161页。
③ 童书业：《批判胡适的实验主义"考据学"》，《胡适思想批判》第3辑，生活·读书·新知三联书店1955年版，第249页。
④ 葛懋春、庞朴：《批判胡适的庸俗进化论》，《文史哲》1955年第5期。

碍"。其次，它与当时"过渡时期"的特定历史任务相关联。"因为
我国过渡时期的总任务是要通过和平斗争的道路完成社会主义的革命
事业"，"我们的社会主义革命事业有不经过武装斗争而经过和平斗
争的道路而获得胜利的可能"。"和平斗争的道路就是自上而下和自
下而上相结合的道路，领导和群众相结合的道路。"① 这就说明，批
判以胡适为代表的唯心主义思想，在当时的历史背景下，是一种历史
的需要。不论这场批判有多少非科学的成分，但有一个基本点是清晰
的，而这个基本点应该是一个共识，那就是：胡适的思想，从哲学思
想到历史思想，从学术思想到学术方法，整体上与新中国的历史观、
历史任务格格不入，确实已经成为一个"阻碍"。要想推动中国向着
刚刚起步的社会主义的方向迈进，不搬掉这个"阻碍"，是不行的。
因此，在政治高层的推动下，学术界普遍参与了这场运动，而在总体
上，学者们参加这场运动，思想上是自觉的，是主动投入的。我们没
有任何理由低估这场运动在当代中国马克思主义史学思想史上的意
义。甚至对海外，它也有一定的影响。当然，对这场运动更深入的研
究，还没有完结。

---

① 潘梓年：《彻底批判胡适派资产阶级唯心主义思想是贯彻祖国过渡时期总任务的一
个严重问题》，《胡适思想批判》第 6 辑，生活·读书·新知三联书店 1955 年版，第 4、
6—7 页。

第三章

马克思主义史学思想的经典案例（上）

在中国，马克思主义史学思想的首要问题，是坚持还是放弃唯物史观的指导地位问题。在一致坚持唯物史观的前提下，马克思主义史学思想的首要问题，则是如何将唯物史观与中国的历史实际相互结合的问题。要将唯物史观与中国历史实际相互结合，就需要在马克思主义的社会经济形态理论与中国历史之间建立起科学的、有机的联系。在这个方面，从民国到新中国成立之后，中国的马克思主义史学家们作出了辛勤的努力，取得了丰硕的成果，在世界马克思主义史学思想上，也留下了浓墨重彩的一笔。被人们形象地称之为"五朵金花"的问题讨论，就堪称中国马克思主义史学思想的经典范例。

中国古史分期问题①、封建土地所有制形式问题、农民战争问题、资本主义萌芽问题、汉民族形成问题，是新中国成立后前30年间史学争鸣的热点，也就是通常人们所说的"五朵金花"。

"五朵金花"并不纯然是理论问题，而是理论与实际研究相互结合在一起的问题。但是，它内在地蕴含着重大的理论问题，主要是历史理论问题。因此，它们具有重要的史学思想史的价值。这样的价值，既表现为论题本身具有理论性，又表现为对论题的研究需要有理论的指导和应用，同时还需要有相当的方法论的自觉和训练。因此，无论是书写当代中国史学史，还是书写史学思想史，它们都是必然的

---

① 对这个问题系统性的梳理与介绍，请参看张广志《中国古史分期讨论的回顾与反思》，陕西师范大学出版社2003年版。书中对1927年到1976年之后涉及中国古史分期的各家著名观点，都作了介绍。更早的著作，是林甘泉、田人隆、李祖德合著的《中国古代史分期讨论五十年（1927—1979）》，上海人民出版社1982年版。这是一部很见功力的著作，至今依然是一部不可或缺的重要参考书。

重点叙述对象。

尤其值得强调的是，这"五朵金花"，堪称中国马克思主义史学的骨架。它不仅代表着中国马克思主义史学的风范与成就，而且蕴含着中国马克思主义史学的内在逻辑秩序，彰显着中国马克思主义史学家的治学路数、本质特征及价值追求，是马克思主义史学之"中国性"的典范代表。如果说在国际马克思主义史学界有一个中国流派的话，那么，"五朵金花"就可以称之为这个学派的独特成果。

第一节　古史分期·中国封建社会

中国曾经存在一个长期的封建社会，这是中国马克思主义史学家的基本共识。这个封建社会的终点，是在鸦片战争的时候。这同样是中国马克思主义史学家的共识。但是，中国封建社会的起点是在什么时候，中国的马克思主义史学家们意见并不一致。因此，关于中国封建社会的分期歧异，实际上是指起点上的分歧，不是终点上的分歧。指出这一点非常重要。因为这就意味着，在考察中国封建社会历史的时候，中国的马克思主义史学家一致遵循着马克思主义的社会经济形态理论，并且与中国共产党的新民主主义革命理论保持着一致。在基本理论与大的原则上，他们没有分歧。

而且，在具体考察中国史实的时候，中国的马克思主义史学家没有被"西方中心论"所束缚。他们参考了世界其他国家和地区、主要是西欧的封建社会史实，但不是单纯地从封建政治的形式上看问题，而是深化到生产关系的内部，力图具体而微地揭示出中国既存在封建社会但又不同于西欧那种封建社会的实际状况，以求达到历史的特殊性与历史的普遍性的有机融合统一。他们的研究成果，空前地深化了中国人民对自己民族特性的认识，使得以前许多僵死的史料焕发出新的生命乃至神采。

民国时期，关于中国封建社会的基本特征及其时段问题，已经存在争议，而且分歧颇为严重。新中国成立后的讨论，与此前的争议，存在着紧密的关系。中国马克思主义史家之所以继续讨论这一问题，

91

除问题本身依然存在、尚未解决的原因外，一个基本立意，就是在原有成就的基础上，对这个问题的解决能够有所推展，以在学术探讨中，更加细致入微地加深对马克思主义经典著作的理解，加深对中国历史规律性的理解，强化对社会主义必然性的认识。

说到底，中国封建社会分期问题讨论的指向，是社会形态，是历史的普遍性与特殊性、统一性与多样性问题。普遍性与统一性是马克思主义认识世界历史的基础与前提。没有统一性，人类的任何交往都无从谈起。我们看到，中国马克思主义史家既对"封建"作一般性的抽象，又尽最大的努力照顾到了"封建"的特定形式，亦即将"封建"区分为不同的类型。

正如学者李根蟠所说，关于中国社会具有严重封建性的认识，大革命期间已为社会广泛接受，封建一词也已在日常生活中流行；新中国成立前，主张秦以后非封建社会者均认为西周春秋是封建社会，均强调商业资本，均把中央集权、官僚政治作为区别于封建社会的主要标志，但又均承认秦以后存在封建势力、封建剥削和封建关系；那时，各方均不否认中国有过封建社会，唯下限主张不同。①

在上述基本共识下，民国时期的学者也提出了五花八门的见解。

"有史以来就是封建制度"和"三国五代封建论"，这是国民党改组派史家陶希圣所主张的观点。他经过若干反复后，最后认为，西周是氏族社会末期，实行依族内身份而分配土地的"封建"；春秋到战国是私有财产对氏族身份抗争的时代；战国到后汉是奴隶经济占主要地位的社会。由三国到唐末五代，是发达的封建庄园时期。宋至明，庄园经济渐次分解，是封建制度分解期，或曰城市手工业时期，即先资本主义时期。②

中国有史以来便是封建制度的观点，在 20 世纪 30 年代不无影响。"唐虞封建说"和"夏封建说"即可视为此说的流变。例如周

----

① 李根蟠：《中国"封建"概念的演变和"封建地主制"理论的形成》，《历史研究》2004 年第 2 期。

② 陶希圣：《中国社会形式发达过程的新估定》，《中国社会史的论战》第 3 辑。

谷城说："自邃古以至周初，为封建之成长期；自秦以后至于清末，为封建之消灭期。自周初至秦初，可以算是一个封建时代。"① 梅思平说："原始封建时期就是一般人所谓唐虞时代。"② 熊得山则认为中国封建社会开始于夏，虞夏至周，是封建社会，而周是封建社会繁荣的"极端"，在周末衰歇。③ 周绍溁则认为，奴隶制是在封建制度"摇动后"产生的，封建制度与农奴制是同时发生的。④ 主张封建始于夏的还有莫非斯。他说，夏为封建社会，商周尤为典型的封建社会。⑤

还有人认为中国封建制起于殷。如李麦麦说："中国封建制度起源于殷，其全盛时代是在西周。春秋以后便不然了，春秋时代出现了商业资本。"⑥ 陈公博则说："大约三代以至春秋整个的是封建时代。"⑦

不过，旧中国最风行的主张，是"周封建说"。陈邦国说，殷周之际是氏族社会向封建社会的转变，封建之形成在西周，东周时代已在崩溃过程中。他认为中国封建社会是直接从氏族社会发展来的。⑧ 刘兴唐认为，西周确立起封建社会，其后，自周初至周末为初期封建社会（地方分权），自秦至鸦片战争为后期封建社会（中央集权）。⑨ 陈啸江说，中国封建制度建立于西周，基础是种族奴隶

① 周谷城：《中国社会之结构》，上海新生命书局 1930 年版，《民国丛书》第 1 编第 77 种，第 46 页。

② 梅思平：《中国社会变迁的概略》，陶希圣编《中国问题之回顾与展望》，新生命书局 1930 年版。

③ 熊得山：《中国社会史研究》，昆仑书店 1929 年版，第 33 页。

④ 周绍溁：《对于"诗书时代的社会变革及其思想的反映"的质疑》，《中国社会史的论战》第 1 辑。

⑤ 非斯：《西周分封制度真相之探究》，《食货》第 2 卷第 6 期，1935 年 8 月 16 日。

⑥ 李麦麦：《评郭沫若底中国古代社会研究》，《读书杂志》第 2 卷第 6 期，1932 年。

⑦ 陈公博：《中国历史上的革命》，上海复旦书店 1928 年版，第 4 页。

⑧ 陈邦国：《关于社会发展分期并评李季》，《中国社会史的论战》第 4 辑。

⑨ 刘兴唐：《中国社会史上诸问题之清算》，《文化批判》第 1 卷第 2 期，1934 年 6 月 15 日。

劳动；封建制度可以建立在奴隶劳动之上。① 许宏杰也认为，中国封建社会始于周，是在氏族没落之后，跨越了奴隶制。由春秋战国至秦再至清末，是变形的封建社会。② 王毓铨认为封建社会建立在西周初年。春秋之后，封建时代结束，进入"由商业资本主义所构成的专制主义社会"。③ 托派的李季说："中国真正的封建制度，仅与周代相终始，西周是封建制度的前期，东周是后期。中国周代的所谓'封建'或封建制度虽带着浓厚的政治色彩，但究其内容，即究其经济状况，与西欧中世纪的封建制度没有什么大差异。"④ 他所理解的中国封建社会，是从亚细亚生产方式中产生出来的，这是李季见解的一个特点。他还认为，封建社会的来源并没有固定的模式可寻。胡秋原说，两周是封建社会，秦至清末是含有封建要素的"先资本主义时期"，又名"专制主义社会时代"。他也认为封建社会是承袭氏族社会而来，并说王国维《殷周制度论》描述的就是封建社会对氏族社会的革命，提出："封建社会继承原始社会是人类历史发展的普遍规律，希腊罗马也先经过了封建社会，后来的奴隶社会只不过是封建社会的变形发展。"⑤

托派分子杜畏之则提出，春秋是中国原始封建社会向另一社会形态的封建社会发展的时期。前者是以领主经济或农奴经济为基础的社会制度，后者是以地主经济或佃耕经济为基础的制度。⑥ 朱其华则认为，春秋战国以后，一直到 19 世纪中叶，中国始终是一个封建国家。⑦

另外，王宜昌认为，中国是在五胡十六国后进入封建社会，至清

---

① 陈啸江：《封建制度成立的条件及其本质新议》，《中国经济》第 3 卷第 11 期，1935 年 11 月 1 日。

② 许宏杰：《周代封建社会的研究》，《文化批判》第 3 卷第 1 期，1935 年 12 月 15 日。

③ 王毓铨：《北宋社会经济与政治》，《食货》第 3 卷第 11 期，1936 年 5 月 1 日。

④ 李季：《中国社会史论战批判》，第 17—18 页。

⑤ 胡秋原：《中国社会＝文化发展草书》上篇，《中国社会史的论战》第 4 辑。

⑥ 杜畏之：《战国时期军事之研究》，《中山文化教育馆季刊》1936 年春季号，1936 年 1 月。

⑦ 《读书杂志》创刊号，神州国光社，1931 年 4 月 1 日。

末止。① 他说：“中国和西欧封建制度起源底时代，都是在第四世纪。”②

　　由上可知，新中国成立前，关于中国封建社会的研究，已经有各种观点出现。而在马克思主义史学家阵营中，郭沫若的《中国古代社会研究》已经提出，周室东迁以后，中国社会由奴隶制转入真正的封建制度。“中国的封建制度一直到最近百年都很巍然的存在着。”③ 何干之也说：“由东周秦汉以至清末，是封建社会”，并进一步说：“封建主义不仅是一种政治制度，并且是一种经济构成，有一定的生产方法，而政治制度和意识形态，不过是这一构成的上层建筑。想了解封建的政治形态，必须要先了解封建的生产方法。国王分封诸侯，诸侯各守其土的制度，固然是一种封建的政治制度，西欧的封建制，就是这种政治的典型代表。然而东洋封建制不同，东洋的君主，有莫大的权力，像一个混世的魔王，诸侯没有‘君国子民’，而只是‘佩侯印’‘受俸廪’的不在领主。但是政制的不同，不能否认东西封建制的必然性，不能抹杀分权和集权的政制，本质上原来没有两样。”④ 这是非常值得称道的看法。

　　吕振羽则最早提出了西周封建说。他认为西周是农奴与领主对立的封建社会，西周的井田制就是农村公社。⑤ 他还具体论述说，周代是初期封建社会，春秋时代是初期封建制度发育完成的时代，而且最典型，由秦到鸦片战争前是变种的封建时代，是封建体制内的连续发展。翦伯赞则说，从西周开始进入到封建社会；周氏东迁之后，春秋五霸、战国七雄便是典型的封建诸侯。“秦代统一中国以后，废封建为郡县，封建制度的变态，虽然废除了，然而它的势利，却仍以变态

----

　　① 王宜昌：《封建论》，《文化批判》第 2 卷第 2、3 期合刊《中国经济研究特辑》，1935 年 1 月。
　　② 王宜昌：《中国封建社会史》，《中国社会史的论战》第 4 辑，《读书杂志》第 3 卷第 3/4 期合刊，1933 年 4 月版。
　　③ 郭沫若：《中国古代社会研究》，上海新新书店 1930 年版，第 19—20 页。
　　④ 何干之：《中国社会史论战》，见《何干之文集》，中国人民大学出版社 1989 年版，第 245—247 页。
　　⑤ 吕振羽：《西周时代的中国社会》，《中山文化教育馆季刊》1935 年春季号。

的形式而表现。"因此从秦一直最近百年,均是封建时期。[1] 嵇文甫也主张西周封建论,说"中国自周朝以后,直到晚清,都可称为封建社会"。[2] 邓拓说:"中国的历史,从西周到清代鸦片战争以前,在这一个长时期中,都是封建制度的历史。"[3]

中国马克思主义史家全都强调人类历史发展的统一性、规律性与一元性,对中国社会特殊论、商业资本主义说以及诸如封建社会并不由奴隶社会演变而来、奴隶社会还在封建社会后头之类观点,给予批判。新中国成立后,他们关于中国封建社会的讨论,依然是在这样的大原则下进行的。

一 西周封建论

西周封建论是中国马克思主义史学家最具影响力的主张之一,为许多学者所信服。中国马克思主义史学的代表人物吕振羽、范文澜、翦伯赞均主张此说。他们主要认为,西周的生产者众人、庶民,从《诗经》看有自己的生产工具和家庭经济。在井田制度下,农夫有田百亩,"同养公田",向政府提供力役。这些农夫已不是奴隶,而是封建农民。殷代有大量的人殉人祭,西周则很少,这是封建农民不能任意被屠杀的反映。

1951年,童书业发表论文,修正自己先前所持魏晋开始封建的观点,提出"西周春秋为中国领主制时代"。[4] 第2年,杨宽发表文章,提出战国时代应该属于地方封建社会。[5] 杨向奎也发表文章,对

---

① 翦伯赞:《中国农村社会之本质及其历史的发展阶段之划分》,《三民半月刊》第5卷第6期,1930年11月。

② 嵇文甫:《对于长期封建论的几种诘难和解答》,《食货》第5卷第5期,1937年3月1日。

③ 邓拓:《论中国封建社会"长期停滞"的问题》,《再论中国封建制的"停滞"问题》,见所著《论中国历史的几个问题》,生活·读书·新知三联书店1979年版。

④ 童书业:《中国封建制的开端及其特征》,《文史哲》1951年第2期。收入《童书业著作集》第4卷,中华书局2008年版。但是,到1955年,童书业却又说:"从战国起到汉末是发展奴隶制的时期,魏晋时代才正式转入封建社会。"似乎又恢复了旧说。见《童书业著作集》第4卷,第249页。

⑤ 杨宽:《战国时代社会性质的讨论》,《文史哲》1952年第1期。

郭沫若所主张的西周属于奴隶制社会的观点提出不同意见，阐述自己关于西周属于封建社会的观点。[①] 1953 年，杨向奎继续发表文章，对西周封建制、西周奴隶制两种观点进行了分析，认为西周已经转向封建主义社会。他指出，中国社会历史发展有自己独特的地方，需要特别加以注意。[②]

此后，众多学者纷纷撰文，就古史分期问题发表意见，逐渐形成了大讨论的局面。吴大琨、赵俪生、童书业、王亚南、王仲荦等学者纷纷在《文史哲》等刊物上发表论文参与讨论。

持此说的学者认为，生产力决定生产关系，决定社会的性质和社会的发展。根据各种古籍资料以及金文的记载，西周、春秋时代的"民""庶民""庶人"是农耕的主要生产者，不是奴隶。庶人与工、商、皂、隶、牧等虽都属于被统治阶级，但庶人（包括"庶民""民"）与"隶"有区别。"庶人工商"立了军功，可以做官，而"隶"立了军功只能"免"，也就是取消奴隶身份，获得自由。"民"还常与奴隶分言，并拥有自己的"私田"、生产工具以及私有经济。可见，"民"并不完全被封建主所占有。而且，"民"在生产中具有一定的自动性和积极性，不像奴隶那样对劳动毫无兴趣。另外，西周时期的井田制来源于农村公社制度，存在着公田、私田的划分和按家分配份地的制度。但是它比东方型奴隶制的农村公社有所发展。从土地所有制说，它已经不是土地公有或国有，而是各级贵族领主所有。井田中的私田作为份地分配给农民的途径，不是通过公社或中央政府，而是通过各级领主贵族，分别授予。所以，井田制在表面上和东方型的奴隶制的公社有些相似，但从土地所有制上看，二者是有本质区别的。所以，从生产者的身份、劳动条件和土地所有制看，西周的主要劳动者"民"，就是初期封建社会的农民，说明西周、春秋已经进入初期封建社会。

有学者总结认为，20 世纪五六十年代的古史分期论辩中，西周

---

① 杨向奎：《关于西周的社会性质问题》，《文史哲》1952 年第 5 期。
② 杨向奎：《中国历史分期问题》，《文史哲》1953 年第 1 期。

封建论在学术界产生了很大影响。西周封建论的主要依据是：根据历史唯物论的基本原理，生产力决定生产关系，决定社会的性质和社会的发展。生产力包括生产工具和生产者，而生产者是其中最主要的因素，是社会发展的最终决定力量。西周、春秋时期的主要生产者是"民"，他们的身份不是奴隶，因此，西周不是奴隶社会。此外，西周社会存在马克思主义经典作家所论述的封建等级制度和人身依附关系，在这个意义上可以说西周是封建社会。而进入改革开放新时期之后，学者们吸收、借鉴了此前西周封建论者的意见。在探讨早期国家的形成、早期国家的特点、早期国家形成的途径方面，提出了建设性的意见。他们当中的有些学者不再以五种生产方式考察社会形态，而是立足于揭示西周社会的独特性和早期国家形成的独特道路。这也是这一时期有关西周社会形态讨论中最为令人瞩目的部分。[①]

二 战国封建论

比起西周封建论，战国封建论受到的批评显然更多。此说以郭沫若、杨宽[②]、吴大琨、白寿彝、田昌五[③]、林甘泉为代表（郭沫若在《奴隶制时代》发表后，改主战国封建说），后来成为中国历史教科书中的主导观点。

1952 年，郭沫若在《奴隶制时代》一书中，把分期划在"春秋战国之际"。1956 年，他说："奴隶制和封建制的分期，我变动过几次，最后定在春秋战国之交。近来又考虑了一下，觉得还是这样分期要适当些。"[④] 他认为，战国时期已开始大量使用铁工具，而铁工具是封建社会生产力的标志。井田制在战国时已瓦解，这是奴隶制经济瓦解的反映。春秋时期"私门"与"公室"的斗争，是新兴地主阶级与旧奴隶主阶级在政治上的斗争。"私门"战胜"公室"，是封建制度战胜奴隶制度。在这一斗争进程中，新兴地主阶级为争取人民的

---

① 罗新慧：《说"西周封建论"》，《学习与探索》2011 年第 3 期。
② 见所著《战国时代社会性质的讨论》，《文史哲》1952 年第 5 期。
③ 参见所著《中国奴隶制向封建制过渡的问题》，《社会科学战线》1979 年第 2 期。
④ 郭沫若：《关于中国古史研究中的两个问题》，《历史研究》1956 年第 6 期。

支持,都解放了奴隶。

作为郭沫若的后学,林甘泉堪称战国封建论的第二代传人,对此说有创新性的发展。1956 年 7 月,他在《人民日报》发表《关于中国历史上奴隶制和封建制分期问题的讨论》一文,表示赞同"战国封建论"。1962 年,又发表一篇力作①,通过与束世澂商讨的方式,阐述了自己的观点。

他认为,中国的封建社会从一开始就是地主制的生产方式,而不是像西欧中世纪那种领主制的生产方式。领主制和地主制是封建制的两种类型,而不是封建制必经的两个阶段。西欧封建生产方式的形成是沿着自由农民农奴化的道路进行,而中国则主要是通过奴隶大众身份的提高和地位的改善而转变到封建制。中国的封建社会是和西欧中世纪不同的一种类型。②

束世澂是西周封建论的主张者。他认为,领主制和地主制是封建社会的前后两个阶段,封建社会初期一定是领主制。林甘泉的观点,与他可谓针锋相对。林甘泉在文章中说,西周的所有制形态是如马克思所说的亚细亚的形态,"在这种财产形式下,单个的人从来不能成为所有者,而只不过是占有者"。封建社会代替奴隶社会,是历史发展的客观规律。但是由于具体历史条件不同,不同国家、不同民族进入封建社会的途径并不完全相同,因而它们的封建生产方式也带有各自的特点。

有学者评论提出,改革开放以后,学术界对郭沫若战国封建论展开了激烈的学术论辩。对郭沫若古史分期理论的某些辩难,应属于20 世纪 30 年代以来由中国社会史论战引发的古史分期问题大讨论的继续和深入,但争鸣之激烈,则远远超出以往。郭沫若的战国封建论,虽然其中有些论证和论点也还存在着简单化的倾向,但基本上反映了中国历史发展的一些特点,从而丰富了马克思主义的社会形态理

---

① 林甘泉:《封建社会一定要从领主制开始吗?——关于从奴隶社会向封建社会过渡的普遍规律的商榷》,《历史研究》1962 年第 2 期。

② 参见陆荣、卜宪群《林甘泉先生的学术经历与治学特点》,《高校理论战线》2008年第 6 期。

论，推动了中国古代史研究和中国古代史分期讨论的不断深入，对中国马克思主义历史学的成长和发展起了重要作用。当然，在质疑和批判郭氏中国古代社会形态理论的同时，学者们在对经典作家关于奴隶社会和封建社会的一些理论观点，对有关重大事件及相关史料的阐释上也提出了自己独到的见解。在此前后，金景芳逐步完善了自己的"秦统一说"的古史分期体系，杨公骥、皮高品则进一步阐发了学术界早期提出的"西周封建说"。20世纪70年代末至90年代初，学术界对郭氏古史分期理论的辩难，可以视为中国古史分期问题探索的又一次新的超越。①

三 魏晋封建论

以尚钺②、王仲荦、日知（林志纯）、何兹全③为代表。该体系由于与苏联史学界有相同的认识，也由于托派分子王昌宜发表过类似的观点，曾被认为是苏修观点、托派观点。

他们或说中国是在殷周时期才进入文明社会。春秋战国时期是奴隶制发展时期，西汉是奴隶制兴盛时期，东汉以后便瓦解了。或认为先秦、西汉的劳动工具原始落后，不具备发展封建生产力，或认为汉代奴隶数量众多，超过先秦任何历史时期。王思治说，汉武帝时，江南地区仍是"火耕而水耨"。当时牛耕还不很普遍，多用人"挽犁"。西汉铁制工具数量还不多，东汉时才普遍使用的。

反对者则认为，汉代农业生产中已广泛使用铲、锄、镕、犁、斧、铧等铁工具。西汉时冶铁业和铁工具的使用已相当普遍。租佃制是汉代农业的普遍生产方式。

魏晋封建论的基本主张是，中国由奴隶社会进入封建社会的时间

---

① 周书灿：《郭沫若与中国古史分期论争——兼论中国古代社会形态研究的未来路向》，《河北师范大学学报》（哲学社会科学版）第35卷第6期，2012年11月。

② 见所主编《中国历史纲要》（人民出版社1954年版）和《关于中国古代史分期问题》（《历史研究》1979年第3期）。

③ 见所著《中国古代社会》（河南人民出版社1991年版）和《汉魏之际封建说》（《历史研究》1979年第1期）。

是汉、魏之际。主要有如下几个阶段：

（a）西周、春秋是古代奴隶制社会的前期，即从原始公社解体到发达的奴隶社会的过渡时期。这时的社会虽仍是以血缘关系为纽带的氏族制，但已经解体，分化为三种阶级对立：一是氏族贵族和平民即公社成员的对立；二是奴隶主和奴隶的对立；三是依附民或农奴和贵族主的对立。此时，虽然公社在解体，但它仍然是社会的骨架，公社成员的生产劳动仍是社会的基础。虽然有农奴制或依附关系出现，也只说明这时是由公社解体向奴隶制社会发展的过渡时期。

（b）战国、秦、汉是中国奴隶社会的发展时期。这个时期，社会上的主要劳动者，一是奴隶，二是自由小农（所谓"编户齐民"），三是佃农。其中奴隶制生产在整个社会中居于支配地位。自由小农经济和租佃制都不居于支配地位。这个时期，推广了牛耕和铁制农具，水利灌溉迅速发展，大量荒地得到垦殖，人口空前增加，城市和商业、手工业、盐铁业发展起来，还出现了金属货币。随着生产力、商品货币关系的发展，奴隶制进一步发展起来，奴隶数量大大增加，与国计民生关系密切的生产部门和交换部门都用奴隶劳动。依靠奴隶从事生产和交换活动的大商业、盐铁业、大农业在社会经济中居支配地位，起主导作用。战国至秦、汉时期，自由民小农经济虽然较为繁荣，但在商品货币关系和奴隶制的侵蚀下日益瓦解，到两汉出现了租佃制，也未能改变当时的社会性质。

（c）汉魏之际，是中国社会由奴隶制进入封建制的时期。这可以从战国、秦、汉到魏、晋、南北朝社会变化的几条主线来说明。其一，由城市交换经济到农村自然经济。战国时期，由于商品货币关系的发展，各地出现了许多不仅是地区性的政治中心，而且是经济中心的城市。秦亡汉兴，城市继续发展。直到东汉后期，还大体保持繁荣。经过汉魏之际的战乱，城市遭到毁灭性的破坏，"百里无人烟"，"名都空而不居"。特别是董卓之乱以后，"钱货不行"，谷帛代替钱币成为交易手段，城市交换经济遂转变为农村自然经济。其二，从自由民、奴隶到部曲、客，战国、秦、汉时代的主要生产者，一是自由民，一是奴隶。二者之间不时地相互转化。至魏、晋、南北朝，情况发生了明显的变化，主要生产者的身份既不是奴隶也不是自由民，而是介乎二者之间的、半自由的依附民，主要是部曲、客。这一时期，自由民和奴隶都向部曲、客之类依附民转化，屯田制、占田制、课田制和均田制下农民的身份均是如此。其三，由土地兼并到人口争夺。土地兼并是战国、秦、汉社会问题的集中表现。小农在国家租税徭役的压迫和商人、地主的剥削下，不断破产，土地集中到商人、官僚、地主手中。魏、晋、南北朝时期，由于几经战乱，人口锐减，土地荒芜，控制劳动力便有极其重要的意义。因为有了劳动力，就有了财富、武装、政治地位和权力，所以劳动力的争夺超过了土地兼并。其四，从流民到"地著"。流民是当时生产关系的必然产物。只要商品货币关系发展，农民就要失掉土地四处流亡。使流民回到土地上行之有效的方法是靠经济外的强制，实行"地著"。曹操的屯田，是"地著"的最鲜明的开端。魏、晋、南北朝的部曲、客等即是依附性的，半自由的"地著"，不能离开主人，也就不能离开土地。

例如，魏晋封建论代表性学者王仲荦即提出，中国的奴隶社会从殷商一直延续到东汉，从魏晋开始进入封建社会。中国奴隶社会分为两段，第一段从商到战国（公元前 1000 多年起到公元前 3 世纪中叶），特点是农村公社和早期奴隶制并存；第二段从战国初叶到东汉帝国崩溃（公元前 3 世纪中叶到公元 2 世纪末叶、3 世纪中叶），特点是村公社瓦解，较发展的奴隶制开始占统治地位，但同时存在着古典形态的所有制，又盛行着债务奴隶制。东汉以来，奴隶的生产方式，终于为封建的生产方式所替代，国有奴隶制的残存，也通过隶农制—屯田制的过渡形式，向封建剥削形式过渡，所以到了魏晋已经是进入封建社会了。王仲荦对上述核心观点作了细密的论证。①

---

① 王仲荦：《关于中国奴隶社会的瓦解及封建关系的形成问题》，湖北人民出版社 1957 年版。

四　春秋封建说、秦统一封建说、西汉封建说、东汉封建说

包括以李亚农、唐兰、祝瑞开为代表的春秋封建说[①]，以黄子通、夏甄陶、金景芳为代表的秦统一封建说[②]，以侯外庐、赵锡元为代表的西汉封建说，以周谷城、郑昌淦为代表的东汉封建说[③]，以梁作干为代表的东晋封建说。

春秋封建论者认为，从春秋初期起中国已进入封建社会，但这时尚处在封建领主制的阶段，到春秋后期才逐渐由封建领主制向封建地主制转化。"普天之下，莫非王土"的奴隶制的土地国有制自西周末年开始动摇，到春秋时期，又发生了巨大的变化。随着周王室对臣下控制能力的衰弱，诸侯、卿大夫不仅事实上获得了对受封、受赐、受禄的土地的所有权，而且通过兼并和垦荒占有了大量土地。由于诸侯经济实力的增强，周王室地位又进一步下降，出现了政治权力层层下移的局面。在这一过程中，确立了作为土地国有制对立物的封建领主土地所有制，各级贵族领主各自成了自己领土上的全权主人，原来作为土地附属物、人身隶属于国家的生产者变成了耕种份地、人身隶属于领主私人的农奴，这二者标志着封建制的生产关系的确立。由于经济基础的变化，上层建筑也随之发生变化。西周时的奴隶分封制，变成了封建诸侯割据。春秋时期封建领主为了保持并扩大其在土地上的全部权力，在卿大夫之间及其与公室之间展开了愈演愈烈的斗争。他们依靠家臣，培植骨干，造就了一些非身份性的、不同于旧贵族的新的土地占有者，他们争取人民，施行新政，结果壮大了自己的势力，又准备了否定自己的条件，在使封建领主制发展的同时，也促进了封建地主制的成长。到春秋末期，不仅出现了新兴的地主阶级，封建领

[①]　参看唐兰《春秋战国是封建割据时代》，《中华文史论丛》第3辑，1963年；祝瑞开《春秋初中期齐晋楚的封建主革命》，《西北大学学报》1979年第1期；吴慧《西周的奴隶制及其向封建制的演变》，《社会科学战线》1980年第2期。

[②]　参看黄子通、夏甄陶《春秋战国时代的奴隶制》，《历史研究》1956年第6期；白寿彝《中国历史年代：一百七十万年和三千六百年》，《北京师范大学学报》1978年第6期；金景芳《中国古代史分期商榷》，《历史研究》1979年第2、3期。

[③]　参看周谷城《中国奴隶社会论》，《文汇报》1950年7月27日。

主自身也在不知不觉地向封建地主（贵族地主）转化。到了战国时期，新兴势力的政治代表终于夺取了代表领主们政治、经济利益的旧公室的政权，而冲破"禁区"。春秋、战国之交两种制度的更迭不是奴隶制与封建制的更迭，而是封建制中的领主制与地主制的更迭。

金景芳明确表示不赞同郭沫若的分期学说。他提出，秦统一中国是奴隶社会与封建社会的分界线。他说："中国奴隶社会的经济基础，主要是井田制，即土地公有，而封建社会的经济基础则为土地私有制；中国奴隶社会的政治制度是分封制，而中国封建社会的政治制度则为郡县制；中国奴隶社会的意识形态主要是礼治，而中国封建社会的意识形态则主要是法治。""秦始皇统一中国后，'使黔首自实田'，标志着经济上土地私有制取代井田制，'分天下以为三十六郡，郡置守尉监'，标志着郡县制取代分封制，'焚书坑策士，以吏为师'，标志着法家思想取代儒家思想。因此，我们可以说，自秦始皇统一六国，中国已经跨入封建社会。"①

秦统一封建说认为：（a）三王时期（即夏、商和西周时期）是奴隶社会的上升时期。夏建立了国家，但还带有过渡性质，商完成了过渡，至西周达到全盛。（b）五霸时期（即春秋时期）是奴隶社会的衰落时期。这个时期，阶级斗争的规模广阔，意义重大，推动了历史迅速地向前发展，使整个社会在政治、经济、思想各方面都发生了巨大的变化。从整个社会发展变化的趋势来看，是从"礼乐征伐自诸侯出"开始，经"自大夫出"到"陪臣执国命"，奴隶主阶级的统治正一步一步地由上层向下层转移。在政治制度方面，出现了分封制的对立物——县，并日益发展，食邑制度盛行；在经济制度方面，井田制开始破坏；在思想方面，原来的礼制从根本上遭到破坏，专为对付庶人以下各等级的刑也不能不进行改革。这一切固然证明了奴隶社会的衰落，但作为社会主要矛盾的主要方面，依然是奴隶主阶级。有学者补充说，春秋时期，各国并没有进行封建制的根本改革。因为，第一，铁器和牛耕尚未普及，生产力低下，不具备在全国范围内进行

---

① 金景芳：《中国古代史分期商榷》，《历史研究》1979 年第 2、3 期。

封建制根本改革的条件；第二，井田制破坏只限于局部的地区，不能把局部的变化看成为全局的变化；第三，"初税亩"不能代表封建制的根本变革；第四，在新旧势力的斗争中，新势力远远没有完全战胜旧势力。（c）七雄时期（即战国时期）是中国由奴隶社会向封建社会的转变时期。此时阶级关系发生了变化，突出表现为士的活跃。士是代表地主阶级利益并为封建制度服务的。在政治上，最突出的表现是变法，当时各国的变法实际上是一种封建化运动。时间有迟早，规模有大小，程度有深浅，经过反复的、激烈的阶级斗争，到秦始皇统一六国才最后完成。在经济上，最突出的表现是在战国中期以后井田制的彻底破坏。在思想方面，最突出的表现是百家争鸣，特别是儒、法两家思想的斗争，正反映当时社会的主要矛盾。

主张秦统一封建说的学者还认为，秦始皇统一中国，"使黔首自实田"，标志着经济上土地私有制取代井田制；"分天下以为三十六郡，郡置守尉监"，标志着郡县制取代分封制；"焚诗书，坑术士"，"以吏为师"，标志着法家思想取代儒家思想。秦始皇的这些措施基本上为汉以后各代所继承。因此说自秦始皇统一六国，中国跨入封建社会。

老一辈马克思主义史家侯外庐在20世纪40年代所写的《中国古代社会史论》一书中提出，中国奴隶社会开始于殷末周初，经过春秋战国，到秦汉之际终结。1956年，他在《论中国封建制的形成及其法典化》一文中，仍持旧说。认为，封建制在商鞅变法时萌芽，到汉代，封建制度才"法典化"；到汉武帝时，"封建构成才典型地完成，即封建生产方式，在古旧诸制度依然同时存在之下，作为主导倾向而统驭了社会的全性质"。法典化，即体系化的制度形式是侯外庐判断封建制度最终确立的主要依据。他说，中国中世纪封建化的过程是在"战国末以至秦汉之际"。他还明确提出，中国封建时代土地为皇族地主（国家）所有，其他阶层并无所有权，仅有占有权或使用权："土地和户口都规定于皇权支配之下，这就是东方的封建社会土地国有制形式的渊源。"①

郑昌淦认为，土地国有制的破坏和私有制的确立同奴隶制的瓦解及其向封建制的转变，其间并无必然的联系。例如，在土地的所有权属于封建地主的国家时，照样可以和封建地租的剥削关系相适应。在我国长期封建社会里，曾局部地存在过这一关系。至于土地私有制的出现并不必然地标志着奴隶制的崩溃。他说，当我国奴隶制经济高度发展时，必定会出现封建生产关系的萌芽。这种关系是何时开始出现的，尚难判明，还有待进一步的研究。但在商鞅变法之后到西汉初期这一段时间里，的确已经产生了。即《汉书·食货志》所说，在破产而"无立锥之地"的贫民中，有的去"耕豪民之田，见税什五"，这是名副其实的封建地租剥削关系。②

梁作干提出，如果把中国历史上使用奴隶数量还很少的殷周时代的社会看成是奴隶占有制社会，而后来使用奴隶劳动日益增多而且是最多最普遍的战国两汉时代的社会反而不能被称为奴隶占有制社会，那就是匪夷所思的。他批评西周封建论，认为从语言渊源说，西周封建论是持之有故的。汉语中的"封建"一词，原是西周人发明的，他们用以称呼自己所建立的"封土建邦"的军事上和行政上的统治制度。因此，没有人能剥夺这种政治制度被称为封建制度的权利。但西周的"封建"领主只是"领其土"而非"有其民"。所谓封建制度只是一种行政制度，而非社会经济制度。类似这样的行政制度在许多早期东方国家中（如古代埃及、巴比伦、亚述、波斯等）都可以见到。它与现代历史科学根据中世纪西欧采邑封土制度的经济、社会特征而确定的封建制度的概念是完全不同的。因为后者是在私有财产关系充分发展的基础上按照经济规律自然而然地形成的；在这里，军事、行政上的封建制度只是作为上层建筑对经济关系上业已形成的中世纪依附关系的认可，是大大小小土地所有者之间为保证相互利益的

---

① 参看兰梁斌、方光华《侯外庐的中国封建社会史研究》，《长安大学学报》（社会科学版）2012 年第 2 期。

② 郑昌淦：《井田制的破坏和农民的分化——兼论商鞅变法的性质及其作用》，《历史研究》1979 年第 7 期。

稳定而结成的一种政治联盟。而前者则只是征服者或部落联盟首领对其占有地域强制实行的一种统治形式；所有的土地财产都被认为是国有（即"王有"）的。在这种条件下，还远远谈不上私有财产关系的成熟和土地私有者之间正式或非正式的政治组合。作为当时主要生产劳动者的所谓"井田制度"下的农民仍然不失其原始公社成员的自由人身份，但已处于部落联盟首领（或已成长为"国王"）的父权制的（patriarchal，或译家长制的、宗法制的）统治之下。他们所处的地位根本不同于中世纪那些对宗主（不必要有血缘关系）仅处于有条件依附地位的农奴。他们名为自由人，但在现实生活上即在氏族部落贵族的统治下的处境却与奴隶难以区别。这就是马克思所称的亚洲的"普遍奴隶制"（或译"尽人皆是的奴隶制"）。实际上，这种由部落联盟首领实行家长制统治的社会，在现代任何一个落后的少数民族的社会关系中，都可以看到。因此，西周封建论的主张只是就西周社会而论西周社会，经不起稍为广阔的时空眼光、即从不同历史时代和不同国家社会发展的纵向和横向的宏观考察上所作的科学鉴定。不过，就总体来说，西周封建论者是忠于历史事实的，他们并不因两汉史实与其主张相抵触而否认在汉代"封建"社会中大量使用奴隶劳动的事实。

对于战国封建论，梁氏评价认为，战国封建论的学者似乎没有提出过哪怕只是粗具轮廓的、有点逻辑性的理论体系。人们确实不易捉摸到他们的理论根据是什么以及想要说明的是什么历史规律性的问题。例如，他们把战国时代由于商品经济的发展而出现的由中小工商业者、小生产者、自耕农组成的小私有者阶层称为"新兴地主阶级"，但不知何故，却没有明白地、名正言顺地称之为封建阶级。他们没有说清楚这个阶级本应具有的封建性的根源来自何处以及其特征何在。若从经济学的观点看，商品经济是以自然经济为基础的封建制度的对立物，它在历史上虽也曾在一定程度上和一定范围内为封建制度服务过一段时期，但归根到底，它无时无刻都是起着瓦解封建制度的作用的。如果说，封建制度的形成是商品经济发展的结果，这样的见解不是明显有悖于经济学的理论和社会经济发展的规律么？此外，在具体史实上，战国封建论者所写的著作和教科书，通常都是极力缩小或淡化两汉时代使用奴隶劳动的规模和范围，以便把它们说成是"奴隶制的残余"，尽管当时广泛使用奴隶劳动的史实在《史记》、前后《汉书》等古典著作中是开卷可见的。

因此，他认为西周和战国封建论大体可以说客观上已经过时了。而在他看来，魏晋时期是奴隶制度的最后阶段，而中国封建制度的真正形成（而且还长期存在不少奴隶制的残迹，如一夫多妻制和女儿无继承权等），是在唐宋时代。从北朝至唐中叶这段时期实际上是一个过渡时期。正如西欧封建化过程的完成是在 9—11 世纪，而西罗马帝国灭亡后的最初 4 百年（5—8 世纪）也不过是一个过渡时期而已。在这个过渡时期，土地私有制再次蓬勃发展，但土地按经济规律必然集中而形成大地产的趋势，并未像罗马时期那样由于土地兼并的结果而形成日益深刻的社会危机；相反，大地产的形成使社会生产得到必要的保护和发展，而自由的土地私有制在 9 世纪以后便逐渐形成了有条件占有的封建土地所有制。①

东汉封建说的主要观点是：中国奴隶社会的奴隶来源大致有四：战争俘虏、犯罪被罚为奴、破产负债卖身为奴、掳掠或诱卖"良民"为奴。这四种来源是先后出现的，从侧面体现了奴隶制发生和发展的一定的规律性。从夏代开始，战俘被用作奴隶，经西周至春秋，对外战争的俘虏仍然是奴隶的主要来源。但在春秋前期一百多年里，结成婚姻和政治、军事联盟关系的姬姓、姜姓各国，对外掠夺的对象主要是所谓"戎狄蛮夷"。虽然各国间有时也动干戈，夺取土田，抢掠庄稼，却未发现彼此掳掠居民或士兵做奴隶的记载。后来，为了扩大奴隶来源，置血缘姻亲关系于不顾，同姓姻亲之间也互相捕获俘虏做奴隶了。然而，传统的血缘关系的冲破和周礼的崩坏，并不标志奴隶制的瓦解，倒是反映了奴隶制的进一步发展。到春秋、战国之交，又出现了新的奴隶来源，如因犯法被罚为奴、因在政治斗争中失败降身为

---

① 梁作干：《中国古史分期问题研究评估》，《云南师范大学哲学社会科学学报》第 27 卷第 5 期，1995 年 10 月。

奴、因穷困负债卖身为奴等。战国时期，上述情况又有所发展。秦、汉至王莽执政，法禁苛刻，因犯法而被罚为官奴婢的数量有显著增加，因贫困破产卖身为奴的现象也日趋严重。另外，秦、汉时又出现了新的奴隶来源，叫做"略卖"，即以暴力劫掠良民贩卖为奴，也有诱骗的。西汉时期还出现了颇为繁荣的奴隶市场。总之，从夏到西汉，随着奴隶来源的扩大和数量的增加，奴隶制度不断向前发展。

他们认为，井田制的破坏与土地私有制的出现并不标志着奴隶制的崩溃，而是体现了奴隶制进一步的发展，或者说是为奴隶制的高度发展创造了可能条件。商鞅变法在政治上打击了旧的世袭的奴隶主贵族，但没有强令宗室放免奴隶，也没有使广大奴隶摆脱奴隶制的枷锁，相反，商鞅变法还维护了奴隶制度。商鞅变法"坏井田，开阡陌"促使秦国家长制家庭公社瓦解，土地私有化，但未使奴隶获得解放。土地私有、可以买卖的直接后果，使富人和穷人之间的差别愈加悬殊。在商品交换关系更加发展的条件下，越来越多的负债破产农民卖身为奴，奴隶市场繁荣起来，奴隶制大大向前发展了。

他们说，在奴隶、农民大起义的革命浪潮冲击下，新建立的东汉政权接连颁布十二道有关部分放免奴婢和提高奴婢地位的诏令，给旧奴隶制以沉重打击。这些诏令实际是封建国家的新法律，被以后多数封建王朝所采纳，它在中国历史上具有重大的意义。

他们进一步论证说，自商鞅变法之后到秦灭亡以前，已产生封建地租剥削关系，如《汉书·食货志》记载破产的贫民"耕豪民之田，见税什五"等。这种封建生产关系是在奴隶社会内部阶级对抗中产生和发展起来的，东汉以后才居于支配地位。

对于非专业的读者来说，大概很难搞清楚各家各派观点之间的奥妙，他们或许更希望滤除"各种偶然因素的干扰"，直奔事情的本质。对此，学者李根蟠的评论，应该是有参考价值的。他说，"封建地主制"是对战国、秦汉之后至鸦片战争以前中国社会经济形态属性的一种概括。其内涵主要有二：第一，它肯定这一历史阶段的中国与西欧中世纪同为封建社会；第二，它又指出，当时中国的封建社会是不同于西欧领主制的另一种类型——地主制。"封建地主制"理论中的"封建",是指称生产方式的一种类型,属于马克思主义的"封建"概念。"封建地主制"概念是吕振羽于1934年首次提出的,以后许多学者作了同样的或类似的论证。经过长期的探索和研究,关于战国、秦汉以后社会性质为"封建地主制"的论定,终于成为中国史学界的主流观点。应该承认,在中国这样一个东方大国,揭示出一种不同于西欧封建领主制的更具典型意义的封建社会新类型,不仅大大丰富了人们对封建社会的认识,同时还标志着马克思主义封建观的新发展,即使在马克思主义史学发展史上也是具有重大理论意义的。[①]

第二节 古史分期·中国奴隶社会

与针对封建社会的讨论不同,在论及中国奴隶社会的时候,中国到底有没有奴隶社会,首先就成为一个问题。过去,曾经把否定中国存在奴隶社会的观点认定为是"托派"观点或国民党的观点,显然是不准确的。其实,在中国是否存在奴隶社会的问题上,在马克思主义史学家之间,也是有不同的意见的。不过,马克思主义史学家在这个问题上分歧很小、甚至曾经一度没有分歧,也是事实。

中国到底有没有奴隶社会,在民国时期有过激烈讨论,持否定观点的学者占多数。新中国成立后,围绕这一命题,依然有不同看法。

这一讨论直接与斯大林《辩证唯物主义与历史唯物主义》所阐明的"五种生产方式"学说相关。是否承认中国经历过奴隶社会发展阶段,曾经被理解为是否承认五种社会形态理论。

郭沫若《中国古代社会研究》最早肯定了中国的奴隶制时代,论述中国的奴隶社会存在于西周,"刚好和古代的希腊罗马一样,是一样纯粹奴隶制的国家"。[②] 吕振羽1934年4月发表《中国经济之史

---

① 李根蟠:《"封建地主制"理论是中国马克思主义史学的重大成果》,《河北学刊》第27卷第1期,2007年1月出版。

② 郭沫若:《中国古代社会研究》,上海新新书店1930年版,第17页。

的发展阶段》①，后又出版《史前期中国社会研究》和《殷周时代的中国社会》，提出不同于郭沫若的殷商奴隶社会论。后来郭沫若也肯定了他的主张。中国奴隶社会的下限，吕认为在殷周之际。直到今天，殷商为奴隶社会的研判，依然为普通历史教科书所遵奉。翦伯赞赞同吕的意见，也持殷代奴隶社会说。② 而翦伯赞的理论见解，原本主要来自苏联学者科瓦列夫的《古代社会论》。科瓦列夫认为，奴隶制在全世界都存在，翦伯赞认为这是不可"动摇"的理论基点。③ 他进一步提出："奴隶所有者社会研究，攸关史的唯物论之社会构成这一整个的基本理论之存否的问题"，尽管奴隶制有不同的形式，表现了"历史发展之不均等性"，但基本的"质"是不会变的。④ 邓拓（邓云特）认为，殷代已入铜器时期，是中国历史上最初的国家建立时期，即奴隶社会。⑤

　　值得一提的是，托派成员王宜昌对中国奴隶社会与封建社会作了较深入的对比研究。⑥ 他认为，"中国奴隶社会由半开化末期的夏代发展，经过文明时代初期的西晋而灭亡"。这种西晋仍是奴隶社会的意见，曾得到倪今生赞同。⑦ 在长文《渤海与中国奴隶社会》中，王宜昌试图构建自己的奴隶社会学说体系。他说："渤海是中国奴隶社会的地理基础，如果中国人古代没有渤海，像北美古代没有内海一样，或许便没有奴隶社会的发展，而和印第安人一样停滞于原始共产

---

① 吕振羽：《中国经济之史的发展阶段》，《文史》第 1 卷第 1 期，1934 年 4 月。

② 翦伯赞：《殷代奴隶制度研究之批判》，《劳动季刊》第 6 期，1935 年 8 月。

③ 翦伯赞：《介绍一种历史科学的名著》，《中山文化教育馆季刊》1936 年夏季号，1936 年 4 月出版。

④ 翦伯赞：《关于历史发展之"奴隶所有者社会"问题》，《中山文化教育馆季刊》1936 年秋季号，1936 年 7 月出版。

⑤ 邓云特：《论中国社会经济史上的奴隶制度问题》，《新世纪》第 1 卷第 3 期，1936 年 11 月。

⑥ 王宜昌：《中国奴隶社会与封建社会之比较研究》，《文化批判》第 1 卷第 6 期，1934 年 10 月 15 日。

⑦ 倪今生：《五胡乱华前夜的中国经济》，《食货》第 1 卷第 7 期，1935 年 3 月 1 日。

社会以至今日。"[1]

陶希圣 1932 年发表《中国社会形式发达过程的新估定》[2]，说"战国到后汉是奴隶经济占主要地位的社会"。曾謇认为，"西周不仅是奴隶社会，而且是隆盛的奴隶社会，父家长制的奴隶社会"。[3] 戴振辉认为，殷代已有奴隶，西周奴隶制跟着发展，到春秋战国以至秦汉之交，奴隶制度又进展一步。汉代是奴隶经济社会。[4] 傅安华说："由原始社会到奴隶社会是历史发展的必然法则，而由长期停滞的农村共同体一跃而为封建社会的，乃是历史法则的例外。"又说："如果不承认秦汉是奴隶社会，整个的中国社会形式发展史便不会解决。""秦汉社会的一切现象，与希腊罗马并无二致。魏晋南北朝也恰合于欧洲之黑暗的封建时代的情形。"[5] 他还认为东汉是由奴隶社会过渡到封建社会的一个转型期。[6] 周绍溱说，春秋战国以后商人的活跃以及奴隶的日益增多，都证明了那时是奴隶社会。[7]

新中国成立前，与肯定奴隶社会相比，当时否定奴隶社会的势力颇为强盛。其中持否定论最激烈的学者，是刘兴唐、李立中、丁迪豪。

刘兴唐认为，"奴隶社会虽然是独立的一个阶段，却非各民族发展必由之道"。中国历史上虽然存在奴隶，但以东方的家庭奴隶为最多，生产领域虽也有奴隶，却不占支配地位，所以中国不存在奴隶社

---

①　王宜昌：《渤海与中国奴隶社会》下篇，《中国经济》第 3 卷第 6 期，1935 年 6 月 1 日。

②　《中国社会史的论战》第 3 辑，《读书杂志》第 2 卷第 7—8 期合刊，1932 年 8 月 1 日。

③　曾謇：《西周时代的生产概括》，《食货》第 1 卷第 7 期，1935 年 3 月 1 日。

④　戴振辉：《两汉奴隶制度》，《食货》第 1 卷第 7 期，1935 年 3 月 1 日。

⑤　傅安华：《关于奴隶社会理论的几个问题》，《食货》第 5 卷第 6 期，1937 年 3 月 16 日。

⑥　傅安华：《东汉社会之史的考察》，《食货》第 3 卷第 10 期，1936 年 4 月 16 日。

⑦　周绍溱：《对于"诗书时代的社会变革及其思想的反映"的质疑》，《中国社会史的论战》第 1 辑，神州国光社，1931 年 11 月。

会。① 他并认为，中国之所以长期停滞不前，就是因为缺一个奴隶社会阶段。"奴隶社会是一种促进社会进步的因子，是欧洲社会突飞猛进的一个至要原因。"② 李立中认为："任何一个社会形态进展到另外一个社会形态，其间，都是因为商业资本的分解作用存在，否则，社会形态便没有进展的可能。"③ 氏族社会可以过渡到农奴制的封建制度，也可以过渡到奴隶经济的奴隶社会，其原因，就在于商业资本发展的程度。商业资本高度发展，便过渡到奴隶社会，反之就是封建社会。④ 而中国秦到清中叶，有的只是商业资本主义。⑤ 丁迪豪被何干之称为否定论的"代表"。他发表《中国奴隶社会批判》一文⑥，受到刘兴唐赞扬。⑦

中国托派成员李季认为，中国在秦汉以后存在大量奴隶，"但绝没有形成古代希腊罗马那样的奴隶制度"。在他的中国历史排序中⑧，完全没有奴隶社会的存在。中国没有经历奴隶社会却进入了亚细亚社会。⑨ 杜畏之则决然写道："中国没有划然的奴隶社会一阶段，更无东方社会一阶段。在氏族社会的内部怀育了封建的生产方法。"⑩ 又说："春秋是由原始封建社会向另一社会形态的封建社会发展。"⑪ 1937 年 4 月 1 日，陈独秀在《东方杂志》发表《实庵字说》之三，

---

① 刘兴唐：《奴隶社会论的症结：读丁道谦先生〈中国果真没有存在过奴隶制度吗〉之后》，《食货》第 5 卷第 11 期，1937 年 6 月 1 日。

② 刘兴唐：《中国经济发展的本质》，《文化批判》第 2 卷第 2、3 期合刊，1935 年 1 月 10 日。

③ 李立中：《商业资本主义社会辨》，《食货》第 3 卷第 5 期，1936 年 2 月 1 日。

④ 李立中：《奴隶社会研究：并评王宜昌先生、胡秋原先生、李麦麦先生》，《中国经济》1935 年秋季号，1935 年 6 月。

⑤ 李立中：《试谈谈中国社会史上的一个"谜"》，《食货》第 2 卷第 11 期，1935 年 11 月 1 日。

⑥ 丁迪毫：《中国奴隶社会批判》，《历史科学》第 1 卷第 5 期，1933 年 5 月。

⑦ 刘兴唐：《中国社会史上诸问题之清算》，《文化批判》第 1 卷第 2 期，1934 年 6 月 15 日。

⑧ 李季：《中国社会史论战批判》，第 17—18 页。

⑨ 同上书，第 268 页。

⑩ 杜畏之：《古代中国研究批判引论》，《中国社会史的论战》第 2 辑。

⑪ 杜畏之：《战国时期军事之研究》，《中山文化教育馆季刊》1936 年春季号，1936 年 1 月出版。

也认为中国没有经过奴隶社会阶段。

胡秋原提出："封建社会继承原始社会是人类历史发展的普遍规律，希腊罗马也先经过了封建社会，后来的奴隶社会只不过是封建社会的变形发展。""不是奴隶社会先于封建社会，而是封建社会先于奴隶社会。""英德经济史上，就没有奴隶社会这时期，而是从氏族社会到封建社会的。"① "奴隶社会只是封建社会末期，商业资本发展所形成的一种特殊社会形态（在海岸国家则达其发展之极致），不是一个社会必经的过程。""在中国，没有像希腊罗马那样的奴隶制度，即有奴隶之存在，而无以奴隶劳动为生产基础之时期。"② 王礼锡则说："奴隶社会这个阶段不但在中国找不出，就在欧洲也不是各国都要经过这个阶段，德国、英国就没有经过这个阶段。所以我们不必机械地在中国去寻找奴隶社会这个阶段。"③

陈邦国说："奴隶经济不能构成一个社会发展阶段"，"奴隶经济不能成一社会阶段。即有奴隶经济，也不一定有奴隶制度的社会或奴隶社会。"④

除上述诸学者外，王瑛⑤、王斐荪⑥都认为，奴隶社会并非各国一定会经过的阶段。熊得山⑦、梅思平⑧也认为中国没有奴隶制阶段。

---

① 胡秋原：《中国社会＝文化发展草书》，《中国社会史的论战》第4辑，《读书杂志》第3卷第3—4期合刊，神州国光社1933年版。

② 胡秋原：《略复孙倬章君并略论中国社会之性质》，《中国社会史的论战》第2辑，《读书杂志》第2卷第2/3期合刊，1932年3月再版。

③ 王礼锡：《中国社会形态发展史中之谜的时代》，《中国社会史的论战》第3辑，《读书杂志》第2卷第7/8期合刊，1932年8月。

④ 陈邦国：《关于"社会发展分期"并评李季》，《中国社会史的论战》第4辑，《读书杂志》第3卷第3/4期合刊，1933年4月。

⑤ 王瑛：《研究中国经济史的大纲与方法》下篇，《食货》第2卷第5期，1935年8月1日。

⑥ 王斐荪：《社会形态之史的发展》，《中国经济》第3卷第11期，1935年11月1日。

⑦ 熊得山：《中国社会史研究》，昆仑书店1929年版，第117页。

⑧ 梅思平：《中国社会变迁的概略》。陶希圣编《中国问题之回顾与展望》，新生命书局1930年版。

莫非斯①、章元璞②也持基本相同的看法。

这里还要提一下陈伯达早年的看法。他认为，中国到殷代也没有发现铁，这就使得氏族社会内部农业和手工业的分工成为不可能，因而也就"空白"了奴隶社会阶段。③新中国成立后，王明跑到苏联，则说什么在马克思主义关于社会发展史的学说中，不存在什么"奴隶制"社会，有的只是奴隶占用制社会，因为"奴隶制"按它的意思来说，应该是意味着奴隶占统治地位的社会制度，"而在整个人类历史上根本就不曾有过这样的社会"。④

由上可知，关于奴隶社会，确实是一个复杂的问题。对这个问题，中国马克思主义史学家有责任进行深入细致的研究。因此，新中国成立后，随着古史分期的讨论，这个问题自然而然地受到了关注。

1957 年，雷海宗在《历史教学》7 月号发表《世界史分期与上古中古史中的一些问题》一文，文章就生产工具发展史、铜器时代（公元前 2900—前 1100 年）、铁器时代（公元前 1100 年以下）、铜器铁器与社会性质四个议题进行了论述，提出："原始社会以后，资本主义社会以前，依生产工具而论，有铜器和铁器两大时代；依社会性质这两大时代可分为两个或三个阶段：部民社会、古典社会、封建社会。后两者就是铁器时代，实际都是封建社会而稍有不同。"他说："由原始社会末期到资本主义社会，一直有奴隶制，只在特殊条件下可以得到特殊的发展，世界历史上并没有一个奴隶社会阶段。既然如此，历史上也就没有一个所谓奴隶社会向封建社会过渡或转化的问题。"他还说："在历史上真正的奴隶主国家只能是例外的，不可能形成通例。所谓希腊奴隶社会的说法，完全处于错觉，希腊绝大部分根本没有奴隶，雅典和其他一些工商业城邦是特例。"

同年，李鸿哲在《文史哲》第 10 期上发表《"奴隶社会"是否

---

① 非斯：《中国社会史分期的商榷》，《食货》第 2 卷第 11 期，1935 年 11 月 1 日。
② 章元璞：《中国古代社会研究》，《文化批判》第 1 卷第 4、5 期合刊《史学研究特辑》，1934 年 9 月 15 日。
③ 陈伯达：《殷周社会略考》，《太白》第 2 卷第 4 期，1935 年 5 月。
④ 王明：《中共 50 年》，东方出版社 2004 年版，第 249 页。

社会发展必经阶段》一文，不赞同郭沫若关于"社会发展可以划分五个时期"的讲法，认为在马克思的著作内找不到"五阶段划分的文字"。"奴隶社会的形成和维持，需要比较高的生产力，较发达的商业和工矿业，货币的广泛使用与频繁的以掠取奴隶为目的的战争和大规模的奴隶贸易等条件。但这些条件，尤其是后两个条件，在古代各国很难完全具备；差不多除古代地中海沿岸某些国家外，古代其他各国都未具备过以上诸条件。实际上一个处于原始公社状态的部族，若非濒海且与其他部族接触频繁，就不可能具备以上诸条件。""大略地考察一下古代各国历史，我们发现真正有成为支配生产方式的奴隶制存在的只有地中海沿岸的少数国家，如腓尼基、希腊的雅典、迦太基、布匿战争后的罗马等；与世界其他地域的众多国家来比，她们只是极少数。这些极少数国家发展的情况，我们应把它当作例外，而不能认为是一般的情况。因此，人类社会都经过一个奴隶社会的阶段，并不是历史发展的规律。""奴隶社会说在理论上站不住脚，不符合历史事实，违背历史唯物主义；多年来为人所信从，实在是一种教条主义的偏向。但这一教条却不是从马克思的经典著作中得来的，它是由郭沫若先生、斯特鲁威院士提倡起来的。"

雷海宗、李鸿哲的观点，后来遭到严厉批判。直到 20 世纪 60 年代，顾准也持类似的观点，但由于没有发表，直到改革开放后才为许多人所知。《顾准笔记》中写道：

> 一切由大陆式的部族王发展而成的国家，全部没有希腊、罗马那种奴隶制。债务奴隶是有的，贵族家里的家务奴隶是有的，但是有"奴隶市场的奴隶制"是没有的，这是希腊、罗马这类海上文明的城邦的特色。
>
> 把马克思的奴隶制扩大到"东方"，取消"亚细亚的"这个范畴，Engels（恩格斯）做了一小部分工作，到 Stalin（斯大林）就斩钉截铁地不准谈"亚细亚的"，于是对马克思，亦即对历史的强奸完成了。
>
> 对人的奴役，并不简单，同种同族的人民是不容易奴役的。

通过奴役自家人而高度发展奴隶制度的，在全部历史上向来没有见过。只有在有条件对外人大量进行奴役的地方，在古代只有在地中海上的海国，奴隶制度才有可能得到充分发展。所以，在历史上真正的奴隶主国家只能是例外的，不可能形成通例。所谓希腊奴隶社会的说法，实际出于错觉，雅典和其他一些工商业的奴隶城邦乃是特例：即使在雅典，奴隶与农业的关系也很浅，其大量使用限于工商业。罗马在历史上更为特殊，罗马式的土地奴隶制度，不只在亚非大陆没有，在希腊也向来没有见到。

世界历史上并没有一个奴隶社会阶段。雅典、罗马的短期特殊发展，只能看为封建社会的变种发展。这种变种，并不限于封建。

1979 年，黄现璠发表文章，明确提出："我坚决主张我国历史上没有奴隶社会，汉族没有，少数民族绝大多数也没有。希腊罗马奴隶制社会仍是人类历史发展中的特例，不是通例。"[①] 这是作者从 20 世纪 50 年代就坚持的主张，但将其观点公开发表出来的时间较晚，得到一些历史学家的支持。到 20 世纪 80 年代中后期，上述观点响应者日众。1988 年 7 月，国家教委、中国社会科学院历史所、近代史所和世界史所，以及山东大学、北京大学、中国人民大学等 13 个单位联合举办全国史学理论讨论会。会上对五种生产方式是否是人类社会的普遍规律，奴隶社会是否是人类社会的必经阶段，划分社会形态的标准等一系列问题进行了广泛而深入的讨论。一些学者提出，没有一个大民族完整地走过五种社会形态，奴隶社会不是人类社会的必经阶段，中国根本没有奴隶社会。

一些否定中国存在奴隶社会的学者认为，马克思本人从来没有表述过社会发展五阶段论，此说首先来自列宁。列宁 1919 年 7 月 11 日在斯维尔德洛夫大学讲演《论国家》时说："所有一切国家中所有一

---

① 黄现璠：《我国民族历史没有奴隶社会的探讨》，《广西师范学院学报》1979 年第 2、3 期。

切人类社会数千年来发展的经过，都向我们表明出这种发展的一般规律、法则和次序：起初是无阶级的社会，即始初的宗法的社会，原始的，没有什么贵族存在的社会；然后是以奴隶制为基础的社会，即奴隶主的社会。全部现代文明的欧洲都经历过这样的行程。"他们认为，把社会发展五阶段论定型化的是斯大林，这就是他 1938 年在《辩证唯物主义和历史唯物主义》一文中提出的："历史上有五种基本类型的生产关系：原始公社制的、奴隶占有制的、封建制的、资本主义的、社会主义的。"

20 世纪 80 年代后，否定中国存在奴隶社会的观点呈现上升的趋势。沈长云写道：学术界，首先是在中国史学界，已不是个别人，而是有相当一批人从各个角度谈论中国未曾经历过奴隶社会的问题。"长期以来进行的古史分期讨论，并没有把他们的思想束缚在所谓奴隶社会与封建社会分期的小圈子里，倒是越来越多的人跳出这个圈子。"他认为只有中国无奴隶社会说才符合中国历史的实际。

例如关于商代主要社会生产者众、众人的身份问题，有奴隶、农奴、自由民、公社社员、奴隶主等不同解读，但是，他指出，"主张众、众人是奴隶的说法在学术界只占少数"，"多数论据由于受到多数学者的驳难，已渐渐不被人们采纳。研究众人身份的较有影响的文章都不主张众人是奴隶，其中多数人倾向认为众人是商人的族众。对于商代主要生产者非奴隶身份的认识已明朗化"。

再比如人祭人殉，50 年代初期人们以之作为商代为奴隶社会的过硬证据，但现在却也过时了。至于周代（包括西周、春秋）的主要生产者"民"或"庶人"，也再没有人像过去郭沫若那样把他们说成是古代社会那样典型的奴隶。而秦汉的主要劳动者，大家都承认汉代有奴隶劳动，争论的焦点在于这些奴隶劳动在生产领域中，尤其在主要的生产部门农业领域中是否占据主导地位。[①]

如果中国不存在奴隶社会，当然也就不存在所谓时段的问题。但

---

① 沈长云：《中国古代没有奴隶社会——对中国古代史分期讨论的反思》，《天津社会科学》1989 年第 4 期。

在主张中国存在奴隶社会的学者那里，则存在中国的奴隶社会从什么时间开始到什么时间结束的问题。总体上看，改革开放前30年，中国绝大部分历史学者，都认为中国存在奴隶社会。

早在1950年3月21日，郭沫若就在《光明日报》发表《读了〈记殷周殉人之史实〉》一文，认为郭宝钧关于河南殷墟的文章，所谓大量活人殉葬的事实，是证明殷代为奴隶社会的绝好证据："在我的理解中，殷周都是奴隶社会，而奴隶社会的告终应该在春秋战国之交。"这是郭沫若的著名观点。

后来，林甘泉写了《说庶人的身份》一文，运用金文和文献材料，对众说纷纭的庶人身份问题进行了仔细考辨，指出庶人是中国奴隶社会主要的劳动生产者，庶人并不是奴隶、农奴，但这并不能动摇中国古代存在着奴隶社会的事实。① 而金景芳在刚刚进入改革开放新时期不久，即出版了中国奴隶社会史的专著。② 这部书与其他各种肯定中国存在奴隶社会阶段的通史著作一起说明，要完全否定奴隶社会的社会经济形态价值、要完全否定中国经历过奴隶社会的阶段，并不是一件容易的事情。

总之，新中国成立后，直到今天，人类社会经过五种社会形态而演进、中国历史经历过奴隶社会的观点，在中国依然是主导性的观点。

第三节 古史分期·亚细亚生产方式

亚细亚生产方式是马克思使用过的一个概念。马克思在1859年发表的《政治经济学批判·序言》中写道："大体说来，亚细亚的、古代的、封建的和现代资产阶级的生产方式可以看作是经济的社会形态演进的几个时代。"③由于这是一个非常重要的论断，牵涉对历史

---

① 陆荣、卜宪群：《林甘泉先生的学术经历与治学特点》，《高校理论战线》2008年第6期。
② 金景芳：《中国奴隶社会史》，上海人民出版社1983年版。
③ 《马克思恩格斯选集》第2卷，人民出版社1995年版，第33页。

发展进程及其规律性、阶段性的整体性认识，因此，受到中外学界的高度关注和解读。

新中国成立前，针对"亚细亚生产方式"的含义，已经有争议。而且，这种争议在共产国际及苏联学者间就颇大，对中国共产党也有较大影响。1938 年，斯大林发表《辩证唯物主义和历史唯物主义》一文后，中国马克思主义史学界在划分社会形态时，也就不再使用亚细亚生产方式的概念，只是把它作为一个研究对象来处理。

第二次世界大战结束以后，由于马克思的著作得到更多的公开，特别是手稿《资本主义生产以前的各种形式》得到流传，学界对亚细亚生产方式的探讨热情又高涨起来。

据苏联学者在 20 世纪 30 年代的归纳概括，亚细亚生产方式的基本特征是：以农村公社为基本社会组织、国家组织并管理大型治水工程、土地公有、专制主义、地租与赋税合一。

马克思所说的"亚细亚生产方式"到底是什么意思？这是争论的核心。对此，美国学者卡尔·A. 魏特夫（Karl A. Wittfogel）、英国学者佩里·安德森、德国学者贡德·弗兰克曾经从概念史与学术史的角度作过一些考察。例如魏特夫指出，亚细亚概念并不是马克思首先使用的，他是从古典经济学家的著作中发现了这个原有的概念。继理查德·琼斯（Richard Jones）和约翰·斯图亚特·穆勒之后，马克思在 19 世纪 50 年代初期就开始使用特殊的亚细亚社会或东方社会概念。恩格斯始终赞同马克思关于亚细亚概念的说法。①

安德森则提出，在欧洲全部政治哲学的源头，专制主义被明确说成是亚洲的属性。孟德斯鸠对"东方专制主义"作过成熟的理论概括，而孟德斯鸠受过博丹、贝尔尼埃等人影响，其基本公式是认为亚洲国家没有稳定的私人产权，或者没有世袭贵族，因此其性质是专横和暴虐的。孟德斯鸠的描述被人们所普遍接受，并由亚当·斯密（Adams Smith）第一次将其扩展到经济类型领域，提出了亚洲和非洲

---

① ［美］卡尔·A. 魏特夫：《东方专制主义》，徐式谷等译，中国社会科学出版社1989 年版，第 16、18 页。

社会的农业性质同水利工程的作用（灌溉和运输）之间的联系的新概念。黑格尔深入研究了孟德斯鸠和斯密的著作，进一步强化了东方专制主义观念。安德森还着重考察了英国经济学家理查德·琼斯的亚洲学说，然后总结道："总之，我们需要记住，对于马克思和恩格斯的思想形成起了重要作用的两种主要知识传统，包含着一个共同的关于亚洲政治和社会制度的观念，其共有的一套想法最终可以追溯到它们之前的启蒙运动。"[①] 关于马克思东方观念的学术传承背景，他开列了一个很值得参考的菜单：

国家土地所有制	哈林顿 贝尔尼埃 孟德斯鸠 琼斯
缺乏法律约束	博丹 孟德斯鸠 贝尔尼埃
宗教取代法律	孟德斯鸠
没有世袭贵族	马基雅维利 培根 孟德斯鸠
奴隶般的社会平等	孟德斯鸠 黑格尔
孤立的村社	黑格尔
农业占据压倒工业的优势	斯密 贝尔尼埃
公共水利工程	斯密 密尔
炎热的气候环境	孟德斯鸠 密尔
历史静止不变	孟德斯鸠 黑格尔 琼斯 密尔

安德森认为，马克思继承、混合、补充、创新了前人的见解，直到《资本论》的成熟时期，还"依然确信他从一系列前辈那里继承来的欧洲人关于亚洲的传统认识"[②]。他认为不可能从马恩的著述中提炼出关于"亚细亚生产方式"一以贯之的或系统的论述，但可以发现一些基本元素，即不存在土地私有制，存在着大规模的农业灌溉系统，存在着把手工业同耕种土地和土地公有制结合起来的自给自足

①　[英]佩里·安德森：《绝对主义国家的系谱》，刘北成、龚晓庄译，上海人民出版社2001年版，第502页。
②　同上书，第511页。

的村社，消极的寄生的或官僚居住的城市的停滞，专制国家机器的统治，等等。

至于列宁，魏特夫认为，列宁在第一次世界大战时，完全放弃了他曾经摇摆不定地维护了 20 年之久的亚细亚概念。[①]

最早试图对亚细亚生产方式进行解读的是普列汉诺夫。1907 年，他写出《马克思主义的基本问题》，其中第 9 节把亚细亚生产方式看作是一种独特的生产方式。他提出，从氏族社会可以产生出两种不同形态的社会，一种是希腊罗马的古代社会（奴隶社会），一种是中国以及埃及的东方社会（亚细亚社会）。[②]

亚　细　亚　社　会

原始的及氏族社会 > >　　　　　　　　　　　　 > >资本主义社会

古代社会 > 封建社会

后来的苏联学者瓦尔加（E. C. Varga），中国学者李季和杜畏之[③]，均深受他的影响。

1930 年，苏联共产主义学院农业部（研究所）曾召开亚细亚生产方式问题的讨论会。翌年 2 月，苏联共产主义学院列宁格勒东方学会和东方研究所又联合召开了亚细亚生产方式问题讨论会。足见这个问题在当时的分量。这一时期，在苏联出生或居住的一些学者的观点，在中国都曾产生程度不等的影响。这些学者包括马扎亚尔、米夫、杜博洛夫斯基、约尔克、哥德斯、司特鲁威、科瓦列夫、雷哈德等。

总起来看，在 20 世纪 20 年代前半期，苏联学者对中国社会性质的看法，包括七个方面：（1）中国不存在土地私有制；（2）宗法制在农村居统治地位，因此中国似乎还没有成为真正意义上的国家；

---

① ［美］卡尔·A. 魏特夫：《东方专制主义》，第 18、31、33 页。

② ［俄］普列汉诺夫：《马克思主义的基本问题》，人民出版社 1958 年版，第 40 页。

③ 李季：《中国社会史论战批判》（上海神州国光社 1934 年版），第 14 页引用这段话，认为"很对"，杜畏之《古代中国研究批判引论》认为这是对马克思序列的有力"修正"，是"必要的而且正确的"。

（3）没有大地产和大地主统治阶级；（4）在封闭的、自治的公社基础上形成的"非常独特的对欧洲文化毫无所知"的统治阶级——绅士阶级，这个阶级同地产似乎没有联系；（5）人工灌溉是国家起特殊作用和产生超阶级官僚制的条件；（6）中国社会的稳定性，其表现是在欧洲殖民者侵入以前，中国似乎从未发生过社会经济形态的更替，只是在欧洲人到来以后，这个停滞不前的社会才走上资本主义发展的道路；（7）现代这个的国家上层建筑在这里或者被解释成带有某种资产阶级性质的机构，或者被说成是超阶级的力量①。七项中的前六项，实际上就是所谓亚细亚的特征。

　　新中国成立前，中国学者对亚细亚生产方式的讨论并不像争论社会性质问题那样热烈。许多学者只是在阐述社会性质观点时附带地论及这个问题。但是，苏联学者的观点，对他们显然是有影响的。当时曾有人描述说，中国学者对亚细亚生产方式问题的讨论"纷杂不堪"。有人不承认亚细亚生产方式概念的成立，更不认为中国有亚细亚生产方式存在。有人认为亚细亚生产方式是不同于原始共产社会、古代社会、封建社会及近代资本主义社会生产方式的另外一种。有人认为亚细亚生产方式就是前资本主义社会的生产方式。有人在中国氏族社会崩溃之后划出一个亚细亚生产方式的社会。有人把中国长时期停滞的历史阶段叫做亚细亚生产方式的社会。②

　　郭沫若 1928 年作《诗书时代的社会变革与其思想上之反映》，提出亚细亚生产方式是"古代的原始共产社会"，从而成为对亚细亚生产方式最早发表意见的中国学者。他说，马克思所说"古典的"是指希腊罗马的奴隶制，"封建的"是指欧洲中世纪的经济上的行帮制，政治表现上的封建诸侯，"近世资产阶级的"就是现在的资本制度。中国大抵在西周以前就是"亚细亚的"原始共产社会。西周是

　　① ［俄］B. H. 尼基福罗夫：《苏联历史学界对中国社会经济制度的讨论（1925—1931）》，见郝镇华编《外国学者论亚细亚生产方式》下册，中国社会科学出版社 1981 年版，第 30—31 页。

　　② 王瑛：《研究中国经济史的大纲与方法》下篇，《食货》第 2 卷第 5 期，1935 年 8 月 1 日。

与希腊罗马的奴隶制时代相当，东周以后，特别是秦以后，才真正地入了封建时代。[①] 郭沫若 1936 年又发表《社会发展阶段之再认识：主于论究所谓"亚细亚的生产方式"》[②]，提出马克思所说的"亚细亚的生产方式"或"东洋的社会"实等于"家长制"或"氏族财产"形态，而"古代的生产方法"便明确地标示着希腊、罗马的奴隶制。[③]

吕振羽 1936 年出版《殷周时代的中国社会》，改变了先前的看法，转而认为亚细亚生产方式"即希腊、罗马而外的世界其他国家的奴隶制度阶段的社会，他们都没有发展到奴隶制后期，就开始向封建制度转化，归于衰亡了。"[④]

杜畏之认为，亚细亚生产方式是建筑氏族社会基础上的独特社会，而中国没有这种社会。他认为，马克思的序列是摩尔根《古代社会》发表之前 18 年写的，所以并不了解氏族社会，故而把亚细亚社会放在古代社会的前面毫不奇怪。他赞同普列汉诺夫的观点，即马克思后来放弃了亚细亚生产方式的概念。他并认为，中国古代基本不存在水患，所以因为治水而导致专制主义的理论根本不能成立。[⑤]

否认中国存在亚细亚生产方式的还有李立中、刘兴唐、章元璞。李立中说："秦到清中叶，没有什么乌托邦式的亚细亚生产方法，也没有图式主义的奴隶社会，更没有空想杜撰的专制主义，有的只是商业资本主义。"[⑥] 刘兴唐说："认为鸦片战争以前中国是亚细亚生产方

---

① 郭沫若：《中国古代社会研究》，上海新新书店 1930 年版，第 175 页。

② 原载《文物》第 1 卷第 2 期，1936 年 7 月。现收入《郭沫若全集》历史编第 3 卷的《史学论集》，人民出版社 1984 年版。

③ 这里所谓"东洋的社会"，《马克思恩格斯全集》译为"东方社会"；"家长制"译为"父权制"；"身分"译为"等级"。

④ 吕振羽：《殷周时代的中国社会》，生活·读书·新知三联书店 1962 年版，第 14 页。

⑤ 杜畏之：《古代中国研究批判引论》，《中国社会史的论战》第 2 辑，《读书杂志》第 2 卷第 2/3 期合刊，1932 年 3 月再版。

⑥ 李立中《试谈谈中国社会史上的一个"谜"》，《食货》第 2 卷第 11 期，1935 年 11 月 1 日。

法论者，对于中国的社会实质，还是驴头不对马嘴。"① 章元璞说，人工灌溉及与此相适应的大规模组织的公共事业，在古代中国并不存在。从治水的角度论述历史"是唯水史观，而不是唯物史观"。②

李季认为，亚细亚生产方式是东方国家在原始社会瓦解后，由于特殊的地理环境所产生的与古典奴隶制社会并列而先于封建社会的一种特殊的社会经济形态。中国历史上存在过这种生产方式，夏、殷两代就是。③

胡秋原则认为，亚细亚生产方式是亚洲的"先资本制"，即"与农村公社结合的封建的及一部分农奴底制度"。又说，亚细亚生产方式就是专制主义的农奴制，"不过指古代埃及、巴比伦以及前资本主义时代的中国印度之混合的大体的生产制度之称"。④"土地贵族与商业贵族结合的统治，是东方式亚细亚式绝对主义政治之秘密"，主要特征是"封建式的剥削"。⑤ 王礼锡说，所谓"亚细亚的"或"东方的"，就是"东方的复杂社会"。⑥

王宜昌认为，亚细亚生产方式是印度和东方的封建社会，是封建社会的一种变异形式，⑦，是指印度和中国的"基于土地共有的那种村落共同体的形态"。⑧ 吕振羽也曾认为，亚细亚生产方法是"符合

---

①　刘兴唐：《古代矿业在文化史上的1考察》，《文化批判》创刊号，1934 年 5 月 15 日。

②　章元璞：《中国古代社会研究》，《文化批判》第 1 卷第 4、5 期合刊《史学研究特辑》，1934 年 9 月 15 日。

③　李季：《中国社会史论战批判》，上海神州国光社 1934 年版，第 456、488 页。

④　为吴清友译杜博洛夫斯基《亚细亚生产方式·封建制度·农奴制及商业资本之本质问题》一书所作序言，题为《亚细亚生产方式与专制主义》，见《中国社会史的论战》第 3 辑，载《读书杂志》第 2 卷第 7—8 期合刊，上海神州国光社 1932 年版。

⑤　胡秋原：《略复孙倬章君并略论中国社会之性质》，《中国社会史的论战》第 2 辑，《读书杂志》第 2 卷第 2/3 期合刊，1932 年 3 月再版。

⑥　王礼锡：《中国社会形态发展史中之谜的时代》，《中国社会史的论战》第 3 辑，《读书杂志》第 2 卷第 7/8 期合刊，1932 年 8 月 1 日。

⑦　王宜昌：《中国社会史论史》，《中国社会史的论战》第 2 辑，《读书杂志》第 2 卷第 2—3 期合刊。

⑧　王宜昌：《中国封建社会史》，《中国社会史的论战》第 4 辑，《读书杂志》第 3 卷第 3/4 期合刊，1933 年 4 月。

了封建主义的内容","轻轻地把它消解在封建制度中。亚细亚生产方法既然被取消,当然没有什么东洋的变态了"。①

莫非斯认为,亚细亚生产方式初期是封建社会,末期则是商业社会。②

何干之1937 年 7 月在上海生活书店出版《中国社会史问题论战》,表示赞同亚细亚生产方法就是原始共产社会末期的进贡制的观点。

陈邦国完全否定亚细亚生产方式的存在。他说:"所谓亚细亚生产方法是不切实际的,不合乎历史发展规律,也不合乎中国的实践形态。""是混沌的,陈死的,没有实际性的抽象的东西。"③

亚细亚生产方式问题的重要性,在中共六大决议中也可略窥端倪。例如六大的《土地问题决议案》说:"如果认为现代中国社会经济制度,以及农村经济,完全是从亚洲式生产方法进于资本主义之过渡的制度,那是错误的。亚洲式的生产方法底最主要特点是:1. 没有土地私有制度;2. 国家指导巨大的社会工程之建设(尤其是水利河道),这是形成集权的中央政府统治一般小生产者的组织(家族公社或农村公社)之物质的基础;3. 公社制度之巩固地存在(这种制度根据于工业与农业经过家庭而相组合的现象)。这些条件,尤其是第一个条件,是和中国的实际情形相反的。"④

由于《政治经济学批判》是马克思创立其政治经济学理论的一部重要著作,该书《序言》对唯物史观下了经典性的定义和精辟说明,所以,其中提到的社会形态发展序列自然也就引起人们强烈关注。新中国成立后,直到20 世纪 60 年代中期,我国理论界对之热烈讨论,自然是责任所在,但迄今尚无定论。⑤

---

① 这是何干之的看法,见《中国社会史问题论战》。
② 非斯:《中国社会史分期的商榷》,《食货》第 2 卷第 11 期,1935 年 11 月 1 日。
③ 陈邦国:《关于社会发展分期并评李季》,《中国社会史的论战》第 4 辑,《读书杂志》第 3 卷第 3/4 期合刊,1933 年 4 月 1 日。
④ 《六大以来》上册,人民出版社 1981 年版,第 31 页。
⑤ 详情见林甘泉、田人隆、李祖德《中国古代史分期讨论 50 年》,下编第 1 章第 1节,上海人民出版社 1982 年版。由于该书叙述已详,故我们这里尽量从简。

也许，讨论的意义并不在于得出定论，而在于加深认识，强化理论思维与训练。因为，无论有无定论，都不影响唯物史观的科学性。毕竟，亚细亚生产方式只是一个唯物史观如何在现实历史中"落实"的问题。事实上，在讨论中，我国马克思主义学者对中国历史的认识水平，对马克思主义经典著作的解读水平，都提高了，理论思维能力空前增强。人们从没有如此感受过中国历史学的深邃与富于思辨性。然而遗憾的是，进入 21 世纪之后，中国史学界"碎片化"的倾向日重，理论思维严重弱化，对这个问题感兴趣而且有能力进行研究的学者，已经越来越少了。

与民国时期的讨论几乎没有两样，新中国成立后，关于亚细亚生产方式的内涵，同样有原始社会说、古代东方奴隶社会说、封建社会说、特殊经济形态说、特殊阶段、混合阶段说等不同观点。讨论中夹杂着对奴隶制的不同形态与古代东方社会特点的讨论，关于区分奴隶制与封建制标准的讨论，封建社会形成的条件和途径的讨论，如"日尔曼道路""中国封建早熟论"，原始社会解体后既可向奴隶社会发展，也可向封建社会发展的"双轨论"等。

1951 年，《文史哲》第 4 期刊登童书业《论"亚细亚生产方法"》一文，认为"亚细亚生产方法"就是"原始共产社会"，这是历史学界对"亚细亚生产方式"到底是属于原始公社阶段的生产方式还是属于奴隶制的生产方式这一焦点问题的热烈讨论的先声。

亚细亚生产方式既然是原始共产社会，那里面怎么会有国家组织和专制政府呢？他认为，这是由于马恩所讲的"亚洲"与"东方"，都是地理上的名词，就如"中国""印度"一样。之所以用这样的名词来指称原始社会，是因为马恩在完成五种生产方式的学说之前，对确切的原始社会并不十分清楚，于是便把亚细亚生产方式当作原始共产社会的"初名"了。后来恩格斯完成名著《家庭、私有制和国家的起源》，五种生产方式的学说全部完成，亚细亚生产方式这个名词也就无须再提了。总之，亚细亚生产方式只是"借亚洲地区近世社会中所残存的上古制度"来说明原始共产社会，"它与马克思恩格斯在其他地方所说的亚洲的具体社会是不相干涉的"。

后来，童书业的学生徐鸿修更深入地作了论证。他认为，亚细亚生产方式应确定为在古代的生产方式之前（亦即成文历史以前）并为古代生产方式所否定的那个社会形态，也就是 19 世纪 50 年代前期至 80 年代初马克思心目中的原始社会，其实体就是土地公有的亚细亚村社。以"亚细亚所有制形式"解释亚细亚生产方式的内涵，只能吸取其土地公有，个人完全从属于公社等前阶级社会的内容，而舍弃土地国有、专制制度等属于阶级社会的内容。从亚细亚生产方式的概念形成以后，马克思已经把亚洲社会区分为前阶级社会和阶级社会两大段落，他把统摄两大段落的"亚细亚所有制形式"的概念用之于与"亚细亚生产方式"相同的历史部位时，是严格地把亚洲阶级社会排除在外的。①

1952 年第 2 期日知在《文史哲》发表《与童书业先生讨论亚细亚生产方法问题》一文，批评童文的观点，认为童文所列举的"比较占优势的"四家说法都是被苏联学者否定多年的旧说，并提出亚细亚生产方式应属于奴隶制生产方式。同期还刊发了童书业的《答日知先生论亚细亚生产方法问题》作为答辩。童书业没有接受日知的批评，重申了自己的看法。童的文章有两点值得关注，一是他认为五种社会形态理论是马恩创立的，二是他非常维护历史发展的统一性，甚至说"生产方法在资本主义以前，只有原始公社制的、奴隶制的、封建制的三种，不可能有第四种"。这在新中国成立后，越来越成为一条不变的原则。

除童书业、日知二学者外，在《文史哲》发表论文就此问题参与讨论的还有王亚南、吴大琨等著名学者。这是《文史哲》创刊后引发的又一场影响深远的学术大讨论。

有学者认为，童书业的《论"亚细亚生产方法"》以及田昌五的《马克思、恩格斯论亚洲古代社会问题》②、世界上古史纲编写组的

---

① 徐鸿修：《"亚细亚生产方式"讨论中的一个问题》，《齐鲁学刊》1990 年第 1 期。
② 《历史论丛》1964 年第 1 期。

《亚细亚生产方式——不成其为问题的问题》①，是"原始社会说"在 1949 年后三个时期的代表力作。

雷海宗则认为，马克思所说的亚细亚生产方式，我们今日知道得很清楚，就是铜器时代，亦即近年来一般所谓早期的或不发达的奴隶社会。马克思的古典社会就是铁器时代的第一段，就是近年来一般所谓奴隶社会；马克思的封建社会就是铁器时代的第二段，就是中古古时代。②

20 世纪 80 年代初，《世界上古史纲》编写组提出，马克思、恩格斯著作中提及的亚细亚生产方式，其内容为亚细亚所有制，以自然形成的原始共同体或公社为单位，实际上是部落的、氏族的、家族的或农村的公社，还说不上城市公社，因而它不属于文明的、阶级的社会，根本不知道什么是国家。马克思、恩格斯著作中所说的亚洲社会、东方社会、亚洲公社或东方公社，都属此等公社，既不代表整个亚洲，更不代表全部东方，它只是一个小小的各自独立的社会，用马克思、恩格斯的话，"亚洲村社"就是"原始共产主义"的社会，这种社会只能是零星分散的公社，不可能是曾经经过部落结合的国家。公社自公社，国家自国家，二者的区别十分清楚，丝毫不容含混。③围绕类似观点，史学界再次进行了讨论，但热度逐渐衰微，进入 21 世纪后，便很少有人再写专门文章了。

关于"亚细亚生产方式"问题的讨论，注重对其理论内涵的研究同马克思主义发展史结合起来，注重对其社会性质的研究同东西方文明起源路径，特别是同中国文明起源的路径问题结合起来。④

关于亚细亚生产方式问题的探讨，推动了对世界各国历史发展的多样性和统一性的研究。但是应用马克思主义的基本观点、立场来解

---

① 《历史研究》1980 年第 2 期。

② 雷海宗：《世界史分期与上古中古史中的一些问题》，《历史教学》1957 年第 7 期。

③ 《世界上古史纲》编写组：《亚细亚生产方式与国家》，《历史研究》1982 年第 3 期。

④ 卢钟锋：《"亚细亚生产方式"的社会性质与中国文明起源的路径问题》，《历史研究》2011 年第 2 期。

释纷繁复杂的世界各国历史，并在此基础上概括出人类历史发展的共同规律，是一项极为艰巨的工作。中国的马克思主义史学工作者在这项工作中做出了自己的贡献。今后，年轻一代的马克思主义史学工作者，应该继续将这些工作做下去。

与古史分期、特别是亚细亚生产方式讨论联系紧密的一个问题，是中国封建社会为什么长期延续的问题。关于这个问题，有研究者写道：

> 所谓中国封建社会的长期延续，是与西欧诸国的封建社会相比较而言的。一般说来，西欧诸国的封建社会历史，如果从蛮族的入侵造成西罗马帝国的灭亡（公元476）算起，到英国资产阶级革命的爆发（公元1640）为止，总计不过存在了1164年，而中国的封建社会历史，如果从春秋战国之际算起（公元前475年），到鸦片战争的爆发（公元1840年）为止，前后却延续了2315年，差不多相当于西欧的封建社会历史的一倍。因此，确切地说，所谓中国封建社会长期延续的问题，实质上就是说中国封建社会的时间比西欧诸国长，并且没有像西欧诸国那样迅速过渡到资本主义的问题。

研究者把相关问题的讨论分为四个时段：20世纪30年代的社会史大论战，抗日战争爆发到新中国成立前，20世纪50年代到60年代初，1978年后。鉴于研究者对这个问题已经作了周详的介绍①，本书就不再专门介绍了。

———————————

① 白钢编著：《中国封建社会长期延续问题论战的由来与发展》，中国社会科学出版社1984年版。

第四章

马克思主义史学思想的经典案例(下)

第一节　封建土地所有制形式问题讨论

中国封建社会土地所有制形式问题，是著名的"五朵金花"之一。它既是一个实际的历史问题，也是一个历史理论问题。在这一问题的探讨中，中国史家表现了很高超的史论结合水平，堪称风采独具，成就非凡。

20世纪60年代初，南开大学历史系中国古代史教研组曾经把讨论中的主要文章搜集起来，编成集子出版。该资料集的《前言》，很清晰地表明了这场讨论的核心主题及价值：

中国封建社会土地所有制形式问题是近年来史学界关心的问题之一。弄清楚这个问题，对于了解中国封建社会的发展规律、阶级斗争发展的规律，以及历史上许多重大的政治和经济制度及事件的发展变化，都有很大的帮助。解放以来，在马克思列宁主义毛泽东思想的指导下，史学工作者对这个问题的研究作了一些努力，取得了一定的成绩。但是，由于对理论的体会和对史料的解释不同，史学界在这个问题上还存在着分歧和争论。争论的中心问题是：我国封建社会的土地所有制是国有制为主，还是私有制为主？

这个问题牵涉很多方面，如对土地所有权概念的理解，对地租和课税的关系的认识，以及对封建社会中阶级斗争的性质的看法等等。对这些项目虽然还没有取得完全一致的意见，但随着探讨和争论的深入，大家的认识也逐步提高了，这不仅会使问题较早地得到解决，对史学界马克思主义理论水平的提高，也大有裨益。

中国封建社会土地所有制形式问题的讨论，也像其他学术问题的讨论一样，只有在党的百花齐放、百家争鸣的方针的指导下，深入钻研马克思列宁主义毛泽东思想，对问题进行实事求是的探讨，才会得到比较满意的解决。①

从逻辑上讲，这个问题实际是从"社会性质"这一马克思主义史学的立足点上生发出来的。要探讨古代社会性质，必须探讨古代社会关系，也就必须探讨生产资料的所有制关系。马克思主义政治经济学是解决这一问题的理论工具。1951 年 1 月，余逊在《大公报》发表《由占田、课田制看西晋的土地与农民》，涉及土地所有制。1954年，侯外庐在《历史研究》创刊号发表《中国封建社会土地所有制形式的问题》，提出中国封建土地所有制以封建国有制为主，即皇族土地所有制占主导地位。

侯外庐对马克思的《资本论》有精深研究与理解。他的研究具有明显的尽最大努力以马克思主义经典文本论述为依归的特点，在马克思主义史学家中个性非常突出。他关于土地国有制的观点遭到很多学者反对。北京大学历史系中国古代中世纪史教研室于 1960 年 4 月在长春专门举行集体讨论会，中国史教师普遍坚持土地私有制观点，世界史教师也认为中国的土地所有制为私有制，与"西欧中世纪的封建领主制"完全不同。会后由柳春藩、赵国斌执笔，题名《评中国封建社会不存在土地所有制的观点——对侯外庐"关于封建主义生产关系的一些普遍原理"一文的意见》②，点名批评侯外庐的土地

---

① 南开大学历史系中国古代史教研组编：《中国封建社会土地所有制形式问题讨论集》，生活·读书·新知三联书店 1962 年版。
② 《吉林大学社会科学学报》1960 年第 4 期。

国有制观点。① 显然，问题的讨论已经深层次地具有现实性的考量。

据不完全统计，截至 1965 年，在全国报刊上发表了约 150 篇论文，对不同时代、朝代的封建土地所有制的概念、内容和性质提出了丰富的见解。主要是两种看法：

（1）封建土地国有制，包括皇族土地所有制，大土地占有制等；（2）封建地主土地所有制，包括贵族官僚豪富等大土地所有制等。此外，还有学者主张自耕小农土地所有制，乃属于第二类当中的一个重点主张。

所谓封建土地国有制，即认为秦汉以来土地公有制贯串着全部封建史。有学者总结此派的核心观点如下：

> 在全国范围之内"皇族地主"是最高的主要的土地使用者，所谓土地为国家所有乃是皇族垄断。皇族地主有赐给人土地的权力，农民对于土地——"份地"只有使用权，土地私有权的法律概念是比较缺乏的。这种"皇族土地所有制"的产生，是和水利工程、灌溉事业分不开的。由于这种"经济的公共职务"，必然产生对土地的"政治支配权"。此外，农村公社的组织是封建社会的土地国有制的物质条件，最高所有者君主正是全国宗主的大宗主、大家长。
>
> 这种"皇族土地所有制"在历代有屯田、占田、均田、官田、皇田、官庄和皇庄等不同的具体形式。其发展经过两个阶段，前一阶段为秦汉到唐代开元、天宝之末，后一阶段为唐代安史之乱到清初。前一阶段是以"军事的政治的统治形式"为主，以劳役地租为主要的剥削形态；后一阶段是以"经济的所有形式"为主，以实物地租为主要的剥削形态。在这两个阶段中，皇族所有制的本质并没有改变，而改变的只是经营方式。②

---

① 兰梁斌、方光华：《侯外庐的中国封建社会史研究》，《长安大学学报》（社会科学版）2012 年第 2 期。

② 杜文凯、马汝珩：《关于中国封建社会土地所有制形式问题的讨论》，《中国封建社会土地所有制形式问题讨论集》（下册），第 713—714 页。

前文所说侯外庐的文章提出，中国历史"君王是主要的土地所有者"，是最高地主，即皇族地主。他认为这是古老的亚洲式的土地所有权形式。皇族地主与许多领主占有制以及一定的私有制并存，但豪强地主只有"占有权"，农民则是当作自己土地的"使用权"。中国封建社会分为两个阶段：前期是秦汉到唐中期，以军事政治的统治形式为主，如汉之垦田、屯田、公田、营田（不完全制度化），魏晋的屯田、占田，北魏、北齐、北周、唐的均田（制度化），实物地租不过是外表，实质以劳役地租为主要形态。后期是唐中期、安史之乱到清初，以经济的所有形式为主（军事屯田除外），如唐中叶的两税制和宋元明的官田、皇田、官庄、皇庄，则以实物地租为主要形态，并配合着劳役地租形态——垦田、屯田。[①] 侯外庐的文章让人隐隐感到实际的亚细亚生产方式的影子。

李埏认为，侯外庐的基本论点"是很正确的"。他特别点出，贺昌群《论两汉土地占有形态的发展》没有对"公田"的所有制性质做出论断，尚钺主编《中国历史纲要》、吕振羽著新版《简明中国通史》、翦伯赞等著《中国历史概要》，都没有涉及土地国有制问题。他先论述了封建的土地国有制与大土地占有制、大土地所有制三者的区别，追溯了国有制的来源，还讨论了土地国有与北方地理环境的关系、土地国有与农民大起义的关系、土地国有制与中央集权的封建国家的关系，认为封建土地国有制与大土地占有制并行，大土地占有制是在大土地国有制的范围内存在的。两者的区别，要看：有无对土地最后的支配权力、地租是否和课税合一。归根到底，还是以土地国有制占主导地位，封建土地国有制是必然会产生的。[②]

贺昌群也认为封建社会是土地国有制，皇帝是最高的地主。中国封建社会有两个时期，从秦汉至隋唐是份地土地占有制，宋以后则成为地主土地占有制。他说秦汉到隋唐统治者掌握着大量公田，也就是

---

① 侯外庐：《中国封建社会土地所有制形式的问题》，《历史研究》1954 年第 1 期。
② 李埏：《论我国的"封建的土地国有制"》，《历史研究》1956 年第 8 期。

国有土地，经过汉魏隋唐的均田、府兵、租庸调三者，也都以土地国有制为"枢纽"。此后，从两税法到明代的一条鞭法，则是地主土地占有制形式和发达的时期。①

韩国磐认为，在封建社会中确实存在着土地国有制，从西晋占田制和北魏隋唐的均田制，证明都是封建的土地国有制。他说，要探寻均田制的渊源，必须上溯到汉代以来的封建土地国有制，必须了解前此国有土地的具体运用形式和办法，明白了这些，均田制的渊源自然清楚了。均田制是继承"普天之下，莫非王土"的传统，是汉晋以来国有土地具体运用形式的进一步发展。均田制下官僚地主们对土地只有占有权。一般农民只是从封建国家那里授予份地而已。到唐中叶，均田制破坏而庄园发达起来，在庄园土地占有形态下，封建土地国有制并没有解体，而以另一种皇庄的形式出现。总之，封建土地国有制在中国虽然经历着不同的表现形式，但始终居于支配地位。②

上述文章有一个共同现象，就是对土地买卖问题，基本没有涉及，而土地买卖是主张封建地主土地私有制的一个重要基点。

所谓封建地主土地私有制，亦即认为中国封建社会土地所有制的主要形式是地主所有制。更多的学者持此主张。有学者总结此派观点如下：

> 我国封建社会从战国以来就存在着土地私有制。商鞅变法时废井田开阡陌，明确规定土地"民得买卖"。土地自由买卖的规定，是土地所有制确立的标志。土地自由买卖在法律上得到了肯定，这是整个社会经济发展必然导致的结果。……地主拥有大量土地，对农民争取地租的事实，正是地主土地所有制存在的有力证明。并且农民的剩余生产物是绝大部分当私租被地主阶级占有的，而封建国家所占有的赋税在农民全部剩余生产物中只占较少

---

① 贺昌群：《关于封建的土地国有制问题的一些意见》，《新建设》1960年2月号。
② 韩国磐：《关于中国封建土地所有制的几点意见》，《新建设》1960年5月号；《从均田制到庄园经济的变化》，《历史研究》1959年第5期。

的部分。因此，不仅应当肯定地主土地所有权的存在，而且尤其应当肯定这种所有权在我国封建社会的支配地位，因为地主阶级是农民剩余生产物的最主要剥削者。①

束世澂认为，封建社会的土地制度一般是从封建土地所有制进到地主土地所有制；随着封建制晚期资本主义关系的发生和成长，出现近代自由土地私有制的萌芽，而这种自由土地私有制的最终形成则在社会发展的下一阶段。地主土地所有制的特点，在于土地可以自由买卖。② 他认为贺昌群所列举的封建国家可以赏赐、没收、征购臣下的土地，是国家最高土地所有权的行使、国家主权的行使，而不是"国有制"。③ 所以，他坚决不同意使用"封建土地国有制"的概念，认定中国封建社会是地主土地所有制，不同意侯外庐关于皇族土地所有制的提法，反对所谓把中国的封建制特殊化。他认为从土地的性质看，皇庄、官庄是私有制，屯田、营田、课田属国家占有制，公田、官田则一部分国家并不占有，王田、均田则属共有制范畴。④

高敏认为，如果没有土地私有制，就等于否定了封建社会有阶级的存在，封建社会剥削关系的实质也就无从谈起，农民阶级反对地主阶级的斗争，将成为不可理解。如果没有土地私有制，即无法解释我国封建社会大量存在的土地买卖的事实和地租与课税的实际情况，也无法解释我国唐宋之际农民起义的特点。⑤

杨志玖承认中国曾经存在土地国有，但认为它不是封建社会占支配地位的土地所有形态。因为，春秋以前，是以公社为基础的国家土地所有制，即"井田制"，但到了春秋战国期间，随着牛耕铁器的应用，商业发展、土地买卖、新兴地主出现，农民以佃农身份在地主的

① 杜文凯、马汝珩：《关于中国封建社会土地所有制形式问题的讨论》，《中国封建土地所有制形式问题讨论集》下册，第 716—717 页。

② 束世澂：《封建社会的土地制度》，《历史教学问题》1957 年第 3 期。

③ 束世澂：《关于封建社会土地制度的几个基本问题》，《历史研究》1960 年第 6 期。

④ 束世澂：《论封建社会中土地国有制问题》，《华东师范大学学报》1957 年第 4 期。

⑤ 高敏：《我国封建社会没有土地私有制吗？》，《光明日报》1960 年 3 月 31 日。

土地上耕种，也就形成了土地私有制。秦汉虽然存在"王田"（汉）国有制传统，但土地私有制也在发展，皇帝对私有权不能触动。到唐代的均田制，在法律上或名义上是土地国有制，但"它仍然没有触动原来土地所有者的所有权"，而"对土地买卖的限制较前放宽了，土地的私有性也越来越大了"。所以，均田制的破坏可以看作是土地国有制传统的彻底消灭和土地私有制占绝对支配地位。均田制遭破坏以后，在全国就再也没有实行土地国有制的事实了。①

金宝祥的思路与杨志玖基本一致。他认为，春秋中叶以前，我国是以公社土地所有制为内容的国有制。到春秋中叶至战国，井田制向土地私有制转化（古代东方土地所有制）。秦汉以后，是私有的封建土地所有制，同时还有属于国家政权的国有土地（和春秋中叶以前不同）。唐初至唐中叶，以均田制为主的国家土地所有制，同时还有世族地主土地所有制的存在。唐中叶以后，由于商品生产发展，土地兼并，均田制遭到破坏，形成庶族地主庄园经济发展，即封建庄园主（即大地主）土地所有制。从唐代社会发展的基本内容看，中唐以前主要是世族地主所有制，中唐以后是庶族地主所有制。②

张传玺认为，"土地国有制瓦解和土地私有制形成是社会生产力发展引起的，是阶级斗争推动的，而且有一个相当长的变革过程"。土地私有制的形成过程可分为三个阶段：一是"宅圃"先于耕地成为私有，可以买卖，始于西周中期，下限在春秋末年；二是"耕地"私有，西周中期开始有耕地抵押、典当关系，西周后期"耕地"可以买卖，所有权的私有性加强，经战国到西汉中期而完成；三是以"山林川泽"买卖为标志，开始于西汉中期，直到魏晋时期，标志着土地国有制的彻底崩溃，土地私有制更加深入发展。历时长达九百年左右。③

---

① 杨志玖：《关于中国封建社会土地所有制的理论和史实问题的一般考察》，载《中国封建社会土地所有制形式问题讨论集》上册，第183页。

② 金宝祥：《论唐代的土地所有制》，《甘肃师范大学学报》1959年第3期。

③ 张传玺：《论中国古代土地私有制形成的三个阶段》，《北京大学学报》1978年第2期。

关于自耕农民的小土地所有制，刘毓铨认为，这是与地主所有制（私有制）同时存在的一种所有制，在生产关系的发展上可以小农经济的发达为标志。尽管在古代中国国家、地主、大官僚、大商人们都参与了土地分割，大土地所有制处于主导地位，但在生产实践上，小自耕农仍占相当大的比重，再加上广大佃耕农民，就使小农经济成了汪洋大海。①

侯绍庄认为，自耕农民与国家佃农不同。自耕农是"自己有土地的农民"。"占有一小块土地的农民在中国全体农民中有相当的数量，乃是事实。明清以来更加巩固了这种私有土地的合法地位。""自耕农民在我国漫长的封建社会中确曾长期的存在着。"②

据学者杨志玖介绍，在核心争论中，还涉及几个非常重要的问题。

一是对经典作家关于"东方"或"亚细亚"土地制度的理解。马克思曾经认定东方不存在私人土地所有制，恩格斯也同意这种意见。主张土地国有的学者认为中国属于马克思所说的情形，而反对的学者则认为，马克思所说的"东方"主要指印度，并不包括中国在内。有学者则认为，"东方"或"亚细亚"虽然包括中国在内，却是指奴隶制社会，不能应用于封建社会。另有意见认为，"东方"或"亚细亚"是以农村公社的有无为标志，和社会生产方式的性质并无必然的联系，农村公社形式的保持也不一定形成国家土地所有制，公社是印度型的较原始的状态，中国并不包括在内。总之，不能根据马克思、恩格斯关于东方土地所有制的指示，来说明中国封建社会为土地国有制。

二是对封建社会土地所有权性质的看法。主张国有制的学者认为，封建社会的土地所有权和近代的不同，它不具有真正的或严格意义的私有权的性质。封建社会的土地所有权是非运动性的，资本主义

---

① 刘毓铨：《试论西汉时代的小自耕农经济》，《江海学刊》1960 年第 1 期。
② 侯绍庄：《自耕农与国家佃农的区别——和胡如雷先生商榷》，《光明日报》1957年 1 月 3 日。

社会的土地所有权具有运动性质，运动和非运动等于动产和不动产。主张土地私有制的学者则认为，不能用资本主义的所有权标准来要求封建社会，在土地可以买卖和转让方面，封建社会与资本主义社会是共同的，马克思也没有说非运动的所有权（即不动产）不是私有财产。

三是国家政权对土地所有权的限制问题。主张国有制的学者认为，在我国封建社会里，私人的土地所有权时常受到国家政权的限制和干涉，因此这种所有权是不完整、不巩固的，不能算是真正的所有权。而主张土地私有制的学者承认封建政权对土地所有权限制和干涉的事实，但认为无论从理论上或从历史事实看，这都不能证明封建社会没有土地私有权，也不能因此证明其为国家土地所有制。

四是关于地租和课税合一的问题。主张土地国有的学者认为，中国封建社会里国家是最高的地主，地租和课税是合一的。主张土地私有制的学者则认为，在占田制、均田制实行的时期，还可以说地租和课税合一，但当时仍有私人大地主，他们向农民抽地租，向国家交课税，两者并不合一。而在占田、均田前后的长时间里，地租和课税是分开的。

五是关于封建的中央集权和土地制度的关系问题。主张土地国有制的学者认为，中国自秦汉以来形成的中央集权专制政治，是以土地国有制为其经济基础的。在欧洲，中央集权是封建主义没落以至资本主义形成时期的产物，在中国封建时代的早期就有了中央专制，这正表明了政治史之依存于经济基础——皇族垄断的土地所有制形式。历代党争的真实根源、中国历代君主之直接利用宗教而无皇权教权的分立的根源也可以从这种经济基础上说明。主张私有制的学者则认为，国家掌握土地固然可以作为中央集权的经济基础，但却不是唯一的条件。事实上，在中国井田制时代，土地是国有的，但中央集权还没有真正形成。井田制破坏，土地私有制形成后，中央集权也随之而形成。唐宋以后，土地国有制已退居次要地位，私有制迅速发展，然而中央集权政治得到大发展。所以，我国中央集权政治的加强，与其说与土地国有制有关，倒不如说与地主阶级的发展更有关系。中央集权政治适应了整个地主阶级的要求而出现。①

上述五大问题，应该说都是最深刻的中国历史问题。它既有对微观材料的精细考证，又有明确的宏观指向，真正打破了微观与宏观的界限。它们属于最考验学者们功力的学问，其对中国历史规律性的认识，对历史背后暗码系统的破译和解读，达到了有史以来空前的深刻性。无论哪一方的见解与观点，都对中国马克思主义史学思想的建构，作出了贡献。

学者王思治曾总结说："封建土地所有制形式问题的讨论，自（20世纪）50年代至90年代，断断续续讨论了近40年。正如有的论著作者的评说：五六十年代的热烈讨论，无论在理论与史实、广度与深度方面，都推进了对这一问题的深入研究。而封建国家土地所有制、地主土地所有制、自耕农小土地所有制三种形式并存，地主土地所有制占主导地位，以及在不同历史时期三者的此消彼长，则成为多数学人的共识。"②

这里还有一个带有根本性的问题，即如何评价中国马克思主义史家所提出的历史范畴与历史概念"封建地主制"的问题。

李根蟠说："封建地主制"是对战国、秦汉之后至鸦片战争以前中国社会经济形态属性的一种概括。其内涵主要有二：第一，它肯定这一历史阶段的中国与西欧中世纪同为封建社会；第二，它又指出，当时中国的封建社会是不同于西欧领主制的另一种类型——地主制。"封建地主制"理论中的"封建"，用以指称生产方式的一种类型，属于马克思主义的"封建"概念。

"封建地主制"概念是吕振羽于1934年首次提出的。20世纪四五十年代，王亚南系统阐述了"地主经济的封建制"不同于"领主经济的封建制"的特点，使"封建地主制"获得了比较完备的理论形态。关于战国、秦汉以后社会性质为"封建地主制"的论定，成

---

① 杨志玖：《关于中国封建社会土地所有制问题的讨论情况简介》，《历史教学》1961年第10期。

② 王思治：《"封建土地所有制形式"讨论概述》，见肖黎主编《20世纪中国史学重大问题论争》，北京师范大学出版社2007年版，第106页。

为中国史学界的主流观点。

秦汉以后的中国，建立在地主土地所有制基础上的地租是榨取剩余劳动的主要方式，存在程度不等的人身依附和超经济强制，农民所受的剥削甚至比西欧中世纪农奴还重，这完全符合马克思所定义的封建社会的范畴。但是，它却属于与西欧中世纪的封建社会不完全相同的另一种类型，由于它以地主经济为基础和基本特征，故称为"封建地主制"。

只要我们从只有西欧才是封建社会的正宗的狭窄眼界中解放出来，不难看出，中国封建社会比西欧封建社会更发达，更先进，更具有典型意义。由于"封建地主制"理论既体现了马克思主义的基本原理，又深刻反映了中国的历史实际，因此，该理论得到广泛认同绝非偶然。应该承认，在这样一个东方大国，揭示出了一种不同于西欧封建领主制的更具典型意义的封建社会新类型，不仅大大丰富了人们对封建社会的认识，同时还标志着马克思主义封建观的新发展，即使在马克思主义史学发展史上也是具有重大理论意义的。[①]

第二节　农民战争问题研究与讨论

在历史学科中，农村、农民、农业一向是重要的研究对象。中国作为传统的农业国家，农民在历史上起着最基础性的作用，但中国农民所遭受的苦难，在世界历史上也是非常突出的。作为以唯物史观为指导的马克思主义史学，将农民作为重点研究对象，既是对农民历史作用的客观反映，也是其所信奉的历史观所决定的。在新中国历史唯物主义的社会发展史体系中，农民不仅是封建时代物质资料最重要的生产者，而且还是推动历史发展的力量，是历史发展的动力。农民推动历史发展前进的重要形式，就是发动农民战争。毛泽东说："中国历史上的农民起义和农民战争的规模之大，是世界历史上所仅见的。

---

① 李根蟠：《"封建地主制"理论是中国马克思主义史学的重大成果》，《河北学刊》2007 年第 1 期。

在中国封建社会里，只有这种农民的阶级斗争、农民的起义和农民的战争，才是历史发展的真正动力。"① 这是新中国研究农民战争史的基本遵循。

诚然，在我国两千多年的历史进程中，农民起义和农民战争的次数之多、规模之大为世界历史所罕见。对这些农民起义和农民战争，封建旧史学都是持谴责的立场，多称之为"贼""匪"。到晚清时期，新史学中的一部分著作，开始对农民起义与农民战争给予同情，甚至给予肯定性的评价。五四以后，进步的历史学家对农民以及其他底层群众的反抗行为进行了积极评价。郭沫若、范文澜、翦伯赞等马克思主义史学前辈，在他们的著作中给予农民起义和农民战争赞扬。新中国成立后，农民战争史研究成为一门非常突出的学问，有"显学"之称。无论研究规模，抑或研究队伍，都超过以往任何时期。一是在史料发掘整理上，钩稽、整理、出版了许多权威鲜活的资料，填补了许许多多的空白。二是写出了一大批具有鲜明中国特点的著作，既有专题性的研究专著，也有通论性的叙述作品。三是培养出一批学识兼备的农战史专家，成为中国马克思主义史学队伍的中坚力量。四是对相关的理论问题进行了很有深度的研讨，推出一大批思想成果。这些成绩，是中国马克思主义史学的重要贡献，应该给予肯定。

据学者统计，从 1949 年到 1957 年，大陆各种报刊所发表的农战史相关文章大约有 650 篇，资料集十四五种，论集近 30 种，通俗读物有 30 余种。从 1958 年到 1966 年，共发表各种研究文章 2000 余篇。新中国成立后的前 17 年，有关农战史的论文约 3000 篇，论文集资料集 50 种左右，开讨论会共计 80 次之多。②

"文化大革命"时期，江青集团利用农战史大搞"影射史学"，宣称农民战争"是反孔斗争的主力军""农民战争为法家执政开辟道路""农民起义军内部存在着投降反投降两条路线的斗争"，将这门

---

① 《毛泽东选集》第 2 卷，人民出版社 1991 年版，第 625 页。
② 岑大利、刘悦斌著：《中国农民战争史论辩》，百花洲文艺出版社 2004 年版，第 6 页。

学问完全变成了搞政治阴谋的工具，极大地败坏了这门学科的声誉。

粉碎"四人帮"以后，一批从事农战史研究的学者努力恢复这门学科的科学性，又推出一批讨论文章，试图在新的形势下继续将50—60 年代的相关讨论继续下去。但是，由于整个大的研究格局的变化，后劲明显不足。进入 90 年代，农战史研究基本进入了式微的状态。进入 21 世纪后，在社会思潮激荡的背景下，一些人完全否定农战史的研究价值，对历史上的农民起义与农民战争贬斥得无以复加，将太平天国运动尤其打造成为负面反派对象。这是让人深感痛惜的现象。

新中国的农战史研究，大体包括两个方面，一是实证研究，二是理论研究。在实证研究方面，对历次农民起义和战争，发掘梳理得非常细密。例如陈胜、吴广、赤眉、绿林、黄巾、孙恩、卢循、李密、窦建德、黄巢、王小波、李顺、钟相、杨幺、刘福通、朱元璋、刘六、刘七、李自成、张献忠，直至近代的太平天国，研究可谓精细。出版的专著和论文集，如赵俪生、高昭一合著《中国农民战争史论文集》（1954），漆侠著《隋末农民起义》（1954），《历史教学》月刊社编辑的《中国农民起义论集》（1955），孙祚民著《中国农民战争问题探索》（1956），漆侠、宝志强、段景轩、李鼎芳合著《秦汉农民战争史》（1962），洪焕椿著《明末农民战争史略论》（1962），史绍宾编辑《中国封建社会农民战争问题讨论集》（1962），均是代表性的作品。编纂的权威资料，例如中国史学会主编《中国近代史资料丛刊》中的《太平天国》《捻军》，太平天国历史博物馆主编《太平天国》，苏金源、李春圃编《宋代三次农民起义史料汇编》，何竹淇编《两宋农民战争史料汇编》，四川大学历史系编《王小波李顺起义资料汇编》，郑天挺主编《明末农民起义史料》，都风行一时。这些书籍和资料集都有明确的指导思想和编纂思想，在态度上极其认真和严谨。

在理论研究方面，农战史研究堪称新中国马克思主义史学理论研究的典范之一。农战史研究所具有以及显示出来的理论研究的鲜明特点，一是自觉地以毛泽东的论述为指导。毛泽东在《中国革命和中国共产党》中关于农民战争的论述，是史学家们一致认可的理论指导。如果说在古史分期问题讨论中，学者们更多地在征引马克思主义经典作家的文本作为论证的理论依据的话，那么，在农战史研究中，得到最多征引的理论依据，就是毛泽东的论述，其次则是斯大林的论述。二是力求在思想上有所创新和拓展。毛泽东的论述没有成为相关研究的障碍，反而成为学者们深入研究和思考的触媒。他们抱着极大的热情投入，以真诚的态度思考，以当仁不让的品格论辩，以科学的精神钻研理论与史料，力图在历史唯物主义的共同原则下，刊出具有创新性、启迪性的论著。整体的研究场面，是令人感动的。三是提出的许多命题和论断，具有深刻性与启示性。在研究中，老中青马克思主义史学家们，表现了优秀的史论结合的本领。虽然也存在着教条主义乃至僵化的现象，但总体上，他们在史料与理论引证之间穿针引线，在实证考辨与思想创新当中往来穿梭，时而于平易中闪烁出火花，时而在观点阐释中透露博雅，显示了令人信服的功力。无论老一辈，还是初露头角的新锐，在文风上全都朴实而典雅，顺畅而明白，娓娓道来，如叙家常，显示出中国语文的独有魅力。可以这样说，所发表的相关文章，没有一篇是佶屈聱牙、晦涩难懂的，更不存在西式的句式。

农战史研究所涉及的理论问题主要有：农民战争的性质是什么？作用怎么样？所谓性质问题，就是要回答，农民战争到底反不反封建？是反整个的封建制度，还是反对某些封建制度下的统治者？这就牵涉农民战争的主体农民的阶级性问题。他们有阶级意识吗？是否在自觉地以一个阶级的思想意识进行斗争？抑或只是为了生活得好一点？或者"坐江山"？农民能否建立自己的政权？所建立的政权与封建统治者原来的政权有没有两样？农民战争是否让统治者采取了所谓放宽压迫程度的"让步政策"？还是引起了统治者更疯狂的"反攻倒算"？农民战争往往引起对社会生产力的极大破坏，应该怎么看这个问题？农民战争之后，是推动了历史进步，还是使得历史变得退步了？此外，农民是否有皇权主义的思想、平均主义的思想？应该怎样评价？农民战争是否总是会与秘密会社、宗教活动结合在一起？农民战争的规律性与阶段性是怎样的？等等。

对这些问题，中国的马克思主义农战史专家们都提出了非常好的意见。他们的观点当然是不一致的，甚至是尖锐对立的。但是，每一种观点都是富于思想性与启发性的，自成一家之言，在个人的话语系统内做到了逻辑的自洽。我们认为，后人似乎不应将基本立足点放在挑出他们之间的是非对错（当然，在相互比较中梳理出是非、对错、优劣是非常必要的）上，而应把他们看做一个整体，每一种观点都对当代中国马克思主义史学的发展有贡献，他们所形成的"合力"，共同构成中国马克思主义史学的丰厚遗产。而且，正是由于不同观点的存在，我们的思想才得到更多维的启示，人们的认识才更具有进行深化发展的路径与切入点，相关研究对未来所打开的开放性才具有更大的空间，马克思主义史学独有的魅力才更加具体而微地显示出来。我们绝不能因为存在着不同的观点而否定其学术性与科学性，更不可以因此而认定农战史研究就是一个永远都达不到统一结论的主观主义大卖场。如果有人因为农战史研究存在着激烈的论辩而去否定其价值，那就无异于取消人文社会科学。因为，没有论辩，便没有学术。学术就是在论辩中发展的。旧的论辩结束了，还会产生新的论辩。一些学科之所以陷于"无话可说"的尴尬境地，与其失去了论辩是具有很大关系的。马克思主义史学的生命力与吸引力，与其论辩性分不开。农战史的论辩性如此，其他议题的论辩性也是如此。

这里，我们不可能对农战史研究全过程中的所有论辩议题与过程作详细的介绍，只略作一些提示。[①]

《文史哲》是新中国成立后自觉从事马克思主义学术事业建设的名刊，在许多领域都介入甚早，对农战史研究也不例外。1951年，该刊第3期发表赵俪生的文章《武训当时鲁西北人民的大起义》，掀开了农战史研究的序幕。1953年，赵俪生又在该刊第2期发表《北

---

① 这方面的工作，史学界已经做得比较充分，不必重复。例如岑大利、刘悦斌合著的《中国农民战争史论辩》，钩稽得就很周详，可以参阅。笔者没有特别的心得，故节略掉了大部分叙事成分。

宋末的方腊起义——中国农民战争史之一节》，其后陆续发表了《明初的唐赛儿起义》《北魏末的人民大起义》《论有关隋末农民大起义的几个问题》等文章。赵俪生的夫人高昭一也在《文史哲》发表《试论中国农民战争的特点》《秦汉三次农民大起义的比较》等文章。从 1951 年至 1965 年，《文史哲》共发表 60 余篇论述农战史的文章，对相关研究起了促进作用。1953 年起，赵俪生还在山东大学历史系开设了中国农民战争史专业课。山东大学的情况是全国的一个缩影，表示在新的研究氛围中，农战史已经成为一颗日益耀眼的学术新星。

从 20 世纪 50 年代中期到 60 年代前期，关于农战史的讨论达到高潮期。1961 年 2 月 23 日，《人民日报》以"关于中国农民战争性质问题"为题，发表三篇"学术讨论文摘"：方之光、倪景熙等的《农民战争在封建社会不同的阶段具有不同的性质》，白寿彝的《农民战争必然反对封建制度》，孙祚民的《农民战争不能自觉地反对封建制度》。这个时候，逐渐出现了任意美化、拔高农民起义领袖和农民战争，甚至把古代农民战争现代化、无产阶级化的苗头，这就使得相关讨论更加向思想、理论领域迈进。但总体上看，讨论各方保持了以理据服人的态势，在学者间看不到以政治压人的明显迹象。

这里介绍几篇有代表性的文章的观点，从中可以看到当时讨论的基本问题以及学者们的基本思想状况。

1961 年，蔡美彪批评一些文章把农民战争推动历史前进的真理应用到它所可能应用的限度之外，超越了一定的历史范围。例如有学者认为，封建社会里的农民战争是农民阶级自觉地反对封建主义的社会制度，它的任务是"推翻封建制度，建立新的社会制度"；在没有无产阶级及其政党领导的条件下，古代农民也能建立起"和无产阶极政权相似的""农民专政"，即代表本阶级利益的农民阶级的政权，并宣称这些是中国历史上农民战争的特点。蔡美彪认为，这实质上是一种把中国古代史近代化的倾向，古代农民理想化、无产阶级化的倾向。

蔡美彪提出，农民是社会革命的伟大动力，但他们不是新的生产力的代表，不可能独立进行这种革命。农民之为社会革命的动力，只有在资产阶级革命中或者在无产阶级革命中才能得到发挥，农民问题也只有在这时才能得到资本主义的或者社会主义的解决。而在此以前，用毛泽东的话来说：“农民革命总是陷于失败，总是在革命中或革命后被地主和贵族利用了去，作为改朝换代的工具。”农民的革命结果，在中国历史上反复地归结为封建制度的重建。所以对于古代起义农民的觉悟性和组织性不宜渲染过甚。如果渲染过甚，那么，农民战争的性质的特点就会得不到正确的说明了。

他说，有些研究者提出这样一种主张：封建社会里的农民虽然不能“推翻封建制度建立新的社会制度”，但已经有了这样的“理解”和“认识”，自觉地反对封建制度。农民战争是农民自觉地发动的阶级斗争。有些同志提出农民阶级不是“自在的阶级”；“认识到反对封建制度”等等！然而，这是不可能的。农民阶级是个特殊的阶级。和无产阶级不同，在封建社会里，它是被剥削的劳动者阶级，又是小私有者阶级。这是结合在一起不可分割的两个方面。强调任何一面，忽视任何一面，都会造成片面的误解。

他认为起义农民缺乏阶级的自觉，他们总是把自己的指责归之于个别官吏、个别皇帝以至个别王朝，却不曾指向那个制度那个阶级；起义者也往往是借助于地主阶级的王朝的名义、皇帝的名义，而不是以自己的阶级的名义，来表达自己的向往和自己的利益。考察一下历史上农民战争发动的原委，说明那只是自发的运动而不是自觉地发动的运动。

至于农民提出的“均贫富”“均田”的口号，蔡美彪认为在历史上始终不曾成为现实，农民起义和农民战争也并没有消灭过封建的社会制度。农民阶级不是埋葬封建社会的阶级，不能够推翻和改造社会阶级制度和等级制度。当起义者一旦想把这些口号付诸实现时，就会发现：当时的经济条件中并没有供其实现的客观基础。那些动人的口号、天真的幻想也就不能不在现实面前化作浮云而消逝。当然，这些口号这些思想具有历史作用。尽管这些思想还并没有发展为像列宁所说的 19 世纪俄国革命时代那样的“平均”“平等”思想，这所谓“均”只是模糊的均，只是反映着农民群众对土地和财产的一些朴素的要求，而还远没有形成为改造整个社会结构的完整的图案。但是，它仍然是一种具有历史意义的思想。它是小生产者小所有者的产物，同时又是在当时条件下对地主阶级的经济剥削和土地兼并猛烈反抗的产物。它是一种不能实现的空想，但又是在起义过程中起过极大动员作用的空想，然而，这并不表明，农民阶级已经具备了推翻旧制度建立新的社会制度的自觉的认识，恰恰相反，这正是对封建主义的社会制度还缺乏认识的反映，是找不到摆脱贫困的实际道路的反映。

关于"皇权主义"和"农民专政"，蔡美彪认为，起义农民领袖建立的那些所谓短期的政权，不能看作"农民阶级政权""农民专政"。从它统治地区的社会状况说来，从它的经济关系政治制度说来，从它的斗争目标和发展前途说来，都只能是封建性政权。但由于它还处在向新王朝转化的过程中，还在继续领导起义农民向着旧王朝的黑暗统治势力作斗争，所以在一定时期里还继续起着革命作用。正是在这一点上，它和地主贵族的割据政权迥然不同，不能忽视。忽视了它的革命性是不对的。看到了它的革命性忽视了它的封建性，说成是和封建政权根本不同的"农民专政"也是不对的。封建社会里的起义农民一方面是推动封建社会发展的伟大动力，但另一方面却始终摆脱不了封建的思想意识的支配和封建的经济关系和政治制度的统治。

蔡美彪还说，中国规模较大的农民起义和农民战争一般都是发生在全国统一时期而不是分裂割裂时期；中央集权的统一王朝的更替，除了蒙古贵族灭亡了南宋的那一次外，也是不再有任何例外地由于农民暴动的力量而完成。造成上述两个特点的原因，蔡美彪认为是专制主义的中央集权的统治和全国统一的局面，为大规模的农民战争的爆发准备了客观条件，大规模的农民战争使得平素蕴藏着的群众力量集中地迸发出来，就又反转来推翻了统一王朝的黑暗统治。[①]

蔡美彪的文章条理清晰，逻辑性甚强。此后，翦伯赞也发表了类

---

① 蔡美彪：《对中国农民战争史讨论中几个问题的商榷》，《历史研究》1961年第4期。

似的见解。

翦伯赞说："农民反对封建压迫、剥削，但没有，也不可能意识到把封建当作一个制度来反对。""农民反对封建地主，但没有，也不可能意识到把地主当作一个阶级来反对。""农民反对封建皇帝，但没有，也不可能意识到把皇权当作一个主义来反对。"他说上述命题，并不表明农民不反对封建制度、地主阶级，"只是说他们是在没有意识到的情况下反对的，或者说，农民所进行的反封建、反地主阶级的阶级斗争是自发的，不是自觉的"。他还说，在同样的封建经济基础上，不可能建立两种性质不同的政权，所以"农民建立的政权，只能是封建性的政权"。他还说，道教、佛教、基督教都曾经被中国的农民利用为动员和组织的工具。宗教是人民的鸦片，但在农民战争中曾经起过动员和组织的作用。夸大宗教的作用是不对的，不承认宗教的作用也不符合历史事实。"在写农民战争的时候，不要忘记农民战争是发生在封建时代，不要忘记农民是小所有者，也不要忘记农民并不代表新的生产力。应该历史主义地对待农民战争，不要强调农民战争的落后性、盲目性，也不要夸大农民战争的组织性和自觉性。"[①]

关锋反对对农民阶级和农民战争进行历史主义的分析，批评翦伯赞和蔡美彪"离开了马克思主义的阶级观点"，"违背了马克思主义的阶级斗争学说"等。

在对新中国的农民战争史研究进行总结时，孙祚民的意见非常值得重视。他认为，成绩是主要的，有四个方面：（1）资料和论著获得了丰收；（2）理论研究有明显提高；（3）专业队伍日益扩大；（4）对外交流得到加强。关于理论研究，他认为1956年前的成绩，主要是从理论上推翻了剥削阶级污蔑农民起义为"盗寇""造反"的谬论，充分肯定了农民反抗斗争的正义性和革命性，把被颠倒的历史重新颠倒过来，从而建立和发展了中国农民革命战争史这门新学科。从50年代末到粉碎江青集团，初步澄清了一些美化拔高古代农民阶级和农民战争的观点，把中国农民战争史研究重新引上了健康的轨

---

①　翦伯赞：《对处理若干历史问题的初步意见》，《光明日报》1963年12月22日。

道。十一届三中全会之后，进一步扩大了研究范围，提出了新的课题，取得了新的进展。他认为要在新的起点上开创中国农民战争史研究的新局面，最根本的就是必须坚持以马克思主义为指导，并把着重点放在"切实坚持"上，因为一些长时期认识上统一不起来、陷于胶着甚至混乱的问题，有的确实是受到理论水平的限制，还有相当一部分却是"理论上明确，但由于种种原因实践上偏离了马克思主义的基本原理造成的。为此，除了继续认真努力学习马克思主义，不断提高理论水平和坚持运用的自觉性外，还要着重强调正确处理革命性与科学性的关系"。[1] 孙祚民这一评价是公正客观的。然而可惜的是，从 20 世纪 80 年代中后期开始，农民战争史研究逐渐萎缩，乃至逐渐成为一个冷门学科。

第三节　资本主义萌芽问题[2]

作为"五朵金花"之一，中国资本主义萌芽问题的研究，在 20 世纪五六十年代，同样是一个全国性的重点史学议题。

之所以讨论这个问题，依然是由中国马克思主义的话语之源——社会性质问题所决定的。既然资本主义的存在与发展是世界历史发展的规律，那么，它在东方大国中国的表现是怎样的，当然要给予科学的解答。中国虽然没有经历过独立的资本主义发展阶段，但中国存在资本主义的生产关系，无疑是一个客观事实。近代以来，在西方列强的侵略下，中国无疑也被卷入了世界资本主义的体系之内。对此，列宁有过明确的论述。托洛茨基和拉狄克甚至认为，20 世纪的中国，是被资本主义关系主导的社会。中国托派分子们据此认为，中国已经

---

① 孙祚民：《中国农民战争史研究的回顾与展望》，《文史哲》1984 年第 5 期。

② 参见李伯重《"资本主义萌芽"情结》，《读书》1996 年第 8 期；《资本主义萌芽研究与现代中国史学》，《历史研究》2000 年第 2 期；曹树基《清代台湾拓垦过程中的股份制经营——兼论中国农业资本主义萌芽理论的不成立》，《中国社会科学》1998 年第 2 期；科大卫《中国的资本主义萌芽》，《中国经济史研究》2002 年第 1 期；王学典《"五朵金花"：意识形态语境中的学术论战》，《文史知识》2002 年第 1 期。

是一个资本主义社会，尽管存在着程度不等的封建要素。实际上，各家各派都不否认中国存在资本主义生产关系。既然如此，中国的资本主义生产关系，当然不是一朝一夕形成的，它必然有一个从萌芽到发展的过程，将这一过程说清楚，是马克思主义史学家的责任，也是一个值得深入研究的科学议题。

1939年，毛泽东在《中国革命和中国共产党》中曾说："中国封建社会内的商品经济的发展，已经孕育着资本主义的萌芽，如果没有外国资本主义的影响，中国也将缓慢地发展到资本主义社会。"这段话是讨论中国资本主义萌芽问题的理论出发点。中国历史实际是怎样说明了这段话所阐明的道理的，是史学家们所要达到的基本目标。

有学者提出，毛泽东所表述的是20世纪20年代和30年代的大多数中国学者的共同看法。不仅马克思主义史学家（如邓拓、翦伯赞、吕振羽、李达、华岗等）提倡这种观点，而且大多数非马克思主义的爱国学者也默认这种观点，因为这个时代的大多数学者都深信：近代以前的中国已具有资本主义发展的因素，只要通过革命或改良，就必然会像欧美国家那样发展，成为近代化的强国。因此，毛泽东并没有"发明"出这种观点，而是采纳了当时大多数马克思主义学者以及爱国学者的共同看法。也正是因为如此，到了新中国成立后，随着马克思主义史学的确立和外国长期侵略的结束，上述观点也很快成了史坛共识。到了90年代，对资本主义萌芽问题的讨论热度有所下降，但是对"中国历史上确实有过资本主义萌芽"这一观点的确信，在大多数中国学者的心中，仍然一如既往。[①] 这种看法是客观公正的。

超过大半个世纪的关于中国资本主义萌芽问题的讨论，无疑极大地深化了人们对传统中国社会的结构性认识，在学科领域也开拓和促进了中国社会经济史的研究。它对于将马克思主义政治经济学的基本原理、广义政治经济学的诸多论断与具体的中国历史实际相结合，深化人们对马克思主义经典著作的学习、理解，也具有重要的意义。

---

① 李伯重：《"资本主义萌芽"情结》，《读书》1996年第8期。

最初，这场讨论与《红楼梦》讨论有关。1954年10月10日，李希凡、蓝翎在《光明日报》发表《评〈红楼梦研究〉》，提出贾宝玉"是当时将要转换着的社会中即将出现的新人的萌芽"，"曲折地揭露了那个时代尚未成熟的新的社会力量变革封建制度的历史要求。"提出了"转换着的社会"的概念。

随后，邓拓撰写文章，认为《红楼梦》反映的是中国封建社会逐步衰落、资本主义开始兴起的历史，是18世纪上半期处在封建社会开始分解、从封建经济体系内部生长起来的资本主义经济因素正在萌芽的时期。这期间，在封建内部生长着新的生产力和生产关系的萌芽，代表着资本主义关系萌芽状态的新兴的市民社会力量有了发展，与封建主义思想意识相对立的市民思想明显地抬头。因此，《红楼梦》是"代表18世纪上半期的中国未成熟的资本主义关系的市民文学的作品"。[①] 此后，一批学者纷纷撰写文章，就相关议题提出见解，讨论遂推展开来。

据研究者介绍，20世纪50年代中期到60年代中期，是讨论最为热烈的时期，发表论文二百余篇，论文集两种[②]。从70年代中期到80年代中期，发表文章150余篇，论文集三种[③]。其间，还出版了尚钺著《中国资本主义关系发生及演变的初步研究》[④]、中国人民大学中国历史教研室编《明清社会经济形态的研究》[⑤] 等书籍。

讨论所针对和涉及的主要问题是：到底什么是资本主义萌芽？资本主义萌芽出现于何时？怎样评估资本主义萌芽发展的程度和水平？鸦片战争前，中国社会有没有质的变化？资本主义萌芽对当时社会的

---

① 邓拓：《论〈红楼梦〉的社会背景和历史意义》，《人民日报》1955年1月9日。

② 中国人民大学中国历史教研室编：《中国资本主义萌芽问题讨论集》，生活·读书·新知三联书店1957年版。南京大学历史系中国古代史教研室编：《中国资本主义萌芽问题讨论集（续集）》，生活·读书·新知三联书店1960年版。

③ 南京大学历史系明清史研究室编：《明清资本主义萌芽研究论文集》，上海人民出版社1981年版。南京大学历史系明清史研究室编：《中国资本主义萌芽问题论文集》，江苏人民出版社1983年版。田居俭、宋元强编：《中国资本主义萌芽》，巴蜀书社1987年版。

④ 生活·读书·新知三联书店1956年版。

⑤ 上海人民出版社1957年版。

阶级结构有无影响？明清时期是否出现了市民社会和市民运动？丝织业、矿冶业、制瓷业、造纸业、榨油业、制糖业、农业等部门的资本主义萌芽是怎样表现的？①

关于资本主义萌芽出现的时间，有战国出现说（胡寄窗、傅筑夫），两汉出现说（饶会林），唐代出现说（孔经纬、吴海若），宋代出现说（束世澂、柯昌基），元代出现说（钱宏），明清出现（吴晗、洪焕椿、傅衣凌、侯外庐、翦伯赞、秦佩珩、邓拓、吴承明、黎澍），其中明清出现说是大多数学者的主张。

讨论中所呈现出来的重要的方法上的基点，是挖掘出新的史料并将其与理论衔接起来。例如被深入解读的徐一夔《织工对》中的一条记载："余僦居钱塘之相安里，有饶于财者，率居工以织。……且过其处，见老屋将压，杼机四五具，南北向列，工十数人，手提足蹴，皆苍然无神色。进而问之曰：以余观若所为，其劳也以甚矣，而乐何也？工对曰：吾业虽贱，日傭为钱二百缗，吾衣食于主人，而以日之所入，养吾父母妻子，虽食无甘美，而亦不甚饥寒。……久之，乃曰：吾艺固过于人，而受直与众等，当求倍直者而为之佣。已而，他家果倍其直而佣之。"这条史料所透露出来的理论价值，有学者解读认为，它表明生产资料已为作坊主私人所有，作坊主向佣工支付佣工的是货币地租，而佣工是一无所有的劳动力出卖者，但佣工可以自由出卖劳动力，可以从一个作坊到另一个作坊去工作，作坊主与佣工之间是纯粹的雇佣关系，而没有其他人身隶属关系。而有的学者却解读认为，这里确实反映了雇佣关系，但仅仅用雇佣关系来解释资本主义的产生，是不能成立的，因为早在资本主义生产关系产生以前，就已经有雇佣关系了，《织工对》所反映的还完全是封建性的生产关系，是封建行会手工业下行会老板与匠户的关系，不具有资本主义的性质和特点。

从上面的简单介绍可以明显看出，对资本主义萌芽问题的讨论，

① 详见宋元强《中国资本主义萌芽研究略述》，载肖黎主编《20世纪中国史学重大问题论争》，北京师范大学出版社2007年版。本节重点参考了这篇文章。

固然需要有重要史料的出现，但更重要的，还在于对理论的准确把握与理解。这是中国马克思主义史学的一个特点，也是一条经验，反映出"史论结合"确实是中国马克思主义史学所采用的基本方法。

在讨论中，史学家们倾向于把资本主义生产关系产生的时间定在明代嘉靖到万历年间，即16世纪末17世纪初。学者们观察到，这个时期的中国社会，明显出现了许多新的变化，特别是在江南丝织业中出现了相当规模的手工工场，商品货币关系有新的表现，商业城市大量兴起，区域性大市场乃至全国性大市场逐渐形成。在社会上，商人及其他上层人士奢侈浮华的生活，逐末盈利的拜金主义大量出现；在思想领域，封建礼法和等级秩序观念受到冲击，出现了反对专制主义、追求个性解放的启蒙思潮。这些现象，被看作是资本主义关系的必然反映。

城市如此，有学者力图证明在广大的农村地区，也出现了资本主义萌芽。而江南地区作为资本主义萌芽发生发展的典型，受到学者们更多的关注，对其社会经济文化发展状况作了非常仔细的梳理。

农村是研究资本主义萌芽问题的一个难点所在，这主要是由于史料匮乏的原因所造成的。有学者认为，在明代后期或清代前期，农业中出现了雇工经营并获得一个超过地租的余额亦即利润的萌芽的现象，佃户雇工经营的出现与持续存在就是明证。佃户或者自耕农雇工经营的现象，表明从农民经济中演化出资本主义生产关系的道路，此外还存在着由地主经济中演化出资本主义的道路。有学者提出，明清时代农业生产力落后，自然经济尚未解体，自由雇佣劳动不曾出现，货币地租也不占统治地位，因此，农业中不可能出现资本主义萌芽。经营地主雇工经营，仍属封建剥削的范畴。在农村研究中，主要涉及经营地主的性质、雇佣劳动的性质等问题。

如何定性不自由的农业雇工？这种雇工有没有开始向自由雇佣劳动转化？有学者认为，已经开始了这一转化。原来的农业雇工受雇之后，被编入雇主的宗法家长制体系，雇主享有对雇工人身的支配权和劳动力的使用权，雇工的工值几乎等于维持这一活的工具的费用，而且雇工还被纳入"雇工人"这一低下的社会等级，不得同雇主平等。

而"转化"则表现在受雇之后，雇主不再享有对雇工人身的支配权，人身支配权与劳动力使用权相分离，这显然是资本主义的雇佣关系。

到底什么才算是资本主义萌芽？有学者着重于考察是不是有手工作坊，有学者着重考察雇佣关系，有学者则专注于商品经济和市场的高度发展，还有学者把"启蒙思想"的出现当作资本主义萌芽，或者把市民阶级的形成当作资本主义萌芽。在上述大体五个方面的考察对象中，学者们重点剖析其中所蕴含的生产关系。而且，每一个侧重点都有经典文本的依据，例如关于雇佣工人，吴大琨就说："马克思所指的'资本主义生产的萌芽'，实际上乃是指的在农奴解放以后的有雇佣工人的生产。"① 因为有经典作家的理论依据，因此在研究方向上，也就有了相应的目标。

但是，学者们并没有忽视对生产力发展水平的研究。相反，在资本主义萌芽研究过程中，对生产力的细致考察，同样堪称一个特点。学者们普遍认为，要重视生产关系一定要适合生产力性质这一客观经济规律的作用，认为资本主义萌芽的出现归根到底是社会生产力发展的结果。所以，深入细致地研究萌芽时期的生产力水平和状况是十分重要的。

学者们认为，资本主义萌芽是一种初始形态，是已经出现的社会经济现象，而潜在的可能出现却没有出现的社会经济现象，不能算在其中。这种初始形态是个渐进的演变过程，新质要素不断增长，旧质要素不断衰亡。因此，萌芽的经济实体就不能不具有过渡性或两重性，不能要求它必须是完的、纯而又纯的资本主义性质。而且，这个过程还具有延续性和导向性，它可能继续发展到资本主义生产方式占统治地位的资本主义社会。因此，此前历史上偶然出现的类似于萌芽的现象，不具有延续性和导向性，也就不构成新的生产方式的起点，不能称之为资本主义萌芽。这个过程又是一个发展不平衡的过程。不只地区间发展不平衡，部门间、行业间发展不平衡，即使一个经济实体的生产关系的各个方面的发展也是不平衡的。因此，一刀

---

① 吴大琨：《略论〈红楼梦〉的时代背景》，《文史哲》1955 年第 1 期。

切、一概而论、笼统对待的研究方法是不适当的。最后，这个过程还是在具备一定的历史条件的前提下才可能发生的。如果不具备一定的历史条件，就不存在发生这一过程的可能性。依照这样的思路去从事资本主义萌芽问题研究，就不致于把萌芽的出现上推到元、宋、唐，乃至到两汉，也不致于否定鸦片战争以前出现了萌芽。

还有学者提出，要把量的扩大同质的提高区别开来，因为推动生产关系变革的不是生产力的量的扩大，而是质的提高，就是劳动生产率的提高。明清时代的社会生产力是有发展的，但不能估计过高，尤其对农业不能估计过高。萌芽虽能出现，却不能摆脱自身所受的封建束缚，不能排挤旧的生产关系的统治地位。也有学者提出，明清时代，手工业生产力虽有提高，但农业产量的提高主要是由密集劳动而来的，劳动生产率并没有提高，或者反有下降，所以手工业中出现了萌芽的条件，农业中就没有出现。

从地租形态方面考察，有学者提出，明清时代，由于封建地主土地所有制内部矛盾激化所造成的土地所有权与土地耕作权分离的扩大和地租形态的发展，出现了永佃制和押租制的发展，同时出现由分成租向定额租转变并开始向货币租的过渡。这些都增强了佃农的经济独立性，扩大了他们的人身自由。与此相适应，在上层建筑领域，封建国家对人民的控制削弱，封建等级制度中受剥削的劳动者的等级地位提高。前者的表现是户籍制度松弛，匠籍制度废除，后者的表现是佃户和雇工在法律上逐步获得常人待遇，可以与土地等生产资料的所有者一般地主立于平等地位。这些变化像西欧农奴制的废除一样，给资本主义生产关系的发生开辟了道路。

关于国内市场，有学者认为资本主义萌芽时期国内存在四种市场，第一种是与小生产自行调剂有关的地方市场。它与资本主义市场实质上相对立，它的发展，反而形成了资本主义商品经济发展过程中的停滞局面。第二种是城市市场。中国的城市是政治中心，城市市场繁荣的只是零售商业，即恩格斯所指出的粗糙的商品商业，这种繁荣只能说明封建商业发达，不能说明商品经济的发展。第三种是区域市场。第四种是跨区域市场，即相当于欧洲的民族市场，它的扩大有利于资本主义产生，但还要看其他内容。有学者直接认为，鸦片战争前已经出现了全国性的统一市场。

关于社会阶级结构变化，有学者认为明清时期出现了市民阶级和市民运动，而有学者则对此予以否认。

关于资本主义萌芽发展迟缓的原因，有学者归之于政府的作用，提出明清时代封建政权所施行的各项政策，对经济基础产生了巨大的带有决定性的作用。一方面，国家采用抑商政策、闭关政策、重税政策、派买政策等，摧残工商业，使其不得顺利发展。另一方面，国家又采取垦荒政策、抚恤政策、招抚政策、豁免政策、治水政策等，使濒于危机的小农经济勉强生存下去，保持自然经济的结构。这就是我国资本主义萌芽进展迟缓的主要原因。另有学者则认为，旧生产方式的内部结构极其牢固。具体地说，小农业和家庭手工业的结合，地方小市场在城市和乡村的一致，以及地主、商人和高利贷者三位一体的结合，构成了中国封建经济从生产、交换到分配的有机结构。这一结构异常坚韧，对于商品经济具有一定的适应性，没有较高发展的生产力，就难于使它解体。还有一种意见认为：一是中国封建社会本身的特征所造成的；二是生产力的发展水平始终没有形成对旧生产关系突破的条件；三是和全国经济发展的不平衡状态有关，经济落后地区拖住了经济先进地区的后腿；四是人口的压力；五是中国的封建专制主义制度对经济活动的强有力的干预和影响；六是西方殖民势力的干涉、限制和压迫的结果。

资本主义萌芽研究极大地促进了我国历史唯物主义指导下的经济史研究。1985 年，许涤新、吴承明主编的《中国资本主义发展史》第 1 卷《中国资本主义的萌芽》出版，资本主义萌芽问题的研究达到新高峰。这部著作集中反映了我国学者的最高成果，既有理论阐述，又有具体实证，体大思精，严谨细密，是新中国马克思史学的代表性著作之一。

《中国资本主义的萌芽》的基本观点是认为我国明后期在某些手工业已有工场手工业出现，但农业中的资本主义萌芽到清中叶始见端倪。全书的重点是手工业中的资本主义萌芽，非常细密地考察了制茶、制烟、酿酒、榨油、制糖、丝织、染布、踹布、造纸、印刷、木材、冶铁、铁器铸造、铜矿、煤矿、制瓷、井盐、池盐、海盐、沙船运输业等 20 个行业。书中认为我国资本主义的发展，历明、清两代 540 余年，但资本主义萌芽在封建社会中是稀疏地存在，往往只是一个地区、一市一县之事。

许涤新在《中国资本主义发展史》的《总序》中提出，他们既反对"以论代史"，也反对"以论带史"。他认为"史"与"论"的有机的结合，就是历史与逻辑的结合，应当是辩证的结合。

吴承明撰写的第一章《导论》对涉及中国资本主义萌芽的几个基本问题作了言简意赅的阐述，可以看作是 20 世纪 50 年代以来相关研究的阶段性结论，因此，有必要对读者进行介绍。

吴承明指出："一个比较发展的封建社会，在晚期产生资本主义生产关系的萌芽，是许多民族历史的共同现象。"什么是资本主义萌芽？他认为它是资本主义生产关系的发生过程，而不是指一种内含的因素或发展趋势。萌芽状态是一个渐进的演变过程，新质逐渐增长，旧质逐渐衰亡；代表萌芽的经济实体具有过渡性和两重性；必然会包含或多或少的封建性的东西。资本主义萌芽是一个渐进的过程，可以经历数百年的历史时期，而总是在封建社会内部稀疏地存在着。资本主义萌芽指的是一种社会关系，而不是个别人之间的关系，因而不能孤立地看待。真正的资本主义萌芽，总是具有多发性，是可以重复观察到的。资本主义萌芽具有新生事物的生命力。真正的资本主义萌芽，应具有延续性。

产生资本主义萌芽的历史前提，是要社会生产力发达到一定的水平，尤其是农业生产力的水平。我国的农业生产力大约在宋代达到一个高峰。从明到清，尽管亩产量有了提高，但劳动生产率却下降了。这是我国资本主义萌芽发展迟缓，尤其是农业中的资本主义生产关系始终微不足道的根本原因。

明清两代我国手工业生产技术的发展十分缓慢，并且已逐渐落后于世界先进水平。直到鸦片战争前，我国棉纺织业始终停留在农民家庭手工业阶段，不能出现资本主义萌芽，并且成为"男耕女织"的自然经济的基石。我国棉纺织业生产方式的落后，成为整个社会新生产关系发展的绊脚石，也使得全部资本主义萌芽黯然失色。

我国的封建商业也是在宋代有了飞跃的发展。鸦片战争前，粮食、棉布、盐三者占有市场交易总额的 80% 以上，在这个市场模式中，占主导地位的工业品即棉布，它的生产并没有从农业中分离出来。绝大部分商品布是农民自给生产有余的布，仅在少数集中产区才有为市场而生产的织户。到清中叶，尽管我国商品流通量已相当大，但从市场结构来看，又是狭隘的。它仍是以地方小市场和城市市场为主，长距离贩运贸易受到很大限制。

关于自由雇佣劳动，到清中叶，尽管农村雇佣劳动已形成巨大的队伍，但主要是佃农、自耕农、富农雇用的长短期辅助劳动力，或地主雇用耕种自营地、场院的劳动力（几乎每个出租地主都留有少量自营地）。真正的资本主义性质的雇佣劳动是极少的。

吴承明还说，在资本主义萌芽中，并没有一条由商人支配生产向工场手工业过渡的规律。在我国的资本主义萌芽中，最具有重要意义的，是工场手工业。

吴承明认为，考察资本主义萌芽，是认识近代中国社会的一把钥匙。他说："我们看到中国封建社会的内部资本主义萌芽的存在，也明确地观察到，它的出现甚迟，比西欧差不多晚了两个世纪；它的发展极慢，到鸦片战争前，在整个国民经济中还只占微不足道的比重。我们研究中国资本主义萌芽，正是要研究它为什么发展这样迟缓，因为这也是近代中国经济落后的原因。"①

方行执笔的第 6 章《中国资本主义萌芽发展的迟缓及其历史作用》，同样具有重要的史学思想价值，是马克思主义史学家在资本主义萌芽问题研究上的代表作之一。

作者说，我国资本主义生产关系的萌芽开始于明后期，比起西欧来已晚了约两个世纪。到清中叶，有了一定的发展，但是，在农业

---

① 许涤新、吴承明主编：《中国资本主义发展史》第 1 卷，人民出版社 2005 年版，第 33 页。

中，还是微不足道的；在手工业中，亦只占极小比重。经过三百多年，直到鸦片战争前，也未能进入工场手工业阶段。比起欧洲，大为落后了。究其原因，在于"我国的封建社会较早地从领主制经济过渡到地主制经济，较早地出现了土地买卖，较早地实现了中央集权的大统一王国，生产力有高度发展，是一种成熟的封建制典型。正因为是成熟的封建社会，它的经济结构比较坚固，自给性比较完整，上层建筑比较强大，并具有较强的自我调整的功能，不容易被冲破和瓦解。"这就是我国资本主义萌芽发展迟缓的基本原因。比如生产上小农业和家庭手工业的牢固结合，在总体上对于资本主义萌芽来说，是一种限制力量。"我国的小农经济，对于封建剥削具有较大的负荷能力，对于人口增殖具有较强的适应能力，同时，对于新的生产方式也具有较大的排斥力，甚至对于机器大工业的产品也有顽强的抵抗力。这反过来又都会巩固这个小农家庭，维护封建经济结构。"此外，分配上地主、商人、高利贷者的三位一体，封建上层建筑强有力的能动作用，都是阻碍我国资本主义萌芽发生和发展的重要方面。资本主义萌芽对中国近代半殖民地半封建社会的经济发展起着重要作用。一方面，它为近代中国资本主义的发展创立了社会条件，相当一部分近代工业就是在资本主义萌芽的基础上发展起来的。另一方面，原来资本主义萌芽所代表的生产方式，即工场手工业和商人支配生产的形式，反而成为近代中国的一种重要经济形式，长期存在，许多产业仿佛仍处于资本主义萌芽状态。这又是在半殖民地半封建社会条件下，资本主义发展的一种特殊现象。①

上述论断，具有深厚的材料支撑，是很深刻的历史结论。

第四节　汉民族形成和民族关系问题

"民族"是最重要的历史内容之一，因而也是历史学最关注的对象之一。民族与文明以及国家的形成、认同等问题紧密地结合在一

---

① 许涤新、吴承明主编：《中国资本主义发展史》第 1 卷，第 753—754 页。

起，既为众多学科所探究，也往往成为国际政治的焦点与热点。新中国成立后，我国实现了各民族团结平等、共同发展。新中国成为世界上民族问题解决得最好的国家。在学术领域，学者们深入研究民族史料，实行田野调查，对摸清中华民族的基本状况做出了卓越贡献，并且在20世纪50年代至60年代初，开展了对民族问题的积极探讨和争鸣，取得了丰硕的思想成果、理论成果与学术成果。

新中国马克思主义史学家对民族问题的探讨、研究，主要包括两个方面。一是关于汉民族的形成问题，包括形成的时间、特点、标准等等；二是历史上的民族关系的基本估价问题，主要是汉族与少数民族的关系问题，由此而形成若干层次分明的子问题。上面两个方面相互联系，其基本理论依据主要是斯大林、毛泽东关于民族问题的论述。

学术界关于民族问题的研究，对新中国制定和完善民族政策提供了重要参考。截至20世纪70年代，围绕民族的一般理论以及我国的民族问题，形成了几个基本共识。（1）我国是统一的多民族国家，各族人民共同缔造了我们的伟大祖国。（2）民族是一个历史范畴；民族问题的实质是阶级问题；国际主义是无产阶级在民族问题上的世界观。（3）我国坚持民族平等和民族团结，贯彻民族区域自治，积极培养少数民族干部，积极支持少数民族进行社会主义革命与建设，各民族都有使用自己的语言文字的自由，尊重少数民族的风俗习惯，正确对待少数民族中的宗教信仰，等等。这些基本共识，是我国民族思想的巨大进步。

范文澜被誉为是运用斯大林民族理论来证明汉民族形成于秦汉时期的第一人。他认为，依据斯大林的民族定义，自秦汉时起，汉民族就初步具备了斯大林所说民族的四个特征（共同语言、共同地域、共同经济、共同文化心理）。他说，"秦始皇统一中国以后，中国从此成为统一的封建国家"。"自秦汉起，汉族已经是一个相当稳定的人们的共同体。"中国历史"早在秦汉时，从皇帝、郡守、县令到乡三老、亭长、里魁形成一整套的统治体系"。"汉民族有它自己的发展过程，并不因为有了资本主义和资产阶级才开始成为民族。"

范文澜认为，自秦汉时起，斯大林所说民族的四个特征"长期地继续发展着"。比如《礼记·中庸》篇托名孔子说："今天下车同轨，书同文，行同伦。"所谓"今"，就是指秦统一以后，这与《史记·秦始皇本纪》所记秦始皇的统一措施是相符合的。"共同语言"就是"书同文"。"共同的地域"就是指长城之内的广大疆域。"表现在共同文化上的共同心理状态"就是"行同伦"。秦汉时全国已形成以太学和郡学为内容的大小文化中心。"车同轨"可以理解为相当于"共同经济生活""经济的联系性"。"四海之内若一家"，商贾通行全国没阻碍，已形成全国商业的中心大市场，并与全国各郡县的中小市场联系着。他总结说：

> 汉族自秦汉以下，既不是国家分裂时期的部族，也不是资本主义时期的资产阶级民族，而是在独特的社会条件下形成的独特的民族。它不待资本主义上升而四个特征就已经脱离萌芽状态在一定的程度上变成了现实。它经历过二千余年的锻炼，具备着民族条件和民族精神，所以，当欧洲资本主义侵入以后，一方面，中国变成半殖民地半封建的国家，一方面，民族反抗运动蓬勃地开展起来。①

范文澜还强调，汉民族近百年来在原有的基础上愈加强化，但并没有转化为资产阶级民族。

范文澜的文章引起较大反响，支持者有之，不赞成者亦有之。

章冠英说，关于汉民族何时形成的问题之所以争论纷纭，是由中国社会的两个特殊情况引起的。一是中国资本主义发展的特殊性，它不是走着正常的道路，而是在半殖民地半封建的环境中发展起来，因而与资本主义国家有许多不同。二是中国封建社会的特殊性，地主经济所占的时间较长，由此产生许多和欧洲封建社会不同的现象。

他认为，斯大林所说形成民族的四个要素：共同的语言、共同的

---

① 范文澜：《试论中国自秦汉时成为统一国家的原因》，《历史研究》1954 年第 3 期。

地域、共同的经济生活和表现在民族文化共同特点中的共同的心理状态，在欧洲只是到资本主义时代方才具备，但在中国，秦汉以后的地主经济的社会里却也似乎具备了。"这样，好像就和斯大林所说民族是资本主义时代的产物的理论，发生了出入。"

要解决这个问题，他认为对斯大林的论述就不能"拘泥于字面"，也就是不能以资本主义的标准来衡量封建时代的汉民族，"必须把斯大林民族理论的精神和汉族封建社会的特点结合起来"。据此，他提出共经历了三个阶段，即秦汉以后地主经济制度的封建社会里的独特民族阶段，鸦片战争以后的资产阶级民族阶段，中国人民革命胜利以后的社会主义民族阶段。汉民族的主导力量，在第一阶段是农民阶级，第二阶段是资产阶级，第三阶段是工人阶级。第一阶段并未形成为一个高级民族，第二阶段仍未能成为高级的资产阶级民族，第三阶段则形成"高级的、社会主义的民族"[1]。

很明显，关于资产阶级民族的论述，他与范文澜差别很大。而在其他部分，则在思路上有诸多交叉与一致。

批评范文澜的学者一般认为，秦汉之际在中国还没有资本主义，当然也就不可能产生民族；秦汉时代形成的只能是部族。他们的主要理论依据是斯大林关于"民族不是普通的历史范畴，而是一定时代即资本主义上升时代的历史范畴"的论断。

曾文经开门见山即明确提出，马克思、恩格斯、列宁、斯大林一贯都认为在资本主义出现以前，在封建主义时期，是不可能有民族的。在做了比较详细的理论引证后，他提出，范文澜引用"车同轨"来说明秦汉时代"汉人已经有共同的经济生活"，是片面的、肤浅的。其实，秦汉及其以后，社会劳动分工程度、交换发展程度很低，没有全国统一的市场，没有全国经济中心，各地的经济联系不紧密，没有结成一个经济的整体。他说："在秦汉时代及其以后的整个封建社会中，汉人仍是处在族的阶段，而没有形成民族。"他还提出一串

---

① 章冠英：《关于汉民族何时形成的一些问题的商榷》，《历史研究》1956年第11期。

问题，基本上都是思想性的追问：

> 如果像范文澜同志所说，汉人在秦汉时已经集合成为民族，成为"独特的社会条件下形成的独特的民族"，那么，这种"民族"和哪一种社会制度的命运联结在一起呢？谁是这种"民族"的主要领导力量呢？怎样来评定这种"独特的民族"呢？这种"民族"的命运是和封建主义的命运联结在一起么？把地主阶级当作这种"民族"的主要领导力量么？把这种"民族"评定为地主阶级的民族么？①

这样的追问，很足以说明马克思主义史学的思想魅力。作者最后提出，资产阶级民族在中国历史上出现过，"我们在解放以前所称的汉民族，就是指的资产阶级民族"，它是在资本主义在中国出现之后开始形成的。在资产阶级民主革命完成、社会主义革命接着开始之后，作为社会主义民族的汉民族开始形成起来。"认为汉民族在秦汉时代形成，资产阶级在中国历史上从来没有出现的说法，是没有科学根据的。"

与上述见解不同，杨则俊提出汉民族形成于明代后期，因为16世纪后期（明嘉靖以后）我国社会内部有了一种非常重要的变化，即封建制度的危机开始了。在商品经济的基础上，产生了原始形态的资本主义。② 张正明表示同意这一见解，并对这一见解作了更详细的论证。

张正明不赞成范文澜关于明以前汉民族已经形成的观点，同时不赞成曾文经关于明朝时汉民族还没有形成的观点，依据斯大林的论断，认为明以前，汉人共同体还没有跨出部族阶段，但是到了明朝后期，中国进入了封建制度解体和资本主义发展的时期，也就是进入了

---

① 曾文经：《论汉民族的形成》，《历史研究》1955 年第 1 期。
② 杨则俊：《关于汉民族形成问题的一些意见：与范文澜同志和格·叶菲莫夫同志商榷》，《教学与研究》1955 年第 6 期。

部族变成为民族的时期，因此"可以把汉人开始形成为民族的起点推定在 16 世纪中叶"。他最有特色的见解，是认为汉民族的形成呈现出三个特点。第一，中央集权国家（秦代）的建立先于民族的形成。第二，民族形成过程异常缓慢，直到中华人民共和国成立之前，始终没有在经济上形成完整的民族。第三，从资产阶级民族，变成属于资产阶级民族类型而不是通常的资产阶级民族，再变成社会主义民族。这里他提出"资产阶级民族类型"的概念，是指新民主主义革命阶段的汉民族，虽然依旧属于资产阶级民族类型，但已经在无产阶级领导下为创立形成为社会主义的民族的政治前提而斗争。① 显然，他的论述有两个特点，一是与资本主义萌芽问题相互联系；二是与新民主主义革命理论相衔接。

　　这一时期及此后一段时间的讨论，大体是依照上述格局展开的。在与范文澜商榷的文章中，时常闪耀出理论和思想的火花。在一些具体的论断上，也可以看出学者们思想的深细。例如官显就说，秦统一文字不等于就是统一了语言，因为文字统一和语言统一不是一回事。再比如祖宗崇拜和孝道，也不能说成是民族共同心理素质的反映，因为它实际是宗法封建制思想的表现，是维护封建制度的工具，等等。② 这样的讨论，确实是很启发人的思想的。

　　讨论一个关键性的技术性问题，就是"民族"的译名问题。这个问题之所以重要，在于它对准确理解经典作家提出的概念具有前提性的作用，正所谓"名不正则言不顺"。为此，中国科学院哲学社会科学部和中央编译局曾于 1962 年专门召开一次讨论会。会议上学者们认为斯大林在《马克思主义和语言学问题》以及《马克思主义与民族、殖民地问题》等书中所用的"Нация"一词是指现代民族，即资本主义发生以后所形成的民族，而"Национальность"一词则是指资本主义发生以前的民族。因此，如果当年翻译《马克思主义

---

　　① 张正明：《试论汉民族的形成》，《历史研究》1955 年第 4 期。
　　② 官显：《评"独特的民族"论》，《新建设》1955 年第 5 期。参见蔡美彪《汉民族形成的问题：记中国科学院历史研究所第三所的讨论》，《科学通报》1955 年第 2 期。

和语言学问题》时把 Национальность 这个词译作"资本主义以前的民族",而把 Нация 译作"现代民族",那么 1954 年我国学术界就不可能发生"汉民族形成问题"的讨论,不会提出鸦片战争以前的汉族究竟是"汉民族"还是"汉部族"的争论。因为谁也不会否认鸦片战争以前的汉族是一个资本主义以前的民族。改革开放后,有学者提出以"族群"概念来代替"民族",其实与当年译名上的讨论具有关联性。

有学者则认为,当年讨论的关键在于各方都没有正确地理解斯大林用四项标准来定义的"民族"的真正含义。如果争论的双方都能了解斯大林所言的 Нация 指的是中华民族中的"民族",而不是汉民族中的"民族",那么这样的争论就比较容易得出结论。换言之,如果范文澜能明确指出,自秦汉起中国成为统一国家的一个十分重要甚至是决定性的原因,就在于由汉民族和其他少数民族共同组成的中华民族已经从那时开始形成,并且中华民族是在独特的社会条件下形成的独特民族,那么他的观点如果不能在当时说服论辩者,至少在后来看来是很具说服力的。

还有学者提出,斯大林的民族定义,是给现代民族即资产阶级民族定的,只属于资本主义上升时期及其以后形成的现代民族即资本主义民族和社会主义民族。民族的四个特征只是随着资本主义生产方式的产生和发展才由一种潜在意识变成了现实。在此以前的社会发展阶段,不可能完全具备民族的特征。也有学者强调,现代民族的四个特征,早在资本主义以前的社会发展阶段开始萌芽并逐步形成。现代民族与古代民族相比,只存在发展程度的不同,不存在有无的差别。因此,斯大林的民族定义,既适用于现代民族,也适用于人类历史各个不同发展阶段的一切民族,具有普遍意义。①

林耀华结合译名讨论对"民族"概念作了比较系统的梳理,提出了富有创新性的看法。他将"民族"分为四类,分别用民族 1、民

---

① 章鲁:《"民族"一词的译名统一问题的讨论》、《关于"民族"一词的使用和翻译情况》,《人民日报》1962 年 6 月 14 日。

族 2、民族 3、民族 4 来表示。民族 1 是指最一般的广义的共同体，包括从原始时代一直到社会主义时代的共同体。民族 2 是指较为广泛的共同体，包括从阶级社会产生以后的各个时代的共同体。民族 3 是指现代民族，即资本主义上升以后具有四个特征的稳定的共同体。民族 4 专指现代民族，之后逐渐被用来指奴隶制和封建制时代的共同体。[①] 他的这种见解照顾到了民族的历史性，是一种富有启发性的分类。

改革开放初期，牙含章、孙青对汉民族形成问题的讨论评价说，这场"论战"涉及全世界一切民族的形成问题，因此不仅具有中国一国的意义，而且具有全世界的普遍意义。他们认为恩格斯讲的从部落发展成了民族（Nation），与斯大林讲的民族（Нация）是资本主义上升时代的历史范畴，两种看法并不矛盾，都是正确的。因为恩格斯讲的是一般民族的起源与形成问题，是在人类历史上"民族是在何时开始形成和如何形成的问题"，而斯大林讲的是"现代民族"，亦即资产阶级民族形成的问题。[②] 这种看法是科学的，但他们把讨论看作是"论战"，似乎有些言重了。

由汉民族形成问题，扩展到民族的一般性理论问题，说明了这场讨论的重要价值。到 20 世纪 60 年代，许多学者都坚持认为，民族是资本主义上升时代的产物，古代绝不可能形成民族。有学者根据《共产党宣言》和列宁的《什么是"人民之友"以及他们如何攻击社会民主党人》的论述，提出民族是资本主义兴起时代的产物和表现。这是经典作家的共同见解，一贯的论点，经过多年发展，具有严整的科学性。此外，经典作家很少直接论述经济发展落后的民族的形成，但马、恩、列、斯都没有把自己对民族形成问题的论述限制在特定的社会范围之内，或者说过只适用于欧洲而不适用于其他国家，斯大林更没有说过他关于民族一词的定义只适用于资产阶级民族。所以，他

---

① 林耀华：《关于"民族"一词的使用和译名的问题》，《历史研究》1963 年第 2 期。

② 牙含章、孙青：《建国以来民族理论战线的一场大论战：从汉民族形成问题谈起》，《民族研究》1979 年第 2 期。

们坚决维护斯大林的看法，认为在封建分割状态下，人民还没有形成民族；只有当原先各自独立的各个地区在经济上和政治上结成一个整体时，才产生"民族"。民族是资本主义兴起后的产物，是资本主义把生产资料集中后所带来的政治集中。资本主义开始出现的时期，封建分割状态才告消失，民族才开始形成。①

有学者则坚决反对对古代民族的否定，认为古代民族的存在乃是一个历史事实。他们提出，古代民族是人类经过漫长的原始社会以后，随着社会分裂为阶级而形成的。现代民族则是资本主义上升时代的产物。只承认现代民族而不承认古代民族是片面的。马克思主义经典作家早就对古代民族形成的一般过程和具体道路作过原则指示和明确说明。也就是说，部落联盟是形成民族的第一步，而促使部落联盟发展成民族的决定因素，是随着部落联盟内部私有财产的产生而来的部落联盟之间不可调和的物质利益冲突。马克思和恩格斯在《德意志意识形态》中说："在古代，每一个民族都由于物质关系和物质利益（如各个部落的敌视等等）而团结在一起，并且由于生产力太低，每个人不是做奴隶，就是拥有奴隶，等等，因此，隶属于某个民族成了人'最自然的利益'。"马克思和恩格斯不但论证了古代民族形成的原因，还提出了古代民族形成的基本原理：氏族—部落—部落联盟—民族，这就是古代民族形成的具体过程。而从人类社会发展的总进程来看，从没有民族（原始社会）到民族的形成和发展（阶级社会），再到民族的消亡（共产主义社会的高级阶段），乃是民族发展的始末。②

有学者则从"民族共同体"的角度进行理论探讨，提出斯大林所说的民族包括资产阶级民族和社会主义民族两种不同的类型，而"民族共同体"是习惯用法上所说的广义的民族。这种广义的民族包括代表四种类型和四个不同发展阶段的民族，即氏族、部落、部族和民族。现代民族的四个特征对于古代民族既适用又不适用。适用是因

---

① 熊锡元：《民族形成问题探讨》，《学术研究》（云南）1964 年第 2 期。
② 文传洋：《不能否定古代民族》，《学术研究》（云南）1964 年第 5 期。

为古代民族和现代民族都基本上具备了民族的四个特征，不适用是因为古代民族和现代民族的性质和表现形式是根本不同的。①

关于民族形成的时间，牙含章认为，由部落发展成为民族，乃是世界上一般民族形成的规律，也是一切古代民族形成的规律。他认为，马克思主义关于民族的起源和形成的理论，包括两方面的含义：一是"从部落发展成为民族"的理论，它是从人类社会历史发展的总的角度来说的，指的是一般民族的起源和形成问题，既适用于古代社会的所有民族，也适用于今天还存在的若干古老民族；二是从原有民族中分化出一部分人口而形成新的民族的理论，这一理论适用于阶级社会形成的新的民族，特别是适用于近几百年期间形成的新的民族。这两个方面的含义构成马克思主义关于民族起源和形成问题的完整学说。牙含章还认为，氏族和部落是以血缘关系为纽带而结成的，民族则是以地缘关系为基础而产生的，这是氏族部落和民族在本质上的不同。根据恩格斯的论断，至迟在原始社会的"蒙昧时代"的高级阶段，已经开始产生了由部落发展而形成的民族（"蒙昧民族"）。②

施正一认为，马克思在《资本论》和《资本主义生产以前各形态》中都提到处于原始社会发展阶段的民族，恩格斯在《家庭、私有制和国家的起源》中论述到"血缘家庭"时，也提到"最蒙昧的民族""处在野蛮低级阶段的民族"和"野蛮中级阶段""游牧民族"等。这些当然都不是已经进入"文明阶段"即阶级社会发展阶段的民族，而是处于原始社会发展阶段的民族。列宁、斯大林虽然没有专门谈到这个问题，但他们从来也没有否认"原始民族"的存在。他说，"原始民族"是历史上最早形成的民族，是由部落经过部落联盟发展成的，是在原始社会发展阶段内形成的，而不是在阶级社会产

---

① 杨堃：《关于民族和民族共同体的几个问题》，《学术研究》（云南）1964 年第 1 期。

② 牙含章：《致方德昭同志》、方德昭：《复牙含章同志》，《学术研究》（云南）1963 年第 11 期。

生和确定以后才出现的。①

方德昭则认为，民族形成于原始社会末期、阶级社会初期，古代民族也具备现代民族的四个特征。他不同意只有资产阶级民族才具有共同经济生活的看法，也不同意原始社会就已形成民族的观点。②

文传洋反对否定古代民族，但不同意原始社会已经形成民族的论点。他认为，恩格斯所说的从部落发展成民族，是说只有在地缘关系代替了血缘关系，国家机器代替了部落制度以后，才形成民族，而不是说血缘关系和部落制度还在社会生活中起支配作用的时候就已经形成了民族。他认为，恩格斯在《自然辩证法》和《家庭、私有制和国家的起源》两书中所说的"从部落发展成了民族"的"民族"与"蒙昧民族""野蛮民族"的含义有所不同。"蒙昧民族""野蛮民族"有"蒙昧人""野蛮人"的意思，是指原始社会的人们共同体，"从部落发展成了民族"的"民族"是指阶级社会的民族。民族是阶级社会的产物。③

云南是我国少数民族最多的省份，对涉及民族问题的讨论一贯重视。改革开放后，《云南社会科学》继续就民族形成的上限问题进行讨论。有学者提出，民族形成的上限应上溯到原始社会的蒙昧时代，但有学者主张民族形成于氏族部落时代，产生的基础是血缘关系。有学者主张民族由部落发展而成，基础是地缘关系。有学者以基诺族为例，证明民族定义四要素产生于氏族部落时代，认为"氏族部落的血缘关系恰恰是民族的原生土壤"。有学者认为，不可以把"氏族部落"与"民族"等同起来，因为这不符合马克思和恩格斯的基本观点。有学者则认为，在民族形成问题上，马克思、恩格斯并未形成系统、完整的观点，所以，即使在某些具体观点上与马恩不同，也不能说是与马恩的基本观点不符。从具有数千年文明的汉族是否形成民族的争论，到确认中国的处在原始社会的少数民族都已形成民族的过

① 施正一：《论原始民族》，《学术研究》（云南）1964年第1期。

② 方德昭：《关于民族和民族形成问题的一些意见》，《学术研究》（云南）1963年第7期。

③ 文传洋：《不能否定古代民族》，《学术研究》（云南）1964年第5期。

程，也就是首先认识到马列著作中关于民族形成于资本主义上升时期的论断，然后又发现原始社会已出现蒙昧民族的过程。杜玉亭认为，民族形成于氏族部落时代说，符合马列的有关论述。因为，根据恩格斯的论述，只有在蒙昧时代和野蛮时代交替的时期，对偶家庭才开始取代蒙昧时代特有的群婚制。由此，作为人类历史伟大变革之一的氏族制度才得以确立。因而，蒙昧民族与氏族制度应是同时产生的。①

改革开放以后，史学界与民族学界的科学学风得到恢复。学者们心情舒畅，延续 50 年代的话题，对历史上中华民族内部关系的总体估价问题，进行了热烈的研讨。

据孙祚民总结，围绕中华民族大家庭的内部关系，主要涉及七大理论问题。（1）关于我国统一的多民族国家形成的问题，核心在于"中国自古以来就是一个统一的多民族国家"的命题（白寿彝最早提出）能否成立。（2）关于我国历史上的"外族"和"外国"问题，核心在于如何看待我国历史上各民族国家之间的关系，是否存在过"外族"与"外国"的关系。（3）关于我国历史上各民族国家间战争性质的问题，核心在于我国历史上各民族国家间的战争是否具有侵略与反侵略的性质。（4）关于民族英雄和民族败类的问题，核心在于我国历史上民族战争中是否存在民族英雄、我国历史上是否存在各族人民共同承认的民族英雄。（5）关于我国历史上民族关系主流的问题，核心在于各民族关系的主流到底"平等"抑或"不平等"。（6）关于中国主体民族的问题，核心在于汉族到底是不是多民族国家的主体。（7）关于民族关系史研究为现实服务的问题，核心在于处理好科学性与对策性的关系，不能简单地将为现实服务理解为给现行政策作注脚。② 孙祚民所总结出的上述七大问题，都是非常深刻的史学思想问题，其学术价值、理论价值及现实价值，是不言而喻的。

---

① 参看杜玉亭《基诺族族源问题试探：兼论族源和民族形成的上限》，牙含章《关于民族形成的上限问题的两封来信》，杜玉亭《就民族形成的上限问题答牙含章同志》，分见《云南社会科学》1981 年第 2 期、第 4 期、1982 年第 4 期。
② 孙祚民：《建国以来中国民族关系史若干理论问题研究评议》，《东岳论丛》1987 年第 1 期。

孙祚民结合对范文澜遗作《中国历史上的民族斗争与融合》① 一文的研读，提出：剥削阶级统治下的各民族和各国家间，根本不存在"和平共处""平等联合"；在中国历史上，作为敌对的民族或国家间经常进行残酷的斗争，我们不能否认他们当时是敌对的民族或国家；既然侵略者凭借武力扩张，就要承认担当起抵御外来侵犯责任的历史人物是民族英雄；汉族统治阶级尽管"不能自强，丧失抵御外侮能力"，但当它受到外敌侵略时，仍然必须"替他们呼喊"，"并且谴责侵略者"。② 从孙祚民的观点可以看出，相关讨论是相当激烈，也是有相当的敏感性的。但中国的马克思主义史家没有回避问题，而是迎难而上，提出了诸多很有水平的深刻见解。这充分反映了他们对国家的强烈责任感。

以翦伯赞为例，他在 60 年代初就对孙祚民所总结的理论问题做了深入思考，于 1960 年写出初稿，于 1962 年 6 月又对稿子作了修订。但由于历史原因，当时并未发表，直到 1979 年才发表出来。关于民族平等与汉族在历史上起主导作用问题，翦伯赞指出"用民族平等的原则来处理历史上的民族关系，并不是用一种简单的方法把不平等的民族关系从历史上删去，或者从那些不平等的民族关系中挑选一些类似平等而实际上是不平等的史实来证实这个原则在古代中国已经实现，更不是把历史上的不平等的民族关系说成是平等的；而是揭露历史上的不平等的民族关系，用历史唯物主义的观点，批判的态度，指出那些不平等的民族关系的历史根源和历史实质"。基于这种原则，他指出在漫长的阶级社会历史时期中，民族之间的关系是不平等的。这种事实，充满了世界史，也充满了中国史。对此，不应隐讳和粉饰。"我以为即使在鲜卑人、契丹人、女真人统治半个中国的时期，在蒙古人、满洲人统治整个中国的时期，汉人仍然在中国史上起着主导作用。这样说，并不违背民族平等原则。"他还说，在阶级社会，只存在民族同化，不存在民族融合，而同化基本上是带有强制性

---

① 发表于《历史研究》1980 年第 1 期。
② 孙祚民：《处理历史上民族关系的几个重要准则》，《历史研究》1980 年第 5 期。

的，但它仍然是一种进步的历史现象。"欢迎同化，不等于欢迎同化政策。"他还说，在中国历史上，充满了民族之间的战争记录。"要判断一个战争的性质，不是根据民族的大小，也不是根据民族的先进与落后，而是根据构成这个战争的具体历史情况。"关于历史上各族劳动人民的友好往来问题，翦伯赞提醒，民族偏见以及由于这种偏见而产生的民族隔阂，在阶级社会的劳动人民中也是存在的。关于民族英雄，他认为在阶级社会不存在、也不可能有那样的英雄，即既代表本民族广大人民的利益，又不损害其他各族人民的利益。"在阶级社会的历史条件下，民族英雄要受到阶级性和时代性的限制，他们不可能没有褊狭的种族主义或民族主义的思想。具体的历史告诉我们，封建社会的民族英雄一般都是在保卫自己的民族国家的战争中产生出来的。""各族人民共同承认的英雄，那要在社会主义社会的历史条件下才能出现。"① 毫无疑问，不管人们是否认可翦伯赞的观点，但文章中所闪耀的历史唯物主义的光辉，是不可否认的。

1981 年 5 月下旬，中国民族研究学会与中国社会科学院民族研究所在北京举行中国民族关系史研究学术座谈会。这次会议是一次代表当时最高水平的学术研讨活动，可以看作是对此前相关研究成果的全面检阅，也是此后相关研究的一个里程碑，推出了一批高质量的研究成果。主导会议的白寿彝、翁独健、谭其骧等老学者提出，历史上民族关系的主流应该是各民族间关系越来越密切，各民族共同缔造了祖国的历史和灿烂的文化。"在祖国历史发展进程中，建立了密切不可分割的政治、经济和文化联系，形成了具有强大内聚力的包括我国各民族在内的伟大的中华民族。这就是历史上民族关系的主流。尽管历史上多次出现过分裂割据的局面，但各族人民对安定统一、和平来往、互相依存的愿望，始终起着主导的作用。"② 这一论点与分析得到大多数与会学者的赞同。这一认识，是民族关系问题讨论的重要成果。

---

① 翦伯赞：《关于处理中国史上的民族关系问题》，《中央民族学院学报》1979 年 Z1 期。
② 详见翁独健主编《中国民族关系史研究》，中国社会科学出版社 1984 年版。该书是 1981 年会议的成果，引用部分见该书《前言》。

到 20 世纪 80 年代中后期，著名学者费孝通提出了影响深远的"中华民族的多元一体格局"理论。该理论是费孝通于 1988 年 8 月在香港中文大学作讲演时提出的。他说："中华民族作为一个自觉的民族实体，是近百年来中国和西方列强对抗中出现的，但作为一个自在的民族实体则是几千年的历史过程所形成的。它的主流是由许许多多分散孤立存在的民族单位，经过接触、混杂、联结和融合，同时也有分裂和消亡，形成一个你来我去、我来你去、我中有你、你中有我，而又各具个性的多元统一体。……汉族继续不断吸收其他民族的成分而日益壮大，而且渗入了其他民族的聚居区，构成起着凝聚和联系作用的网络，奠定了以这个疆域内许多民族联合成的不可分割的统一体的基础，成为一个自在的民族实体，经过民族自觉而称为中华民族。"[①] 这一成果，无疑充分吸取了以往讨论的成果，令人豁然开朗。此后，国内学术界比较普遍的看法认为中华民族形成于上古时代。

总之，20 世纪 50 年代至 60 年代初，中国史学界围绕民族问题所展开的讨论，既具有积极意义，也产生了积极的成果。讨论中所涉及的三个核心问题，关于秦汉以来汉族是否已形成为民族的问题，关于民族的概念与分类问题，关于中华民族大家庭内部的总体民族关系估价的问题，无论在实践层面还是在理论层面，都为后人留下了丰厚的精神遗产。汉民族形成问题的讨论，对认识中华民族的结构、增强民族凝聚力具有明显的启示作用。民族一般理论问题的讨论，对于解决民族与国家认同的世界性课题、各民族一起走向文明富裕之路，具有促进作用。对中华民族内部民族关系的讨论，对于促进中华民族大和谐，意义重大。

---

① 费孝通：《中华民族的多元一体格局》，《费孝通全集》第 13 卷，内蒙古人民出版社 2009 年版，第 109—110 页。

第五章

马克思主义史学思想的曲折与拓展(上)

第一节　曲折中的马克思主义史学

一　史学界的"反右派"斗争

"1957 年的经济工作，由于认真执行党的八大的正确方针，是新中国成立以来效果最好的年份之一。这一年在全党开展整风运动，发动群众向党提出批评建议，是发扬社会主义民主的正常步骤。在整风过程中，极少数资产阶级右派分子乘机鼓吹所谓'大鸣大放'，向党和新生的社会主义制度放肆地发动进攻，妄图取代共产党的领导，对这种进攻进行坚决的反击是完全正确和必要的。但是反右派斗争被严重地扩大化了，把一批知识分子、爱国人士和党内干部错划为'右派分子'，造成了不幸的后果。"[①]

这是 1981 年 6 月 27 日中共十一届六中全会通过的《关于建国以来党的若干历史问题的决议》中的一段话。

中共中央文献研究室在解释这段话时写道："反右派斗争犯了严重扩大化的错误。党的领导对当时阶级斗争形势估计得过于严重，把大量人民内部矛盾当作敌我矛盾，把许多正常的甚至善意的批评和建议，视为右派进攻，再加上中央在 1957 年 10 月发出的关于右派分子的标准的党内指示，并未能得到严格的执行，这样，就把一大批人错

---

① 中共中央文献研究室：《关于建国以来党的若干历史问题的决议注释本》，人民出版社 1983 年版，第 22—23 页。

划为右派分子，误伤了许多好同志、好干部和我党合作的朋友，其中不少是有才能的知识分子。许多同志和朋友因而受了长期的委屈、压制和不幸，使他们不能在社会主义事业中发挥应有的作用，这不但是他们个人的损失，也是整个国家的损失。"①

上面的论断与注释，完全适合史学界的情况。史学界的反右派斗争，是在全国反右派的大环境中进行的，对许多优秀历史学家造成了伤害。这些史学家和史学工作者，因为在"鸣""放"中的言论，被错划为"右派分子"，在不同范围内遭受了批判和斗争。对他们的批判，往往与他们的学术观点联系在一起。②

据悉，当时被划为"右派分子"的史学家主要有：雷海宗（南开大学历史系教授）、陈梦家（中科院考古研究所研究员）、荣孟源（中科院历史研究所第三所研究员）、宋云彬（浙江省文联）、孙毓棠（中科院经济研究所研究员）、向达（北京大学教授兼图书馆馆长、历史研究所第二所副所长）、王季敏（郑州师范专科学校副教授，《史学月刊》编辑）、李鸿哲（苏北师范专科学校历史教师）、孙海波（河南师范学院历史系教授、中国古代史及中世纪史教研室主任）、黄元起（河南师范学院历史系教授，历史系主任，《史学月刊》副主编）等。其中雷海宗、向达、荣孟源和陈梦家等，在全国范围内遭受了批判。其实，这些人中不乏忠诚的马克思主义者，在马克思主义的学习、研读、推广方面，用力颇深。

1957 年 10 月，中国科学院哲学社会科学部连续三天举行座谈会，对所谓右派分子进行揭露与批判。参加会议的有北京、天津的史学工作者近 300 人。会议主持人、哲学社会科学部副主任潘梓年讲话说，对史学界的右派分子展开斗争，是因为他们反对共产党的领导、反对社会主义制度，并且披着科学研究或马克思列宁主义的外衣来进行这种反革命活动。

---

① 中共中央文献研究室：《关于建国以来党的若干历史问题的决议注释本》，第 304—305 页。

② 关于史学界反右派的基本情况，可参看张剑平等著《新中国历史学发展路径研究》，人民出版社 2012 年版，第 221—229 页。

范文澜在发言中强烈指责右派分子"狂妄地自封为了不起的史学专家,假借历史这门学术来进行反党反社会主义反马克思主义的政治阴谋活动",他表示"要从学术方面来剥掉他们的伪装,更重要的是在于揭露出他们的反动本质。反右派斗争是严肃的政治斗争,并不是什么学术争论"①。

翦伯赞在发言中把历史学界右派分子的共同点概括为四个方面:(1)没有一个不是反对马克思列宁主义的;(2)不仅反对马克思主义,也对共产党的领导进行恶毒攻击;(3)都是在白天打着灯笼到处寻找共产党的缺点,而对于解放以后在党的领导之下的历史科学的迅速发展,则装作没有看见,或者不愿看见;(4)都具有强烈的个人野心。②

陈垣、汤用彤、白寿彝、熊寿祺、吴廷璆、翁独健、侯外庐、吴晗、郑天挺、唐兰、张政烺等史学家都在会上作了批判发言。向达、荣孟源、陈梦家则在会上作了检讨。这一时期,中科院历史研究所和考古所、北京大学历史系、天津市史学界等单位和团体,也都举行了批判会,对右派分子进行了批判。

当时《人民日报》《光明日报》以及一些著名史学刊物,都积极投入反右派斗争,推出了一批批判文章。③

这期间,中国科学院哲学社会科学部的学术思想工作开始转由中宣部领导。1957年7月2日,中科院党组向中央宣传部报告,建议成立哲学社会科学部"分党组",潘梓年任分党组书记,刘导生任副书记,成员有裴丽生、尹达、刘大年、何其芳;哲学社会科学部的学术思想方面的问题由中央宣传部直接领导。8月9日,中央宣传部批复同意。8月22日,院党组通知哲学社会科学部分党组即日开始工

---

① 范文澜:《迷途未远,回头是岸,醒来吧!》,载于《反对资产阶级社会科学复辟》第3辑,科学出版社1958年版。

② 翦伯赞:《右派在历史学方面的反社会主义活动》,《人民日报》1957年10月4日。

③ 详见胡尚元《史学领域的反右派斗争——以雷海宗为中心的考察》,《安徽大学学报》(哲学社会科学版)第30卷第2期,2006年3月。

作。这种安排，恰好与整风及随后的反右派斗争相适应。

与其他领域一样，史学界的反右派斗争，在言论上采取了对敌斗争的方式。例如将雷海宗定性为"披着史学家外衣的右派分子""披着史学家外衣的老牌右派分子"等等，就是这类言词的反映。这种用在敌人身上的言辞，严重混淆了学术批判与政治斗争的界限。有些批评还引向具有人格攻击性的方面。例如指责陈梦家的《殷墟卜辞综述》大量抄袭郭沫若、唐兰、张政烺以及王国维、丁山，说荣孟源、宋云彬以"剽窃别人的著作为能事"，显然是为攻击而攻击了。

当时一批著名史学家，都参加了对所谓右派分子的批判，积极撰写了批判文章。[①] 今天看来，这些批判文章显然是不当的，但从另一个方面也可看出，它们真实地反映了批判者政治上衷心拥护中国共产党领导、学术上真诚建设马克思主义史学的愿望。因此，对这些批判文章要历史地看待，不能要求批判者对之彻底负责。积极参加反右派斗争的学者，既反对右派言论，也希望史学更加繁荣发展。他们的出发点与目的性，与康生等人是不一样的，所以后来他们也大都受到了冲击或批判，有的甚至被打倒。

当然，许多批判文章把批判对象的学术主张当作其政治上反动的理据，是无法使人信服的。虽然在当时特定的环境下，不存在可以不这样做的条件，但做法本身毕竟是错误的。还应看到，那些被划为右派的史学家，虽情况各有不同，或并非全无可指摘之处，或在实际工作中受了委屈，但从基本面说，政治上并不反党。例如荣孟源，即是坚定的共产主义者。[②] 而像雷海宗那种所谓"史学界最大的右派"，响应党的号召，提出一些过激的意见，一方面确实反映了实际中存在的问题，另一方面也是知识分子偏执自负性格的反映，但归根到底并

---

① 例如吴廷璆：《粉碎历史学界中右派分子的反动谬论》，陈乐素、邱汉生：《驳斥雷海宗的反对马克思主义历史科学的谬论》，杨生茂：《揭露雷海宗反党反社会主义的罪恶阴谋》，魏宏运：《雷海宗发表"世界史分期与上古中古史中的一些问题"一文的政治目的何在》，祝瑞开：《从雷海宗的历史分期论和工具论来看他的反动政治目的》，分见《历史教学》1957年第9、10、11期。

② 关于荣孟源被错划为右派的具体经过，可参看周秋光、黄仁国《刘大年传》，岳麓书社2009年版，第299—302页。

没有政治上要走向"反动"的动机。从知识体系的整体价值取向上看，他们的观点与新社会的学术宗尚不匹配，是客观存在的事实，但问题在于，对他们的学术体系与观点，在正常的社会环境中，应当允许存在，或者通过学术论辩的方式得到澄清。当然，这样的理想状态在当时是难以实现的。

不过，当时批判右派的言论虽然很激烈，一些马克思主义史学家却在大讲激烈言词的同时，依然表现出了令人钦佩的一面。比如1957年9月18日至21日，中国科学院北京区近四千名青年连续四天举行辩论大会，揭批右派分子，郭沫若在21日到会并讲话，他说，反击右派并不是说要把右派分子的身体的存在加以消灭；铲除毒草是要摆事实，讲道理，是挽救右派；"不仅不杀他，而且要救活他"；"特别是年纪轻轻的就成了右派，老实说是可怜的，要把他们救转来。只要他们幡然悔悟，接受社会主义改造，还可以重新作人，还可以回到人民的队伍里面来。""批判他们还是为了治他们的病"。① 在当时的语境下，郭沫若作为中国科学院的院长能说出这些话，确实令人钦佩。

史学界的反右派运动之所以造成很大伤痛，重要原因在于康生的直接插手。康生不仅对史学界的反右派运动发号施令，而且还直接插手对一些史学家的批判。他甚至亲自派人到中国人民大学张贴自己书写的大字报②，亲自点名对雷海宗、向达表示不满③，可谓推波助澜，不遗余力。但是，尽管反右派运动留下了伤痛，但史学界依然由健康力量主导着，学术研究的科学状态依然是学界的主流。这一点从当时史学刊物所刊发文章的基本布局状况可以看出来，从后来所发生的历史主义与阶级观点的讨论中也可以回溯性地反映出来。反右派运动没有让史学界伤筋动骨，真正对史学界造成全局性伤害的，是"文化

---

① 中国科学院团委会编印：《中国科学院北京区青年反右派斗争大会材料选编》，1957年12月印行，第11页。

② 参看耿化敏《何干之传》，中共党史出版社2012年版，第189、192页，

③ 参看刘潞、崔永华编《刘大年存当代学人手札》，中国社会科学院近代史研究所1996年印本，第229页。

大革命"。

二 "史学革命"与"厚今薄古"

反右派运动高潮过后,进入第二个五年计划的头一年,即1958年。从年初开始,毛泽东有意识地在全国发动了"大跃进"运动,"以只争朝夕的急迫心情,想用最快的建设速度,使国家发展起来,兴旺起来,强大起来"①。在这种背景下,史学领域发生了"史学革命"运动。

当时,有人将学术界的反右派运动称作"思想战线上的社会主义革命运动",反映了真实的历史情境。关于新中国成立后史学领域所取得的成绩,有人总结出6条。(1)"经过系统的政治理论学习,经过历次社会改革运动的实践,经过自己的业务的实践,许多历史科学工作者,背叛了原有的阶级立场,转变到无产阶级立场上来,批判了为剥削阶级和帝国主义服务的反动的历史观点,接受了为社会主义革命事业服务的马克思列宁主义的历史观点,这是一个根本性质的变化。"(2)系统地全面地学习苏联历史科学的成果和先进的历史教学经验,如马列主义经典作家的著作,苏联历史学家关于"苏联历史分期问题"和"苏联中亚细亚各民族的历史问题"的讨论和总结,苏联史、苏联诸民族史、世界史、东方各国史的研究成果,以及苏联关于历史科学方面的理论著作。(3)有计划地开展了中国的奴隶制与封建制分期问题、中国资本主义萌芽问题、中国近代史分期问题、封建土地所有制问题以及中国哲学史问题的研究与讨论。(4)系统地整理了中国近代史资料丛刊、中国近代工业史资料、中国近代手工业史资料、中国近代农业史资料等。(5)先后创办了《历史研究》《历史教学》《史学月刊》《史学译丛》《考古学报》《考古通讯》《近代史资料》《文物参考资料》《中学历史教学》《历史教学问题》等刊物。(6)制订了教学计划、教学大纲,编写了大专中小学历史课的讲义讲稿和教科书,根本上改变了历史教学的性质,"即由过去

---

① 中共中央文献研究室编:《毛泽东传》,中央文献出版社2011年版,第1807页。

为剥削阶级和帝国主义服务的历史教学,转变为无产阶级和社会主义革命事业服务的历史教学"。① 这6项总结含义很深,呈现了当时的思想状况与科研状况,说明史学界的基本状态还是着力于在新的社会主义的条件下改换研究形态,促进学术繁荣。

"史学革命"的直接导火索,是陈伯达的一次讲话。

1958年3月10日,在国务院科学规划委员会第5次会议上,陈伯达作了一个题为"厚今薄古、边干边学"的讲话。

陈伯达上来便说,科学界的社会主义革命取得了胜利,"右派在群众中被孤立了,中间的向左转。在学术界中情况很清楚,归根到底,或者是人民的朋友,或者是人民的敌人,中间道路是没有的"。接着,他发问,"现在在工厂、农村里,人人在谈跃进",那么,科学界是不是也应该"跃进"呢? 答案当然是肯定的,问题在于"如何跃进"。

他说,社会科学研究工作"虽然还是落后于革命的实际,但是八年多来成绩还是主要的"。"为了更好地前进,要能够看到我们的缺点",而主要的缺点之一,就是"言必称三代"的烦琐主义学风相当盛。他说:

> 有些人对于当前现实生活中的问题似乎不感兴趣,很少去研究,而对于过去的事情,几千年前的东西,讨论得津津有味。历史是不是需要研究呢? 当然是要研究的,但研究历史的目的是为了充实我们的知识,而归根到底,还是为了有助于解决现实的问题。如果为历史而历史,为三代而三代,那就势必陷进无穷无尽的烦琐的考据、猜测和假想中间。烦琐主义,迷恋古代,这是资产阶级遗留下来的风气。胡适就是如此,闹了一下白话文,就去搞"国故"去了。在全国解放后,有一些资产阶级知识分子想逃避现实,脱离实际,脱离社会生活,把自己藏到"三代"的

---

① 刘绍孟:《迎接伟大的1958年,争取在历史科学战线上获得更大的成绩和胜利》,《史学月刊》1958年第1期。

角落中去，把"三代"当作"象牙之塔"。这当然不是无产阶级的风气，不是马克思主义的风气。

......

我们应该面对现在，厚今薄古，而不是厚古薄今。现实的问题应该是我们研究的主题。从现实的问题出发，对于古代的问题也更好解决了，......有了关于现代问题的科学知识，对于古代的问题就更容易了解了。我们懂得了现代，就会更清楚地知道应该如何去研究古代。这是一个方法问题。

......那种无目的的、烦琐的历史研究应该有个根本的改变，但是历史学家并不会因此而"失业"。对于我国历史的真正的科学研究还是很少；我国的古代历史和现代历史都需要认真研究。......使中国的学术成就大大地高出过去一切历史时代的水平。①

陈伯达当时是主管学术研究工作的党的最高领导，有他的呼吁和倡导，史学界当即将其作为指示予以落实，对"厚今薄古"命题展开了大讨论。"厚今薄古"因此而成为所谓"史学革命"的第一要义。

第二年，针对讨论中出现的问题，陈伯达在 1959 年 5 月的一个座谈会上，再次谈了看法，发布了新的指示。

陈伯达说，在厚今薄古问题讨论中，有人误会了他的意思，以为提倡厚今薄古就是可以对历史遗产、文化遗产采取粗暴的态度，就是不要考古、不要研究古代历史、不要古书校勘与注释等，其实这些不是他的意思。他说，"一定的口号和公式都有一定的局限性"，厚今薄古的口号也无法把他的完整意思表述清楚，产生误会应该由他本人负责。他论述了接受文化遗产的重要性，强调"那种否定人类过去一切有价值成就的想法和做法，都是有害的"。因此，厚今薄古不是不要文化遗产，而是说"我们在学术上、文化上的工作，必须有创造性的活动，敢于打破老传统的束缚"。至于那些旧资料与知识，对

---

① 陈伯达：《厚今薄古，边干边学》，《历史教学》1959 年第 8 期。

待它们的正确态度不应是抛弃，而应是"推陈出新"。

他说："掌握古代的材料，古代的知识，这是一回事；从古代思想的圈子摆脱出来，从资产阶级世界观局限的范围摆脱出来，开拓学术文化的新领域，大踏步地把学术文化推向发展的新阶段，这又是一回事。对于后一件事来说，古代的材料，古代的知识，可以作为启发，作为借鉴。"他强调，马克思主义者"丝毫不反对必要的考证"，相反"倒是认为必须掌握大量的材料，做许多严格的考证。而且，只要有需要，对于某一个字，某一件事，马克思主义者也并不反对给以周到的考证"。但是，对那种"并不能说明什么社会现象或历史事变，而且连他们自己也说不清楚到底有多少用处的考证"，则应当予以抵制。他提出，我们必须在研究世界一切已经达到的伟大成果的基础上，来从事学术文化的革命工作，而决不可搞故步自封、坐井观天的"国粹主义"。他还提出，把古代加以现代化，或者把现代加以古代化，都是不对的。应该"在两条战线上进行斗争：一条战线是反对右的复古主义。这种右的错误倾向是：只要拾古人的余唾，认为凡古皆好，加以膜拜，而否认正当的批判。一条战线是反对'左'的幼稚病。这种'左'的错误倾向是：把批判当作抹杀一切、割断历史的粗暴的简便手法，用现代革命无产阶级的标准去要求和责备古人，把过去的历史看成错误的堆积，而否认对人类文化遗产的继承。马克思主义者在这两条战线上的斗争是正确的，因为马克思主义者总是历史地看待一切，根据各种事物出现的具体历史条件，它们包含的具体历史内容，进行具体的分析"[①]。

单纯从字面上看，陈伯达的上述主张显然非常正确，个别地方甚至是精彩的。就一般原则而言，人们在范文澜、翦伯赞、郭沫若、吴晗等许多史学家笔下，能够读到相同或相似的内容。对此，应当实事求是地予以承认，不应因出自陈伯达之口而讳言。许多史学家真心拥护"厚今薄古"，应当与这一口号的合理内涵具有本质联系。但是在实践层面，陈伯达没有兑现他的美妙讲法，而是对史学造成不少伤

---

①　陈伯达：《批判的继承和新的探索》，《历史教学》1959 年第 8 期。

害。陈伯达口中所言与内心所想是否一致，值得怀疑。

对于陈伯达的号召，史学界给予了积极响应。

1958 年 3 月 13 日，《人民日报》邀请在京的部分哲学社会科学界人士，召开关于哲学社会科学如何跃进的座谈会。翦伯赞、刘大年出席了会议。翦伯赞在会上作了《兴无灭资、发展历史科学》的简短发言。4 月 5 日，翦伯赞主持召开国务院科学规划委员会史学组讨论"历史学大跃进问题"座谈会，侯外庐、翁独健、白寿彝、周一良、尹达、刘导生出席座谈会，并先后发言。中国史学会上海分会于4 月 20 日召开全体会员扩大会议，讨论厚今薄古、边干边学方针。复旦大学、华东师范大学、上海第一师范学院三个历史学系和中科院上海历史研究所，分别汇报了本单位关于厚今薄古、边干边学的争辩情况。此后，上海史学分会连续举行多次座谈会，争辩厚今薄古问题。总之，从 1958 年 3—7 月，以"厚今薄古"为核心，在全国范围内展开了倡导性的讨论，使之成为全国史学界的最大热点。

讨论中的核心问题，是历史学应当"厚今薄古"还是"厚古薄今"，应当怎样理解"厚今薄古"方针。

其实，当时并没有人反对"厚今薄古"的口号或方针。也就是说在思想层面，对于这个方针并没有分歧。而"厚古薄今"也不是一种思想主张或理论见解，而是研究中一种实际存在的状况以及由这种状况而导致的一种倾向。这种状况与倾向主要是由历史原因造成的。由于中国历史源远流长，所以在研究历史的基本队伍构成中，研究古代史的学者占有更多比例。加之作为学科的中国近代史研究形成的时间不长，以及中国人长期存在的好古心理，因之在一般的历史研究者心目中存在着一种潜意识，即研究古代才是学问，研究近现代算不上是学问。这种心理与状况与新中国的学术趋向不相适应。所谓"厚今薄古"与"厚古薄今"之间的争论，其实并不成其为"争论"，而是"理论主张"对"实际状况"的矫正。所谓"讨论"，其实也并不成其为"讨论"，而是对新的研究风尚的倡导与引领。因此，一批真诚的马克思主义史学家纷纷撰写文章，既对陈伯达的主张表态支持，也对"厚今薄古"的主张积极地进行论证、引申与践行。

　　例如翦伯赞说,由于"厚古薄今",就使得史学工作者"看不见当前伟大的历史变革,造成了严重脱离实际的现象,从而使我们的历史学走回了抱残守缺的经院派的旧路"。他重点批评了厚资料、薄理论以及厚专史、薄通史的倾向,认为前者导致史学"走回了寻章摘句的烦琐主义的旧路",而后者则导致史学"走回了支离破碎的考证学的旧路"。他认为这些都是资产阶级思想,必须反掉。为此,他提出十条建议。人们会发现,不管翦伯赞所提的十条建议具有怎样的历史情境,就建议本身来说,都是非常好的意见。

　　例如他建议要坚决地贯彻"百家争鸣"的方针,要恢复史学会的活动,要建立研究与教学交流的制度,要用集体的力量编写高校所用的中国史、亚非史、世界史教科书,要创新讨论高校历史系的专业设置问题等等,显然反映了史学家们的共同心声。特别是他提出为顺利完成民国史的写作任务,建议国家档案局提前整理民国档案;为写作中华人民共和国史,建议成立一个机构专做此事,"并且使这个机构成为常设机构,专管现代史的纪录,先按年编出长编,再写成各种专著"。这两条建议,今日看来,都是有先见之明的。改革开放后,民国史研究与国史研究均成为史学重镇,还成立了专门从事国史研究的"当代中国研究所",编纂出版了大型编年体史书《中华人民共和国史编年》。此外,他还建议重视档案工作和古籍整理工作,积极组织外国史名著和资料的翻译工作,编出各种必要的工具书;做好历史学的情报(即信息采集)工作,加强国际合作与交流。① 上述建议,无疑是真知灼见。揣测翦伯赞的思想动机,应当是试图把"兴无灭资"与"发展历史科学"有机地融合起来,而落脚点则在"发展历史科学上"。在他心目中,这二者是不矛盾的,是完全可以实现融合的。这种思想状态,反映了当时马克思主义史学家们的共同心声,反映了马克思主义史学发展的正确路径。

　　后来,翦伯赞又对历史教学中对"厚今薄古"的两种错误处理方式进行了批评。一种是把厚今薄古理解为多讲近现代史,少讲古代

---

　　① 翦伯赞:《兴无灭资,发展历史科学》,《历史教学》1958 年第 4 期。

史。另一种是把厚今薄古理解为先教现代史，再教近代史，最后才教古代史。

他说："厚今薄古的问题，既不能用过多地压缩古代史的办法来求得解决，也不能用先今后古的办法求得解决。"因为"古今厚薄问题""是史学家对待现实问题的态度在历史学上的反映，是隐蔽在历史学中的史学家的政治倾向性和阶级意识的表现形式，而古今厚薄的分歧则是历史学上两条路线的斗争"。"只要历史学家从自己的头脑中清除了资产阶级反动的历史观点，建立无产阶级的辩证唯物主义和历史唯物主义的世界观，抱着古为今用的目的去研究古代或传授古代史，就并不算厚古薄今。"① 翦伯赞全力支持厚今薄古的原则，并在推动这一原则的运动中表现十分积极。

作为史学界的最高学术代表，在涉及历史研究基本方针的问题上，郭沫若显然得发声。他的观点是通过给北京大学历史系师生回信的方式表达的。这封写于1958年5月16日的信，先在6月10日出版的《光明日报》发表，后在《考古通讯》转载，披露了很重要的信息，也提出了一些特点很鲜明的观点。郭沫若写道：

> "厚今薄古"本来并不是伯达同志个人的意见，毛主席早就提出过要我们重视近百年史的研究。今年2月，在一次最高国务会议上，主席提出了一位朋友批评共产党的16个字"好大喜功，急功近利，轻视过去，迷信将来"，加以指正，说共产党正是这样，正是好社会主义之大，急社会主义之功，正是"轻视过去，迷信将来"。这"轻视过去，迷信将来"就是所谓"厚今薄古"。不仅历史研究应该以这为方针，任何研究、任何事业都应该以这为方针。
>
> 事实上这就是马克思列宁主义的精髓，一切都当从发展上来看问题。历史是发展，不是倒退。尽管旧时代的发展是不自觉的，统治阶级甚至还有意以"厚古薄今"来钳制思想，然而一

---

① 翦伯赞：《目前历史教学中的几个问题》，《北京大学学报》1959年第2期。

切事物的发展仍然今进于古。无论怎么说，铁器时代进于铜器时代，铜器时代进于石器时代，或者是近代进于封建时代，封建时代进于奴隶制时代。今天是自觉发展的时代了，我们正应该标榜"厚今薄古"来打破迷信，解放思想，形成发展上的大跃进。

　　当然"厚今薄古"也并不是说只要今，不要古，或者是把所有古代的遗产都抛弃，并不是那样。这两者是对待着说的，对于今是要得多些，对于古是要得少些。……假使没有"厚今薄古"的精神，那就只能是古人的俘虏，古文物的俘虏，一群老古董书呆子，既无补于实用，也说不上什么学问。两千多年来，中国的旧学界是沉浸在崇古的空气中的，言必称唐虞三代、尧舜禹汤文武周公孔子，请问竟出了多少了不起的人才？"厚古薄今"的方向是应该老早转换了。①

　　郭沫若在信中还说了一些话，引起议论。比如他说："今天我们的知识比古人丰富得多，就是三岁的小孩子所知道的东西，在某些方面，也远远超过了孔夫子和孟夫子。例如，今天的三岁小孩子都知道有第三个苏联的人造卫星，古时的圣贤就根本连做梦也没有想到。"举这样的例子，不够严谨。在讲到掌握资料的重要性时，他说："我们在不太长的时期内，就在资料占有上也要超过陈寅恪。这话我就当到陈寅恪的面也可以说。""陈寅恪办得到的，我们掌握了马列主义的人为什么还办不到？我才不相信。"这段话客观上给陈寅恪作了宣传，许多人将其作为谈资，效果并不好。总体上看，郭沫若的基调还是非常通达的，分寸感把握得妥当，基本意思是正确的。

　　在厚今薄古问题上，郭沫若与范文澜都写了文章，而且均受到陈伯达表扬。一般讲，人们把郭、范二人视为中国马克思主义史学的双璧。范文澜坚决支持学术大跃进，他发表了四点看法：（1）厚今薄古是中国史学的传统；（2）厚古薄今是资产阶级学风；（3）厚今薄

---

① 郭沫若：《关于厚今薄古问题——答北京大学历史学系师生的一封信》，《考古通讯》1958 年第 7 期。

古与厚古薄今是两条路线的斗争；（4）开展百家争鸣，史学界领导干部要种试验田。① 他在解读"厚今薄古"方针时，提出两个很有个性的意见。一是他认为研究古代史容易，"越往上越容易"，而研究近现代史，则难度大得多。理由是，近代的阶级关系、阶级斗争与民族斗争，比古代要复杂得多；近现代史的资料，一方面数量十分巨大，另一方面有用的却可能找不到；研究近现代史必须参考外国的资料；在近现代史上，少数民族的要素要更多地考虑。二是他主张"留少数人去做古史研究工作，这叫做薄古"。他认为，古史研究的成败关键在于方法，不在于人数。② 这两条意见，用心是好的，但容可商榷。

吕振羽也发表文章，呼吁历史学也来一个大跃进，"对一切反马克思主义假马克思主义的历史观点进行无情的揭发和批判"。③ 他表示自己虽然在患病，但要依据厚今薄古的方针，对所著《简明中国通史》"从观点到材料作一次检查"。④

作为马列五老之一，侯外庐同样就"厚今薄古"问题发表了意见。他认为，厚今薄古对于古史研究具有指导意义，而"厚古薄今""研古忘今"是反动统治阶级乐于提倡的愚民政策，"引古射今""颂古非今"则是他们歪曲历史并利用历史的糟粕为自己利益服务的一种障眼法。⑤

刘大年是新中国马克思主义史学的重要代表之一，也是史学理论家，新中国成立后一直在史学领域担任重要领导职务。他提出要真正把"厚今薄古"落到实处，就需要着重研究中国近代现代历史，特别是着重研究"五四"运动以后的历史、中华人民共和国的历史。据他讲，1957 年全国高校从事现代史与革命史教学的教师，已经有

---

① 范文澜：《历史研究必须厚今薄古》，《历史教学》1958 年第 6 期。
② 范文澜：《风气与条件》，《历史研究》1958 年第 5 期。
③ 吕振羽：《必须有一个史学战线上的大跃进》，《历史教学》1958 年第 4 期。
④ 吕振羽：《坚决贯彻"厚今薄古"的方针》，《历史研究》1958 年第 5 期。
⑤ 侯外庐：《古史领域中"厚今薄古"方针的斗争意义》，《历史研究》1958 年第 5 期。

1400 人，加上其他方面的人，总数应该超过万人。"和搞古代史的人数相比，有过之而无不及。"但近现代史的文章还很少。刊载现代史文章最多的刊物《历史教学》，所刊登的文章只占全部文章总数的 25%，而《历史研究》只占 10.8%，"《文史哲》上则没有一篇现代史的文章"。他对这种现象表示不满。他还提出："目前学术研究中自由辩论的空气还不浓厚，需要提倡各种不同意见的讨论，要鼓励敢于发表意见、敢于大胆创造、大胆批判的勇气。"他提出"五四"以后历史需要研究的 15 个课题与方面，供学界参考，说明他对这个问题已经有系统性的思考。①

陈垣是一贯从事实证性研究的史学大师，而且研究重点在古代史领域。他提出，厚今薄古作为研究方针，无论对研究古史还是研究"今史"的人来说，都是适用的。"研究今史要为今人服务，研究古史也要为今人服务，也就是说都要为社会主义服务，为无产阶级服务。"在研究力量的分配上，他呼吁用更大的力量来研究近现代史。他说，古代史的时间虽然长，但"真正内容最丰富的历史还是现在"，中国的近现代史"是几千年以来，中国历史上最灿烂的一页"。②

周予同也是一位著名史学家，尤其以经学史研究见长，新中国成立后在上海任教，有一定的影响力。他着重批评了认为"古代史学术性强、近代现代史政治性强、学术性不强"以及"研究近代现代史容易犯错误""研究近代现代史没有资料"的观点，同时提出"厚今薄古"不等于"厚今废古"，表示"没有马克思主义的思想指导，历史的研究是不能称为历史科学的"。③

一般来说，作为历史研究的基本原则或方法，"厚今薄古"的命题是完全成立的。尽管当时赋予这个命题许多不适当的成分，但作为基本内核，不可否认"厚今薄古"是一种具有科学性的命题。

---

① 刘大年：《需要着重研究"五四"运动以后的历史》，《历史研究》1958 年第 5 期。

② 陈垣：《厚今薄古是今日史学界必需走的道路》，《历史研究》1958 年第 5 期。

③ 周予同：《"厚今薄古"与历史科学大跃进》，《学术月刊》1958 年第 5 期。

不过，这个命题在当时确实具有特定的时代内涵，需要具体分析，不能仅仅一般性地从学术原理的角度予以论断。它的直接目的，是作为"史学大跃进"的手段与途径提出来的。而历史学作为一门学问，虽然通过"大跃进"的方式也能得到一定程度提升，但它毕竟不能简单地等同于直接物质资料生产以及社会领域的"大跃进"。不能看到工业、农业领域的大跃进，就简单地得出结论说学术研究也要相应地搞大跃进。即使工业、农业领域的大跃进，也不能在违背基本经济规律的条件下进行，不然只能造成生产力的极大浪费。所谓"反冒进"，就是在这种背景下提出来的。社会科学有其自身的规律。它基本上靠长期的积累成长起来。如果不对社会科学的内在规律进行深刻把握，贸然提出"大跃进"，以为"跃进"一下学术就可以大变革、大进步了，那显然不科学。当然，在大变革的时代，人们追求快速进步的心情是可以理解的，但毕竟有违科学发展的基本规律。这一点，在当时并没有人提出来，也不可能会有人提出来。

在"厚今薄古"方针指导下，"史学革命"运动很快在大学等科研单位开展起来。"厚今薄古"由著名史学家们的舆论响应、理论阐述，转化为高校等科研院所的实际行动，特别是高校学生，被发动起来了。

"史学革命"的批判对象，主要是四项："厚古薄今，只专不红；史料重于泰山，理论轻如鸿毛；把帝王将相描绘为历史主人，对劳动人民创造历史的功绩轻轻抹杀；对烦琐考据津津乐道，把马列主义放在一边。"针对这些问题，采取的办法是"破"，即发动学生给老师写大字报，或提意见，或作揭露，或现身说法，或深刻批判。当时人民出版社曾经把北京大学、北京师范大学、南开大学、山东大学、中山大学、西北大学、四川大学、东北师范大学（当时改名为吉林师范大学）、华东师范大学九所大学历史专业学生（也有少数教师）所写的大字报以及画的漫画挑选出来，汇集成两本书出版，从而为后人留下一份宝贵资料。①

　　但是，光有"破"不行，还需要"立"。于是，史学革命又与"拔白旗，插红旗"运动相结合，同时在学术界开展起来。

　　"插红旗"或"插白旗"的用语最早来自毛泽东1958年5月8日下午在八大二次会议上的讲话，在运动中被转化为"插红旗、拔白旗"口号。它是一场全国性的运动，但文化教育领域是重点。② 所谓拔白旗，就是拔资产阶级的白旗。那些被划为右派的史学家的言论，当然属于"白旗"，而并没有划为右派的许多学者的思想，也因为其"资产阶级性"而遭"拔"。"拔"也是"破"，基本方式依然是思想批判。所以在全国范围内，展开了具有针对性的对资产阶级学术思想的批判。许多学术单位都召开了规模不等的批判会。甚至在中国科学院1958年10月召开的全国建筑历史学术讨论会上，也提出要插红旗、拔白旗，批判复古主义、形式主义等等，梁思成等人还作了检查。③ 特别是著名高校，因为盘踞着许多雷海宗那样的学者，因而批判活动进行得更加热烈。其中最典型的高校，即上面所提到的九所。批判内容除上面所列四项外，还有趣味主义、阶级调和论，等等。

　　史学革命中另一项内容是批判资产阶级客观主义。当时人们普遍认为：历史科学是有党性的，它所担负的任务是培养青年一代的"革命人生观"和"科学世界观"。资产阶级客观主义必须予以根除。

　　所谓"插红旗"，就是插无产阶级的红旗，也就是在历史研究与教学中"立"起新的样式。其中要义之一，就是批判和打破"王朝体系"，打倒帝王将相，建立"人民史体系"。

　　所谓"王朝体系"，或称"资产阶级王朝史体系"，据当时的理

---

　　① 人民出版社编辑部编：《历史科学中两条道路的斗争》，人民出版社1958年版；《历史科学中两条道路的斗争（续辑）》，人民出版社1959年版。书中未收复旦大学，不知何故。

　　② 参看王军《"插红旗、拔白旗"运动始末及评价》，《党史研究与教学》2002年第5期。

　　③ 《插红旗，拔白旗——全国建筑历史学术讨论会展开对资产阶级学术思想的批判》，《建筑学报》1958年第11期。

解，认为它有两个特点，一是以帝王将相的统治活动和内部升降作为划分时代的标志，按照王朝的兴灭、治乱、分合来进行历史分期；二是把一个新王朝的突起，看作是历史上一个新时代的起点，一个王朝就是一个或大或小的时代，就是教科书中的一个单元或一个章节。这种体系以帝王将相为中心，以统治阶级内部矛盾为纲，厚古薄今，繁琐考证。与"王朝体系"对立的是"人民史体系"，是"战斗的马克思主义的历史科学"所主张的体系，其基本特点是：以毛泽东思想挂帅，以劳动人民为主体，以阶级斗争为线索，厚今薄古。两种体系矛盾的核心，在于指认"谁是时代的中心"。[1] 因为王朝史体系架构下的历史书写模式只突出少数统治者的作用，掩盖了人民群众在历史上的功绩；它是统治阶级历史的内容和形式的统一，不能容纳人民史的内容，所以要写以人民为主体的历史，其基本线索是阶级斗争。

这样的想法和做法在理论上不能说完全没有合理性，在实践中也并非全无可行性，但在总体上，却弊大于利。

比如吴晗就强烈批评说，一些历史书因为要取消封建王朝体系，以致在书上连朝代、年号、帝皇的庙号都不见了，一律代之以大家所熟知的公元。结果是有的大学毕业生居然分不清历史上朝代的先后，甚至不知道乾隆是谁。他认为，封建王朝的存在是客观实际，"谁也没有权力把它去掉"。他主张在朝代、年号、庙号之后加注公元，这样才全面。[2] 翦伯赞也表达过类似的意见。后来，戚本禹等人在批判他时说："革命史学工作者提出要打破以帝王将相为中心的地主资产阶级的史学体系，建立以劳动人民为主体的新史学体系。这件事可触怒了翦伯赞，他暴跳如雷，拼命叫喊旧的史学体系是打不破的，胡说什么帝王将相是历史运动的发动者和组织者，地主阶级关心农民，对农民实行'让步政策'。"[3] 完全歪曲、丑化了翦伯赞的原意。

---

① 参看历史系中国古代史教研组中国古代史讲义编写小组《我们在编写〈中国古代史讲义〉中贯彻阶级斗争红线的一点体会》，《中山大学学报》1960 年第 4 期。

② 吴晗：《历史教材和历史研究中的几个问题》，《人民教育》1961 年第 9 期。

③ 戚本禹、林杰、阎长贵：《反共知识分子翦伯赞的真面目》，《红旗》1966 年第 15 期。

　　关于王朝体系，在 1961 年曾有过理论探讨。当时，周谷城提出，研究历史并不一定要以朝代为中心，但朝代为阶级斗争的一方，为了把阶级斗争讲得很明白，非研究朝代不可。"若抛开朝代，则只剩斗争的一方，斗争过程可能讲不明白；无形之中可能缓和了斗争的顽烈程度，或降低了人民斗争的意义、价值及精神。"这似乎是以阶级分析的思想去抵制阶级分析的具体做法。他还说，朝代的存在，不妨碍新体史书的编写；对祖国文化遗产的保存和整理，"且有赖于朝代的前后分明"①。束世澂说："1958 年教育改革的一段时期，青年同志很勇敢地打破旧框框，打破王朝体系，确有一定的成绩；他们所提出的新体系，以农民战争为骨干，看起来是对的。但又出现另一偏向：在章节的提纲上，用朝代的地方极少，代之以公元；除了农民起义的领袖以外，历史上的个人名字都不见了；划阶段的地方，都用农民起义，这是打破了王朝体系基本上代之以农民战争的体系，在当时我们也觉得耳目一新，是好的。后来才逐步感到这种体系还是值得考虑的。"他提出，为了创立历史新体系与求通，"凡是有利于求通的都可用，不限于一格。不能见到用了王朝名称就斥为落后。事实上，无论采用什么体系，在叙述过去历史时，总离不开王朝，离不开秦始皇、汉武帝；称公元、称嬴政、刘彻，并无益于求通，反嫌生硬；反过来说，用了王朝、皇帝，不见得就是皇权主义。"② 金兆梓说："近年来史学界因惩于前人过分夸大了帝王在历史上所起的作用，于是有意识地对帝王的存在企图一概予以否定。这似乎有点惩羹吹齑。"他认为王朝的名义不必废也不可废。③ 周春元提出，要把王朝和王朝体系两个概念区别开来；对于王朝体系既不要全部否定、一笔抹杀，也不能全盘接受，而是坚持历史主义精神，实事求是地慎重处理。"王朝既不是什么体系，只是一种序号，就用不着打破了。"④ 后世称道较多的，是 1961 年 5 月 30 日范文澜在纪念太平天国革命 110 周年学

———————

① 周谷城：《略论朝代在历史研究中的地位》，《学术月刊》1961 年第 8 期。
② 束世澂：《王朝体系问题》，《学术月刊》1961 年第 8 期。
③ 金兆梓：《论王朝的名义不必废也不可废》，《学术月刊》1961 年第 8 期。
④ 周春元：《关于打破王朝体系问题》，《学术月刊》1961 年第 11 期。

术讨论会上讲《论皇朝体系和帝皇将相》，说打破王朝体系"这种论调好像是很革命的，实际上是主观主义的。阶级社会是由互相对立着的统治阶级和被统治阶级构成的。打破王朝体系，抹杀帝王将相，只讲人民群众的活动，结果一部中国历史就只剩下农民战争，整个历史被取消了"[①]。显然，打破王朝体系，大家意见一致；是否完全彻底打破，存在分歧。倾向性的意见是，要打破，但不能彻底打破。

对那些来自非马克思主义史学阵营的学者来说，"史学革命"的触动非常大。中山大学著名史学教授刘节就说："我研究学问的路线一向是走资产阶级的白专道路，为兴趣而研究学问。因此有人说我引诱学术钻故纸堆，脱离政治。我以前听了这番话之后，真是又生气，又好笑！现在看起来也真有点道理，因为客观的效果是如此，虽然我没有存心想引诱什么人。我以前脱离政治是脱离资产阶级的政治，倒无可厚非；现在，脱离无产阶级的政治，就是不应该的了。但我自己还认为我一向习惯如此，从来不愿意在惊涛骇浪中浑水摸鱼。我没有认识到现在再来宣传脱离政治，就会变成直接反对无产阶级政治，不肯为无产阶级政治服务。它的危害性之大，非同往日可比。"他表示，自己要"采用马列主义的讲法，而且要站稳立场，加以深邃而灵活的运用"[②]。显然，对刘节这样的学者来说，一方面确实在改变，另一方面也存有不平之气。这种状态与心态，大概是那时非马克思主义史学家们的常情。

"史学革命"从提出到开展，再到 20 世纪 60 年代重新开展，大约持续十多年。它对于改变史学家们的治史观念、治学样式、精神状态，起到了非常大的作用。"史学革命"之后，史学家们的思维方式与言语方式，明显地改变了。由于它在实际中的一些不恰当与错误的做法，史学界一般认为，这场运动对中国马克思主义史学实际上起了损害作用。

---

① 《纪念太平天国革命110周年·首都史学界讨论六篇学术报告·范文澜发言说历史研究必须坚持严格的历史主义》，《人民日报》1961 年 5 月 31 日。
② 刘节：《自我批判和答辩》，《理论与实践》1959 年第 7 期。

三 批判"史学修正主义"

"史学革命"之后，史学界开展了对"修正主义"的批判。这场批判发生于党内对所谓"修正主义"斗争以及思想文化领域过火批判之前，有史学界的特定含义，主要是批判马克思主义史学家尚钺的某些史学思想与某些历史观点。

据悉，在全国开展"轰轰烈烈"的"批判修正主义"的政治运动，是在康生直接策划下，于 1960 年正式开始的。① 但是，批判尚钺并将其某些观点指为修正主义观点，在此前就发生了。集中性的批判，是在 1960 年。

尚钺是著名的马克思主义史学家。将他指为"修正主义"，即与他马克思主义史学家的身份相关。新中国成立后，他在红色大学中国人民大学任历史教研室副主任、主任。20 世纪 50 年代，编写了《中国通史讲义》，主编出版《中国历史纲要》②。尚钺积极参加资本主义萌芽、历史人物评价等问题的讨论，发表了诸多重要文章。在古史分期问题上，他是魏晋封建说的重要代表。③ 有学者经过细致的学术梳理提出：在"魏晋封建说"的形成与发展过程中，出现了三位里程碑式的人物，即尚钺、王仲荦、何兹全。尚钺对"魏晋封建说"具有开创之功，王仲荦则有开拓之功，何兹全有集大成之劳。④ 这一评价，依据是充分的。尚钺公开演讲时会指名道姓地批评同行。这在20 世纪 50 年代，并不新鲜。那时的史学界，古直之风还很流行。

1956 年 4 月，尚钺出版个人文集《中国资本主义关系发生及演变的初步研究》，共收入尚钺撰写的《中国资本主义生产因素的萌芽

---

① 周秋光、黄仁国：《刘大年传》，第 311 页。

② 按《中国历史纲要》由人民出版社于 1954 年出版。该书发行后，广受欢迎，但也被读者挑出诸多具体问题。参看贵阳师范学院历史系《对尚钺主编"中国历史纲要"的一些意见》，《历史研究》1956 年第 3 期。

③ 参看王思治、韩大成《尚钺同志的治学精神和主要学术观点》，《历史教学》1982年第 5 期。

④ 牛润珍：《尚钺先生与"魏晋封建说"》，《淮北煤炭师范学院学报》（哲学社会科学版）第 24 卷第 1 期，2003 年 2 月。

及其增长》《清代前期中国社会的停滞、变化和发展》《明末清初学术思想的发展及其演变》三篇论文。在集子前面，他写道："在今日说，除了极少数顽固分子以外，绝大多数的历史学家没有不是愿意站到为社会主义建设服务的立场上的。这种情形是非常有利于历史科学的建立和发展的。"这是尚钺的一个重要主张，表明了他对新中国史学生态的基本认识。他在严厉批判陶希圣、李立中、王志瑞等"文化流氓们"的商业资本主义主张之后，提出"明清时代，中国社会内部，由于商品经济的发展，已在孕育着资本主义的萌芽。因此，中国社会即使没有外国资本主义的影响，也会缓慢地走上资本主义社会"。①

  1957年3月，上海人民出版社出版该文集的姊妹篇《明清社会经济形态的研究》一书。该书是"中国人民大学中国历史教研室汇集之一"，由中国人民大学中国历史教研室编，收录该研究室1955年毕业生韩大成、王方中、黄佩瑾、李之琴四人的论文，尚钺为这本论文集写了《序言》。在《序言》中，尚钺表明他们的意图："根据毛泽东同志的指示，中国封建社会内部，由于商品经济的发展，在1840年以前，早已孕育着资本主义萌芽，就是没有外国资本主义的影响，中国社会也能缓慢地发展到资本主义社会。同时，毛泽东同志又指示：中国人民旧民主主义革命开始于鸦片战争实行反对外国资本主义侵略和封建势力压迫的斗争。但是作为资产阶级性革命的物质基础的，首先是发展中的资本主义经济因素反对腐朽封建制度的阻碍——这一经济解放的要求，是毫无问题的。因此不阐明1840年以前封建社会胞胎内部孕育的资本主义萌芽的发生、发展和演进的过程，及其到1840年以前所达到的水平，就不可能了解1840年的鸦片战争中，东南沿海一带中国人民自发的反侵略斗争之成为资产阶级性的民主的和民族的旧民主主义革命开始的历史原因和物质基础。"尚

---

① 尚钺：《中国资本主义关系发生及演变的初步研究》，生活·读书·新知三联书店1956年版，《作者的话》，第2、5页。

钺说，他们的研究结果表明："毛泽东同志的指示完全准确。"①

既然如此，尚钺为什么还会被批判呢？按当时批判方的讲法，主要是由于尚钺提出了四大观点：

> （1）否定当前历史科学领域内的阶级斗争，否定两条道路的斗争；（2）认为无产阶级思想与资产阶级思想在学术领域内应该长期并存，"共同提高"；（3）在反对教条主义的外衣下，恶毒地反对党对历史科学的领导，反对马克思主义；（4）主张唐代已经有了资本主义萌芽，明清之际中国社会起了本质的变化，是中国近代的开端。②

还有人总结出尚钺的五大修正主义观点：（1）宣扬学术领域内的阶级斗争"熄灭论"；（2）主张意识形态上的阶级斗争应该"调和"；（3）从资产阶级立场出发，曲解党的"百家争鸣"政策，把党的阶级政策变质为资产阶级自由化政策；（4）在关于中国历史发展的基本观点上，与马克思主义和毛泽东思想直接对立，把毛主席对中国历史的正确分析污蔑为"被暂时认为是真理"的"旧的传统史学体系"；（5）在研究方法上，主张"历史比较法"，亦即按照西方社会历史的样子改造中国历史，是不折不扣的资产阶级"西欧中心论"的复制品。③这五条全部来自批判尚钺的文章，而非尚钺本人的论著。

与范文澜一起工作的刘大年着重批评了上述所谓修正主义观点中的第 4 点。他认为，尚钺完全否定了马克思主义经典以及中国马克思主义史学对中国历史所作的几个最重要的论断，例如中国封建社会具有长期性、19 世纪中叶的中国仍然是小农业与家庭手工业相结合的社会经济结构、鸦片战争是中国近代历史的起点等，这些论断本来已

---

① 尚钺：《"明清社会经济形态的研究"一书序言》，《历史研究》编辑部编：《尚钺批判》（第 1 辑），1960 年 3 月内部印本，第 80—81 页。

② 《历史研究》编辑部编：《尚钺批判》（第 1 辑），《编辑说明》。

③ 《关于史学界批判尚钺修正主义观点的报导》，《史学月刊》1960 年第 5 期。

成定论，却遭到了尚钺的否定。刘大年认为，这个问题非常严重，"因为它直接涉及马克思主义关于中国历史的若干基本问题的论断，涉及中国革命斗争的一些重要问题"。

尚钺明确说："不拘从社会经济的发展上，或从上层建筑的意识形态发展线索上，以及从中国社会内部的主要矛盾和主要矛盾方面的继续和发展上，以 1840 年外国侵入的时间划一个分界线，都是不很妥当的，而且有着斩断历史发展线索的毛病。"① 刘大年认为，尽管这段话讲得有些含糊，但否定以"鸦片战争"作为中国近代史开端的意思还是清楚的，所以，刘大年说尚钺推翻了马克思主义关于中国历史的根本观点。

那么，"推翻"之后，尚钺自己的观点又是什么呢？刘大年解读认为，尚钺是主张明清之际开始了中国从封建制度到资本主义制度的变化，明末清初是近代历史事变的关键，是中国近代历史的起点。因此，尚钺大大提前和"创造"了中国资本主义的历史。刘大年认为，尚钺所建构的这套中国历史体系的新奇讲法，以资本主义为线索和主导，实际上与民国时期中国社会史大论战中马克思主义阵营的对立方走到了一起。②

刘大年的文章并没有过多地向政治上引申，基本立足于揭示尚钺观点中所蕴含的他认为不正确的意蕴，但署名"麦农"的文章就不同了。这篇文章把尚钺的几篇文章结合起来进行批评，直接认为尚钺的文章客观上是反对毛泽东的，而且反对的都是毛泽东对中国古代封建社会和近代半殖民地半封建社会最基本最重要的科学论断，也就是"我们党制定中国革命的纲领和路线的依据"。文章认为，依照尚钺所谓中国古代封建社会开始于魏晋、雍正年间资产阶级和无产阶级已在形成中、中国近代社会开始于明末清初的逻辑，必然会引申出下面的结论：

---

① 《尚钺批判》（第 1 辑），第 83 页。

② 刘大年：《关于尚钺同志为"明清社会经济形态的研究"一书所写的序言》，《历史研究》1958 年第 1 期。

（1）反封建早已不是中国革命第一阶段的基本任务之一了。因为明末中国封建社会已起着本质变化，资本主义已占优势。即使要反封建，也不过是改变封建的政治机构，无须消灭封建阶级和封建剥削制度。

（2）农民问题不是中国革命的主要问题，农民不是中国革命的主要动力。因为地主已"主张与农民平等"，而农民已成了农业工人，因此农民和地主阶级的矛盾实际上已不存在了。①

这样的批评，显然出乎尚钺意料，因为在他心目中，自己一直是真诚地带头以马克思主义为历史教学与研究的指导原则的。

1959年8月10日，尚钺在《光明日报》发表《踏实钻研与坚持真理》一文，提出这样一些看法：

现在在我国历史科学领域，是否还有两条道路斗争的残余存在，即资产阶级思想体系与无产阶级思想体系斗争的残存呢？我想，还是一个值得研究的问题。如果还有这种斗争残余存在，仅仅是学术问题的争论，那只是人民内部矛盾问题，非有长期冷静的钻研，进行深入而细致的研究、批评与论辩，是不能彻底消除的。……

不管是属于人民内部矛盾因思想体系的不同在学术思想上的反映，或是属于马克思主义思想体系内部因见解的差异在学术思想上的反映，大家的目的都是为着追求真理。既然都是为着追求真理，而又因或是思想体系不同，或仅是见解和方法的差异，就必然要展开批评和争论，以求取大家在学术水平共同提高一步的基础上来获得解决。②

尚钺上述意见被指为"典型的修正主义"，因为这些话的实质，

---

① 麦农：《批判尚钺同志的错误学术观点》，《尚钺批判》（第1辑），第33页。
② 尚钺：《踏实钻研与坚持真理》，《尚钺批判》（第1辑），第200—201页。

据说是主张资产阶级思想体系和无产阶级思想体系"互相商讨""逐步接近起来",并且"逐步接近于真理",因此是为了否定意识形态方面两条道路的斗争,否定资产阶级思想体系与无产阶级思想体系的原则区别。①

1959 年 11 月 1 日,尚钺又在《文汇报》发表文章,表示"必须把无产阶级世界观反对资产阶级世界观的两条道路的斗争进行到底",但在文章中间又写了这样一段话:

> 我们的学术批评和论辩,不拘是正面或反面的意见,都是为着建立社会主义的历史科学,都是为着使历史科学更有力地为社会主义建设和社会主义革命服务的。所以,我们争论双方或多方,都是为着宣扬马克思列宁主义的真理,从而,违反马克思列宁主义的偏见和幻想,就必然日益使人感觉着是旧时代的或资产阶级的思想的暴露,而不见容于现实社会主义的社会生活了。②

尚钺这段话被指为"没有放弃他的老观点"。黎澍写道:"尚钺同志所醉心的那种百家争鸣始终是一个资产阶级自由主义学者的俱乐部。这也是事理之常。因为尚钺同志本人既是一个反马克思主义的私人科学的制造者,他就必然会要利用百家争鸣来扩大自己的市场。不过,我们要告诉尚钺同志,这个事情办不到。""尚钺同志借口百家争鸣而取消思想斗争,这正是一种资产阶级自由主义的观点,这种观点本身就是一个生动的事实,说明在学术界不但不应当放弃而且应当加强反对资产阶级思想的斗争。"③

早在 1956 年,黎澍就曾对尚钺、杨则俊、张正明、吴晗、侯外庐在中国资本主义萌芽问题上的基本观点予以批评,认为他们对明朝资本主义因素的估价过高,是"把明朝的中国历史近代化"了。④ 他

---

① 麦农:《批判尚钺同志的错误学术观点》,《尚钺批判》(第 1 辑),第 39 页。
② 尚钺:《中国史学工作应如何跃进》,《尚钺批判》(第 1 辑),第 216 页。
③ 黎澍:《百家争鸣和思想斗争》,《尚钺批判》(第 1 辑),第 66 页。
④ 黎澍:《关于中国资本主义萌芽问题的考察》,《历史研究》1956 年第 4 期。

的批评，完全是学术性的。1958 年，黎澍发表纪念马克思诞辰 140 周年的文章，结合当时社会主义阵营对南斯拉夫共产主义者联盟纲领的批判，着重对国际共运史上的修正主义进行了批判，指出莫斯科会议宣言关于目前共产主义运动的主要危险是修正主义的判断完全正确。黎澍说："一切修正主义的共同特点是以反对教条主义和发展马克思主义为名，对马克思主义的根本原则进行资产阶级的篡改，企图使无产阶级运动从反对资产阶级的革命的道路走向同资产阶级妥协的道路。"他说："我们将毫不迟疑地担负起我们的任务，向修正主义进行坚决的斗争。"① 黎澍的文章为后人理解国内批判修正主义的缘起，提供了国际共产主义运动的背景。1959 年，黎澍再次发文，与刘大年一样，集中批评尚钺为《明清社会经济形态的研究》一书所写的《序言》，但集中于中国近代史起点的问题上。

他说："尚钺同志把中国的近代的开始提前三百年的主张的真正目的就是要改变最初为马克思所指出而后来为毛泽东同志所验证过的关于中国社会经济的基本结构是小农业和家庭手工业的结合的看法，以及中国马克思主义者根据这个看法而产生的认为中国封建社会具有长期性的理解。这不只是一个简单的学术问题，而是涉及中国共产党过去对于中国社会性质和革命性质的认识是否正确的原则问题。"② 这一批评，与刘大年完全一致。

对黎澍的批评，尚钺作了系统性的公开回应。他反批评黎澍"无视大量正面史实、否定许多史学家的研究成果和忽略经典著作大师们的原理和方法，而仅从撷拾个别中世纪习俗残余的冷僻材料，又在'不求甚解'的基础上所'创造'"。③

此时（1960 年 2 月），黎澍进一步从理论上指责尚钺从"私人科学制造者"的身份出发，把马克思列宁主义的史学体系指为"旧的

① 黎澍：《发扬马克思的伟大独创精神，坚决反对修正主义——纪念马克思诞生 140 周年》，《哲学研究》1958 年第 3 期。
② 黎澍：《中国的近代始于何时？》，《历史研究》1959 年第 3 期。
③ 尚钺：《有关中国资本主义萌芽问题的二三事》，《尚钺批判》（第 1 辑），第 169 页。

传统史学体系"，"致力于反对马克思、恩格斯、列宁和毛泽东同志对于中国历史的各个最基本的观点"，构筑了一个"与毛泽东同志的马克思列宁主义的中国历史体系相敌对的体系"。"这个体系的一个最根本的谬误就在它要求完全按照西方社会历史的样子来改造中国历史"。① 黎澍这些断语，基本上是建立在深文周纳的基础上的。其实，尚钺无非是对前近代的中国资本主义要素作了若干探讨，试图说明毛泽东所论述过的中国本来也可以自行走上资本主义道路的论断。将尚钺的探讨说成是直接反毛泽东，不符合事实。

王思治与李文海在合写的文章中，着重批评了尚钺在中国古代史分期与中国资本主义萌芽两大问题上的观点，认为尚钺在中国古代史研究中把"生产工具"当作决定社会性质的最终力量，从而与马克思主义所主张的生产方式决定论相对立，因而"是一种见物不见人、根本否定劳动人民创造历史的错误观点"。此外，尚钺提出司马迁的时代已提出"素朴唯物史观"，是抹杀马克思主义出现的革命作用和马克思主义所具有的鲜明党性。在资本主义萌芽问题上，尚钺把商品生产与资本主义萌芽混为一谈，把任何一种商品生产都看成是资本主义生产，同时又把任何一种雇佣关系都说成是资本主义剥削关系。尚钺还把原始积累过程描写为农民"自愿"的"愉快"的选择较轻的剥削关系的过程，乃是"公开为资本主义唱赞歌"。尚钺还认为阶级社会的变革，不通过爆破，逐渐发展积累也可以完成，"与现代修正主义者所谓资本主义社会可以经由国家资本主义而和平进入社会主义的谬论是完全一致的"。尚钺美化地主阶级，抹杀阶级对抗，"对中国历史作出了许多错误的反马克思主义的武断"。"必须批判尚钺同志的修正主义观点，清除他在史学界散布的恶劣影响。"②

回头看，尚钺的论述确实有不够严谨和周密的地方。用他当年自己的话说，就是在"精练准确的概括"上做得不周延，"造成概念上

---

① 黎澍：《是马克思列宁主义还是私人科学》，《尚钺批判》（第1辑），第74页。

② 王思治、李文海：《批判尚钺同志在历史研究中的修正主义观点》，《尚钺批判》（第1辑），第43—59页。

有些模糊的错误"。比如他对"社会性质"概念的使用，就有轻率之嫌。对此，他原本也有警觉。所以他说，探讨明清之际社会性质问题时，"社会性质"容易让人误认为他们"主张明代中国社会已是资本主义社会"，但其实"不是的，我们肯定明清之际中国社会仍然是封建社会。而封建社会内部，也有它发展的不同阶段。我们所以这样提，不过是认为明清之际的中国封建社会，已经是在开始变化的封建社会，而社会的变化，从量变到质变还有很长一个过程"①。他所谓"明清之际的封建社会的性质在起着变化"，强调的是"变化"，表示"量变"开始的意思，这与黎澍等人所理解的"明末清初中国封建社会内资本主义的萌芽的增长已经引起了社会性质的变化，使那个时代具备有近代，亦即资本主义时代的许多特征"等讲法，是有区别的。

　　再比如尚钺所谓"以 1840 年外国侵入的时间划一个分界线，都是不很妥当的，而且有着斩断历史发展线索的毛病"，孤立地看，显然是公然反对以鸦片战争作为中国近代史的起点，甚至尚钺本人都承认，他确实对以鸦片战争为中国近代史起点有过"怀疑"②，但联系上下文，则发现完全不是这么回事。尚钺的意思是说，在确定中国近代史起点的时候，单纯地以"外国侵入的时间"作为唯一标准是不够的，还应该综合考虑中国社会内部结构的变化。应该把"内外"两个要素结合起来考察。如果单纯立足于"外国侵入"这一个要素，就会"不很妥当"，就会因为忽略中国内部要素而发生"斩断历史发展线索的毛病"。尚钺的这个意见，就一般原则来说，是不错的。③

　　改革开放以后，中国学者了解到西方学者对中国近代史的最新看法，其中最早了解到的看法，就是所谓"在中国发现历史"。1990 年 8 月，中国社会科学院近代史研究所在北京举办以"近代中国与世

---

　　①　《尚钺批判》（第 1 辑），第 84 页。

　　②　尚钺：《有关中国资本主义萌芽问题的二三事》，《尚钺批判》（第 1 辑），第 148 页。

　　③　后世有学者把尚钺视为否定鸦片战争是中国近代史开端的代表人物之一，说尚钺"阐明"了"划分中国近代的标志不在 19 世纪中叶，而在 16 世纪中叶"的主张。这是不准确的概括与总结。尚钺显然从未"阐明"他关于中国近代史开端的看法，不应把尚钺的观点认定为完全否定鸦片战争是中国近代史的开端。

界"为主题的研讨会。会上，刘大年以美国学者柯文所著《在中国发现历史——中国中心观在美国的兴起》① 为引线，点评了美国学者研究中国近代史的四派观点。其中点评到所谓"中国中心观"或中国主线论时，指明其局限性，但也承认其优点，即"他们强调中国是具有自身运动能力的实体，中国的近代是中国这个实体的内部结构产生的各种巨大势力不断发生作用，不断为自己选择方向、开辟前进的道路所形成的。也就是说，中国近代历史的演变和方向，最后是由中国内部力量所决定的。无疑地这符合于历史运动的本质"。② 这段话有助于人们准确理解当年尚钺对中国近代史起点的看法。

尚钺无非是强调"中国内部力量"。就此而言，说尚钺是中国主线论的先驱，并不为过。当然，对"中国内部力量"的强调是否恰如其分，是否科学，是可以商榷的。但是，在商榷乃至批判的时候，不应抛弃批判对象最基本的前提与框架。这应是对批评者最基本的要求。改革开放以来，对所谓"前近代"的"近代因素"的研究，呈现越来越强化的态势，足见这种研究，有其合理性。

但是，尚钺并不是单纯的中国主线论者。他是中外要素结合论者。他在批评黎澍的时候曾说："我们研究中国近代史的起点，在考虑许多有关历史事变问题时，首先必须学习运用毛主席的两点论和外因与内因的相互作用的辩证唯物主义的方法。"③ 只是由于专业以及课题选择的原因，他才偏重于对"中国内部力量"的研究。而且，这种对"中国内部力量"的开掘，恰恰有一个普遍性的价值取向，即与五种社会形态的理论相衔接。这是中国马克思主义史学家的共同点。取消普遍性，等于拔除中国马克思主义史学的特质。所以尚钺说："我们不否认中国社会有自己的特殊性，但是特殊性最后必然要归结到普遍性，即归结到人类社会一般发展的法则，这是由客观事物

---

① 中译本为林同奇译，中华书局1989年版。

② 刘大年：《中国近代化的道路与世界的关系》，中国社会科学院近代史研究所科研组织处编：《走向近代世界的中国》，成都出版社1992年版，第10—11页。

③ 尚钺：《有关中国资本主义萌芽问题的二三事》，《尚钺批判》（第1辑），第154页。

本身的性质所规定的。"① 而强调"普遍性"又很容易被指责为以西方的历史阶段或模式套弄中国历史。郭沫若的《中国古代社会研究》被指为存在"教条性",即从此出。尚钺被批判为把中国历史机械地与西方历史相比附,也是由此而来。其实,是否"教条",是否"比附",都是研究过程中的问题。作为"原则",强调"普遍性",强调"历史的法则",在马克思主义史学的话语系统中,乃天经地义。不讲"普遍性",还要马克思主义史学做什么呢?当然,这种客观冷静的分析,在当时的语境下,是很难做到的。

所以,面对激烈的批判,尚钺感到无限委屈。他说,关于中国社会从1840年开始走上半殖民地半封建社会的论断,他"从来没有怀疑过","我在任何文章中,只要提到这个问题,一直是肯定这一点的"。他提出,批评者对他的观点的"归纳","与我根据具体材料分析所引出的结论,实无任何相关的地方"。② 可见,他所谓曾经"怀疑"鸦片战争是中国近代史起点的话,实为言不由衷。

1997年,刘大年对当年批判尚钺的事情作了评论。他说:"1958年,他(指翦伯赞)主持的北大历史学讲座,邀我讲过尚钺同志中国资本主义萌芽研究的问题。题目不用说是我自己定的,事后也没有问过主持人的看法。尚著论点如何,自然可以讨论,但我的评论带有教条成分,1981年我在上海举行的中国史学会理事会上作过自我批评。"③ 这段话区分了学术"讨论"与教条化"评论"之间的关系,代表了马克思主义史学家对那时学术批判运动的一般性认识。

从1960年初开始,对尚钺的批评正式上升为对史学领域"修正主义"的批判。这一结果,是现实形势发展的结果,也是一系列批评文章逐渐累积的结果。连尚钺所在的中国人民大学中国历史教研室,也以集体的名义发表文章,划清与尚钺的界限,撇清关系,沿着

---

① 《尚钺批判》(第1辑),第83页。
② 尚钺:《与刘大年同志谈谈学术批评》,《尚钺批判》(第1辑),第89、94页。
③ 转引自周秋光、黄仁国《刘大年传》,第312页。

刘大年、黎澍的观点，进一步细化对尚钺的批评。① 其他一些单位，也间或以集体的名义发表文章批判尚钺。这些文章整体上都没有突破已有的基本观点与框架，只是在个别地方，时常显露出一些新奇性。比如西南师范大学历史系中国中世纪史教学小组的文章，就把尚钺与国际现代修正主义联系起来，说尚钺采用了国际修正主义的惯技，其"反动本质"与南斯拉夫的修正主义者有类似性。"当然尚钺先生与南斯拉夫负责人的问题，在本质上还有区别，但所走的道路是一样的危险。"② 这篇文章特意把"尚钺同志"的称呼改为"尚钺先生"，并极力与南斯拉夫相牵连，表明国内对修正主义的批判，确实具有国际政治的背景。署名"南开大学历史系中国近现代史教研组"的文章，同样在观点上没有任何突破，只是层层加码，把尚钺的"那一套修正主义观点"指为"一株道道地地的毒草"，但文章依然称"尚钺同志"③，值得肯定。

批判尚钺所谓修正主义史学的事件，是当代中国马克思主义史学发展史上的一个很不幸的事件。它之所以发生，与当时中苏两党的关系开始紧张以及国内经济形势严重滑坡具有关联。其中的教训，值得汲取。诚如尹达所说："我们应当从中吸取教训，使之化为前进的力量，做好今后的工作。"④

第二节　历史主义与阶级观点讨论

历史主义与阶级观点讨论，是当代中国学术发展史上的一件大事，更是史学思想史上的一件大事，标志着中国马克思主义史学理论

---

① 中国人民大学中国历史教研室近代现代史组：《评尚钺同志关于明清社会经济结构的若干观点》，《历史研究》1958 年第 12 期。

② 历史系中国中世纪史教学小组：《批判尚钺在明清史研究中的修正主义》，《西南师范大学学报》（人文社会科学版）1960 年第 2 期。

③ 南开大学历史系中国近现代史教研组：《批判尚钺同志在中国近代史中的修正主义观点》，《历史教学》1960 年第 6 期。

④ 尹达：《深切怀念马克思主义史学家尚钺同志》，载《尚钺史学论文集》，人民出版社 1984 年版，代序一，第 4 页。

的深入拓展。在中国马克思主义史学发展史上，尤其是当代史学史上，历史主义与阶级观点讨论占有极重要的地位。它直接牵涉新中国史学的定位与宗尚，关涉新中国马克思主义史学的基本研究原则，指向的是基础研究方法的定性与运用，还蕴含着深厚的历史认识论的意涵。

这场讨论的内涵、外延与"五朵金花"讨论不同。后者针对客观历史，属于历史思想范畴。前者针对历史认识主体，属于狭义的史学思想范畴，更多地属于史学方法论范围内的研讨。当然，二者有密切关系。

在讨论中，老一辈马克思主义史学家发表了深刻的见解，在新中国成长起来的一批中青年马克思主义史学家崭露头角，也发表了锐利而深刻的论文。回顾他们当年的文章，可以感受到中国马克思主义史学家们的热情、对思想的执着以及强烈的责任感、使命感。总结这场讨论，可以加深对中国马克思主义史学的逻辑体系、基本理论、核心问题的认识，为中国马克思主义史学的进一步开拓进取提供经验借鉴。

其实，这个问题不是一个新问题。在马克思主义历史发展理论中，内在地蕴含着这个问题。1949 年 8 月，毛泽东曾写下一段名言："阶级斗争，一些阶级胜利了，一些阶级消灭了。这就是历史，这就是几千年的文明史。拿这个观点解释历史的就叫做历史的唯物主义，站在这个观点的反面的是历史的唯心主义。"[①] 这段话是新中国马克思主义史学家所遵奉的指导思想。毛泽东这段话的理论来源，是《共产党宣言》中的断语："至今一切社会的历史都是阶级斗争的历史。"1881 年，恩格斯为《宣言》英文版中的这句话加了注："这是指有文字记载的全部历史。"[②] 这同样是中国马克思主义史学家们最常引用的一句话。此外，早在 1939 年 12 月，毛泽东还讲过一段名言："中国历史上的农民起义和农民战争的规模之大，是世界历史上

---

① 第 4 卷，人民出版社 1991 年版，第 1487 页。
② 《马克思恩格斯选集》第 1 卷，人民出版社 1995 年版，第 272 页。

所仅见的。在中国封建社会里，只有这种农民的阶级斗争、农民的起义和农民的战争，才是历史发展的真正动力。"① 这同样是新中国马克思主义史学的重要指导思想。当然，毛泽东 1938 年 10 月还讲过这样的话："学习我们的历史遗产，用马克思主义的方法给以批判的总结，是我们学习的另一任务。我们这个民族有数千年的历史，有它的特点，有它的许多珍贵品。对于这些，我们还是小学生。今天的中国是历史的中国的一个发展；我们是马克思主义的历史主义者，我们不应当割断历史。从孔夫子到孙中山，我们应当给以总结，承继这一份珍贵的遗产。"② 这又是中国马克思主义史家、特别是突出历史主义的学者们最多引用的话语之一。因此，在以往中国马克思史家的论述中，或多或少地论及这一问题。

比如尚钺至少在 1956 时就曾说，不仅不能用现代人的观点和感情去要求古代历史人物和事迹，并且更不能随便把现代的术语去硬套在古代人头上。他批评一些人"以今日的观点和感情"去"否定历史人物和历史事件对中国社会发展作用"。他举例说：

> 如过去史学家对于南宋初年民族英雄岳飞，因其曾奉宋高宗的命令，消灭了以杨幺为首的农民起义，就以今日狭隘阶级感情大加咒骂。又如对于中国历史上唯一的女皇帝唐初的武则天，因其杀了几个反对的人物，竟加以诬辱。又如，对于农民杰出的领袖朱元璋，因其杀了几个士大夫分子，竟完全无视他领导中国农民大众，推翻蒙元的黑暗统治，解放中国民族的伟大功绩，而加以苛责，等等，真是不胜枚举。这种反历史主义的民族虚无主义观点，在过去的确是十分严重的；甚至发展到否定和谩骂我们祖国历史上所有奴隶主和封建主统治阶级。
>
> 还有一些反动的所谓历史学家，以"考据"和"历史"的幌子，向我党进行恶毒进攻的宣传。不过，他们不是否定历史人

---

① 《毛泽东选集》第 2 卷，人民出版社 1991 年版，第 625 页。
② 同上书，第 533—534 页。

物和历史事件，而是以夸大和现代化历史人物、历史事件和历史
现象，来混淆马克思列宁主义关于人类社会发展规律和我党的
政策。①

这是一段很值得分析的话，是尚钺史学思想中一贯坚持的观点。
直到 1964 年，他还在批评"把历史人物现代化的毛病"，亦即"从
我们今天的标准出发对历史人物进行功过的评定"，简称"功过论"。
他说："如果硬要拟出一个什么适用于万世不变的公式性的标准，那
就只是以主观臆想来代替社会生活异常复杂的现实联系，结果，不走
上把歪曲历史当成科学结论的道路是很少的。"②

这些话提示人们，历史主义的问题有时会转化为"古与今"的
关系问题，有时会转化为"史与论"的关系问题。对历史主义的极
端化运用，可能会导致处处为古人辩护的结果。对历史主义的极端化
蔑弃，则可能导致民族虚无主义或历史虚无主义的结果。这两种相反
的结果，都是"把历史现代化"的表现。之所以"把历史现代化"，
可能是由于以"绝对正义"原则去考察历史，也可能是由于完全站
在"今天"的立场去考察历史，或者是由于把"论"提高到了极端
化的程度。

总之，在尚钺的上述话语中，隐然蕴含着此后诸多讨论中的观点
纠结，蕴含着后来被大大引申与深化的一些见解的根苗。

但是"把历史现代化"的命题，作为一个具有连接诸多理论议
题作用的史学理论概念，在此后的研究实践中虽多有表现，也受到批
评性的关注，却没有得到比较透彻的专门讨论。它被分化消解到史论
关系、历史主义与阶级观点、古今关系、历史人物评价、农民战争评
价等讨论当中去了。这是比较令人遗憾的。

重视阶级斗争、从阶级观点分析历史，是中国马克思主义史学的
基本特点。从 1959 年下半年到 20 世纪 60 年代初，郭晓棠、翦伯赞、

---

① 尚钺：《如何理解历史人物、事件和现象》，《教学与研究》1956 年第 4 期。
② 尚钺：《有关历史人物评价的几个问题》，《历史研究》1964 年第 3 期。

吴晗等人，在坚持以阶级观点为指导的前提下，开始就阶级观点与历史主义的关系问题做出阐述，但作为一个理论问题提出来予以公开的大范围讨论，则是从1963年开始的。

比如郭晓棠从学术必须为无产阶级政治服务、政治与学术相互统一的观点出发，曾提出阶级和阶级斗争是和一定历史时期的经济条件相联系的，历史主义观点就是把一切事物看作发生、发展和衰落的矛盾运动过程。他说，历史的发展就是历史的矛盾运动、历史的辩证法、历史的全部过程及其内部矛盾。所谓"当时的历史条件"就是当时的经济条件、阶级关系、人民的要求和历史发展的趋势。[①] 他表示反对把古代历史现代化，但也反对"厚古薄今"，历史科学要以当前无产阶级的革命实践为出发点；历史工作者应该牢固建立三个基本观点：历史观点、阶级观点、政策观点。[②] 显然，在他的架构中，阶级观点还不是统领一切的，而是三个基本观点中的一个。对于历史主义，他的理解与讨论中的历史主义概念，有着明显的区别。

比较明确地对历史主义做出界定和阐述的是翦伯赞。1961年，他发表著名的《对处理若干历史问题的初步意见》一文，虽不是专门谈论历史主义与阶级观点问题，却是这一问题的代表作。后来突出阶级观点的学者所批判的一些代表性的观点，多出自此文。比如那句著名的"不要见封建就反，见地主就骂"的话，即出自该文。其实，这句话有特定的语境。就在这句话后面，翦伯赞还写道："当封建制代替奴隶制的时候，它是历史的发展，我们不能反对这种发展。当地主阶级反对奴隶制的时候，它是革命的，也不要骂。"可见，那句话是有限定与条件的，是放在考察历史进程的动态条件下说的，不是一个静态固化的概念。

在这篇文章中，翦伯赞结合当时史学研究的实际，也结合他对怎样编写中国通史的一些思考，谈了八个方面的问题：如何处理历史上

---

① 郭晓棠：《谈学术与政治——兼论"人性论""人道主义"和"历史主义"问题》，《开封师范学院学报》1960年第6期。

② 郭晓棠：《一个迫切的建议——重新学习马克思列宁主义和毛泽东同志的历史理论》，《史学月刊》1964年第7期。

的阶级关系，如何处理历史上的民族关系，如何处理历史上的国际关系，怎样对待发展观点，怎样对待全面观点，人民群众与个别历史人物，政治、经济与文化，理论、史料与文章。这八大问题，大体显现了新中国史学思想的着重点与侧重面，是与实际的历史研究及教学活动相联系的比较紧迫的理论问题，亟须予以理论上的阐明与澄清。

翦伯赞阐述这八大问题的基本特点，是比较充分地运用了辩证思维。作为马克思主义史学家，他当然会坚定地维护新中国史学的基本信念与理论宗仰。比如他说，"阶级矛盾是历史的动力，在写历史的时候，忽略这一点就会犯原则性的错误"。"农民战争是封建社会的矛盾的最高表现形式，必须承认它对历史所起的推动作用。""人民群众是历史的主人，这是我们写历史的基本原则。""理论挂帅是我们编写历史的原则。"这些话没有任何争议，是中国马克思主义史学家的共识，也是翦伯赞的真诚信仰。但是，在这些"原则"之下，他强调要对历史予以历史主义的、辩证的关怀。

再具体下去，他便说了著名的"农民反对封建压迫、剥削，但没有，也不可能把封建当作一个制度来反对"等一系列判断性的话。比如他说：农民反对地主，但没有，也不可能把地主当作一个阶级来反对；农民反对皇帝，但没有，也不可能把皇权当作一个主义来反对；农民建立的政权，只能是封建性的政权；农民战争的领袖是有缺点的；劳动人民反对压迫剥削，但不了解被剥削被压迫的基本原因是私有制度，他们不反对私有制度，只反对那些不堪忍受的财产的差别；应该挑选一些最杰出的人物，包括帝王将相在内，写进通史；等等。之所以讲这些话，与翦伯赞审读中国通史稿件时遇到的一些他认为不恰当的实际处理方式有关。对这些实际工作中碰到的问题，他作了理论思考。对他的观点，当然可以商榷与批评，但这些观点的基本逻辑，无非是对马克思主义的历史主义的具体化。即使"具体化"出了问题，也不应该脱离其基本逻辑去进行批评。其实，在强调历史主义的时候，翦伯赞是避免走向极端的，所以他说："要严格地运用历史主义的原则，把历史事件和人物放在他们自己的历史条件之下加以说明。但如果过分地用历史条件与倾向为某一历史事件或人物的落后、反动进行辩护，这就不是历史主义而是客观主义。"①

在另一篇著名文章中，翦伯赞维持了上篇文章的基调。他很强调历史学的阶级性，说"任何阶级的历史学家都会自觉或不自觉地站在自己的阶级立场，用他们自己的阶级观点来分析历史问题。用阶级观点分析历史问题，这是一个历史学家的阶级性或党性在历史学上的表现。公开地站在无产阶级的立场，用无产阶级的观点来对待历史问题，这是对于一个马克思主义历史学家的基本要求"。他清醒地认识到，坚持阶级观点不仅是一个马克思主义的理论原则问题，还是一个"党性"问题。他显然不认为强调历史主义会与阶级性或党性相矛盾，所以他又说，"如果只有阶级观点而忘记了历史主义，就容易片面地否定一切；只有历史主义而忘记了阶级观点，就容易片面地肯定一切"。"只有把二者结合起来，才能对历史事实作出全面的公平的论断。"② 这些话都是有争议的，是讨论中涉及的重要内容。所以，一般来说，翦伯赞在史学史上被看作是主张历史主义的旗手。提到历史主义，人们首先想到的，就是翦伯赞。

正因如此，翦伯赞关于历史主义的论述，后来受到公开的严厉批判。戚本禹等人污蔑翦伯赞的史学思想反马克思主义，概括他的史学纲领为所谓"二反二保"，即"反对用阶级斗争观点解释历史，反对历史研究、历史教学为当前的政治服务；保护'史料即史学''为历史而历史'的资产阶级历史观点，保护美化帝王将相、丑化农民革命的封建王朝史学体系。这条史学纲领的遮羞布，就是老掉了牙的资产阶级历史主义"。③ 把历史主义视为翦伯赞史学思想的核心。

批判者认为，翦伯赞把历史主义与阶级观点看作了平行关系，或者看作了隶属关系（阶级观点隶属于历史主义）。是否这样，可以讨论。但有一点是清楚的，即翦伯赞绝无轻视阶级观点的主观用意，更不必说抛弃。

---

① 翦伯赞：《对处理若干历史问题的初步意见》，《人民教育》1961 年第 9 期。
② 翦伯赞：《目前史学研究中存在的几个问题》，《江海学刊》1962 年第 6 期。
③ 戚本禹、林杰、阎长贵：《翦伯赞同志的历史观点应当批判》，《红旗》1966 年第 4 期。

　　吴晗与翦伯赞被戚本禹等人视为"坚持历史唯心主义、坚持资产阶级、封建阶级的史学方向"的两个"元帅"。在史学思想上，他们确实不乏一致。吴晗也表达了与翦伯赞类似的思想，而且论述的范围与翦伯赞差不多，发表文章的时间也一致。

　　吴晗充分肯定新中国史学取得巨大成绩之后，谈到存在的问题，认为在写农民起义和农民战争的时候，不写或少写农民所反对的一面，以致"阶级斗争几乎只剩下一面了"，"农民起义史有代替中国通史的趋势"。他说，历史上的封建统治阶级也做过好事，但"教材的编写人看来极力想避免对帝王将相的歌颂，以免丧失立场，结果除秦始皇而外，对像汉武、唐宗、康熙、乾隆等这样比较全盛的时代不写或很少写，于是，历史上的光明面丧失了，写在书上的尽是这个皇帝如何坏，农民起义推翻了它，另一皇朝起来了，又如何坏，农民起义又推翻了它，一片打倒声，历史几乎成为漆黑一团，灰溜溜的"。他引用少年儿童的话说："（书上）尽是这个坏，那个坏，要爱祖国的历史，怎样也爱不起来。"他还认为，农民战争史的叙述"几乎有以论代史的味道，把生动的史实变成空洞的议论"。在民族关系研究方面，他认为也存在非历史主义的倾向，只讲历史上的民族关系如何好，却把历史上实际存在的民族矛盾掩盖了。或者"把过错一古脑儿都算在汉族账上，好像有一个公式，只要是汉族和少数民族的战争，总是汉族的错"。他说"似乎在历史学界有一种宁左勿右倾向，右了怕犯错误，左一些问题不大"。"这是一种违反实事求是的学风，是非马列主义的学风。"①

　　吴晗的文章虽然不长，却很犀利，但他只是对实际存在的非历史主义倾向进行批评，点出现象，却不是对相关问题作理论阐述，因此后来一些文章从理论层面对他进行批评，并不符合他的立意。

　　1963 年，马克思主义史学新锐林甘泉发表文章，就历史主义与阶级观点的关系问题，阐明自己的看法。他的基本特点，是强调二者的统一性，强调以阶级观点去统领历史主义。作为在新中国崭露头角

---

① 吴晗：《历史教材和历史研究中的几个问题》，《人民教育》1961 年第 9 期。

的马克思主义史学新锐，林甘泉表现了很深厚的马克思主义理论素养，是众多新锐中的一员，说明了马克思主义史学队伍的发展壮大。

他认为，在批评非历史主义倾向时，出现了不健康的倾向，主要是"没有能站在正确的立场上"，导致把历史主义与阶级观点对立起来，离开阶级观点讲"历史主义"，"从而模糊了马克思主义历史科学的党性原则"。他把问题提高到"立场"与"党性原则"的高度，反映了当时马克思主义史学家们的共同认识。

他提出，阶级斗争理论是在错综复杂的历史现象找出规律性的基本线索，阶级观点是唯物史观的基本核心。而阶级观点本身，"深深地浸透了历史主义的精神"，因此二者"是完全一致的、统一的"。因为在马克思主义看来，进入阶级社会以后，人类历史就是一部阶级斗争史。历史发展的客观实际就是如此。进一步引申，可以得出结论，即谈到以无产阶级观点来分析社会历史现象，"必然是从具体的历史实际出发，尊重历史本身的发展"。林甘泉的这一观察点，应该说是非常敏锐的。

他进一步认为，阶级观点和历史主义的统一，"正是它的党性和科学性统一的一种表现"。因为无产阶级是彻底革命的阶级，它的利益和历史发展的客观进程完全一致。"越是能够贯彻阶级观点，就越能把历史的真相揭露得更加深刻和更加全面。"这是说认识主体的性质导致主体会自觉地与认识客体趋近，而不是偏离。这一论述角度，也是深刻的。

他不赞同所谓非历史主义倾向"只有阶级观点而忘记了历史主义"的意见。他认为阶级观点与非历史主义倾向毫不相关。"马克思主义的阶级观点和历史主义虽然是两个不同的概念和术语，但这并不意味着它们是不同的或是互相排斥的两种观点。""对马克思主义来说，不存在没有历史主义的阶级观点，也不存在没有阶级观点的历史主义。"林甘泉担心的是，对不健康倾向的批评会转变成对阶级观点的批评，因此，他努力在理论上把阶级观点的属性即要素阐述清楚。

他进一步表明，离开阶级观点与阶级分析的方法去谈"历史主义"，会成为资产阶级史学所乐于接受的客观主义。他认为，一些学者恰恰是"抽去了阶级内容而理解历史主义的"。他以农民战争史的讨论为例说，有些同志把封建社会的农民战争现代化，不适当地夸大农民阶级的革命性，忽视了旧式农民战争所具有的自发的性质，这当然是不对的，但有人在批评这种倾向时，却又夸大了农民的落后性，模糊了农民战争的革命性质及其阶级根源，说什么农民平时"所追求和向往的"就是"发家致富，使自己也成为地主，或者通过各种途径成为大小官员，取得功名利禄"；农民领袖"往往是而且不能不是以封建的思想理论作为自己行动的指南"；起义群众"所要争取的本来就只是一些较好的官吏、较好的皇帝、较好的王朝。一旦改了朝换了代，起义者即以为达到了目的"。他认为，这些看法夸大农民的落后性，不能说是马克思主义者应有的立场。其实，农民战争所具有的反封建的革命性质，并不取决于农民本身是否能够认识，而是由封建生产方式所包含的对抗性矛盾所决定的。"农民战争的每一次发动，不管农民本身是否意识到，都不能不归结为一种阶级斗争，亦即农民阶级反对地主阶级和封建制度的革命斗争。"应该承认，林甘泉的这一观察，同样是非常敏锐的，反映他的逻辑思维非常细腻。

林甘泉还批评了对于历史上新兴的地主阶级和封建剥削制度表现出的"一种毫无批判的态度"，以及在讨论评价历史人物的标准时所提出的"当时当地的标准"。关于后者，他提出，许多历史人物的活动，只有在后代（甚至是很遥远的后代）才能看出它们的结果和意义来。如果用"当时当地的标准"去衡量，根本无从说明。"我们反对用今人的思想方式去改铸古人，但是这决不意味着要把我们的认识水平降低到古人的水平。"

林甘泉最后说："历史主义与阶级观点是马克思主义历史科学统一的观点和方法。历史主义要求我们尊重历史，给历史以一定的科学的地位，但这种尊重决不能成为颂古非今，决不是要我们用旧时代的旧眼光，而是要我们用无产阶级的新眼光去看待历史。脱离阶级观点和阶级分析方法，实际上不可能真正历史主义地看问题。任何对阶级观点和阶级分析方法的背离都只能导致非历史主义，因为只有用阶级斗争的观点来解释历史，才是历史的唯物主义。"①

总起来看，林甘泉的文章写得很细腻，认识很深刻，思想很锐利，给人许多启发。从他的文章中，可以读出三个基本观点：历史主义从属于阶级观点；历史主义与阶级观点的统一，表现为这种从属关系；出现非历史主义的现象，不是由于阶级观点本身有问题，而是对阶级观点的运用不恰当。这三个基本点，大体可以视为突出阶级观点的学者们的共同观点。这三个基本点，随着讨论的深化以及政治形势的变化，日益得到强化与固化。

林甘泉文章发表后，另一位马克思主义史学新锐宁可发表文章进行商榷。一般认为，宁可是突出历史主义的学者的第二位代表（第一位是翦伯赞）。突出历史主义的系统性论述文章，主要是由他完成的。

宁可的文章写得比较长，他不赞成林甘泉对历史主义与阶级观点关系的阐述，提出"历史主义与那些用抽象的范畴、永恒的概念去论述事物的态度是永远不相容的"。又提出，历史主义从本质上说也永远是批判的、革命的，"它决不去盲目地为历史上反动的、落伍的事物辩护，而始终把目光注定在历史上新生的、前进的、革命的事物上"。"历史主义既反对那种把事物当成绝对永世长存的绝对主义，也反对那种此亦一是非、彼亦一是非，不对在一定历史条件下的事物属性予以确定并作出评价的相对主义。"他还强调，"马克思主义者是最彻底的历史主义者"。他说，有些资产阶级史学家和社会学家也谈论阶级划分与阶级斗争，但他们往往是反历史主义的。他以历史主义为基点，提出"彻底的历史主义必然是和阶级观点统一的"。"在分析事物的发展过程与各种复杂的历史条件时，应当始终以阶级观点和阶级分析方法作为基本的指导线索；而运用阶级观点与阶级分析方法时，又始终应当以对事物的历史发展及其条件的具体分析为基础。""科学的客观的研究态度和研究方法与鲜明的阶级立场和革命精神是统一的。研究问题的历史主义原则与阶级观点应当是内在地、

---

① 林甘泉：《历史主义与阶级观点》，《新建设》1963 年 5 月号。

有机地联系着、统一着的。"

　　表面看上去，他与林甘泉的分歧，是一位以阶级观点为基点去统领历史主义，一位以历史主义为基点去统领阶级观点。但从上面的引证可知，在宁可的论述中，阶级观点同样是唯物史观的"核心"，而历史主义是辩证法对历史过程的理解。"历史主义和阶级观点的统一，也就是辩证法和唯物主义历史观的统一的内容之一。"而林甘泉把二者的统一看作"内容的完全一致，是同一个观点"。他们同样是主张"统一"，但怎么样"统一"？是由于"内容的完全一致"而自然而然地"统一"，还是有一个"运用"的问题？二人的见解由此而分歧。

　　宁可也谈到评价历史事物的标准问题，他认为标准只有一个，即"看他对当时的历史发展起了推动作用还是阻碍作用"。"看它是属于历史上新生的、进步的、革命的力量或阶级，还是属于历史上落后的、腐朽的、反动的力量或阶级。"他说这"既是阶级的标准，也是历史的标准"。从这样的标准出发，就不能以对今天的剥削制度的认识和感情作为根据，去否定剥削和剥削阶级在历史上曾经起过的进步作用。当然，剥削阶级的进步作用，也包含着巨大的局限性。

　　最后，他对所谓"把历史现代化"的问题作了评析。他说："历史的研究总是建立在现代的基础上。人们对历史的研究总是用当代的理论观点作为指导，研究的对象和范围，也总是当代最重要和最有兴趣的事物，研究的方法和技术装备，总是要采用当代科学的最新成就，论述与分析古代历史，也常常需要甚至不得不运用当代所能提供的最科学、最确切的名辞概念（如唯物主义和唯心主义、阶级斗争等等）。"但这些都不能算是"把历史现代化"。所谓"把历史现代化"，就是"把我们熟悉的东西加到古人身上去，照我们自己的模样去改铸古人，用我们对当代事物的要求去要求古代的事物，从古人的思想行动中推论出古人从来想不到也做不出的东西，或者为了当前斗争的暂时性的、策略性的需要，对历史上的事物作随意的解释和评价"。他强调，反对把历史现代化绝不等于反对以现代的观点去研究历史的事物。不然的话，历史主义就可能变成复古主义。① 宁可这一论述，是很精彩的。

宁可的文章发表后，林甘泉继续发表文章，进一步阐述自己的观点。

林甘泉承认，历史主义与阶级观点作为两个不同的概念，确实有区别。但他强调，当人们一般地说历史主义就是用辩证法的观点来理解和说明历史的发展时，有两个问题却从这一定义本身得不到回答。一是这种历史主义的或者说对待历史的辩证法的观点，是否完整和彻底？二是这种历史主义的或者说对待历史的辩证法的观点，是现实的历史的运动，还是概念的自我运动？是客观的历史过程的反映，还是完全抽象的思辨的论证？"正是这两个问题，成了马克思主义的历史主义和一切非马克思主义的历史主义的重要分水岭。"他说，既然马克思主义的辩证法是唯物的辩证法，马克思主义的历史主义就必然是唯物的历史主义。因此，正如不能把马克思的辩证法视同黑格尔的辩证法一样，也不能把马克思的历史主义视同黑格尔的历史主义。而宁可恰恰"没有把马克思的辩证法和黑格尔的辩证法、马克思的历史主义和黑格尔的历史主义严格区别开来"。

他认为，宁可所谈的一些情况，并不属于马克思主义，而是马克思主义以外的情况。"如果马克思主义的历史主义和阶级观点没有必然的联系，那末，马克思主义的历史主义和唯心主义的历史主义之间究竟有什么区别呢？难道说，可以有非阶级观点的马克思主义的历史主义吗？"这一提问，可以说是非常锐利的。林甘泉通过区分两种历史主义，立即把宁可的批判对象置换掉了。

在林甘泉看来，宁可是把两种历史主义"混为一谈"了。如果没有混为一谈，那就是把唯物主义的内容从历史主义中抽离掉了。

林甘泉进一步论证说，唯物史观本身已经包含了辩证法，因此不能像宁可那样说唯物史观还需要和辩证法统一。

他还说："阶级观点是历史唯物主义和历史唯心主义的分水岭，

---

① 宁可：《论历史主义和阶级观点》，《历史研究》1963 年第 4 期。

也是马克思主义的历史主义和资产阶级历史主义的分水岭。""既然从唯物史观看来,社会历史是阶级的产生和发展、是各个社会阶级斗争的历史,那末,当我们说历史主义要求把问题放到一定的历史范围内去考察的时候,难道不是首先应该把它放在一定的阶级关系中、一定的阶级斗争的范围内去考察吗?所谓历史条件,无非就是该时代全部社会关系的总和,而阶级关系和阶级斗争,不正是最重要、最本质的社会关系吗?"

林甘泉对自己的观点作了很精练的总结,他说:

> 当我们谈到马克思主义的历史主义时,我们所指的实际上就是以历史唯物主义原理为指导的科学的历史观。而阶级观点,正是它的基本核心。当然,在分别使用这两个概念时,我们所强调和要求的方面是有所不同的。马克思主义历史主义所要求的,是要按照历史的辩证法的发展来说明历史的本来面目;阶级观点所要求的,则是要按照阶级关系和阶级斗争的历史辩证法,来掌握社会发展的基本线索。而这两个方面,又是互为条件、互相依存和互相渗透的。它们这种统一的联系,并不纯粹是逻辑的推理,而是由现实的历史过程所决定的。因为阶级斗争的历史本身是一个辩证过程,而历史辩证法的基本内容离不开阶级斗争。它们既是同一历史过程在观念形态上的反映,按其实质说来就不能不是统一的。认识历史主义和阶级观点是统一的,这是一回事情,能不能在研究工作中具体贯彻这种统一又是另一回事情。①

林甘泉的文章再次印证了他思维细密、犀利的特点。但他的文章并没有说服宁可。不久,宁可又推出一篇更长的文章(近 5 万字),同样更周密地论述了自己的观点。

宁可首先说明了他所理解的与林甘泉的基本分歧。他说,林甘泉

---

① 林甘泉:《再论历史主义与阶级观点——兼答宁可同志》,《新建设》1963 年第 10 期。

对他的文章有误解。他与林甘泉都认为阶级观点与历史主义是统一的，但他强调统一不等于没有差别，并不排除差别；差别是统一的必要前提，统一不能没有条件。只有分析了历史主义与阶级观点之间的差别，了解了它们是在什么条件之下统一起来的，才能真正理解历史主义和阶级观点的统一，才有可能在实际研究中做到二者统一。"因此，关键的问题不仅在于宣称历史主义和阶级观点是统一的，更重要的是要阐明它们是怎样统一的，是一种什么样的统一，以及为什么在具体历史问题的研究中常常不容易做到二者的统一。"这样，他就把问题更加具体化了，但他没有采用区分"统一"与"同一"两个概念的方式来论证自己的观点。

宁可显然也强化了对历史主义的唯物的、阶级性的内容的强调。这些内容原本是林甘泉强调的主要方面。宁可说："对于阶级社会的历史研究，如果忽视了阶级的划分和阶级斗争，当然也就不可能贯彻历史主义原则。""在分析阶级社会的任何社会现象时如果不是以阶级观点和阶级分析方法作为基本的指导线索，我们实际上就不免脱离了最主要的历史条件，就不免违反历史主义原则，就不免要犯这样或那样的错误。""马克思主义的历史主义是一个具有高度党性的原则。只有站在无产阶级立场，才能有真正的彻底的历史主义，才能把历史主义原则贯彻到底。"他特别强调，马克思主义的历史主义与阶级观点之间有着内在的、有机的联系；历史主义原则的贯彻必须以阶级斗争学说、以阶级分析方法作为基本的指导线索；是否具有阶级观点是马克思主义历史主义同资产阶级历史主义的一个根本区别。他强调这些内容，似乎有避免让人误会他要把阶级观点、唯物主义内涵从历史主义中剥离出去的意图，但他的基本用意，还是把这些内容纳入到历史主义的框架当中去。所以，他为历史主义做界定，认为马克思主义的历史主义具有三个互相联系的基本内容，其中就包含了阶级观点等内容。这三项基本内容，一是说一切事物都有历史，因此不要忘记基本的历史联系；二是说一切事物的历史都因其内部以及外部矛盾的发展变化而区别为各个不同质的发展阶段，因此要把问题提到一定的历史范围之内；三是说一切事物历史发展的各个阶段总是呈现为上升的前进的运动，因此应当永远站在新生事物方面、革命的阶级方面，无限热情地讴歌新事物战胜旧事物的斗争，用不断革命的观点去考察历史，并在实践中努力从事创造新的历史的活动，作革命派、促进派。

宁可还重点论述了历史主义、阶级观点与历史唯物主义的关系，认为不能把马克思主义的历史主义等同于马克思主义的历史观或者历史唯物主义。他说历史唯物主义的内容要丰富而复杂得多，是历史主义概念所无法全部包含的。历史唯物主义贯穿了辩证法精神，包含了历史主义原则，但不能说辩证法就等于历史唯物主义。把作为辩证法的一个原则的历史主义，在某些场合同历史唯物主义分别叙述，不能说就是把二者割裂。历史主义作为马克思主义历史观亦即历史唯物主义的一个重要内容，是辩证发展观的具体内容之一，把它与作为历史唯物主义核心的阶级观点等同起来，同样是不妥当的。因为这两个概念侧重的方面是不同的。"历史主义原则侧重而且首先是从发展的角度看问题，阶级观点则着重根据阶级划分和阶级斗争的规律对所研究的对象作出科学的解释。"由于侧重的方面不同，所以二者又是互补的。它们是"从不同的角度认识统一的历史过程的两个原则或者方法"。宁可这里的重音，是在"两个"上。他强调，二者的统一是有条件的。①

宁可的文章写得非常大气，气象雄浑，也充分展示了他优秀的马克思主义理论水平与分析问题的能力。两位新锐的登场，说明马克思主义史学队伍后继有人，新中国成立后所倡导的理论学习与教育有了实实在在的成效。从林甘泉、宁可这批青年史学家开始，他们的基本思考方式、言说方式，都是马克思主义的。而且，他们水平很高，素质优秀。从他们的登台演出可以看出，马克思主义史学队伍在一天天成长起来，而资产阶级史学阵营则一天天弱下去。两相对照，正可谓改天换日。这是新中国希望看到、渴望出现的新气象。

在林甘泉与宁可进行论辩的同时及尔后，全国有许多学者也都撰写文章，参加论辩，形成了一场场面生动的马克思主义史学思想大

---

① 宁可：《论马克思主义的历史主义》，《历史研究》1964 年第 3 期。

讨论。

关于什么是马克思主义的历史主义，除上面介绍的观点之外，他们或者认为它是以历史唯物主义为指导（基础）的科学历史观，而阶级观点是它的核心；或者认为历史主义就是历史唯物主义；或者认为它包括三个部分，即辩证法对历史发展过程作考察的正确方法，以马克思主义阶级观点为核心，用马克思主义的方法批判地总结历史遗产；或者认为它只是研究具体问题、认识具体现象的方法，其任务是具体运用历史唯物主义的原理去分析个别事物。在历史主义与阶级观点是统一的共同认识前提下，他们或者认为这是两个既有区别又有联系的不同概念；或者认为二者的统一是历史的时代性与历史的阶级性的统一；或者认为历史主义着重是指人和事的时代条件和时代界限，阶级观点着重是指人和事的社会关系和阶级界限；或者认为阶级观点是分析和说明阶级社会历史的科学理论，而历史主义的适用范围则包括了自从世界有了人、因而也就有了历史的一切时代；或者认为阶级观点不仅适用于阶级社会，而且也适用于对原始社会的研究；或者认为阶级观点注意矛盾的普遍性，历史主义注意矛盾的特殊性，阶级观点寓于历史主义之中，历史主义是把阶级观点具体化；或者认为二者分别从生产关系和阶级关系中抽象出来，生产关系以阶级关系为核心，阶级关系以生产关系为依据。[①]

在这些异彩纷呈的见解中，有一篇由朱永嘉、赵人龙、朱维铮、王知常合写的文章，代表了上海史学界马克思主义新锐学者的意见。他们在认定阶级和阶级斗争观点是马克思主义的历史主义的核心的前提下，同样把要不要用阶级和阶级斗争观点作为指导思想，看作是马克思主义的历史主义者与资产阶级的历史主义者的根本分界线，是"当前学术思想领域中两条道路、两种思想尖锐斗争的矛盾焦点所在"，提出马克思主义的历史主义包含三个内容：（1）它是历史辩证法对历史发展过程作考察的正确方法；（2）它的核心是马克思主义的阶级观点；（3）它要求我们以马克思主义的方法对历史遗产给以

---

① 东：《历史主义和阶级观点》，《学术月刊》1965 年第 2 期。

批判的总结，剔除其糟粕，改造和吸收其精华。他们强调，这三个部分有机地组成马克思主义的历史主义的统一整体，互相密切联系，不能抽去其中任何一个。他们还提出一个重要观点，即马克思主义的历史主义尽管与历史唯物主义在本质上一致，但二者并不等同。① 这是一个非常重要的意见。改革开放后，史学界普遍认为不能把史学理论等同于历史唯物主义，可以看作是这个意见的扩大版。总起来看，他们的文章写得比较平实，采取了力图以理服人的基本态度。

　　不过，讨论过程的基本趋向与实际走向，是突出阶级观点的一方日占上风，而突出历史主义的一方则日渐处于被批评的位置。例如1964 年 3 月 13 日，广东历史学会举行历史主义和阶级观点讨论会。会上倾向性的意见，是批评蔡美彪关于农民起义的观点，认为起义农民并不像蔡美彪所说的那样，而是有自己的思想理论，也是以自己的思想理论作为行动指南的；历史上的农民起义都不是以发家致富作为宣传和发动群众的口号，而是宣传如果不起来反抗就只有等待死亡，宣传"均贫富，等贵贱"的主张，这就是农民朴素的革命思想，就是对封建统治的不平等的朴素的认识和反抗。② 此时的倾向性观点，正如一篇文章之所持，在于认为"历史研究中的非历史主义倾向，是这样或那样地违背了阶级观点的结果，而不是由于强调了阶级观点。正确地运用阶级观点，不会产生非历史主义倾向"。因此，应该集中探讨如何拿阶级斗争的观点解释历史。③ 这是从林甘泉文章自然生发引申出的观点。但总体上看，在 1965 年之前，讨论的基本状态，还是在大原则相同、根本观点一致而在具体理解上颇多纠结、论辩激烈的申论与回应中，人们对问题的认识深化了，这对发展马克思主义的历史认识论来说，是一项基本经验。

　　当然，即使在这样的氛围中，也还有学者公开对所谓机械运用阶级斗争理论表示质疑。比如刘节，他承认阶级斗争是阶级社会中历史

---

　　① 朱永嘉、赵人龙、朱维铮、王知常：《论马克思主义的历史主义及其运用——和宁可同志商榷》，《学术月刊》1963 年第 12 期。

　　② 《广东史学家讨论历史主义和阶级观点问题》，《学术研究》1964 年第 2 期。

　　③ 东方明：《加强史学方法论的研究和讨论》，《红旗》1964 年第 5 期。

发展的规律，但他认为阶级斗争的理论用之于当前政治是切实有效的，用以解释古代历史事件，"是不是可以不要这样教条化、机械化地利用起来呢？这确实成为问题。相反地，如果恰如其分地把历史事件的真相写对了，倒是真能够古为今用的"。他强调"讲历史必须恰如其分地把事实说出来，才算是真正把握住历史事实的总和，才算真正把握住历史事实的精义"①。使人感觉似乎一旦运用阶级分析方法，就不能做到对历史"恰如其分"的把握，就不能把握住"历史事实的总和"，就不能把握住"历史事实的精义"。因此，他的短文在当时极为刺眼，很快便被抓了典型。

关于讨论中各家的具体观点，有学者已经作了非常详细的介绍，学界的相关研究成果也不少②，这里就不重复了。

回顾这场争论，首先要明确的是，这场争论与新中国的立国宗尚以及现实政治形势具有密切的关系，是紧紧地站在现实的大地上的。新中国成立后，针对历史发展，有两个最基本的理念，即认为人类文明史是阶级斗争的历史，亦即阶级斗争观点；认为人民群众是历史的主人，亦即人民群众创造历史的观点。这两个基本理念，具有马克思主义的理论依据，是马克思主义史学家们的共识。因此，这场争论是马克思主义史学家内部的争论，目的在于将上述两个理念与具体的历史实际科学地结合起来，以便把现实主张置于科学的论证之上。由于历史是无法直接面对的既往，因此在"史论结合"的时候，产生不同的认识。这应该说是符合认识的一般规律的。就认识的深化来说，我们认为争辩双方都为当代中国马克思主义史学的建构与发展做出了贡献，都值得后人总结、揄扬。

但是，关锋、戚本禹等人的介入，对这场争论起了打压作用。他们竭力强调阶级斗争观点，打着历史科学为无产阶级政治服务的口号，以不容争辩的强势语言，试图给争论一锤定音。他们这样做的结果，是使得论辩在深化的道路上戛然而止，实际上是使认识进程停止

---

① 刘节：《怎样研究历史才能为当前政治服务》，《学术研究》1963年第2期。
② 参见蒋大椿编著《历史主义与阶级观点研究》，巴蜀书社1992年版。

下来了。这当然不利于马克思主义史学的开拓前进。另一方面，由于他们强势地突出阶级斗争观点，也使得阶级观点中那些合理的科学的内核"蒙羞"，以至于后世许多人一提起阶级观点便不假思索、不作考辨地一概予以排斥。从这种意义上说，这些阶级观点的"铁杆"信仰者，因为没有采取科学的论证方式，依照历史讽刺的定律，恰恰成为科学的阶级观点的破坏者。当然，历史主义原则中的合理内核与要素，就更无从予以吸纳与应用了。

当时，关锋、林聿时在一篇合写的文章中说，几年来关于中国历史上许多重要问题的争论，几乎都同对阶级观点和历史主义的理解、运用有关。他们的这一观察，是准确的。在他们看来，历史主义的各种要素，都应该纳入阶级观点的框架中去。关于阶级观点与历史主义的关系，他们提出六层意思。（1）阶级和阶级斗争是历史地发展着的，而文明社会的历史是阶级斗争发展和转化的历史。（2）阶级斗争学说不是用静止的观点去看待阶级的存在和阶级斗争，而是用发展的观点去考察它们。"发展的观点就是历史观点，就是历史主义。"发展又是对立面的斗争，对立面的斗争在阶级社会就是阶级斗争。"否认发展的阶级观点，不是马克思主义的阶级观点，而是资产阶级的阶级观点。"（3）社会历史发展过程的实在内容，就是阶级斗争。历史过程和阶级斗争不可分。（4）列宁所说的"在分析任何一个社会问题时，马克思主义理论的绝对要求，就是要把问题提到一定的历史范围之内"，也就是把问题提到一定历史阶段上的阶级斗争环境，从当时的阶级对立中进行分析。历史地考察问题，就是在阶级斗争的发展中，在"阶级统治形式改变"的历史中考察问题。（5）马克思主义的阶级斗争学说贯彻着或者说包含着历史主义，马克思主义的历史主义是以阶级斗争学说为基础的。（6）在实际研究过程中，当着忽略历史主义时，也就对阶级观点作了错误的理解；当着忽略阶级观点时，也就对历史主义作了错误的理解。[①]一般认为，这篇文章是后

---

① 关锋、林聿时：《在历史研究中运用阶级观点和历史主义问题》，《历史研究》1963 年第 6 期。

来批判吴晗、翦伯赞的先声。

很明显，他们把阶级观点与历史主义如何统一的问题，给具体化了。他们显然吸收了突出阶级观点的学者们的意见，但更加条理化、清晰化，给人一种言简意赅的感觉。单纯从学理上说，应该说是可以自洽的。但是接下去在评析反对非历史主义的言论时，他们指责有些人在反对所谓非历史主义时离开了马克思主义的阶级观点，不符合马克思主义阶级斗争学说、国家学说云云，表露出比较强的以势压人的霸气。

1965年，戚本禹发表《为革命而研究历史》一文，将这种"霸气"发挥得淋漓尽致。他说："对于历史主义和阶级观点的错误理解，不仅仅是一个概念不清楚的问题，这里实质上反映了一些人对于用无产阶级的立场、观点和方法去研究历史的一种怀疑和动摇，有的甚至是反对。"他对所谓"错误理解"的具体表现，作了有针对性的评析。他写道：

> 对于用无产阶级的立场、观点和方法去研究历史，有些人因为受旧观点的束缚，感到不习惯，有些人甚至抱有反感。他们对于批判帝王将相不满，对于称赞农民起义不满，并且提出了一整套错误的观点。一方面，他们认为，封建地主只有处在没落、崩溃的阶段才是可以骂，可以反的；处在上升、发展阶段的封建地主，因为有进步作用，是不可以骂，不可以反的。因此，我们在研究历史的时候，不能"见封建就反，见地主就骂"。另一方面，他们认为农民也是私有者，愚昧、落后，不足以革命称之。在他们看来，农民的造反，其动机不过是为了升官、发财，当新贵族，他们的斗争纲领，同样是封建主义的。于是，他们就觉得在指导历史研究的理论上，只有阶级观点是不行了，必须要有一种东西来补偏救弊了，所谓"历史主义"的问题，就是这样登上历史论坛的。
>
> ……
>
> 在封建社会里，农民对地主的反抗运动，是社会发展的动

力。奇怪的是，这样一个被压在社会最底层的，穷得只剩下一把锄头、两个肩膀的小私有者，现在在一些历史学家的笔下，怎么竟然变成了同膏腴万顷、屋宇千间的封建贵族一样的私有者了呢？你看，农民造反是为了升官发财，当新贵族、新皇帝，他们的斗争纲领又是封建主义的。如果真的是这样，那还存在着什么不可调和的阶级对立和不可调和的阶级斗争呢？我们怎么可以设想，千千万万饥寒交迫、辗转沟壑、在死亡线上挣扎的农奴，当他们被迫起来同剥削、压迫他们的封建地主作生死斗争的时候，他们每个人所想的却是怎么让自己去变成那些正被大伙所反对的老爷们？……所谓农民造反是为了升官发财等等，完全是对农民革命运动的歪曲。

上面两段引语，可以引导读者走进当时的语境。一方面，可以相对清晰地看清突出历史主义的观点此时在力主阶级分析方法的戚本禹心目中的形象与定位；另一方面，也可以相对清晰地看到，突出历史主义的观点对突出阶级分析方法的现实形势的冲击有多么严重。这里面虽然没有点名，但翦伯赞等人的形象已经呼之欲出。今天看来，恐怕也不好说戚本禹的批评毫无道理。但是，他的措辞实际上使对方失去了回应的权利。特别是他文章结尾部分的一段话，充满了暗示。他说：

历史研究从来是思想斗争非常激烈的一个领域。封建统治阶级和资产阶级为了维护他们的阶级利益，为了麻痹劳动人民的反抗意志，从来不放松对这个领域的控制。社会主义社会仍然存在着阶级和阶级斗争，被推翻的统治阶级的历史观点是不会自动地从历史研究的领域里撤走的。无产阶级的战士，应该为了革命的利益，为了人民群众的利益，高高举起战无不胜的毛泽东思想旗帜，勇敢地去占领和巩固历史研究领域里的一切阵地。①

---

① 戚本禹：《为革命而研究历史》，《历史研究》1965 年第 6 期。

作为一般性的道理，这段话应该说也不错。但其实，它的实质是冲着翦伯赞、吴晗等真诚的马克思主义史学家的。① 因此，戚本禹把问题提到如此高的程度，从具体所指而言，是不适当的。因为，纵使翦伯赞、吴晗等人的观点存在错误，纵使他们的观点中含有资产阶级的思想因素，也完全可以采取说理的方式予以解决。如果采用对待敌人的方式来对待真诚的或许发表过不正确见解的马克思主义者，不但混淆了敌我的界限，而且还会败坏马克思主义的整体形象。况且，那些突出历史主义观点的学者，也是从马克思主义出发的。他们绝对无意散布封建统治阶级或资产阶级的观点，而是为了在批评非历史主义的现象中推进马克思主义史学健康发展。此外，他们真诚地希望对历史、特别是对中国历史，进行更全面、更周密、更科学的研究和分析。他们主张以发展的观点考察历史，要求把考察的对象还原到它所存在的那个历史范围之内，从时代的历史的具体条件出发，对之进行具体的客观的分析。这种主张对于实际中存在的非历史主义的现象，确实具有提醒、诊治的作用。他们同样承认阶级观点是唯物史观的核心，同样把历史主义纳入阶级斗争观点之中，对这样的马克思主义者采取对敌论战的语气和方式，当然是错误的。因此，戚本禹的文章貌似振振有词、理直气壮，但其实所带来的是对中国马克思主义学术的伤害。后来的史实，证明了这一点。

戚本禹文章是特定历史环境中的产物，是全国意识形态形势在史学界的缩影。正如后人所总结的那样："在'四清'运动开展以后，特别是毛泽东对文艺问题的两个批示作出后，从 1964 年夏季开始，在意识形态领域，从文艺界逐步扩大到哲学、经济学、历史学等许多方面，开展了新中国成立以来文化领域内规模最大的批判运动。这种批判，以学术讨论的形式，进行政治性的批判，被当做反修防修的重要组成部分。批判的对象，在哲学界，以杨献珍的'合二而一论'

---

① 按关锋、林聿时以及戚本禹文章中所举的例子，虽然没有直接点名，但大多来自翦伯赞与吴晗。

为代表,在经济学界,以孙冶方'生产价格论''企业利润观'等经济思想为代表,在历史学界,以翦伯赞等的'历史主义'和'让步政策论'等史学观点为代表。""这以后,文化领域的批判运动越来越升级,火药味也越来越浓厚。毛泽东的兴趣和注意力也从'四清'逐渐转到这个方面。文化批判运动直接导致了'文化大革命'的发动。"①

在戚本禹文章所彰显的基调下,1965 年下半年,讨论的氛围明显改变了。宁可、刘节、周谷城、蔡美彪、孙祚民等人受到点名批评。有人写文章提出,是否坚持阶级分析方法是历史科学领域中阶级斗争的集中表现。在这种观点下,宁可等人的文章也就成为现实中阶级斗争动向在学术上的反映。文章说,"解放以来,在历史科学领域中,资产阶级世界观和无产阶级世界观的斗争,始终没有停止,今后也将继续斗争下去"。就是在这样的形势下,宁可不仅"为错误的观点进行辩护","而且还对错误的观点有所发展,以至系统化起来"。刘节则"公开向马克思主义的阶级分析方法挑战",周谷城宣扬"阶级调和论"。文章认为,是否坚持历史唯物主义和阶级观点是马克思主义的历史主义和资产阶级的历史主义的根本分界线,而宁可所讲的历史主义,就是资产阶级的客观主义,完全背离了马克思主义的历史主义和历史唯物主义所共有的本质和核心。② 还有人写文章提出,宁可模糊并且否认了历史科学研究的党性即阶级性原则、模糊并且否定了马克思主义历史主义的阶级属性、用资产阶级历史主义代替了无产阶级阶级观点,"为刘节等人站在反动的立场上,把历史的本来面目歪曲到无以复加的所谓历史研究,争得一个合法存在的地位"。③ 这样尽量上纲上线的批判方式,即使在论点中包含着合理的因素,也难

---

① 中共中央文献研究室编:《毛泽东传》,中央文献出版社 2011 年版,第 2351—2352、2354 页。

② 牛致功:《关于马克思主义的历史主义和历史唯物主义与阶级观点的问题——与宁可同志商榷》,《文史哲》1965 年第 4 期。

③ 徐宏慧:《置无产阶级阶级观点于何地?——和宁可同志商榷》,《文史哲》1965 年第 5 期。

以获得后世的同情与认同。因此，它为中国马克思主义史学的健康发展，同样留下了教训。

第三节　史论关系研究①

"史论关系"是新中国马克思主义史学界曾经热烈讨论的另一重要问题，贯穿于新中国成立后的四十多年间。这个问题属于史学方法论的范畴，但形式化的程度更高，因而许多重大历史问题、史学问题的讨论，例如农民战争史研究、历史人物评价等，都可以隶属于它。特别是阶级观点与历史主义的关系问题，与"史论关系"议题具有更加密切的血缘关系。

一般讲，"史论关系"中的"史"与"论"，在不同语境中可以做不同层面的理解。"史"可以指史料，也可以指史料所反映的客观历史。还可以指对史料、事实的具体考辨、梳理、分析、揭示过程。"论"既可以在思想指导层面指称马克思主义理论，也可以在研究层面指具体的历史结论。由于概念的所指与能指层面不同，因此在运用时很容易产生不同的理解。不过，在"得意妄言"的约定俗成层面，一般不会发生理解上的混乱。

马克思主义认为，历史学是一门实证科学。因此，重视史料是历史学的学科属性所在。历史学不同于哲学的地方，就在于必须经过"形而下"的通道来达到"形而上"。如果省却这一"通道"，那就不是历史学，而直接成为哲学了。"形而下"的基本凭借，就是史料。历史学不同于文学的地方，在于必须以"实证"的手段来达到对真相与真理的揭示和呈现，不允许以非实证的方式来揭示真相、呈现真理。而文学则必须以"非实证"的方式来达到对真相的揭示以及真理的呈现。"非实证"方式最基本的手法，就是虚构、渲染、创作以及其他相关的艺术表现形式。而"实证"的过程，主要表现为

---

① 本节主要依据笔者与蒋大椿先生合作的《近四十年来史论关系研究综述》一文写成，见《历史研究》1992 年第 2 期。

对史料的考辨。因此，重视史料是历史学的学科属性所决定的，是应该的、必然的，也是必需的。

但是，史料考辨不能囊括历史学的全部功能。史料考辨不能自发地将历史的真相、历史的真理自行揭示出来。它必须而且必然有主体的介入。而"主体"是有思想、有感情、有立场乃至有理论指导的。

更深入一步考察，"史料"原本也是主体的产物。作为历史研究的主体史学家在考辨史料时，实际上处于两个主体对话的状态中。因此，不研究主体的认识规律，不讲究主体的认识规则，不揭示主体的认识过程，不明了"理解""阐释"等文本解读活动的内在机制，是不符合历史学这门实证科学的内在属性的。而这些，需要有"论"的在场。

不过，就历史研究的实际状况而言，由于知识结构、认识水平、能力大小、情感习惯、学术风气等原因，史学家们大都喜欢或偏重做史料考辨工作，这是客观存在的事实。这一点，对大部分马克思主义史家来说，也是一样的。

一 从新中国成立到 20 世纪 60 年代

中国史学向来有重视史料的传统。新中国成立初期，受乾嘉史学遗风影响，加上长期学术风气的养成，史学界重考据、轻理论的倾向非常严重。许多从民国走来的史学家，在考据方面一般都具有比较坚实的功夫，但对马克思主义理论知之甚少。所以，在全国性学习推广马克思主义理论的背景下，对"唯史料论"和"烦琐考据"进行了批评。这无论从现实需要而言，还是就学理建设而言，都是需要的。在这个过程中，马克思主义史学内部提出了更高的要求。他们希望全力推广马克思主义理论，但不希望由此产生简单化、教条化、非历史主义的重论轻史倾向，不希望简单地以社会发展史的一般规律来代替对活生生的历史现实的生动描写。总之，他们希望历史学的"革命性"与"科学性"有机地结合起来。于是，许多史学家既批评了重史轻论的倾向，也批评了重论轻史的倾向，而主张史论统一或史论结合。

　　反对"唯史料论"与"烦琐考据"，与毛泽东对这个问题的认识直接相关。1965年6月20日，在与刘大杰谈话时，毛泽东明确说："对乾嘉学派不能估价太高，不能说它是唯一的科学方法，但是它的确有成绩。"毛泽东认为，乾嘉学派"要知识分子脱离政治，钻牛角尖，为考证而考证"，桐城派"替封建统治阶级做宣传"，"两者都要反对"。① 这是毛泽东一贯的看法，并非始于1965年，它实际上蕴含着"史论结合"的元素，是符合历史学特性的科学认识。怎样看待考据？怎样估价考据与历史学的关系，毛泽东的见解代表了马克思主义史学家们的基本共识。他们对这个问题的论述，基本没有出毛泽东阐述的范围。比如有一篇文章就这样说："过去和现在，勤恳地、认真地从事考据的学者们，在校勘、训诂等方面做出了不少成绩，在科学研究中起了一定的作用。""给考据工作以一定的地位是应该的、必要的；但是不能过分夸大考据的作用，不应该轻视理论研究。认为只有考据才是'实学'，过分夸大考据的作用，或者把考据看作目的，为考据而考据，实质上是一种资产阶级学术观点，是在不同程度上受到清代汉学家学风的影响。"②

　　需要强调的是，与其他许多问题一样，史论关系问题的提出，乃出自马克思主义史学队伍自身，而不是出自非马克思主义史学群体。这表明，中国马克思主义史学的主流力量，并不满足于中国史学界对马克思主义理论的一般性学习与应用，而是希望深化与提高，以学术的方式推进和拓展马克思主义理论与中国历史实际的结合。这是一项很高的期待，也是一个很高的境界。同时，这也是对自身马克思主义理论水平与实证功夫具有很强自信的表现。依照他们的愿望和所指示的路径建设中国马克思主义史学，中国马克思主义史学必然会在国际学术界树立起品牌。遗憾的是，他们的愿望与期许经历了曲折，并没有在实践中得到完美实现。

---

　　①　中共中央文献研究室编：《毛泽东年谱（1949—1976）》第5册，中央文献出版社2013年版，第503页。

　　②　杨永志：《正确地对待考据》，《红旗》1963年第6期。

　　史学家们之所以热衷于史料与考据，最直接的学术渊源，是民国时期胡适等人对考据的推崇。尤其是前中央研究院史语所所长傅斯年提出的所谓"史学即是史料学"观点，影响甚深。这种经验主义的研究倾向，在内心深处蔑视理论，认为历史研究的任务主要就是"上穷碧落下黄泉，动手动脚找东西"。其实，胡适、傅斯年等人是否将考据学看作历史的全部，容可商榷，但不可否认的是，在当时许多人的心目中，他们就是这样主张的，而且在实际效果上确实推动了烦琐考据的风气，所以，不论他们的确切主张是什么，考据至上风气的养成与他们确实脱不开干系。

　　前文已言，历史学必须经过"形而下"的通道来达到"形而上"。"形而下"的基本凭借，是史料。历史学的这一基本特性，在马克思主义看来，预示着史料考据仅是历史研究的初步工作，还必须在此基础上进一步探求历史现象间的内在联系及其实质。欲从"形而下"达到"形而上"，只有在马克思主义理论，尤其是在唯物史观指导下才能顺利地进行。依照这种逻辑，在新中国成立之初的马克思主义理论学习和思想改造运动中，许多马克思主义史学家都撰文批评那种重史料、轻理论的倾向，强调马列主义、毛泽东思想对历史科学研究的指导作用。一些从民国过来的非马克思主义史学家，也常对过去那种过分或只重史料考据而忽视理论的倾向作了自我批评。

　　但在批评重史轻论、强调学习和以马克思主义理论指导历史研究的同时，难免又产生出一种重论轻史的倾向。对此，马克思主义史学家们从历史研究的大局和长远目标出发，试图予以矫正。

　　1957年5月2日，尚钺在苏州师范学院作了一个长篇演讲，重点批评西周封建论，同时谈到研究历史中的一些方法问题。他认为当时"中国史学界一般情形"是"搞理论的缺乏实际材料，所以写起文章来，就好像过去有人说的'日试万言，倚马可待'。洋洋数万言，仔细一看，不知他们说的是中国呀还是罗马、希腊或则别的国家，也许放到哪里都可以用"。这是说有人用历史发展的一般规律性叙述代替了对具体历史的具体叙述，实际上就是"以论代史"。他口中的"有人"，是指范文澜。当时范文澜在北京大学演讲，曾经点名批评尚钺，其中就有"不知他们说的是中国呀还是罗马、希腊或则别的国家，也许放到哪里都可以用"的意思。① 总之，他们共同批评的是教条主义，而教条主义在现实中确实存在。

尚钺说："我们学习马列主义决不要希望马克思、恩格斯、列宁、斯大林和我们的毛主席来替我们主观成见作辩护，决不要希望我们革命大师来替我们主观成见作辩护，如果片面地想象他们作辩护人的话，那一定要失败。我们应该怎么样呢？要根据马列主义立场、观点和方法来对我们的史料、丰富而复杂的史料进行深刻的研究。"确切说是研究它们之间的关系。他还说，"史料是历史科学工作者的武器，没有历史资料就不能写出历史来，更不用说写正确的历史了。不幸的是到目前为止，还有许多史学家不用史料或者是用很少的史料，作出一篇一篇空空洞洞的大文章，并且企图用从概念到概念的这种方法，来解决历史上重大问题"，实际上是要"概念把戏"。②

尚钺的演讲稿当时并未发表。批判尚钺的时候，有人发现了记录稿，将其收入《尚钺批判》第 1 辑。尽管尚钺的批评有具体所指，他提出这一看法与他立足中国内部要素探寻历史发展线索的研究路径以及个别学者对他的批评相关，但实际上，他的看法表达了老一辈马克思主义史学家们的普遍心声，即使他的对立方西周封建论的主张者，就一般性而言，也赞同他的意见。

最典型的是范文澜的《反对放空炮》一文。这篇文章虽然发表于几年后，但基本意思是范文澜早就有的。据该文编者按，这篇文章原是 1961 年 4 月 7 日在中国历史学会和北京历史学会联合举行的纪念巴黎公社 90 周年学术讨论会上的发言，它借当时福建前线向台湾金门、马祖开炮的事情，指出"真正打得倒敌人的历史学大炮是经过切切实实研究的历史著作（论文或书籍）。要造出这种大炮，必须对所要研究的历史事件做认真的调查工作，阅读有关的各种书籍，系

---

① 中国社会科学院近代史研究所编：《范文澜历史论文选集》，中国社会科学出版社 1979 年版，第 215 页。

② 《尚钺史学论文选集》，人民出版社 1984 年版，第 23、28、31 页。

统地从头到底读下去，详细了解这件事情的经过始末，然后用马克思列宁主义、毛泽东思想的观点方法来分析事情发生的原因和发展过程中发生的好的因素和坏的因素，判断这件事情的趋向是什么。"写文章必须"有实事求是之意，无哗众取宠之心"。①

范文澜讲得比尚钺含蓄，但他不点名地批评有学者"说大而无当的空话"，不讲究"实弹射击"，"把历史事件忽略到无以复加的地步"，"把自己杜撰的一些公式和规律，演成篇幅，说这就是论文"，提出要"以独立的怀疑的精神去研究"，还是满含锋芒的，其基本精神与尚钺完全一致。他们都不希望历史学直接成为"哲学"，而是希望在史学领域"理论"能够与历史学的特性相结合，也就是灵魂能够与肉体相结合。他们的共同目的，当然是对史学特性的维护。

讲到维护历史学的特性，还须举出郭沫若的观点。郭沫若很明确地说，尽可能多地占有资料以及考据，都是不可少的。虽然史学不是史料学，但有人要考证洪秀全有没有胡子这样的问题，"也可以由他搞去，这总比什么也不搞要强"。"这些琐碎的东西，说不定有时也用得上。例如在历史博物馆里要挂洪秀全的像，那就用得上了。"他并说："只有历史唯物主义的一般原理而没有史料，那是空洞无物的。炊事员仅抱着一部烹调术，没有做出席面来，那算没有尽到炊事员的责任。由此看出，没有史料是不能研究历史的。因而，对搜集、考察史料的工作，不能一概加以否定。"②　其实，早在 1951 年 7 月，郭沫若就讲过这个意思，而且同样是以"烹调术"作比喻的。他说："抽象的理论不如具体的说明，历史正为我们提出无限具体的实例。历史就是发展，当从发展中去处理历史人物和事件，这样历史才是活的，才能具有教育的意义。脱离发展，割断一切的关联去处理历史，会使有生命的历史也成为一大堆陈腐的断滥资料而已。""历史家当

① 范文澜：《反对放空炮》，《历史研究》1961 年第 3 期。
② 郭沫若：《关于目前历史研究中的几个问题——答〈新建设〉编辑部问》，《新建设》1959 年第 4 期。

然也不能专门拿研究方法来教人。"① 郭沫若讲上述话，是需要勇气的，因为在插红旗、拔白旗运动中，所谓"英国使臣觐见乾隆皇帝是跪双腿或是单腿""《红楼梦》上的凤姐是小脚或是大脚""杨贵妃入宫时是不是处女"等题目，曾作为资产阶级烦琐考据的典型受到公开批判。②

翦伯赞是突出马克思主义的历史主义的学者，所以，他必然会反对以论代史。他说：我们反对把史料当作史学的说法，这是完全必要的。但是我们从来没有反对过史料本身。现在有个别教师对史料不够重视，只是空空洞洞地讲一些原理原则，或者干巴巴地讲一些发展规律，或者把史料当作事例来注释原理原则。实则，不重视史料，或者企图不通过史料的分析来说明历史，是不对的。研究历史必须从实在的具体的史实出发，不能从空话出发。马克思主义者从来不反对史料，而且十分重视史料。问题不在于史料本身，而是在于用什么观点和方法来对待史料。③ 这些观点，是站在理论层面说的，但所面对的并不是理论事实，因为当时并没有人主张史料不重要；他们所面对的，是实际状况。在现实中，由于突出社会发展史的一般规律，出现了尽量少讲历史事实的现象。对这种实际状况，马克思主义史学家们希望给予一个理论上的澄清。

由上面的介绍可以看出，尽管对实际历史问题的解读有歧异甚至对立，但在历史研究的基本原则上，郭沫若、范文澜、翦伯赞、尚钺等人没有分歧。研究他们的史学实践与史学思想，固然要辨析他们之间的"异"，但切不可忘记他们本质上的"同"。

从批评重史轻论，到批评重论轻史，其起点，都是针对实际的研究状况作理论澄清。但回到理论层面内部，则需要说明一个基本问题：在历史科学中，"史"与"论"之间需要一种怎样的科学平衡关

---

① 郭沫若：《精通烹调术，做出好宴席》，《新史学通讯》第1卷第4期，1951年7月10日。

② 参看杨海波《把资产阶级的最后阵地夺取过来》，见中国青年出版社编《插红旗，拔白旗——把资产阶级的最后阵地夺取过来》，中国青年出版社1958年版，第9页。

③ 翦伯赞：《目前历史教学中的几个问题》，《红旗》1959年第10期。

系？对这个问题的解答，一要立足于学理；二不能不考虑现实形势的需要；三则需要在学理与现实需要间找到契合点。因此，对这个问题的探讨，常常表现为现实需要与学理论证二者的关系问题。

在 20 世纪 50—60 年代，多数学者认为历史学中史与论的关系是统一的，史与论应结合起来，亦即所谓史论统一、论史结合。孙国权在 1959 年正式提出了"正确处理史料与观点的关系"问题，明确表述了史料与观点统一的主张。他认为，史料是历史教学与研究工作的物质基础，唯物主义的历史观是历史教学与研究工作的灵魂。"史料与观点的统一，是进行历史科学的教学与研究工作最科学的方法，也就是说，要在马克思列宁主义指导下，用具体的史料来说明历史事件。"[1] 彭明则提出，批判资产阶级的史料学观点，绝不意味着马克思主义的历史学轻视资料工作。不应该把史料和观点割裂开来，历史研究应从二者必须统一的角度去进行。懂得了史料和观点的统一，也就懂得了史料在史学中的重要地位不可以轻视。史与论的关系在于：在研究的过程上，材料形成观点；就论文的表现看，观点统率着材料。在材料形成观点的过程中，马克思主义的一般原理起着指导作用，而马克思主义的一般原理又是历史实际材料形成的。[2]

靳德行也赞成史料和观点统一的提法。他对二者之间的关系表述如下：（1）研究历史必须从历史实际出发，占有丰富的史料，从中总结出马列主义的一般原理和具体历史事件的具体结论；（2）在研究史料的过程中，必须以马列主义的理论作指导，进行认真地分析研究、判断和推理，以揭示历史的本来面目，探寻历史的发展规律；（3）研究历史的目的是为了指导我们今天的革命实践和工作实践。研究历史的态度和方法，即是史料与观点的统一。[3] 白寿彝认为，只讲理论，不管历史事实；讲中国史不管中国历史事实，讲世界史不管世界历史事实，而只讲马克思列宁主义经典著作的个别词句，便是

①　孙国权：《正确处理史料与观点的关系》，《中学历史教学》1959 年第 4 期。

②　彭明：《谈观点和史料的统一》，《人民日报》1961 年 5 月 31 日。

③　靳德行：《试谈史料和观点的关系》，《河南日报》1961 年 7 月 28 日。

"以论带史"。运用马克思列宁主义理论，对具体史实进行具体分析，才是正确方法。① 吕振羽同样强调史论结合。他提出学习和研究历史必须坚持和贯彻理论和实际相结合的方针。"论"就是观点，马克思主义理论、毛泽东思想的基本原理；"史"就是史料。史和论的统一，就是运用马克思主义的理论和方法，通过对具体历史进行具体分析，揭示出历史发展的规律。② 翦伯赞则从史论统一的前提出发对史论结合作了更加详细的阐发。他提出："理论挂帅不是只要理论不要史料，不是用空洞的抽象的社会发展史的一般原理原则代替具体的历史，只是说要用这样的原理原则分析具体的历史。""历史是具体性的科学，论证历史不要从概念出发，必须从具体史实出发，从具体史实的科学分析中引出结论。不要先提出结论，把结论强加于具体的史实。"③ 他还愈加明确地提出：在历史研究工作中，必须把史和论结合起来。以为重视史料就是资产阶级思想，在史料和资产阶级思想之间画上等号，是非常错误的。在史料的问题上，我们和资产阶级的区别，不是要不要史料的问题，而是用什么立场、观点和方法对待史料的问题。"以论带史"的提法必须废除，正确的提法应该是"观点与史料的统一"。写历史不要用写一段史料再写一段理论的办法来体现史论的结合，这种办法实际上还是史论分家。正确的办法是让读者能够从史实的叙述中得出作者所要得出的结论。不要胡乱引用马克思主义经典作家的文句，反对不用脑筋的教条主义研究方法。④ 孙思白认为，理想的历史作品应当是史与论的水乳交融、和谐统一。史与论应该统一，考据只是为达到史论统一的一个环节而已。⑤

上述见解，就其最基本内涵"史论统一、论史结合"来说，是完全正确的。但是，当把他们的主张与现实中的历史叙述状况作对照时，就会发现这些主张在实际效果上不免会偏向"史"。这对从事实

① 白寿彝：《关于历史学习的三个问题》，《光明日报》1962 年 1 月 3 日。
② 吕振羽：《怎样学习历史》，《历史教学》1961 年第 10 期。
③ 翦伯赞：《对处理若干历史问题的初步意见》，《光明日报》1961 年 12 月 22 日。
④ 翦伯赞：《关于史与论的结合问题》，《文汇报》1962 年 1 月 21 日。
⑤ 孙思白：《论历史科学研究中的几个问题》，《文史哲》1963 年第 1 期。

际工作的历史教师们来说，要达到他们的要求，是存在许多实际的困难的。而且，就学理探究而言，在提出史论结合命题时，人们会发问：史论怎么结合？史论结合命题是否有不突出理论指导之嫌？于是，又产生了关于史论结合的含义问题。

对史论怎样结合问题的认识，在20世纪60年代大体是相同的，由于观察问题的侧重点不同，也有一些细微的差别。白寿彝认为，"史跟论的关系之正确的处理，是史跟论的统一。一方面是在马克思主义基本理论的指导下讲授历史，又一方面是在占有丰富材料的基础上分析出正确的结论。"只要在这一原则的指导下，结合教材的具体情况，可以有史有论，可以寓论于史，可以特别叙述或说明史事，也可以是专作理论分析。"①

史苏苑认为，在历史作品中，史和论从来都是结合在一起的，只是过去的史论结合是旧的、非科学的而已。马克思主义经典作家树立了科学的史论结合的典范。科学的史论结合的形式多种多样，大致有以下几种：首先是"寓论于史"，即让观点体现在材料之中；其次是夹叙夹议，或叫边史边论；再次是先史后论，或叫先叙后议。总之只要人们有了史论必须结合的前提认识，至于形式，可以根据条件而灵活运用。越是历史内容错综复杂，越是显出史论结合的重要意义。②他的观点表明，尽管都是史论结合，但有新旧之分，而且历史学者在写作时，会不自觉地进行史论结合。那么，马克思主义史学所提倡的史论结合应该是怎样的呢？苏述认为："史论结合正确的理解，应该是指在马克思列宁主义、毛泽东思想指导下，对纷纭复杂的史料进行科学的分析和研究，从中引出正确的合乎历史规律的结论来。""论是马克思列宁主义、毛泽东思想，是辩证唯物主义和历史唯物主义，而不是别的；史是在马列主义毛泽东思想指导下，经过分析研究的史料，而不是不加分析不加研究、硬凑在一起的大杂烩。""历史工作者要真正地做到史论结合，首先也是最重要的，是立场、世界观的改

---

① 白寿彝：《历史学科基本训练有关的几个问题》，《红旗》1961年第18期。
② 史苏苑：《史论结合杂谈五题》，《史学月刊》1964年第8期。

造问题，而不是多一条史料还是少一条史料的问题。"① 显然，他的史论结合的具体含义，就是以正确的理论、立场、世界观去分析史料。

这种在"史论结合"中强调理论指导、政治立场、无产阶级世界观的立论，是当时多数论者的基本倾向，有些作者还更进一步，强调阶级斗争理论和历史材料的结合。曾庆鉴说，论和史的关系就是怎样正确处理马列主义一般原理与历史实际的关系，以及怎样正确应用马列主义的立场、观点和方法研究历史的问题。研究历史必须坚持论史结合、观点与材料统一的原则。他认为，在当代历史研究中的"重史轻论"或要史不要论的观点，实质上都是为了抗拒马克思列宁主义的思想指导，以便为其资产阶级的唯心史观大开方便之门。②

1963年7月，天津史学界曾就历史研究中观点和资料的关系问题专门召开学术座谈会。同年，《天津日报》推出"如何认识和处理资料和观点的关系"的笔谈。其中钱君晔认为，今天我们所需要的是以马克思主义思想为指导的材料与观点的统一，只有如此，历史才能反映真实，才能具有它的思想性和战斗性，才能为当前政治服务。以马列主义的观点和方法，进行阶级分析，才是正确的方法，才是史料和史观的统一。③ 周乾嵘提出，应以马列主义的观点，历史唯物主义的观点，也即是以阶级斗争的观点，用阶级分析的方法来处理历史资料。只有这样做，才能写出真正的历史，揭露历史真相，阐明历史发展规律。④ 傅尚文则说，资料与观点的关系问题是一个学风问题。没有纯客观的史料，史料都具有阶级烙印。观点是统帅不是空话，阐明规律的论著，才能传之久远。我们所说的史论结合，是以马列主义科学真理、科学的历史唯物主义的观点统率资料的，其目的在于阐明客观的历史发展规律，为无产阶级政治、人类彻底解放的伟大革命事

① 苏述：《关于史论结合的几个问题——与史苏苑同志商榷》，《史学月刊》1964年第12期。
② 曾庆鉴：《我看"论""史"结合》，《学术研究》1963年第4期。
③ 钱君晔：《略谈材料和观点的关系》，《天津日报》1963年8月3日。
④ 周乾嵘：《观点与材料统一的实质是什么?》，《天津日报》1963年8月3日。

业服务的。① 漆侠也认为,古往今来的历史著作,不论它属于哪一种类型,亦不论它的成就高低,总是以一定的观点统率相应的材料来叙述、说明各该时期的历史,服务于各该时期的政治和经济。观点和材料的统一,是史学史自身发展过程中一个必然结果。漆侠指出:"马克思主义在总结了史学发展的这一成果的同时,公开申明以历史唯物主义的观点,以阶级斗争的观点同事实材料紧密结合起来,历史科学才能成为科学,才能为无产阶级的政治服务,这就又使观点和材料统一的本身,发生根本性质的变化。"② 这样,所谓"史论结合",也就成为阶级斗争理论与"事实材料"相结合,而且是以前者"统率"对后者的分析。

"史论结合"的一个具体化、落实性主张,就是"以论带史"。从 1961 年开始的一些史学论文中,已不断看到对"以论带史"说以至从"以论带史"发展成"以论代史"的批评。查阅 1961 年以前公开发表的论及史论关系的文献,可看出"以论代史"的现象是存在的。而这种提法是一些学者对这种现象进行批评时概括出来的,但并没有人公开提出过"以论代史"的正面主张。而"以论带史"在1958 年的"史学革命"中不仅作为现象大量存在,而且也有许多人将这种概括固化为概念,予以正面主张。

如某地教师合写的一篇文章,题目就叫"以虚带实突击编写乡土教材和教学参考资料"云云。所谓"以虚带实",实即"以论带史"的意思。③ 还有中学历史教师提出,中学历史教学的改革和跃进也应"以虚带实"。这里的"虚"实际即"论",主要是指四个基本观点:工人阶级观点,劳动观点、群众和集体观点、辩证唯物主义观点。④

另有北京的中学教师介绍他们打破王朝体系、讲述劳动人民历史

---

① 傅尚文:《对资料与观点关系问题的几点看法》,《天津日报》1963 年 10 月 16 日。

② 漆侠:《谈观点和材料的统一》,《天津日报》1963 年 11 月 6 日。

③ 辽宁省教师进修学院史地教研室:《我们以虚带实突击编写乡土教材和教学参考资料的做法和体会》,《历史教学》1958 年第 8 期。

④ 《关于北京市中学历史教学的改革和跃进问题》,《历史教学》1958 年第 11 期。

的做法时说，他们在新教材中"大力加强马克思列宁主义基本观点教育和社会主义共产主义思想教育，大力缩减许多与思想教育不关紧要的细节。打破以往的规格，在教材里大力引用了马克思列宁主义经典作家的论述，尤其是毛泽东同志的指示"。这其实是在具体落实"以论带史"。他们所谓"打破以往的规格"、缩减"不关紧要的细节"，其中包括"把帝王将相的活动，统治阶级内部狗咬狗的斗争，以及传统视为十分重要的政治制度和政治沿革都予以删减，王朝的名称只是作为纪念的符号，其始末概不加以叙述"。还包括大大削减"各族之间战争的内容"。[①] 这样做显然属于马克思主义史学家们所批评的牺牲历史内容的那种现象。

当时，许多单位为贯彻以阶级观点和人民群众是历史主人的观点带动历史研究，打破王朝体系，因而"不以新起王朝作为时代起点，而以有划段意义的阶级斗争为时代起点，把农民起义从一章之末提到一章之首"，"以农民战争开路"，以建设"新的人民史体系"。[②] 这种做法，作为探索，作为对新中国学术宗尚的积极响应，都是应当鼓励的，但实际做的过程中往往损害了历史学的学科本性，因而写出的作品就不那么像历史类书籍了。

对这种现象，马克思主义史学家是进行了批评的。最著名的批评，来自郭沫若。他说，"不要把写工矿史、公社史等和搞通史、专业史等对立起来"。"我们今天研究历史，应该打破封建王朝体系，这是对的。但打破王朝体系，并不是要求把中国历史上的朝代抹掉。事实上既存在过朝代，如何能抹得掉呢？我们要打破的是旧的历史观点、封建正统观点、专为帝王将相作家谱的办法，而不是简单地把王朝抹掉。如果我们的立场、观点不对头，既使抹掉了王朝，也依然写不出为今日所需要的历史著作来。""这些朝代的称号、年号等等，也没有删掉的必要。在我们看来，夏、商、周、秦、汉……等不过是

---

① 北京 56 中历史教研组：《打破王朝体系讲述劳动人民的历史——改编高中中国历史课本的几点体会》，《历史教学》1958 年第 12 期。

② 历史系中国古代史教研组中国古代史讲义编写小组：《我们在编写〈中国古代史讲义〉中贯彻阶级斗争红线的一点体会》，《中山大学学报》1960 年第 4 期。

A、B、C、D……等符号；帝王的称号，也犹如张、王、李、赵……等姓氏一样。中国历史上帝王的国号、庙号、年号；几千年传下来，已为大家所熟知的，就沿用它们，实际上也只是当作一种符号罢了。至于历史上的编年，如果单提年号，如说建安若干年，或贞观若干年，人们不容易马上知道究竟距今多少年；如单提公元若干年，也不容易马上知道究竟是何朝代，因此，以采用双轨制为宜，即把王朝纪年和公元纪年同时并列，这对读者是很方便的。""历代的帝王，都是有姓名的，但一般人只记得他们的姓，至于名字，就很少有人说得出。有的历史书上不写帝王的称号（如明成祖、宋太宗等）而直接写他们的名字，这样反而使人不懂。我们在历史著作中称他们为帝，并非表示对他们尊敬；称他们为太祖太宗，也并非就真是我们的祖宗。实际上都不过是一种符号而已。要从中国历史上把王朝的许多称号完全抹去，反而有很多不方便。"①

郭沫若的看法极为通达，代表了马克思主义史学家们的共同心声。吴晗对这个问题的看法，我们前面已经引述。其实，他还说过："打破王朝体系好不好呢？很好。但是有人认为打破王朝体系就是把王朝和封建统治者都从历史上抹掉，这样做就不对了。"② 显然，对于"打破王朝体系"本身，他们是不反对的。他们所反对的是走极端，由一种倾向来制造另一种倾向。当然，打破王朝体系的作品并非一无是处。说这类作品一点探索性的价值都没有、一点合理性的要素都不具备，是不实事求是的。其实，当时许多单位对这类作品还是花费了许多精力、动了不少脑筋的，其中一些想法和做法，也不乏亮点与启发性。作为一般原则，对于创新当然也应鼓励支持。

现在见到的公开而明确地提出"以论带史"主张的，是尹达。他说："我们提倡'以论带史'。就是说，我们必须以马克思列宁主义、毛泽东思想为指导去研究历史，对于大量史实给予科学的分析，

---

① 郭沫若：《关于目前历史研究中的几个问题——答〈新建设〉编辑部问》，《新建设》1959 年第 4 期。

② 吴晗：《从曹操的讨论谈历史人物评价问题——在北京教师进修学院对中学历史教师的讲话》，《历史教学》1959 年第 7 期。

反对'为史实而史实''史料即史学'的资产阶级史学观点，这一方针本来是十分明确的。但是，一些资产阶级史学家却把'以论带史'歪曲为'以论代史'，并且大加攻击。他们把理论同史实对立起来，以'尊重史实'为名，行其'史料即史学'之实。他们片面夸大'考据'的作用，企图以考据抵制马克思主义理论。他们这样作的目的，难道不是要取消马克思主义、毛泽东思想对历史科学的指导吗？"① 他突出了"带"与"代"的区别，说明尹达思想上对历史学的学科属性有着底线认识。此外，尽管他把"以论带史"作为概念明确肯定下来，但他论述的基本意思，与此前的许多文章并没有什么两样。据悉，尹达文章中的一些话实为批评翦伯赞，因为他曾经与翦伯赞在中国通史编写的某些问题上发生争论。② "文化大革命"开始后，戚本禹等人揭批翦伯赞时写过这样一段话："1958 年，革命的史学工作者提出了'以论带史'的口号。这个口号的含意是十分明确的，这就是要求以马克思列宁主义、毛泽东思想为指导来研究历史。翦伯赞却污蔑这个口号是'错误的'，是'以论代史'，必须'废除'。"③ 这至少说明，从"史学革命"的立场看，"以论带史"是正确主张。

另一篇明确主张"以论带史"的文章，是署名伍兵、批判翦伯赞"论从史出"主张的文章。文章提出，1958 年，"马克思主义史学工作者为坚持毛泽东思想挂帅，用无产阶级的立场、观点、方法来重新研究和改写历史，反对'史料即史学''为历史而历史'等资产阶级观点，提出了'以论带史'的方针"，而翦伯赞攻击 1958 年至1960 年的史学革命，罗织和虚构种种罪名攻击"以论带史"，并且明目张胆地把"以论带史"歪曲为"以论代史"，贩运"论从史出"

---

① 尹达：《必须把史学革命进行到底》，《红旗》1966 年第 3 期。尹达此文作于 1964年 8 月，发表时只作了个别文字修改。

② 张传玺：《新史学家翦伯赞》，北京大学出版社 2006 年版，第 215 页。

③ 戚本禹、林杰、阎长贵：《反共知识分子翦伯赞的真面目》，《红旗》1966 年第 15期。

的资产阶级黑货。① 把"论从史出"说成是资产阶级史学方法，可谓荒唐。以马克思主义指导历史科学研究是新中国史学界的共识，但用"以论带史"作为研究历史的指导性方法，则会带来实际弊病，所以这一提法在 20 世纪 60 年代受到许多学者批评。伍兵的文章是对这种倾向性批评的反弹，在学理上站不住脚，在实践中无益。

"史论结合"的另一个具体化、落实性主张，是论从史出。这原是吴晗为纠"以论带史"之偏而提出来的。吴晗提出，强调理论是对的，但"以论带史"的提法却值得考虑，因为从字面看，先讲理论，后讲史实，结果是论多史少，甚至是有论无史，把"带"字改为"代"字，成为"以论代史"了。理论只能指导历史研究，并不能代替具体的历史实际。必须以马克思列宁主义为指导研究中国历史实际，从中引出理论，"论"是从历史实际中来的。"以论代史"是不对的，史论结合应该是统一的。吴晗提出"论从史出"的概念。他说："史和论应该是统一的，论不能代替史，论在史中，不是在史之外。因此，就要运用正确的方法，掌握大量的、充分的、可信的史料，加以合理的安排，通过对史实的掌握，把观点体现出来……只要把真正的史实摆清楚了，观点自然就出来了，所以我们说：'论从史出。"②

吴晗的观点，偏重于把论述范围划定在具体的研究范围之内。他所说的"论"，虽然有马克思主义理论的意思，但显然更偏重于历史学家通过研究所得出的具体结论。如果说马克思主义是"大理论"的话，那么他所说的"论"，则更偏重于历史学家的"小理论"。当然，"大理论"归根结底也"出"自历史，但它毕竟是宏观的、具有指导意义的理论，而"小理论"只是一些相对具体的"结论"。体会吴晗的确切意思，是说在"大理论"的指导下去"论从史出"。这从更高更宽的理论范畴上看，其实也可以理解为另一种形式的"以论带史"。不过，一般人不会作如此复杂的逻辑推算。作为历史专业的学者，他

---

① 伍兵：《批判翦伯赞"论从史出"》，《人民日报》1966 年 5 月 8 日。
② 吴晗：《如何学习历史》，《光明日报》1962 年 1 月 4 日。

们一般听到"论从史出"的命题，大都会感到顺耳。因为，不管怎么强调理论，实际中史学家们依然顽强地固守着"史料"。经验主义的顽固性，是习惯性的、习俗性的，不让他们领略到理论的益处与妙处，很难改变他们的习惯。因此，像童书业那样的学者，由于领略到马克思主义理论的益处与妙处，会自觉地改变自己的治学路数，自觉地去践行史论结合。这也就可见，要真正把马克思主义理论推广开来，关键在于让史学家们实际领略到马克思主义理论的益处与妙处，而不在于以历史唯物主义的一般原理代替掉对历史过程的具体书写。

实际上，"论从史出"作为一种研究历史的方法，具有唯物主义内涵，但它并不能完整地反映出历史科学中的史论关系，亦即难以把马克思主义理论的指导作用具体化下来。因此，这一提法当时便受到一些学者的批评。

比如林甘泉，既批评"以论带史"的片面性，也否定了"论从史出"的提法。他认为："目前史学界所谓的史论关系问题，其实还是如何对待马克思主义理论和对待史料这个老问题。"马克思主义历史科学不同于历史唯物主义；历史唯物主义需要抽象为一些原理和概念，而历史科学则应当通过具体生动的历史事实来叙述。近几年来，史学界学习理论的空气有所加强，是可喜的，但在有些同志身上，确实也存在一种脱离历史实际的倾向。"以论带史"这个口号的片面性在于它只强调了理论的指导意义一个方面，而忽视了详细地占有材料的另一重要方面。但在强调重视史料的同时，决不应对马克思主义理论的指导意义有任何忽视。有人在反对"以论代史"时提出"论从史出"，也值得商榷。它无法表达出理论的指导意义来，在实践中很容易导致削弱马克思主义历史科学。因此，以论带史和论从史出的口号都应该予以抛弃，而应该用毛主席所说"详细地占有材料，在马克思列宁主义一般原理的指导下，从这些材料中引出正确的结论"来表述史与论的关系，史料与理论应该并重。① 这种提法，其实带有反对概念化、形而上学化的意思，但如果没有一个固化的概念和提

① 林甘泉：《关于史论结合问题》，《人民日报》1962 年 6 月 14 日。

法，许多人往往会感到不适应。

到"文化大革命"爆发，"论从史出"成为翦伯赞、吴晗的罪状，更被作为"反马克思主义的修正主义理论主张"而受到批判。到 20 世纪 70 年代后期，在历史新时期里，史论关系再次引起史学界的密切关注。大体说来，从"四人帮"阴谋史学被揭露到 1981 年，"论从史出"虽也有人提出，但以"论史结合"说为主。从 1981 年起，相当多的学者已经认为"以论带史""论从史出""史论结合"三个口号都存在概念不清的问题，难以准确说明史论之间的关系。于是有的学者从新的思路进行探索，主张应将论与史放在不同的范围内，分别弄清其含义，然后再来考察论史之间的具体关系。不过，新时期的相关讨论尽管更细密、更深入了，但也存在着烦琐论证、经院主义哲学的意味。

二　20 世纪 70 年代后的讨论情况

1. 史论结合说

1978 年年初，肖一夫提出：不用马列主义观点去占有资料与分析资料，然后引出科学结论，而是把马列主义当做教条，随意贴标签，以原则代替具体分析，是错误的。否认马列主义观点的指导，打着尊重史料的旗号标榜纯客观主义，也是错误的。马克思主义的观点与资料的统一，也就是革命性与科学性的统一。这是研究历史应当起码掌握的原则与方法。① 这时，健在的老一辈马克思主义史学家纷纷复出，希望能够继续为中国史学做贡献，恢复 20 世纪 50 年代马克思主义史学的好传统。肖一夫的观点虽然是针对史论关系而来，但反映了进入历史新时期不久的史学界的整体思想状况。

李时岳在 1980 年 4 月严厉批评"以论带史""论从史出"口号的缺陷与不足，指出客观历史事实是一切正确的历史认识的本源；对历史事实的研究必须在马克思主义理论的指导下进行；马克思主义理论不能代替对历史事实的研究。因此只有"史论结合"才是应该坚

---

① 肖一夫：《史学方法论的几个问题》，《南京大学学报》1978 年第 1 期。

持的原则。① 这种观点代表了当时史学界经过"拨乱反正"运动后的思想状态。

艾力云认为,"史"是指历史资料,"论"是指马列主义、毛泽东思想,是指辩证唯物主义和历史唯物主义,也指文章本身的观点。"以论带史"的口号,是在"左"倾思潮影响下应运而生的;它违背了实事求是的原则,包含有浓厚的主观唯心主义色彩;它可能有意无意地替伪造历史和篡改历史开了方便之门。"以论带史"必然导致从概念到概念,因而不是唯物主义的研究方法。以马克思主义带动历史研究同样是不科学的,不正确的,所以"以论带史"的治史主张不可再用。"论从史出"的内涵,是说观点和结论出之于史料,史料可以出观点。这种主张也是片面的、不科学的。如果在反对"以论带史"的同时又认为只有论从史出、为历史而历史才是正确的,那对于发展中的历史科学无疑是一个倒退,其结果只能导致从一个极端走向另一个极端。艾力云提出史论结合的主张,指出只有真正做到把理论指导和史料分析结合起来,史学研究才能达到一个新的境界。② 稍后,艾力云和李鸿然又合写文章,重申史论结合的观点,并补充说"实事求是,史论结合"的提法更为完整。③ 他们的文章侧面反映了粉碎"四人帮"后史学界思想解放、观点开始活跃的状况,但依然强调马克思主义理论的指导,并没有走向背弃理论指导。

卞哲肯定了翦伯赞"应该把史料融解在理论中,或者说把理论体现在史料之中"的观点,也主张史论结合。④ 王廷科对"史论结合"说作了补充。他说:"以论带史"是先有观点,后套材料,结论产生于研究个别的具体的事实以前,从根本上违背了人类认识发展的规律,颠倒了由史到论的研究程序,是反科学的。但只是占有史料,

① 李时岳:《坚持"史论结合"的原则——回顾解放以来在史与论关系问题上的斗争》,《吉林大学社会科学论丛》1980 年第 2 辑。
② 艾力云:《略论史和论的关系》,《华中师院学报》1980 年第 2 期。
③ 艾力云、李鸿然:《实事求是,史论结合》,《光明日报》1980 年 6 月 3 日。
④ 卞哲:《坚持捍卫马克思主义历史科学:读〈翦伯赞历史论文选集〉》,《读书》1980 年第 10 期。

弄清事实，也决不是历史研究的全部过程，更不是历史研究的最终目的。只有由史到论、论史结合，才是人们通过具体的历史事实认识历史全貌和整体的客观要求。① 苏双碧认为，"史"指历史事实，事实的根据是有关史料；"论"指文章所表达的见解、观点，而论的指导思想是马列主义、毛泽东思想，是辩证唯物主义和历史唯物主义。"以论带史"违背了实事求是的原则，包含有浓厚的主观唯心主义的色彩，违背了实践第一的观念，是受主观意志支配的，所得出的任何结论都不可能是科学的；它必然导致从概念到概念，不根据历史事实，而是从抽象的原则出发，成为概念游戏。"论从史出"如果是指有了史料就有观点，不需要有指导思想，那就是从一个极端走向另外一个极端，也是片面的。史论结合是指既要重视理论也要重视史料。学习理论，首先是要学习马克思主义处理问题的立场、观点和方法。史料和理论不可偏废，应该实现二者的结合。② 从当时的情况看，"以论带史"已经处于一种基本被批判的状态之中。

葛懋春把史论结合的原则提得非常高，他认为，用马克思列宁主义理论与历史实际相结合，就是史论结合，理论和史料的统一。它不是撰写历史作品的技巧问题，而是认识论问题，无产阶级党性问题，是马克思主义史学的重要特征，同古人"寓论于史"的主张具有原则区别。史论结合就是要求我们用马克思列宁主义、毛泽东思想去联系各国具体历史实际阐明历史发展的客观规律，总结历史经验教训。他不赞成"以论代史"或"带史"的提法，也不赞成"论从史出"，但也不否定上述提法的合理因素。他说："可靠的历史资料和科学的历史理论，是历史研究不可缺少的两个方面。"就历史研究的一般程序而言，自然应该"详细地占有历史资料并进行具体分析，然后才有可能从中引出科学的结论"。所谓具体分析，就是"对一般和个别、主流和支流、本质和现象加以严格的区分，从事实的联系中去把握事

① 王廷科：《由史到论，论史结合》，《历史知识》1981 年第 1 期。
② 苏双碧：《论史料和理论的关系》，载《阶级斗争与历史科学》，上海人民出版社1982 年版。

实的真相"。他特别强调："忠实、准确是使用资料的起码原则，只有忠于事实，才能忠于真理。"他不认可"史学就是史料学"以及"回到乾嘉去"的提法，因为"掌握大量史料只是说明历史发展规律的前提条件，从而是达到历史研究目的一个必要步骤"。同时，他也强调"要反对以空论代替具体分析史实的脱离实际的倾向"。葛懋春从认识论的角度看史论关系，是高明之处，但将其置于党性原则之内，尚可商榷。因为即使对马克思主义史家，也未可皆用党性原则来要求。但是，"理论和历史实际的统一，是马克思主义史学的重要特征"，与"寓论于史"有原则区别，等等，无疑是正确的。他大声疾呼"轻视史料工作的学风，必须扭转过来。每一个史学工作者都要准备长期坐冷板凳，在积累资料中下硬功夫、苦功夫，讲空话显然是无济于事的"。[1] 无疑是历史学健康发展的良药，对于克服历史特殊论或单向普遍论的倾向，是有益的。

金景芳认为，"论史结合"的提法是正确的，不容非议。论史结合实际上就是理论和实际相结合，即理论联系实际。把这个提法应用到历史研究工作，即必须用马克思主义理论作指导，必须从历史实际出发。[2] 吕绍纲则着重批评了"论从史出"的两大弱点：第一，"论从史出"的"论"，指的是史家治史的成果和具体结论，不是马克思主义，后者的作用完全被排除了；第二，"论从史出"可能促使人们由先前的轻"史"转而变成轻论。"论从史出"同当年"以论带史"的主张具有几乎同等的潜在危险性。作者的结论是，史与论两者都重要，它们应当是结合的关系。"史论结合"就是理论与实际结合。理论指马克思主义理论和方法；实际指历史实际。中国新史学是史论结合的产物，史论结合是历史研究唯一正确的方法。[3]

文思启对"以论带史"和"论从史出"作了重新解释，提出还是"史论结合"最为恰当。他认为，作为全面的治史口号，史论结合还是

---

① 葛懋春：《论史论结合中的几个问题》，《文史哲》1982年第2期。
② 金景芳：《论与史》，《社会科学战线》1983年第1期。
③ 吕绍纲：《漫评史论结合》，《晋阳学刊》1983年第6期。

比较恰当的，即指科学理论和历史实际相结合。"以论带史"和"论从史出"二者相反相成，互为补充，互相渗透，绝非截然对立，而是从两个不同侧面反映了史论结合。史论结合作为一种叙述方法，实则继承了寓论于史的传统，二者大同小异，形式上基本相似。史论结合方法与引进现代科学新方法也是一致的。① 毛永政认为，"史论结合"只是承认在史与论之间存在着相互作用，没有指出它们是怎样相互作用的，其结合点在何处；"以论带史"显然违背史学研究的真实过程和思维规律，它导致二者的空洞和僵化；"论从史出"则没有反映出历史唯物论对史学研究的指导作用，显然是不全面的。要正确认识史学与历史唯物论之间的相互作用，则首先要区分史、论的不同范围，其次要明确历史唯物论与史学的任务和研究特点的区别，再次要考虑到我国历史唯物论理论的现状。总之，史论最佳结合点的建立对史学研究有重要意义。由于长期以来我们处理史学与历史唯物论的关系并不成功，目前建立最佳结合点有一定困难。② 他的观点看上去似乎不应列入"史论结合"一派的主张之中，但由于他主张在二者间找最佳结合点，因此实际上依然隶属于这派主张。但是，寻找"最佳结合点"是史论结合如何落实的问题，在一些主张史论结合的学者来说，那是一个历史学家在具体研究时个人处理的问题，不属于理论探讨的问题，因为对于理论探讨来说，提出一个正确的基本原则来就足够了，不可能囊括所有细节。值得注意的是，在主张史论结合的一方学者那里，为避免不突出理论指导的指责，因而把"史论结合"一律称之为"论史结合"，觉得把"论"放在"史"字的前面，心理上就安稳多了。这多少也反映出，在主张史论结合的一方学者那里，丝毫没有降低马克思主义理论指导的意思。

2. 论从史出说

1979 年 2 月，钟城在回顾 20 世纪 60 年代史学界两个口号之争的题目下，对"论从史出"和"以论带史"作了重新评价。他提出，

①　文思启：《史论结合新议》，《思想战线》1987 年第 1 期。
②　毛永政：《史论"结合点"之断想》，《广州研究》1987 年第 11 期。

"以论带史"口号起初有积极意义，概念本身却有弊病，因而很快被它的内在逻辑引向"左"的斜路，跌入"以论代史"的泥潭，其先天的毛病在于以为理论先于历史，概念先于事实，观点先于材料，以为有了论便有了史，有了论才能学史、修史。"以论带史"无论在认识上或实践中都是片面的、错误的。作者对"论从史出"持基本肯定的态度，认为"论从史出"一方面是以为历史科学的一切"论"，都应该是研究史料的结果；另一方面则以为研究历史，不能先立一个公式，先下一个结论，再找一些史料去套、去证明。它不过就是要求史学工作者尊重历史事实，要求研究必须详细地占有材料，进行分析研究，从史料引出正确的结论。①

李新坚决主张论从史出。他认为，在"以论带史"思想指导下产生的作品，经不起时间考验，内容贫乏。历史证明以论"带史"或"代史"都是错误的，贻害很大。"文化大革命"结束后，"以论带史"的人除申辩他不是"以论代史"之外，已理屈词穷，很少写文章应战。而主张"论从史出"的人虽已转为攻势，但大多心有余悸，不敢把问题说透，不能把"论从史出"的观点坚持到底。于是出来了"史论结合"的第三种观点。这种观点以其中庸之道，实行调和，不但毫无原则，而且也说不出一套史论如何结合的道理。"论从史出"根本上就是符合马列主义毛泽东思想的，从根本上说是站得住脚的，至于要以马列主义毛泽东思想为指导，那本是天经地义、不成问题的。② 在相关讨论中，李新的文章显得口气决绝，态度非常坚定。张胜瑞也明确认为，"论从史出"的观点不仅是正确的，而且符合马克思主义观点。张胜瑞批评李鸿然、艾力云的文章对论从史出提法的"责难"，认为论从史出的观点"没有片面性"。③

3. "以论带史"、"论从史出"、"史论结合"互补说

1981年以后，一些学者认为，以往的提法，每一种都各有积极

① 钟城：《再谈史与论：回顾60年代史学界两个口号之争》，《文汇报》1979年2月15日。

② 李新：《史与论》，《历史研究》1984年第4期。

③ 张胜瑞：《浅谈史论关系》，《锦州师院学报》1985年第3期。

意义，又各有不足。只取其中一种主张，则难免片面，而应当结合起来，相互补充。

最早提出相互补充说的是熊德基。他提出，"论从史出""以论带史""史论结合"三种提法在当时虽各有积极意义，但每种提法又存在着一些问题。实则，史与论的关系，不仅涉及方法论，而且关系到世界观问题。要想从根本上解决它，就只有依靠马克思主义哲学。史与论的关系，实即哲学上存在与思维的关系，二者是既有联系又有区别的对立统一。这样看来，那些简单的命题尽管提法不同，但内容上也就消除了根本性的矛盾，倒反而可以互相补充、结合，各自的缺陷也就不会发生了。①

赵俪生批评把"史论结合"说成是党性原则的体现。"以论带史"和"论从史出"是两个循环接合的方法，是人们认识论上从抽象到具体、从具体到抽象循环往复历程在史学工作中的反映。② 李桂海认为，"论从史出"的历史思维模式比较重视史料在思维中的作用，强调理论思维要服从于史料，所以研究成果体现个人的特性较差，而更多地表现出史料的客观性；"以论带史"的历史思维模式强调了理论思维的重要性，研究者的思维特点和个性表现得比较明显，观点显示比较清楚，但易出现主观片面的倾向；"史论结合"的历史思维模式的关键点是如何选择"结合"部位，其优势在灵活性，但并不能完全代替"论从史出"和"以论带史"两种模式的特长。以上三种模式各有特点，难分高下优劣。③ 赵锡元认为，任何历史研究工作，都具体地体现了"史""论"的结合。因此"史论结合"的提法本身并不具有任何意义。历史研究的关键不在于是否史论结合，而主要在于怎样实现这种结合。正是基于这样的前提，才出现"以论带史"和"论从史出"两种提法，它们既针锋相对，又互相补充，

---

① 熊德基：《略谈"史"与"论"的关系》，《光明日报》1981年6月8日。
② 赵俪生：《我对"史学概论"的一些看法》，《文史哲》1985年第2期。
③ 李桂海：《从史论关系谈九个历史思维模式问题》，《内蒙古社会科学》1987年第1期。

相辅相成。① 李林提出，"以论带史""论从史出""史论结合"三种主张的争论，实质上是围绕史学认识的主客体关系展开的争论。论从史出说明正确的理论、观点、结论越是属于历史的客观本质内容，就越促使认识主体的思想深化。以论带史应理解为主体意识在认识客体的过程中所起的主观能动作用。史论结合是指在史学研究的全部认识过程中，自始至终贯穿着史家认识主体与其认识客体的辩证统一。三个主张，实为整体，因此史论关系之争可以休矣。②

总起来看，互补说试图取诸说之长而补诸说之短，在取长补短中提炼出能够为大家共同接受的最基本的内涵。这一努力方向，是值得肯定的，但是他们并没有提炼出一个断语式的讲法，因此实际上并没有发挥多大影响。

4. 以论导史说

林雨如认为，"史论结合""以论带史""论从史出"三个口号都不利于马克思主义史学的健康发展。他提议采用"以论导史"来体现"论"与"史"的本质关系。"以论导史"表现了马克思主义理论在马克思主义史学中的主导地位和重要作用，充分体现了马克思主义史学的根本特点，只有以论导史才能达到历史研究的根本目的，完成马克思主义史学研究的根本任务。③ 他还说，"以论导史，论从史出"是一个比较完善和正确的提法，它既指明了马克思主义理论在历史科学中的指导地位，也没有忽略史料的基础作用。它既不会出现"以论带史"产生的歪曲马克思主义理论，忽视和否认史料的应有地位，导致取消历史研究的严重错误和恶果，也不会像"论从史出"那样，忽视马克思主义理论对历史科学的指导地位，容易产生轻视马克思主义理论的"史料即史学"的倾向。④ 但他这种提法也没

① 赵锡元：《汲取历史教训，让自己更聪明些》，《史学集刊》1987年第2期。
② 李林：《从事中求实，从实中求是：论史学研究的认识过程及主客体关系》，《世界历史》1988年第1期。
③ 林雨如：《坚持以马克思主义理论指导史学研究：论"以论导史"》，《西南师院学报》1983年第1期。
④ 林雨如：《以论导史，论从史出：纪念马克思逝世一百周年》，《新疆社会科学》1983年第2期。

有被普遍接受，只有个别学者赞同他的讲法。

5. 在不同范围内理解史与论的含义，然后再分别和从总体上处理二者关系

在历史新时期，"以论带史"作为一个单独的提法，已被一致否定。"论史结合"和"论从史出"则还有学者在坚持。到1981年，已有一些学者提出"论从史出""史论结合"和"以论带史"口号均含混不清，不能正确体现史与论二者之间的正确关系。

如戴逸指出，史论关系研究所要解决的问题是：第一，正确处理史论关系，在史学领域坚持唯物主义；第二，正确处理史论关系，在史学研究中坚持马克思主义的指导；第三，任何一个简单的口号都不可能概括得很全面，即使是一个正确的口号，如果机械地到处套用，也会产生偏差。"史论结合"虽较"以论带史""论从史出"的口号毛病少，但也并没有说明史和论应该怎样结合。白寿彝、宁可也指出，史和论都可以有不同的理解。史是指客观历史，也指历史记载；严格地讲，前一理解是正确的。论，可以指一个具体的论点，也可指成体系的理论，二者又不能截然分开。史论结合、论从史出、以论带史的含义都是含混不清的，都有概念不清、关系不明的问题。正确的提法是：在马克思主义的指导下，详细地占有材料，经过研究，得出新的结论。①

文雄达着重说明"论从史出"不能正确反映史与论的关系。史与论的关系本来是十分清楚的，即最大限度地详细占有材料，在马克思列宁主义一般原理的指导下，从这些材料中引出正确的结论来。没有必要创造出以论带史、以论代史、史论结合、论从史出等概念来模糊史与论的正确关系。② 胡如雷也认为，史论关系问题争论的实质是一个历史学与史料学之间的关系问题。如果人们能从根本上正确地摆

---

① 均见《总结历史教训 繁荣历史科学：历史研究方法论座谈会发言摘要》，《学习与研究》（试刊）1981年第1—2期。

② 文雄达：《评"论从史出"：中国封建土地所有权的争论说明了什么》，《洛阳师专学报》1985年第4期。

正论和史的关系，就没有必要再为这些口号而争执了。①

这些观点表明，一些史学家不希望限于概念之争，主张跳出概念的框架，深入到实际中去，予以实事求是的具体处理。蒋大椿认为，"以论带史"的含义甚不确切，尤其是作为一种研究方法提倡，带来的弊病更多。"论从史出"的口号，则没有体现出唯物史观对历史研究的指导作用。史论结合的主张，也不能适当地表达出论史之间的相互关系，不能对实际的历史研究工作真正起到帮助作用。应该将史与论的关系放在三个不同的范围内来考察，这三个范围分别是：（1）将史与论作为整个社会结构中意识形态范围的两种社会现象来考察，"史"指历史科学，"论"指马克思主义哲学，首先是指唯物史观。（2）把史与论放在历史科学的研究过程来考察；在这里，"史"指具体的历史过程及构成这个过程的一系列历史事实；"论"是对具体历史过程和历史事实的看法和认识，即史识；在这个范围内，史论关系只能是论从史出，而决不能以论带史。（3）在叙述历史的过程中来考察史论关系，这里的"史"指历史著作中所用的材料，"论"就是著作中的观点、论点。在撰述史著时，作为叙述方法，作者可以根据具体情况，灵活处理，在处理史论关系时，则必须论从史出，正确处理历史科学和唯物史观的关系，自觉地以唯物史观为指南。② 胡绳在论及史与论的关系时，也主张在不同的范围里来加以解决。他提出，有必要把研究方法和叙述方法区别开来，在历史研究过程中，"作为历史的研究方法，'论从史出'的说法看来是适当的"。有人以为强调论从史出就会否定马克思主义思想指导的观点是错误的。但从史和论的关系说，"论从史出"是马克思主义的要求，是马克思主义历史研究方法的基本出发点。至于把研究的结果记录下来的叙述方法，当然也可以用其他方式，最好还是史论结合。史论结合的叙述方法有各种具体形式，如"寓论于史""夹叙夹议""以论带史"等。③

---

① 胡如雷：《历史研究方法刍议》，《河北学刊》1986 年第 4 期。
② 蒋大椿：《论与史的关系考察》，《历史研究》1982 年第 4 期。
③ 胡绳：《研究方法和叙述方法》，《光明日报》1985 年 1 月 16 日。

戚其章认为，史论关系问题的讨论所以不能取得满意结果，是因为讨论并没有严格按照科学的方法来进行，概念理解歧异很大，连形式逻辑的同一律都没有遵守。正确地使用"史"与"论"的概念，是解决史论关系问题的关键。首先，"史"指历史研究工作，"论"指马克思主义理论；史与论的关系，就是历史研究工作与马克思主义理论的关系；"论"是"史"的指南和指导线索。其次，"史"指史料，"论"指由史料引出的论点、结论；史与论的关系就是史料与论点、结论的关系，亦即材料与观点的关系。因此，史论关系的表述方式应为：从史到论，又从论到史，史与论的矛盾运动构成了历史研究的整个过程，其公式是史—论—史。① 李开元主张按照史学的不同层次来处理史论关系。他认为，低层史学以确立具体的历史事实为任务，在此范围内，"论"无足轻重，可以从其方法中排除史论关系；中层史学以探讨特殊史实间的特殊关系为目的，史论的提出是为解答具体事实间的问题，它从史料中归纳分析出来，并由史料加以论证，所以适合运用"论从史出"的方法；高层史学以确立历史演化的一般法则和提出理论模式为目的，这里具体史料的作用甚微，理论多取假说的形式提出，然后再用史实去加以参照说明，所以"以论带史"的方法是适合的。②

应当说，我国史学界从笼统地不加区别的探求史论关系，到根据历史认识过程的不同阶段以及史学的不同内容层次来分别处理二者关系，在认识上是有进展的。只要认真吸取已有的认识成果，从历史科学研究的实际出发，这个延续多年的理论问题终究会得到合理解决，从而更好地促进历史研究工作。遗憾的是，史论关系的实际问题虽然一直存在，但从 20 世纪 90 年代之后，关注这一问题的学者却越来越少，以致此后几乎不再有文章发布。进入 21 世纪以后，史学界"碎片化"的风气越来越浓厚，理论思维弱化的倾向同时在加剧，因此类似"史论关系"问题，也就几乎被"悬置"起来了。这对于中国史学的发展，是不利的。

① 戚其章：《改进史学方法之我见》，《安徽史学》1986 年第 3 期。
② 李开元：《史学理论的层次模式和史学多元论》，《历史研究》1986 年第 1 期。

第六章

马克思主义史学思想的曲折与拓展(下)

第一节　关于历史人物的评价问题

历史人物评价在马克思主义史学中占有重要位置。经典作家不仅就历史人物评价的一般问题作过诸多论断，而且对许多历史人物作过具体点评。在新中国的马克思主义史学中，历史人物评价同样占据重要位置，有许多相关的成果。这些成果主要由两个方面构成。一是历史人物评价的一般理论论述；二是对一些著名历史人物的具体评价，其中蕴含着诸多思想理论议题。两者往往结合在一起。就后者而言，对三个历史人物的评价最有典型性，即曹操、李秀成、海瑞。此外，对殷纣王、孔子、秦始皇、隋炀帝、武则天、康熙等人，也有涉及或论辩。

关于新中国成立后所提出或涉及的历史人物评价标准，有学者整理出七项，即阶级标准、历史主义标准、历史作用标准、现实需要或现代标准、环境标准、道德标准、多元标准。其中有些标准下面，还可再细分。如历史作用标准也可叫做功过标准，可分为生产力发展标准、进步标准、民族统一与团结标准、人民利益标准等；道德标准则可以包括气节标准等。① 这一总结概括了新中国在历史人物评价过程中所提出的主要理论观点。

---

① 高希中:《近50年历史人物评价标准问题述评》,《山东社会科学》2007年第5期。

一 重新评价曹操

曹操是中国家喻户晓的著名历史人物。在中国老百姓乃至知识分子、政治家心目中，曹操是个坏人。曹操这个"坏人"形象，是通过小说《三国演义》以及众多曲种的戏曲形象塑造，在长期的历史过程中形成、固化下来的。

然而 1959 年 1 月 25 日，郭沫若在《光明日报》发表《谈蔡文姬的〈胡笳十八拍〉》一文（完成于 1 月 7 日），对曹操作了具有历史翻盘意义的重新评价。

其实，郭沫若这篇文章只是附带地提及曹操。文章的主旨以及绝大部分篇幅，都是为蔡文姬争取《胡笳十八拍》的创作权，同时对蔡文姬作高度评价。他说，胡适《白话文学史》、郑振铎《插图本中国文学史》与《中国俗文学史》、刘大杰《中国文学发展史》等都说《胡笳十八拍》是伪作，而他则"坚决相信那一定是蔡文姬作的，没有那种亲身经历的人，写不出那样的文字来。如果在蔡文姬之后和唐刘商之前，有过那么一位诗人代她拟出了，那他断然是一位大作家。但我觉得就是李太白也拟不出，他还没有那样的气魄，没有那样沉痛的经验。"他特别对郑振铎、刘大杰进行批评，还考察了蔡文姬的生平，直到文章最后，才写下这样一段话：

> 从蔡文姬的一生可以看出曹操的伟大。她是曹操把她拯救了的。事实上被曹操拯救了的不止她一人，而她可以作为一个典型。曹操虽然是攻打黄巾起家的，但我们可以说他是承继了黄巾运动，把这一运动组织化了。由黄巾农民组成的青州军，是他的武力基础。他的屯田政策也是有了这个基础才能树立的。他锄豪强，抑兼并，济贫弱，兴屯田，费了三十多年的苦心经营，把汉末崩溃了的整个社会基本上重新秩序化了，使北部中国的农民千百年来要求土地的渴望基本上得到了一些调剂。自殷代以来即为中国北边大患的匈奴，到他手里，几乎化为了郡县。他还远远到辽东去把新起的乌桓平定了。他在文化上更在中国文学史中形成

了建安文学的高潮。他之所以赎回蔡文姬，就是从文化观点出发，并不是纯粹地出于私人感情；而他之所以能够赎回蔡文姬，也并不单纯靠着金璧的收买，而是有他的文治武功作为后盾的。曹操对于民族的贡献是应该作高度评价的，他应该被称为一位民族英雄。然而自宋以来所谓"正统"观念确定了之后，这位杰出的历史人物却蒙受了不白之冤。自《三国志演义》风行以后，更差不多连三岁的小孩子都把曹操当成坏人，当成一个粉脸的奸臣，实在是历史上的一大歪曲。①

这便是文章中涉及曹操的全部文字。限于文章主题，郭沫若自然对上述讲法未作详细论证，但表明了系统性的观点，显然不是随意而发。值得注意的是，郭沫若虽然为曹操鸣不平，但并没有直接呼吁为曹操翻案、给曹操恢复名誉云云。

最先明确提出要"替曹操恢复名誉""打翻案"的是翦伯赞。2月 19 日，翦伯赞在《光明日报》发表《应该替曹操恢复名誉——从〈赤壁之战〉说到曹操》一文，正式发出这种呼吁。

从文字表述看，翦伯赞的文章虽然提到郭沫若的文章，却似乎不是为呼应郭沫若的文章而作。它其实是一篇剧评。当时，中国京剧院、北京京剧团正在合作演出新编京剧《赤壁之战》，翦伯赞说他是看了这出戏才想到"替曹操说几句好话"的。所以，正如郭沫若的文章绝大部分篇幅谈蔡文姬，翦伯赞的文章很大篇幅是谈论这部京剧的人物塑造问题。正是基于这种情况，当时有一种意见认为，关于评价曹操的讨论，是由新编京剧《赤壁之战》和话剧《蔡文姬》引起的。② 如果这种情况属实，那么，所谓为曹操翻案，就具有偶发性，并非蓄意为之。不过，有学者提出，1959 年 1 月，翦伯赞曾经与郭沫若、范文澜商量，决定对曹操进行重新评价，以推动马克思主义理

---

① 《曹操论集》，生活·读书·新知三联书店 1960 年版，第 10 页。
② 涵：《历史系中国上古中古史教研组举办"如何评价曹操"座谈会》，《武汉大学人文科学学报》1959 年第 4 期。

论学习，踏踏实实研究些问题。① 如果是这样，那么评价曹操就是一项有计划的行为。不过，当时大部分文章都是认为郭沫若、翦伯赞引发了讨论，没有去考虑与追问有没有更深层次的原因。比如谭其骧说，关于如何评价曹操，"是由史学界二老郭沫若、翦伯赞两位所提出来的"，郭老只是提到一下，"发表专文始于翦老"。②

翦伯赞首先肯定"曹操不仅是三国豪族中第一流的政治家、军事家和诗人，并且是中国封建统治阶级中有数的杰出人物"。为此，他提出若干理由，基本倾向与理据与郭沫若文章是一致的。他文章的亮点之一，是对所谓"正统主义的历史观"进行了简单剖析，呼吁建立"以人民为中心的历史观"。但他不讳言曹操有缺点，"最大的缺点，就是他打过黄巾"，"他企图利用农民的武装来实现他自己的政治目的。"曹操与孙权、刘备一样，本质上"同样是地主阶级武装集团的首领"。他还特别声明，他并不要求"从现存的所有的京剧中，消灭正统主义的观点"，"从历史主义的观点来说，这些戏剧家在他们的作品中贯彻着正统主义的观点，是很自然的。""还是应该以原来的内容与形式在舞台上演出。"总之，在总基调与郭沫若一致并直接呼吁为曹操"恢复名誉"的前提下，翦伯赞的文章显露出一些与郭文观点分歧的地方。

正因为翦伯赞的文章较郭沫若更多更具体地论及曹操，所以最初的商榷文章，主要是冲着翦伯赞而不是郭沫若来的。《光明日报》1959 年 3 月 5 日刊载的刘亦冰作《应该给曹操一个正确的评价》，就是这样一篇文章。文章针对翦文提出，人们唾弃曹操，绝非是仅仅受了小说戏曲的影响，也绝非是封建主义正统观念所致，"根本原因，是他对人民犯下了极大的罪行"。文章列举曹操镇压农民起义、屠杀劳动人民、剥削奴役人民、本性凶残奸诈等例证来支持自己的观点。文章还表示不赞成郭沫若把曹操说成是"民族英雄"的主张，但赞成京剧演员改变舞台上的曹操形象，以便扭转群众对曹操的片面看

① 张传玺：《新史学家翦伯赞》，北京大学出版社 2006 年版，第 196—197 页。
② 谭其骧：《论曹操》，《文汇报》1959 年 3 月 31 日。

法。刘亦冰的观点，在此后的许多文章中都有流露或反映，表明这一观点代表了不少人的共同看法。不过，当时有学者顺着刘文的逻辑提出一个反问，非常有杀伤力，即依照刘文的逻辑，那必然会引出这样的结论，即旧小说旧戏剧把曹操当作"奸臣"、涂上白粉，"是站在人民的立场上，从维护人民的利益出发的"，而这显然"是不通的"。①

《光明日报》3月10日刊载王昆仑的《历史上的曹操和舞台上的曹操》一文，也以回应翦文为主。文章委婉地表示不赞成所谓曹操的负面形象完全来自正统主义的提法，认为这种提法"忽略了多少年来广大人民自己的选择"。舞台上的曹操"是一个多年来人民自己所塑造的人物典型"。但他也认为曹操对历史起了推动作用，是一个杰出人物。他还主张"一定不能再让舞台上的大白脸来代替了历史上的一个封建英雄的精神面貌"，"今后用新的剧作另外塑造一个舞台上的新曹操，有必要"，可是对传统戏剧就不应该"忽然把曹操的白脸擦掉"。这一看法，与翦伯赞一致。总起来看，他与翦伯赞一致的地方似乎更多些。

《光明日报》3月19日还刊登了吴晗的文章《谈曹操》。他同样认为旧戏中的曹操戏应该照样演，"某些已经定型的曹操戏最好不改"。但可以写新戏，重新塑造曹操形象；旧戏与新戏可以唱对台戏（谭其骧对此公开表示同意）。他对曹操的总体看法是，曹操对当时人民有很大功绩，推动了历史进步，但他也犯了不少罪过，功过相较，功大于过。

至此，郭沫若也没有专门就曹操问题发表专题文章。从上面介绍的文章来看，固然表露了一些与郭、翦商榷的意见，但仔细看去发现，它们其实共同回到了郭沫若、翦伯赞文章的原点，即全都赞成重新评价曹操，一致认为历史上对曹操的评价有不公平不公正之处，需要修正。这样说来，郭、翦文章立意的基本目的，其实达到了。这是

---

① 柳春藩：《对〈应该给曹操一个正确的评价〉一文的意见》，《光明日报》1959年4月2日。

评价这段历史时往往被后人忽略的地方。一些研究者专注于当时讨论中的分歧，却忘记了他们在核心基本点上的共识。他们之间的分歧，只是把"案""翻"到什么程度的问题。当然，其中蕴含着诸多思想方法、理论理解、史料解读等方面具有史学理论价值的歧异。

3 月 23 日，郭沫若终于正式发声了。这天出版的《人民日报》发表他撰写的长文《替曹操翻案》（完成于 3 月 14 日）。这是郭沫若写的第一篇系统评价曹操、明确呼吁为曹操翻案的文章。此文刊发后，诸多商榷文章始纷纷冲着郭沫若而来。

郭沫若把他对曹操的看法具体化，提出若干史料，表达了 5 个论点，即：曹操虽然打了黄巾军，但没有违背黄巾起义的目的；曹操平定乌桓是反侵略性的战争，得到人民的支持；关于曹操杀人问题，应该根据历史事实重新考虑；曹操对于民族的发展和文化的发展有大的贡献；曹操冤枉地做了一千年的反面教员，在今天，要替他恢复名誉。他的论述有一个基点，即认为史料上对曹操的负面记载，多有不实之词。对此，他作了辨析。但是，他承认曹操打过黄巾，并说这是曹操"一生中最不光采的一页"，也认为曹操"有犯错误的时候，错杀了好人"，"犯过不少错误""缺点不少"，但这些显然不是文章的重点，而且词语之间，颇有淡化之意。所以，当时谭其骧说："在郭老的笔底下，似乎曹操简直没有什么不是，即便有也算不得什么大不是。"①

文章还有让人印象深刻的三点。一是在讲曹操平定乌桓的时候，引用了毛泽东的词《浪淘沙》，提出毛泽东这首词的意象"和曹操征乌桓时是相同的"，说"毛主席在写词时因种种客观事物的相同而想到曹操，想到曹操的东征乌桓，这是很值得注意的"。对此，有批评者提出，毛主席这首词"最重要的地方"应该是结尾的"换了人间"，而非词中的"魏武挥鞭"。②二是认为不仅要为曹操翻案，"而且还须得替一切受了委屈的历史人物，如殷纣王，如秦始皇翻案"。

---

① 谭其骧：《论曹操》，《文汇报》1959 年 3 月 31 日。
② 杨柄：《曹操应当被肯定吗?》，《人民日报》1959 年 4 月 21 日。

三是对《三国演义》和旧戏，认为应该保留。他说："我们也并不主张把《三国演义》烧掉、把三国戏停演或者一一加以修改，我们却希望有人能在用新观点所见到的历史真实性的基础之上来进行新的塑造。新旧可以共存，听从人民选择。"

显然，在如何处置《三国演义》以及旧戏这一政策性很强的敏感问题上，尽管反对这些旧艺术的封建立场与思想意识，认为它们对民众的思想副作用颇大，但郭沫若与翦伯赞、王昆仑、吴晗等人的观点一致，即共同主张原样保留，这反映了他们对待传统文化遗产持有的科学、谨慎、留存的基本立场。对此，应当给予高度肯定。不过，当时有学者并不赞成他们的意见，提出应当把古典艺术"原封不动地送进博物馆"，对小说、剧本、戏曲中的糟粕，"该改的改，该淘汰的淘汰，不能怕困难"；"旧曹操戏如果不改，再也不能'照样'演下去了"。甚至提出，要进行"曹操戏翻案"。① 这种看法，是不妥的。

在另外的文章中，郭沫若还谈到其他历史人物，同样吸引了学界的注意。他说：

> 我认为历史上有不少人物是应该肯定的。但其中有些人还受到歪曲，应该替他们翻案。殷纣王、秦始皇和最近正在讨论的曹操，都是。就拿殷纣王来说，许多史书上都说他是"暴虐无道""荒淫无耻"的昏君，好事不做，坏事做绝，简直要不得。但据现有的一些史料来分析，殷纣王倒实在是一个很有才能的人，相貌也很端庄魁梧，并非如人们想象中那么狰狞可怕。他对中国民族的发展，做了一些好事，对古代中国的统一，有不小的功劳。提到古代中国的统一，人们很容易想到秦始皇。秦始皇是中国历史上有数的杰出人物，古代中国归于一统是由秦始皇收其果，而却由殷纣王开其端。
>
> 殷纣王曾经平定了东夷。……而周武王却结合起西南和西北

---

① 束世澂：《关于曹操讨论中的几个问题》，《文汇报》1959 年 4 月 16 日。

的其他种族来打他的后路，结果由于俘虏兵掉头而使殷纣王失败了。但殷纣王虽然失败了，他所开拓出来的淮河流域和长江流域却成为宋、楚、徐（殷人的直系或同盟种族）的根据地。周人因袭着殷代的文化在北方发展，宋、楚、徐等国承继着同一文化在南方发展。……中国的统一是殷纣王开其端，而秦始皇收其果。

史书上所以记载殷纣王"暴虐无道"等等，可说是受了周朝反宣传的影响……

……有些帝王，如秦始皇、汉武帝、唐太宗，甚至如康熙、乾隆等，对民族、对经济、对文化等方面的发展，在当时是有过贡献的，我们就应该给以一定的地位。[①]

当时，郭沫若刚刚完成五幕历史话剧《蔡文姬》的创作。据他说，这部剧本从 1958 年 12 月开始酝酿，到 1959 年 2 月就写出了初稿。除北京人民艺术剧院准备排演外，广州还有人着手把它改编为粤剧，山东省吕剧团则准备改编为吕剧。他明确说："我写《蔡文姬》的动机就是要为曹操翻案。"他并说，剧本中尽管有许多虚构成分，但关于曹操为人俭朴，"一条被子用了十来年，只著布衣"等描写，"都是有历史依据的"。谈到曹操，他说了这样一番话：

对待历史人物，也应当根据马克思主义的观点重新估价，不应当随便给他抹白脸。像曹操，根据可靠的历史材料来看，这是个了不起的人，对我们的民族有相当大的贡献。但一千多年以来，一直被人看成乱臣贼子。特别是《三国演义》的歪曲程度大得惊人，但它在社会上影响很深，根据《三国演义》改编的戏也最多，使三岁小孩都知道曹操是坏蛋。可见艺术力量的可怕。曹操是应当为他翻案的。鲁迅生前曾写过为曹操翻案的文

---

① 郭沫若：《关于目前历史研究中的几个问题——答〈新建设〉编辑部问》，《新建设》1959 年第 4 期。

字。抗战中,我在《论曹植》一文中,也曾经发问:"为什么只有姓刘的才能做皇帝?"①

至于由话剧《蔡文姬》引起的关于《胡笳十八拍》是不是伪作的问题,当时在中国文学史学界,也形成一个讨论的热点。对于郭沫若认为《胡笳十八拍》那样的作品,没有切身生活的人是伪造不来的观点,有学者则提出,在这部作品中,出现了唐朝人的词汇。因此,在伪与不伪的对立观点之间,有学者提出了暂且存疑的意见。②但这一讨论,远没有为曹操恢复名誉的问题来得热烈、影响广泛。

以郭沫若、翦伯赞的文章为引线,1959 年上半年,在全国史学界、文学界、戏剧界等学术界别,对曹操展开了热烈的讨论。据悉,截至该年 6 月底,见于报刊上的文章、报道即达 140 篇以上。③

据《曹操论集》一书所收录的《文汇报》资料室所作《五个月来曹操评价问题的讨论》介绍,讨论中共涉及 11 个问题,即

(1) 黄巾起义的目的是什么?(2) 中国农民起义的发展规律怎样?(3) 曹操是否没有违背黄巾的目的?是否可以说继承了黄巾运动?(4) 曹操与黄巾的关系怎样?(5) 曹操屯田政策在历史上所起的作用怎样?(6) 曹操对三郡乌桓战争的性质怎样?作用怎样?(7) 当时社会主要矛盾是什么?曹操是什么政治力量的代表?(8) 东汉三国间历史的转变,究竟是什么性质的转变?(9) 曹操的思想属于哪一家?在思想史上起了怎样的作用?(10) 曹操在历史上的作用怎样?(11) 如何正确评价历史人物?如何正确评价封建统治阶级中的个别人物?④

① 朱青:《郭沫若同志谈〈蔡文姬〉的创作》,《戏剧报》1959 年第 6 期。
② 参看萧涤非《再谈〈胡笳十八拍〉》,《山东大学学报》1960 年第 3、4 期。
③ 林言椒:《关于曹操评价问题的讨论》,《史学月刊》1959 年第 9 期。
④ 《曹操论集》,生活·读书·新知三联书店 1960 年版,第 420—433 页。原载《文汇报》1959 年 7 月 30 日。

当时一些综述性文章，还列举出下面一些相近或相关议题：曹操是不是民族英雄？怎样评价曹操的统一战争？曹操是不是承继了黄巾运动？曹操在文学上有没有"人道主义"精神？舞台上的曹操和历史上的曹操可否不一致？黄巾农民起义的目的是什么？《三国演义》中是否全是封建正统观念？是否包含着人民的愿望与选择？曹操的个人品质怎样？曹操被歪曲的原因是什么？怎么看曹操的杀人？等等。

从上述议题可以看出，所谓评价曹操，其实是一个综合性的话题，涉及阶级观点与历史主义、农民起义性质、历史人物评价、怎样辨析史料等史学理论话题。

《曹操论集》共收录文章 37 篇，除郭沫若、翦伯赞的文章外，其他文章也大都出自著名学者之手，如王昆仑、吴晗、谭其骧、田余庆、尚钺、束世澂、郑天挺、戎笙、缪钺、周一良、吴泽、漆侠、何兹全、杨荣国、杨宽等，可谓阵容强大。

许多高校的史学专业师生，也都在校园内展开了热烈讨论。

翦伯赞是为曹操翻案的第二主角，所以他所在的北京大学历史系自然不会缺席。1959 年 4 月 23 日下午，翦伯赞参加了历史系的讨论。当时的一篇报道，非常生动地记录了北大师生的讨论情形：

> 目前各地的争论问题之一是艺术的真实和历史的真实应否一致的问题。有人认为戏台上所描绘的曹操脸谱是被人民批准的，罗贯中在《三国演义》中所创造的曹操这一个千古坏人的典型反映了广大人民的看法，不能更改。至于历史上的曹操到底如何，那时另外一回事。艺术的真实与历史的真实可以不一致。翦伯赞先生反对这种看法。他认为艺术真实不能违背历史的真实，历史上肯定这个人是好人，艺术家可以根据他是好人这一个原则进行艺术上的加工和适当的安排，但不能把他当作一个坏人作相反的处理，歪曲或丑化历史人物的本来面目。何况曹操在舞台上受歪曲，还不仅是不符合历史事实的问题，更重要的是舞台上被丑化的曹操反映了封建正统主义的观点，对群众起了极坏的影

响。我们要反对封建正统主义，就要抹去曹操脸上的白粉。①

这是讨论中的一个片段，却提出一个重要的史学理论问题，即历史真实与艺术真实的关系问题。对此，翦伯赞与郭沫若的基本观点是一致的。对于"艺术真实不能违背历史的真实"的原则，郭沫若同样作过表达。这个问题在关于历史剧创作、历史人物评价等议题中都有涉及，作为一个独立的史学理论或艺术理论问题，也曾被讨论，但没有深入下去。它牵涉历史学的属性问题。最一般的提问，即历史学到底是一门科学，还是一门艺术。对此问题，史学的立场与艺术的立场常常会对立。比如李希凡，在曹操讨论中就站在艺术的立场，觉得史学家对《三国演义》的评价不够公正。他认为，把作为文学形象的曹操和历史人物的曹操直接等同起来，以致全盘否定《三国演义》是不合适的。因为《三国演义》里面有封建正统思想，但不全是封建正统思想。它还包含着历代人民的评价，不全是"画白脸"。用历史考证的方法去分析文学作品，"那是和文艺批评不相干的事情"②。一般说，作为史学研究，当把艺术作品当作史料来处理的时候，确实不可以采用历史考据的方法。因此，像陈寅恪那样把一些诗歌作品当作切实的史料，从中取挖掘历史的细节（所谓"以诗证史"），是不科学的做法。因为，艺术作品可以、也应当作为史料使用，但艺术作品永远不会是不折不扣的史料。艺术不会原封不动地"再现"历史事实，它是以"表现"为前提的。对此，束世澂以《十五贯》为例说，这部戏"虚构一过于执，代表那时确能有的官僚主义、主观主义的典型人物，这是艺术真实。《十五贯》中的况钟，是真人，但不见得有戏上那样好，也是艺术真实。但总有一个限度，况钟是明朝一个好官，决不能把他演成一个贪官污吏。也就是艺术真实可以和历史真实不完全一致，但总不能和历史真实完全相反"③。从翦伯赞史家

① 《历史系师生热烈展开对曹操评价问题的讨论》，《北京大学学报》（人文科学版）1959 年第 2 期。
② 李希凡：《〈三国演义〉和为曹操翻案》，《文艺报》1959 年第 9 期。
③ 束世澂：《关于曹操讨论中的几个问题》，《文汇报》1959 年 4 月 16 日。

的立场看,他其实并不是通过《三国演义》来考史,也不是讨论《三国演义》中的曹操形象。他要讨论的,是《三国演义》所塑造的曹操形象所带来的影响,以及《三国演义》之所以如此塑造曹操的背后动机。所以,他的研究过程,不违反把艺术作品当作史料运用的规则;他的研究对象,与李希凡所论述的主题,也不完全是一回事。

在史学界,史学家们大都肯定曹操有功,甚至"功大于过",赞成给曹操翻案,但其中一些人直言不讳地表示不赞同郭沫若对曹操的全盘肯定。他们指名道姓地批评郭沫若,振振有词地公开与郭沫若商榷。郭沫若本人也从不以势压人,对他人的批评率真以待。新中国成立后,郭沫若指名道姓公开批评过若干人,被批评者都不感到有压力。学术面前人人平等,讨论当中人人对等,强聒不舍,送难不已。这种情况表明,当时的学风是率真朴实的。大家并不因为郭沫若地位高而掩口不言。这种现象值得赞誉与追念。

比如在华中师范学院的讨论中,学者们倾向性的意见认为,曹操实行屯田、兴修水利、统一北方,有其大功,但曹操镇压黄巾起义,是其大罪。他们认为,郭沫若替曹操翻案时,在对待镇压黄巾起义的问题上,"失之矫枉过正"。有学者还不赞同说曹操是民族英雄,因为"在解除匈奴威胁方面,秦皇、汉武、卫青、霍去病、窦固、窦宪等人所作的贡献远在曹操之上,如果曹操尚且被目为民族英雄,又将置以上诸人于何等崇高的地位呢?"还有学者说,郭沫若和戎笙把曹操描绘成中国历史上一个雄才大略的文治武功的卓越人物,是不符合实际情况的。在政治方面,曹操就屈居王安石之次,在军事方面也吃过一些败仗,赤壁之战就是最显著的例子,所以不能赞同曹操被誉为杰出的政治家和军事家。还有学者甚至提出,曹操之所以长期以来不能获得人民群众好评,主要是由于他行为不端。"这必然造成影响,群众对他自无好评。"①

武汉大学历史系的讨论也大体相同。有人表示不同意给曹操翻

① 历史系中国古代中世纪史教研组:《关于曹操评价问题的讨论》,《华中师范学院学报》(历史版)1959 年第 3 期。

案，而应该给黄巢、李自成、张献忠翻案，因为曹操是地主阶级的代理人，"道德品质是虚伪、欺诈、阴毒险狠、残暴的，称他作奸雄丝毫没有冤枉他"。曹操连"起码的封建道德也没有"。《三国演义》里面虽然有正统思想，但尊刘贬曹不完全是正统思想作怪，"而是曹操本身有他可作为反面人物的丑恶的一面"，而且，"正统思想在特定的历史条件下，不一定就是坏的"。等等。①

广东学术界在 1959 年 4—7 月间也展开了热烈讨论。在中山大学历史系举办的座谈会上，陈锡祺说，应该替曹操翻案，但不要翻得过火，不要将曹操的一切都说成是好的。他认为"曹操镇压黄巾军并把他们收编过来，并不是什么功绩；黄巾军的立场与曹操的立场是根本对立的。曹操是地主阶级，决不会给人民土地以满足农民起义军的目的；又认为曹操的屯田制度，剥削比其他统治者还要厉害，其目的只是为了达到自己的军事目的。虽然曹操这样做在客观上起了推动历史前进的作用，但它与黄巾起义的目的是背道而驰的"。② 在 1959 年 7 月 12 日广东史学会举办的讨论会上，出现两种意见。一种认为："在黄巾起义以前，宦官外戚集团与豪门大族、中小地主、农民之间的矛盾，是当时社会的主要矛盾，曹操站在反宦官方面，有其一定的进步作用。后来这种主要矛盾转化为统治阶级与农民起义之间的矛盾，曹操参加了镇压黄巾起义的活动，因此他的罪恶不可饶恕。黄巾起义失败后，统治阶级之间的矛盾又上升为主要矛盾。这时曹操进行了统一战争，采取了一系列符合人民要求的措施，因而又有其进步作用。"另一种意见认为："东汉末年存在着中小地主阶级与豪门宦官集团、农民大众与豪门大族之间等两类突出的矛盾，曹操虽然镇压了黄巾，但始终反对豪门大族，在解决当时的主要矛盾上起了很大作用。"③

---

① 涵：《历史系中国上古中古史教研组举办"如何评价曹操"座谈会》，《武汉大学人文科学学报》1959 年第 4 期。

② 《中山大学历史系热烈讨论曹操问题》，《理论与实践》1959 年第 5 期。

③ 《广东史学会举行关于曹操评价问题的第三次讨论会》，《理论与实践》1959 年第 8 期。

在东北地区，吉林大学历史系在 1959 年 5 月 25 日、6 月 15 日举办了两次讨论会，许多人认为郭沫若对曹操的估价过高，尤其不赞同说曹操"继承"了黄巾运动。① 在辽宁大学，学者们还顺带讨论了对隋炀帝、海瑞的评价问题，认为对隋炀帝不能一笔抹杀，而海瑞则被大家公认为是中国历史上的一个卓越人物。②

在北京大学历史系的会上，师生们同样是以直言对直言，感觉不到他们有什么顾忌。例如张芝联说，曹操站在封建地主的立场上，不可能继承黄巾的事业。他镇压黄巾，把黄巾军由革命军队改编为地主武装，不能说他并不违背黄巾起义的目的。周一良说，曹操和进了兖州的黄巾军相打，最初还吃了败仗，后来才把黄巾打败，穷追到济北，黄巾军走投无路，才投降曹操。如果曹操和黄巾军的目的相同，就不会有那样激烈的战斗了。周一良还说，评论历史人物应从阶级观点出发，把人物放在所属阶级范畴里进行研究，而目前讨论曹操问题，很多人缺乏阶级分析，对他的优点功劳夸张过分，竟好像曹操是劳动人民中的一分子一样。讨论曹操还要看他比前人或当时人多作了什么，作了些什么前人或当时人没作的好事或坏事。估价历史人物应从他一生中的主流去考察，看它对当前社会发展起了什么作用，是起了促进作用还是起了阻碍作用。关于曹操为什么成为被否定的人物的原因，齐思和提出，这一方面是由于朱熹等宣传封建正统主义思想的结果，另一方面还由于曹操是"循名责实"的法家，不合儒家的胃口。③

上述讨论情况表明，学者们或同意或不同意或半同意半不同意郭沫若、翦伯赞的意见，但全都力图以马克思主义的视角，特别是阶级分析的视角去分析曹操，从中可见新中国成立后马克思主义的宣传学

---

① 春雨：《历史系举行如何评价曹操问题讨论会》，《吉林大学人文科学学报》1959 年第 1 期。

② 火山：《历史系师生讨论曹操、隋炀帝、海瑞的评价问题》，《辽宁大学学报》1959 年第 2 期。

③ 《历史系师生热烈展开对曹操评价问题的讨论》，《北京大学学报》（人文科学版）1959 年第 2 期。

习推动有了成效。本来，在曹操评价过程中，很少有人谈论唯物史观的一般原理，但讨论者几乎毫无例外地在运用唯物史观的视角、概念和方法，这说明唯物史观的理念已经超越一般性提倡、呼吁、推动的阶段，很自然地进入了史学家们自觉运用的阶段。比如吴泽就提出，把曹操说成不违背黄巾起义的目的，"在阶级分析上是值得商榷的"。他强调，曹操是地主阶级统治者，"应严正地进行阶级分析，予以揭露和批判。曹操是地主阶级中剿压农民起义的能手，是不容掩饰的巨大罪过"。当然，对曹操的功绩，他认为也不能掩饰。① 同样从阶级分析出发，但结论并不一致。这属于阶级分析的运用问题，而不是要不要采用阶级分析的问题。当然，许多学者也强调历史主义的原则。比如吴泽在与谢天佑合写的另一篇文章中说："历史主义的看待历史，这是工人阶级的历史观，只有工人阶级才具有这种科学的历史观，离掉了工人阶级的立场还谈什么历史主义呢？除了工人阶级外，历史上没有哪一个阶级能科学的理解历史。工人阶级立场与历史主义毫无抵触之处。"② 毋宁说，评价曹操是具体运用阶级观点与历史主义原则的一次检视。

因为已经具有运用阶级分析的思想警觉与自觉，所以在一些学者看来，反倒是郭沫若在这方面做得不够。周一良所谓"很多人缺乏阶级分析，对他的优点功劳夸张过分"，意中具体所指，应有郭沫若。对此，束世澂倒是直言不讳，他说："郭老论曹操，似乎阶级分析是不够的。"他提出："评论人物需要深入历史实际，进行阶级分析，才能明确他在历史上所起的作用。历史实际，包含当时历史发展的阶段，当时的革命任务和具体环境。阶级分析，包含各阶级、阶层的分析，阶级力量的配备。"③ 郭沫若是否如束世澂所说，尚可商榷，但提示注意阶级分析，是值得寻味的。当时一篇反对郭沫若最激烈的文章，对曹操予以全盘否定，说曹操是一个"穷兵黩武的好战分子"

---

① 吴泽：《关于曹操在历史中的作用问题》，《历史教学问题》1959 年第 5 期。

② 吴泽、谢天佑：《关于历史人物评价的若干理论问题——论一年来评价曹操讨论中存在的问题》，《学术月刊》1960 年第 1 期。

③ 束世澂：《关于曹操讨论中的几个问题》，《文汇报》1959 年 4 月 16 日。

"阻碍历史发展的反动派",曹操具有反动本质与卑劣灵魂,是民族罪人,劳动人民养活了他的"狗命"云云①,正是将阶级分析方法推向极端化、教条化的结果。

此外,从讨论中学者们直言不讳、放言辩难的情况看,经过"反右派"等运动,学术界并没有像后世一些人所说的那样进入"万马齐喑"的状态,而是依然保持着乃至昂扬着激情与活力。这就如同谭其骧所说,通过讨论"首先是活跃了学术空气";"不仅史学界的学术空气大大地活跃起来了,并且还影响了整个社会科学界","推动了学术研究","把史学界各方面的积极性都调动起来了","真正收到了百家争鸣政策的截长补短、集思广益的效果"。由于要争,就可以争出好文章来。许多人围绕着一个问题展开讨论,各尽所知,提供资料,各尽所能提供看法,可以使"讨论越来越深入,文章越写越细致了"。"通过这次讨论,使广大学术界人士进一步正确认识到百家争鸣的积极意义。"② 谭其骧这番话,既反映了他本人的心情,也反映了当时的真实情况。谭其骧不赞同郭沫若说曹操是承继了黄巾运动并把这一运动组织化了的论点,说曹操为人凶残,其"民族融合"的方法"只是增加了统治者的剥削对象和兵源"。他还对屯田政策持否定意见,说这一政策是曹操的四大罪过之一,"使军民都走上了农奴化的道路"。这些意见都比较激烈,但得到了顺畅表达。

谭其骧这种感受,其他人也有表达,并非孤例。比如吴晗说,此前还没有一个学术问题像"曹操"这样被讨论过,"这真是学术上百花齐放、百家争鸣!""各种不同意见的人,通过这次论争,研究了史料,学习了理论,不明确的问题逐渐明确了,有些不了解的问题了解了,过去的一些错误看法澄清了,看问题的立场、观点、方法更端正了。因此,这次讨论不仅是学术讨论,而且是一个思想方法、立场、观点问题的学习和提高。而且,通过这次讨论还养成了争辩的习惯和风气。"他还提出,"评价历史人物要本着实事求是的精神,要

---

① 杨柄:《曹操应当被肯定吗?》,《人民日报》1959年4月21日。
② 谭其骧:《讨论曹操收获多》,《文汇报》1959年10月1日。

符合当时的历史实际，而不要凭自己的爱憎，美化古人或丑化古人"。对曹操，他认为曹操的罪过不小，镇压农民起义、杀人均是罪，"但是从全面来评价曹操，应当说他是功大于过，对历史是有过贡献的，算得上是个历史人物。他不是十全十美的人，但也不是一个万恶的人"。① 这些话，都是独立见解，无任何矫饰。

其实，曹操作为正面形象出现在公开言论中，并不始自郭沫若。据介绍，早在 1927 年，鲁迅就对曹操作过正面评价。他说："我们讲到曹操，很容易就联想起《三国演义》，更而想起戏台上那一位花脸的奸臣，但这不是观察曹操的真正方法。其实曹操是一个很有本领的人，至少是一个英雄。"袁良义 1953 年 11 月 1 日在《光明日报》发表《曹操论》，此后王仲荦著《曹操》一书，陈显远创作《孟德献刀》，"都一致把曹操肯定为正面人物"②。还值得一提的是，万绳楠于 1956 年发表文章，专门论证说，从社会发展的角度看，从曹操总的方面来衡量，曹操"在历史上的地位是应该肯定的"。他说："曹操在社会经济方面的措施与在文化方面的贡献，对于黄河流域农村秩序的稳定，经济的恢复与发展以及中国文化的走上新的发展阶段，均有促进作用。中国不久能复归一统，社会能进一步发展，曹操是有功绩的。"当然，他也认为曹操是地主武装集团的首领，镇压农民起义，屠杀过人民，但这些不是他文章的主题。③ 谭其骧甚至专门强调，范文澜《中国通史简编》与吕振羽《简明中国通史》虽然都"骂"了曹操，但那只是把他作为汉末军阀的一员"骂了而已"，"实际对他的评价远在孙权、刘备之上"。"此外，解放前和解放后还有些专论曹操的小册子和论文，立场和观点虽有所不同，结论大致都是肯定多于否定。"所以，他觉得"恢复名誉""翻案"这样的"字眼"，"用得似乎不大妥当"。④ 谭其骧的话容易让人误会他反对为曹

① 吴晗：《从曹操的讨论谈历史人物评价问题——在北京教师进修学院对中学历史教师的讲话》，《历史教学》1959 年第 7 期。
② 郑惠华：《关于对曹操评价问题的讨论综述》，《学术月刊》1959 年第 4 期。
③ 万绳楠：《关于曹操在历史上的地位问题》，《新史学通讯》1956 年第 6 期。
④ 谭其骧：《论曹操》，《文汇报》1959 年 3 月 31 日。

操"恢复名誉""翻案"，其实他只是觉得"字眼""用得似乎不大妥当"。

但是，作为全国性的翻案运动，是自郭沫若开始的。当时倾向于完全支持郭沫若的学者，有戎笙、袁良义、微声等人。其他学者虽然不是百分之百地赞同郭沫若的每一个具体论断，除极个别人外，也都承认曹操绝不是百分之百的坏人，应该为曹操翻案，曹操的艺术形象不是曹操的真实历史形象。做到这一点，应该说为曹操翻案的目的也就基本达到了。为曹操翻案的运动过后，在中国几乎没有人再去依照小说或戏台上的白脸形象去评判曹操了，这是为曹操翻案所取得的一个历史性成果。

后世有研究者认为，为曹操翻案的思想直接来自毛泽东，郭沫若的文章是由于直接受毛泽东启发或影响而来。

据悉，早在1954年，毛泽东就曾对身边工作人员说："曹操是个了不起的政治家、军事家，也是个了不起的诗人。""曹操统一中国北方，创立魏国。那时黄河流域是全国的中心地区。他改革了东汉的许多恶政，抑制豪强，发展生产，实行屯田制，还督促开荒，推行法治，提倡节俭，使遭受大破坏的社会开始稳定、恢复、发展。这些难道不该肯定？难道不是了不起？说曹操是白脸奸臣，书上这么写，戏里这么演，老百姓这么说，那是封建正统观念所制造的冤案，还有那些反动士族，他们是封建文化的垄断者，他们写的东西就是维护封建正统。这个案要翻。"1957年4月10日，他对《人民日报》负责人说："小说上说曹操是奸雄，不要相信那些演义。其实，曹操不坏。当时曹操是代表正义一方的，汉是没落的。"11月2日，他对郭沫若、胡乔木等人说："诸葛亮用兵固然足智多谋，可曹操这个人也不简单。唱戏总是把他扮成个大白脸，其实冤枉。这个人很了不起。"到1958年的最后两个月，毛泽东至少五次谈到曹操。例如11月，他在一次会上说："殷纣王（通常称之为'暴君'）精通文学和军事，秦始皇和曹操全都被看作坏人，这是不正确的。"在另一次会上，他还说："说曹操是奸臣，那是封建正统观念制造的冤案。""现在我们要给曹操翻案，我们党是讲真理的党，凡是错案、冤案，十年、二十年要翻，一千年、二千年也要翻。"①

但也有学者认为，郭沫若的真正动机在于通过替曹操翻案这一实例，极力纠正史学界的"左倾"思潮，引导人们"重新认真学习马克思主义，踏踏实实地研究些历史问题"，同时借此推动学术界的自由讨论，形成"百家争鸣"局面，引导中国史学沿着健康之路发展。"他的做法体现出的是老一辈马克思主义史学家在困境中敢于挺身而出、逆风前行的宝贵品质，并非出于政治考虑的'迎合献媚'。"②

还有学者认为，毛泽东之所以为曹操翻案，其显性目的是实事求是地为政治家曹操"恢复名誉"，隐性目的是毛泽东针对赫鲁晓夫背离唯物史观全盘否定斯大林等一系列错误的不点名批评。③

其实，把精力过多地集中于探讨毛泽东、郭沫若为曹操翻案的动机，甚至由此而给郭沫若戴上"遵命史学"旗手的帽子④，是没有什么意义的。正确的做法，应该是集中精力去检视毛泽东、郭沫若给曹操的翻案是否符合唯物史观的基本要求，是否符合曹操的实际。一个基本的事实是，在当代中国，已经没有人会把小说戏剧中的曹操当作是历史上真实的曹操，为曹操"恢复名誉"的目标早已经实现了。对此，并没有哪位史学家感到不适，并没有人感到有再把曹操的"案"翻回去的必要。这就说明，当年为曹操翻案的理据与实据，都是切实的。对此，不应因为其他因素而予以否认。对重新评价曹操所取得的成绩，应给予充分肯定。

---

① 详见宋培宪《毛泽东与"为曹操翻案"——对 40 年前一桩公案的探源》，《文艺理论与批评》1999 年第 6 期。

② 何刚：《郭沫若替曹操翻案动机再析》，《郭沫若学刊》2013 年第 2 期。

③ 王琦：《1959 年前后毛泽东"为曹操翻案"的用意》，《怀化学院学报》第 33 卷第 1 期，2014 年 1 月。

④ 1984 年 8 月，在一次研究郭沫若的学术座谈会上，方诗铭作了《"遵命史学"的典范》的发言，引用鲁迅"遵命文学"的自我评价，赞美郭沫若的史学研究是"遵命史学"，"遵的是无产阶级革命大众之命"。"我们应该以郭老为榜样，真正做到把马克思主义的普遍真理同中国历史实际相结合，为我国马克思主义史学研究的兴旺发达而努力。"但在更多人那里，"遵命史学"是贬义词。

二 怎样评价李秀成的"变节"

李秀成（1823—1864）是太平天国的著名将领。1856年太平天国发生天京事变之后，他与陈玉成、李世贤等人力撑危局，多次取得军事上的重大胜利，为太平天国做出了重大贡献。洪秀全封李秀成为忠王，称"万古忠义"。1864年7月，被清军俘获。被俘后，撰写了一份自述。随后，被曾国藩处死。

怎样看待李秀成的晚节，是李秀成评价的核心问题。由此生发，即成为历史人物的评价标准乃至历史研究的立场、观点、方法问题。在这一具体研究与理论思考相结合的问题上，戚本禹虽然不是研究太平天国与李秀成的专家，却是引发这场大讨论的核心人物。戚本禹是从批评著名太平天国史专家罗尔纲对李秀成自述的解读而拉开讨论幕布的。

1963年8月，戚本禹发表与罗尔纲商榷的文章①，正式提出自己的观点。近一年后，即1964年7月24日、25日，在康生直接布置下，《人民日报》《光明日报》先后大篇幅转摘他的文章，将讨论范围进一步扩大。一直到1965年下半年，讨论才趋于平息。

戚本禹的文章是投稿给著名刊物《历史研究》的。当时编辑部曾征求田家英的意见，田表示不要刊发，而刘大年虽然不赞同戚文的观点，但经慎重考虑，"为了保护老专家罗尔纲"，经黎澍同意，一致决定刊发戚文，同时约罗尔纲撰写《关于我写李秀成自述考证的几点说明》一文，在同一期刊登。

戚文发表后，遭到史学界普遍反对。9月，《历史研究》编辑部专为这篇文章举行座谈会。在会上发言的学者，无一人同意戚本禹的看法。《光明日报》记者为此事采访中国人民大学、北京师范大学的几位历史教师以及广州中山大学历史系主任金应熙，他们一边倒地不同意戚本禹的观点。当然，也有对戚文作局部肯定的。在周扬建议

---

① 戚本禹：《评李秀成自述——并同罗尔纲、梁岵庐、吕集义等先生商榷》，《历史研究》1963年第4期。

下，9 月 14 日，中宣部召集中国科学院学部、近代史所以及有关报刊负责人开会，专门讨论戚本禹评价李秀成的文章。周扬主持会议，出席者有刘导生、张友渔、侯外庐、尹达、刘大年、黎澍、丁守和、关锋、林聿时、吴传启、秦柳方、沙英、吉伟青、吴晗、林涧青、于光远等人。会上，发言者一致反对戚本禹的观点，许多人同时批评《历史研究》发表戚文不慎重。周扬在会上表示李秀成的功绩不能抹杀，糟蹋这个人对我们不利。会后，中宣部通知各地不要转载戚本禹的文章，也不讨论这个问题。① 这次会议，后来被姚文元污蔑为周扬的一大罪证，胡说什么"1963 年 9 月，周扬专门召开了一次包括科学院哲学社会科学部各所和各报刊负责人的会议，带头围攻戚本禹同志《评李秀成自述》这篇革命文章。他在会议上喊叫'李秀成是一个民族英雄，把他说成叛徒是完全错误的。'指挥邓拓、翦伯赞之流出来"反驳戚本禹"。这个阴谋被毛主席及时发觉和制止了。"②

此后，近代史所还召开一次李秀成评价问题座谈会。刘大年主持会议，与会者有范文澜、牟安世、侯外庐、王戎笙、翦伯赞、张寄谦、李文海、袁定中、李侃、邓拓、林涧青、陈道等，据说约有 100 人，这在当时规模是很大的。会上侯外庐、范文澜、邓拓、翦伯赞、王戎笙、李文海、陈道等人发言，均对戚本禹予以批评。作系统发言的是刘大年，他批评戚文的论证方法有三个缺点：攻其一点不及其余；将正确的说成错误的，重要的说成次要的；随意曲解史料，没有的事说成有。这三点，看得非常准确。刘大年将撰写的《李秀成评价问题》一文交《历史研究》排印，但随着形势的发展，最终撤回了稿件。为此，刘大年被批判为替"叛徒"辩护。③

据悉，戚本禹当时在中央办公厅下属信访局工作，"无形中感到一种巨大压力"。"他所在的党组织也曾对此加以过问。戚本禹惶恐不安，开始就此事作检讨。"但此时江青找他谈了话，传达了一些信

---

① 张传玺：《新史学家翦伯赞》，北京大学出版社 2006 年版，第 283—284 页。
② 姚文元：《评反革命两面派周扬》，《红旗》1967 年第 1 期，《人民日报》1967 年 1 月 3 日。
③ 关于刘大年与此事的关系，详见周秋光、黄仁国《刘大年传》，第 342—354 页。

息，使得戚本禹"绝处逢生，重整旗鼓"。①

这样，关于李秀成的评价趋向，经历了一个过山车似的变化过程。对此，连刘大年这样的马克思主义史学队伍的重要负责人，都不免感到疑虑。那么，戚本禹的文章到底讲了些什么呢？

戚本禹的文章一上来便给李秀成自述定了性，说它是一个背叛太平天国革命事业的"自白书"。

他坚决不同意罗尔纲在所著《忠王李秀成自传原稿笺证》中所提出的"伪降"之说，认定"忠王不忠，历史的事实遮盖不住"。对李秀成被俘前的功绩，戚本禹倒也认账，他要讲的是"他在被敌人俘虏以后丧失革命气节、背叛革命事业的事实"。他说："在他的自述里，颂扬敌人、诋毁革命的话是那样的清楚，那样的明白，以致任何辩解在这种冷酷的事实面前都是难以令人信服的。"评价历史人物而只选取其落幕时的一个事件来进行论定，以偏概全，以点为面，戚本禹在方法上先输了一招。

对于李秀成自述中的词句，大家都认可，关键在于如何判定这些词句的真实用意。就此而言，所谓李秀成自述评价问题，其实是一个"动机"问题，亦即所谓"诛心"的问题。对此，戚本禹也是承认的。他说："问题的焦点是怎样评断李秀成的动机。"但是，单纯执着于"动机"探讨，是不符合唯物史观的基本要求的。因为唯物史观对评价历史人物或集团的一个基本要求，就是不仅听对方怎么说，关键在于看对方怎样做。而戚本禹文章最大的特点，就是全盘从李秀成自述的文本出发，将纸张上的白纸黑字，选择性地看作是李秀成的心声表露。应该说，这是地道的形式主义研究方法。戚本禹笔下罗列的那些所谓"无情的事实"，都是他从李秀成自述中精心选取的。

当然，戚本禹不是没有意识到这个方法上的漏洞。所以，他引用毛泽东的话，说"我们是辩证唯物主义的动机和效果的统一论者"。并提出"评断历史人物主观动机的好坏，唯一的标准是他自己的社

① 关于戚本禹文章发表后各界的反应情况，详见穆欣《办〈光明日报〉十年自述》，中国青年出版社2015年版，第457—467页。

会实践"。但他所提出的"实践",依然是李秀成自述文本的"文摘"。而且,从具体论述看,他时常陷入自我逻辑的矛盾之中。比如他说,曾国藩、李鸿章、赵烈文等人并不认为李秀成是"伪降";既非"伪降"而又杀之,戚本禹觉得一是由于曾国藩等人对李秀成的软骨头行为感到蔑视,但主要的还是担心一旦接受李秀成投降,李会翻脸揭他们见不得光的"老底"。但是,戚本禹却忘了,如果他的这一结论成立,那恰恰证明李秀成确是"伪降"。因为一个真心投降的人,怎么会翻过脸来去揭"恩人"们的老底呢?那不是给自己找麻烦吗?

总之,戚本禹的文章存在严重的方法上的漏洞。当然,这并不表明"伪降"之说就一定正确。历史研究是一项复杂的精神活动,没有"定论"而"各执一词"完全符合历史认识的基本规律。没有切实的证据,可以存疑,也可以诸说并存,它们并不是你死我活、不可两立的关系。但是,戚本禹的文章不仅表现出严重的主题先行、以论带史倾向,而且表露出相当的霸气。究其原因,在于他认为"李秀成已经不仅是历史学家研究的对象,而且是各方面拿来在群众中进行广泛宣传的人物,因此,正确地估计他的表现具有格外重要的意义"。这一出发点,无可厚非,但如果采用不科学的方法、不严密的论证去达到这一目的,则只会走到这一目的的反面。

1964 年,戚本禹又发表了一篇更长的文章[1],愈加深入地阐述他的观点。由于此时戚本禹已经拿到尚方宝剑,故文章的"底气"更足了。但平心而论,这篇文章确实比上篇文章写得周延、细密,总体态度也还没有达到肆无忌惮、嚣张跋扈的程度。但是,基本观点没有任何改变或突破,而且在表面平实的语句中,要罗尔纲考虑"世界观"的问题,不免平添了一丝杀意。文中一些语句,更让人生发政治联想。

戚本禹声称"事实材料是历史认识的立脚点",所以,他用很大篇幅考证"有关的历史事实"。不同于上篇文章专注于文本,该文搬

---

[1] 戚本禹:《怎样对待李秀成的投降变节行为?》,《历史研究》1964 年第 4 期。

出一些"旁证材料"。但他在一条"旁证材料"中发现的是曾国藩在决定杀害李秀成的时候，对李很是"怜惜"。他说，这种"怜惜""是出于一种反革命的感情"。但是，他又忘了，他曾说曾国藩很担心李秀成日后会翻自己的老底。"怜惜"与"担心"之间，其关系显然是需要弥缝的，戚本禹却轻轻一笔带过了。换言之，在他笔下，李秀成是被一个对他有"反革命感情"的人杀害的。这显然说不通。此外，戚本禹在解释李秀成被俘后惨遭曾国荃酷刑而"殊不动"的原因时，简单地说李秀成已经有了死的思想准备，因此这是"情理中的事"，显然也不足以服人。一个在酷刑面前依然能够不屈不挠的人，"当天晚上他的态度就有了一些变化"，很快就又"屈"又"挠"起来，这当然不会是什么"情理中的事"。诸如此类的不通之处，在戚本禹的文章中是不难寻获的。

但是，戚文的实质问题不在这里。他借一个读者来信的话说："罗尔纲先生那样美化李秀成，能不能也从世界观上找到它的根源呢？"又提出"同世界观相联系的还有方法上的问题。我觉得罗尔纲先生研究问题的方法是主观唯心主义的"。其实，罗尔纲提供的材料比他丰富得多，而一旦这些材料不符合戚本禹的胃口，他便几乎不加辨析地斥为"破烂的材料"，"连起码的史料价值都没有"，这才是典型的主观唯心主义方法。更值得注意的是，戚本禹的文章明显具有影射史学的因素。文章最后，他专门讨论了投降变节意味着什么的问题，表示"这意味着一个革命者因为经不起考验而变成了反革命"。他举了汪精卫、考茨基等叛徒的例子，然后发出质问：

马克思要求我们用伦勃朗的强烈色彩来描绘革命领导人，而不要在他们的头上涂绘灵光圈。我们一些人却用虚假的色彩描绘了一个变节分子，而且为了替这个变节分子涂绘灵光圈，不惜歪曲事实，丑化其他革命领导人。于是，一个在革命危急关头，经不起考验，背叛了自己祖国和自己阶级的懦夫，变成了"万古忠义""崇高伟大"的革命英烈；而坚持革命不屈、带头吃野菜度困难的革命领袖，却变成了执迷不悟、作恶多端的历史罪人。

叛徒翻了案，好人栽了赃，忠变成了奸，奸变成了忠，没有了是非，没有了真理。我们不禁要向某些学者和文学艺术家们提一个问题，你们为什么要这样的不公平！？如果你们大肆宣扬李秀成投降变节的专门论著、教科书、画册、诗歌和戏剧，真的都变成了不允许更改的东西，那么，美化敌人和丑化革命还有什么错误？"曲线救国"和"保命哲学"还有什么不对？如果变节分子真的可以变成革命英雄，那么，革命还有什么光荣？叛变还有什么可耻？

这显然就是醉翁之意不在酒了。他文章中所批评的话剧《李秀成之死》，是阳翰笙创作的，而话剧《忠王李秀成》，则出自欧阳予倩之手。

多年以后，罗尔纲为太平天国写正史，盖棺论定李秀成，写道：

> 李秀成生于贫雇农家庭，跟饥寒搏斗成长，入拜上帝会，金田起义，全家加入队伍。经过革命大洪炉的千锤百炼，从士兵一直提升到最高统帅，太平天国的军师。他一生"铁胆忠心"，英风烈绩，使人可歌可泣。不幸国破身虏，学姜维用假投降计，有碍革命气节教育。青史无情，难免批判，亦可慨已夫！[①]

大批判始终没有让罗尔纲改变"伪降"之说。这表明，压制性的大批判，可塞人之口，不能禁人之心。时移势迁，原来被强行按下去的东西，还会冒出来。而当年的大批判文章，徒然成为笑谈。当然，我们不能说戚本禹的文章一点合理性的东西都没有，因人废言不可取。其实，戚本禹的文章对后世还是发生了影响的。即使罗尔纲，显然也没有断然弃绝戚的观点，于"有碍革命气节教育。青史无情，难免批判"数字中走漏消息，流露心曲。后来有青年学者提出，尽管李秀成"写了一些有辱气节的话，给他的晚节留下了污点，但他

---

① 罗尔纲：《太平天国史》第3册，中华书局1991年版，第2049页。

并没有一味地向曾国藩卑躬屈膝,并且最终慷慨赴死。就此而论,李秀成仍然不失为一个有污点的英雄"。[①] 应为的论。

戚本禹的文章引发高层注意,加之舆论推动,学术界自然随之而上。一场围绕李秀成自述问题的讨论,随着形势的变化而呈现出阶段性的特点。

1964 年 1 月 19 日下午,开封师范学院历史系和河南省历史研究所联合举行"关于评价李秀成学术讨论会"。据说这是继过去所召开的关于评价李秀成的第五次联合讨论会。会上,有人以"李秀成评价问题讨论中几种错误思想观点的分析批判"为题,提出要批判这样几种错误的思想观点。一是温情主义思想,这是一种革命立场不稳的表现;二是折中主义观点,这是违背唯物辩证法的形而上学的观点;三是所谓"历史局限性"论,这无非是想为李秀成的变节行为开脱;四是活命哲学思想,这无非是宣扬为了一己的活命可以出卖革命的叛徒哲学。有人则提出,李秀成投敌变节的内在原因,一是由于参加革命的动机不纯;二是阶级立场模糊;三是生活奢侈腐朽;四是"天命"思想。还有人提出,"我们不承认在李秀成身上还有是非功过可言。目前阶级斗争很激烈,对地富反坏,只能言其过,不能言其功,只能言其非,不能言其是。太平天国后期,天王对李秀成寄托很重,而李秀成被俘后,对几天前的敌人曾国藩称老中堂,这大人那大人,肉麻的很。这很像周佛海,1927 年宁汉分裂,就逃出武汉投靠蒋介石,宣传要盲目信仰'领袖'蒋介石;但当抗战一开始,他又对原来盲目信仰的'领袖'背叛了,当了汉奸。对于这种人,哪里有是非功过?只有宣布罪状,口诛笔伐"。还说:"罗尔纲错误的总根源就是唯心史观。罗尔纲过去是胡适派,受实用主义的影响非常大。解放后,罗曾检查:胡适对他的危害没有穷尽。胡适死了,其险魂尚未散尽。学术界的斗争是阶级斗争。所以我们要加强学习马列主

---

① 夏春涛:《李秀成是有污点的英雄》,《北京日报》2004 年 6 月 14 日。

义，抵制反动思想。"① 这场讨论会一边倒地批判李秀成，揭露罗尔纲，很真实地反映了 1964 年年初校园内对李秀成口诛笔伐的情形。

广东史学会在 1964 年 10 月 29 日也召开了座谈会。据报道，会上分析罗尔纲把李秀成这个叛徒考证成"苦肉缓兵"的英雄，是采取了"大胆假设，小心求证"的资产阶级实用主义方法。"这是主观唯心主义历史研究的一个标本。这种资产阶级的主观唯心主义的方法，是与马克思主义方法论完全对立的。"有人在会上说："有些人把叛变革命说成是农民阶级的局限性，持这种论点的人，实际上是采用了诡辩的手法，用个别代替一般，把农民革命中个别败类的背叛革命的行为扩大为农民革命中的一般现象，这是绝对不能容许的。"②

武汉地区的教学、研究单位和湖北省历史学会，也先后举行了评价《李秀成自述》和李秀成一生的学术讨论会，但没有一边倒。在讨论中，一种观点认为，《自述》是叛徒的自白，投降变节思想贯穿于它的始终。《自述》是李秀成投降敌人的系统的详细的供词，是一幅叛徒嘴脸的自我画像。但也有人认为，把《自述》说成是一份叛徒的自白书，把李秀成说成是一个投降变节分子，是抓住一点不及其余，是对古人的一种苛责。把纸上写的东西当成已经实践了的东西是没有说服力的。"敌人杀害他，便是李秀成是否投降的答案。"评价《自述》不能仅仅根据《自述》来谈《自述》，要考虑到当时各种具体情况。也有人认为，《自述》除了投降动机以外，还有总结革命经验（或者缅怀天国）的意图。不能说《自述》完全是一份叛徒的自白书，但也不能说李秀成写《自述》完全是一个伪降的策略。一些人认为，李秀成既然晚节不忠，在他身上也就失去了肯定的意义。即或在被俘以前，所谓的"忠王"也不是像有些人所抬举的那样的"忠"。有人认为，不能简单说李秀成就是个叛徒，他基本上是一个

---

① 开封师范学院历史系、河南省历史研究所：《"关于评价李秀成学术讨论会"纪要》，《开封师范学院学报》1964 年第 2 期。另参看《李秀成评价问题座谈辑要》，《史学月刊》1964 年第 11 期。

② 景：《广东史学界讨论关于评价李秀成的方法论问题》，《学术研究》1964 年第 6 期。

值得肯定的人物。有人认为，李秀成被俘以后成了一个投降变节分子是无疑的，但是前面的功绩不能一概抹杀。有人认为，不应该说李秀成完全是一个投降变节分子，因为他作为太平天国后期的最高统帅，在天王已故的情况下，除了他没有别人能把太平天国的全部经过讲得出来。他为了保存革命史实，又不得不在叙述太平天国兴亡的同时，说些对曾氏兄弟阿谀奉承的好话，甚至提出了投降乞生的要求。但是权衡其被俘前后的功过，功还是主要的。有人还说，李秀成在被俘前的妥协性越来越大，但他坚持了革命斗争，坚持了团结，顾全了大局，不失为一个农民革命将领。被俘以后，他对革命丧失了信心，由政治上的妥协发展成为投降变节，成了革命的叛徒。对于这种前后两种不同性质的矛盾不能调和，只能分别看待，后者不能代替前者，前者也不能抵消后者。①

此外，福建历史学会厦门分会等许多单位，都组织了研讨会或座谈会。总的倾向是赞成戚本禹的人越来越多。一些原本不赞成戚本禹文章观点的人，也改变立场，转而发表文章批评罗尔纲。

值得一提的是署名"罗思鼎"的文章。文章说："在一个叛徒身上论功过，实际上只能掩盖问题的实质，把人们的视线从敌我界限这个根本问题上移开，希望人们去同情和怜悯叛徒的投降行为，并为他开拓罪责。"罗思鼎说，"在革命者的一生中，晚节尤其重要"，"李秀成的一生，是用投降行为结束的。因此，李秀成是一个叛徒，这是他给自己下定的结论，是任何人也改变不了的"。②"罗思鼎"后来在"文化大革命"中成为与"梁效"南北呼应的著名笔名。

需要说明的是，对于李秀成评价，毛泽东一直是关注的。当时，"光明日报社专把学术界对此事的反应，逐日汇集编印出来，供给中央领导部门和报社编辑人员参考"③。1964 年 8 月，毛泽东在《光明

---

① 胡白丁：《关于李秀成及其自述的讨论》，《江汉学报》1964 年第 9 期。

② 罗思鼎的文章名为《大节、气节、晚节——评李秀成问题讨论中的所谓功过问题》，发表于《解放日报》1964 年 8 月 23 日。引文转引自群力《关于评价李秀成及其〈自述〉的讨论情况报导》，《历史教学》1964 年第 10 期。

③ 穆欣：《办〈光明日报〉十年自述》，第 468 页。

日报》"关于李秀成评价问题讨论的反映（10）"中选编的复旦大学蔡尚思、华东师范大学吴泽对李秀成评价问题的一些意见旁批示："江青阅，此文有些道理。"中央文献研究室对这个批示说明如下：

> 戚本禹《评李秀成自述》一文在 1964 年 7 月 25 日《光明日报》发表后，引起了对李秀成评价的讨论。这期反映主要选编了复旦大学历史系主任蔡尚思、华东师范大学历史系主任吴泽对李秀成评价问题的一些意见。蔡尚思说，对李秀成既不应该全盘肯定，也不应该全盘否定。我基本上同意戚本禹的意见，可和他的看法又不完全相同。他的有些看法比较片面，比如在分析李秀成投降原因的时候，说李秀成盖忠王府太奢华浪费，是为了个人享受；又说李秀成早就有了投降的念头。这些论点是站不住脚的。吴泽说，目前报纸讨论把李秀成的问题仅仅放在真投降、假投降上面，容易把问题简单化。有人说，李秀成的投降是因为怕死。这是没有说服力的。李秀成的投降，只是一根线上的一个点，我们要想了解这个点，就需要把它放在一根线上来考察，而要了解这根线，又不能把它和整个面联系起来，这样看问题才能全面。这里的线，指的是李秀成的一生；这里的面，指的是太平天国的整个历史。李秀成的投降和太平天国后期的历史是有关系的。本来，农民没有无产阶级的领导，要取得革命的胜利是不可能的。农民是要分化的。历史上的农民革命最后不是走向失败，就是向封建转化。太平天国也是这样。它后期的经济、政治和军事，实际上各方面都在发生变化，逐步走向封建化的道路。既然太平天国后期已经逐渐封建化，李秀成的阶级界限当然也就日益模糊了。所以等到李秀成被俘以后，这时的李秀成已经不是当年起来闹革命的李秀成了。加上被俘以后，太平天国大势已去，正是在这种情况下，李秀成认为"天数"已定，以至对曾国藩抱有幻想，写下了《自述》。这就是李秀成投降的历史根源

和阶级根源。①

这条材料说明，毛泽东赞成以联系的、全面的视角评价李秀成，不赞成孤立地看待评价李秀成。他不认为戚本禹的文章无懈可击，但在总体上，赞成戚本禹的观点。

三　评海瑞与批《海瑞罢官》

关于李秀成自述及李秀成评价问题的讨论与批判运动，是由戚本禹引起的。而评海瑞与批《海瑞罢官》则是姚文元引发的。

《海瑞罢官》是历史学家吴晗创作的一出京剧。吴晗是明史专家，但兴趣广泛，才华出众。他之所以写这部戏，与响应毛泽东主席关于学习海瑞的号召有关。② 新中国成立后，他担任北京市人民政府副市长、中国民主同盟北京市支部委员会主任委员等重要职务，在学术界非常活跃。1952 年 7 月 21 日，他再次致信毛泽东，要求加入中国共产党。他在信中提到，1949 年 1 月 3 日曾向毛泽东提出入党请求，同年 1 月 14 日毛泽东给他回信："我们同意你的要求。惟实行时机尚值得研究，详请恩来同志面告。"而此次毛泽东则批示："我意还是暂不入党为宜。"此后，吴晗又多次提出入党要求。1957 年 3 月，终于被中共中央正式批准加入中国共产党。③ 可见，吴晗是非常执着地热爱党、积极向党靠拢的。入党后，在胡乔木约请下，吴晗写作关于海瑞的文章，于 1959 年 9 月发表《论海瑞》《海瑞骂皇帝》等，又应北京京剧团马连良之约，于 1960 年年底写成新编历史剧《海瑞罢官》，1961 年 1 月开始上演。此后，他还和邓拓、廖沫沙以

① 《建国以来毛泽东文稿》第 11 册，中央文献出版社 1996 年版，第 130—131 页。参看中共中央文献研究室编《毛泽东年谱（1949—1976）》第 5 册，中央文献出版社 2013 年版，第 404 页。

② 参看中共中央党史研究室著《中国共产党历史》（第 2 卷，1949—1978）下册，中共党史出版社 2011 年版，第 754 页。另参看穆欣《办〈光明日报〉十年自述》，中国青年出版社 2015 年版，第 496 页。张传玺《新史学家翦伯赞》，第 301 页。

③ 毛泽东：《对吴晗再次要求入党的来信的批语》，《建国以来毛泽东文稿》第 3 册，第 500 页。

"吴南星"的笔名，在《前线》杂志发表以《三家村札记》为专栏的杂文。在历史研究领域，吴晗发表不少文章，提出许多重要观点。

但是，1965 年 11 月 10 日，上海《解放日报》编委、上海市委写作组成员姚文元在上海《文汇报》突然抛出一篇名为《评新编历史剧〈海瑞罢官〉》的文章，点名指责吴晗，一下子改变了吴晗的命运，对中国史学也造成极大冲击和伤害。批判《海瑞罢官》的政治运动成为"文化大革命"的序幕和直接导火索，给新中国的历史造成十年浩劫。以后人们得知，这篇文章原来是 1965 年年初江青在毛泽东不知情的情况下，到上海与张春桥秘密策划出来的。① 姚文元的文章到底说了什么，何以有如此巨大的杀伤力呢？

姚文元说，从 1959 年 6 月开始，吴晗接连写了《海瑞骂皇帝》《论海瑞》② 等许多歌颂海瑞的文章，反复强调学习海瑞的"现实意义"。1961 年，吴晗又经过 7 次改写，完成京剧《海瑞罢官》，还写了一篇序，再一次要求大家学习海瑞的"好品德"。剧本发表和演出后，报刊上一片赞扬。

这就是说，他既要批判吴晗的文章，也要批判吴晗的剧作，还要重新评价海瑞，以便肃清吴晗所造成的影响。

姚文元认定，戏剧中的海瑞不是历史上真实的海瑞，而是吴晗"凭空编出来"的。而吴晗以"十分完美、十分高大"的形象编造海瑞，是想表达对现实的不满。姚文元以"塑造"一词起笔，而以"编造"一词收尾，可谓煞费苦心。因为"塑造"意味着吴晗所为乃是艺术的当然，姚文元的指责就会落空。而落于"编造"一词，则意味着吴晗的所作所为与艺术无关，只是挂艺术的羊头卖"歪曲阶级关系"等的狗肉，"已经同合理想象和典型概括没有什么关系，只能属于'歪曲，臆造'和'借古讽今'的范围"。姚文元的刀笔功夫，昭然可见。

---

① 参看《建国以来毛泽东文稿》第 12 册，中央文献出版社 1998 年版，第 7 页。另见穆欣《办〈光明日报〉十年自述》，第 499—501 页。
② 分见《人民日报》1959 年 6 月 16 日、9 月 21 日。

但文章如果仅仅限于指责吴晗"编造"，那至少不会有政治上的杀伤力。即便文章指责吴晗"用地主资产阶级的国家观代替了马克思列宁主义的国家观"等内容，也还属于思想澄清与批判的范围。姚文元文章的真正厉害之处，是在收尾之时把《海瑞罢官》与现实作了联系。此时，读者会发现他文前、文中所铺垫的那些"学术内容"，原来都是为步步逼近的特写镜头服务的。

姚文元写道：

1957 年，当生产资料所有制方面的社会主义改造基本完成以后，有一小撮人，忽然对于大反"乡愿"产生了特殊的兴趣。有人就曾用"反对乡愿"、"反对甘草"的口号来反对无产阶级的革命干部和民主人士中的左派，咒骂党的领导是"拘拘于小德的乡愿"，把跟共产党走的民主人士诬为"甘草主义"，……这一套东西的实质早已路人皆知了，为什么《海瑞罢官》及其评论者又要重新拾起来加以鼓吹呢？

……

1961 年，正是我国因为连续三年自然灾害而遇到暂时的经济困难的时候，在帝国主义、各国反动派和现代修正主义一再发动反华高潮的情况下，牛鬼蛇神们刮过一阵"单干风"、"翻案风"。他们鼓吹什么"单干"的"优越性"，要求恢复个体经济，要求"退田"，就是要拆掉人民公社的台，恢复地主富农的罪恶统治。那些在旧社会中为劳动人民制造了无数冤狱的帝国主义者和地富反坏右，他们失掉了制造冤狱的权利，他们觉得被打倒是"冤枉"的，大肆叫嚣什么"平冤狱"，他们希望有那么一个代表他们利益的人物出来，同无产阶级专政对抗，为他们抱不平，为他们"翻案"，使他们再上台执政。"退田"、"平冤狱"就是当时资产阶级反对无产阶级专政和社会主义革命的斗争焦点。阶级斗争是客观存在，它必然要在意识形态领域里用这种或者那种形式反映出来，在这位或者那位作家的笔下反映出来，而不管这位作家是自觉的还是不自觉的，这是不以人们意志为转移的客观规律。《海瑞罢官》就是这种阶级斗争的一种形式的反映。如果吴晗同志不同意这种分析，那么请他明确回答：在 1961 年，人民从歪曲历史真实的《海瑞罢官》中到底能"学习"到一些什么东西呢？①

这完全是欲加之罪、何患无辞！一个最明显的事实是，在姚文元的文章中，白纸黑字写着《海瑞罢官》"是头几年发表和演出的"，那又怎么可能在几年后跳出来"流毒"天下呢？

然而，事情却继续朝着不好的方向发展。

1965 年 11 月 30 日，《人民日报》第 5 版"学术研究"专刊转载了姚文元的文章，同时配发编者按。编者按显然不赞成姚文元文章的高调门，因而只把讨论范围局限于"如何对待历史人物和历史剧的问题，用什么样的观点来研究历史和怎样用艺术形式来反映历史人物和历史事件的问题"，还引用毛泽东关于"百花齐放、百家争鸣"的论述，说"我们的方针是：既容许批评的自由，也容许反批评的自由；对于错误的意见，我们也采取说理的方法，实事求是，以理服人"。话外之音，反有批评姚文元的意思。据悉，这篇编者按是周恩来、彭真和吴冷西共同定稿的。② 但无论怎样，随着北京各大报转载姚文，大批判的形势迅速形成。

第二年 5 月，姚文元又发表一篇长达 2 万字的长文，直捣吴晗、北京市委书记处书记邓拓、市委统战部长廖沫沙所谓"三家村"的"反动本质"，给予三人最后一击。这篇文章与其说是文章，毋宁说是姚文元开出的"催命判决文书"。

文章开篇便点明，《燕山夜话》的作者是邓拓，《三家村札记》则是邓拓、廖沫沙、吴晗"合股开办的一个黑店"。邓拓同"三家村"的伙计们一起，把《前线》《北京日报》《北京晚报》等"当作反党反社会主义的工具，猖狂地执行了一条反党反社会主义的右倾机

---

① 姚文元：《评新编历史剧〈海瑞罢官〉》，《文汇报》1965 年 11 月 10 日。
② 穆欣：《办〈光明日报〉十年自述》，第 504 页。

会主义即修正主义的路线，充当了反动阶级和右倾机会主义分子向党进攻的喉舌"。"吴晗是一位急先锋，廖沫沙紧紧跟上，而三将之中真正的'主将'，即'三家村'黑店的掌柜和总管，则是邓拓。"

姚文元说，《燕山夜话》和《三家村札记》都是紧接着《海瑞罢官》开场的，是"经过精心策划的、有目的、有计划、有组织的一场反党反社会主义的大进攻"。他毫不含糊地断言，《海瑞罢官》的"矛头对准庐山会议，对准了以毛泽东同志为首的党中央，它要翻庐山会议的案。戏中叫喊'海青天'即右倾机会主义者的'罢官'是'理不公'，右倾机会主义者应当再回来主持'朝政'，贯彻他的修正主义纲领。支持右倾机会主义者东山再起重新上台，实现资本主义复辟，这就是《海瑞罢官》作者当时的迫切心情。这也是'三家村'的'兄弟'们在当时的共同心情。"至此，姚文元批判《海瑞罢官》真实意图与原因大白于天下。但是，在2万字的长文中，姚文元兜了无数的圈子，始终没有拿出半条与庐山会议有关的证据。①

这里没有必要对姚文元的文章进行引证与剖析，因为历史已经对这些东西作出定论。回顾这段历史，是为总结教训，让中国的马克思主义史学思想沿着健康道路向前发展。

对姚文元的文章，《红旗》杂志历史组组长戚本禹积极配合，添油加醋。作为批判翦伯赞的急先锋，戚本禹是把吴晗看作翦伯赞同党的。因此，几乎与姚文元抛出第二篇文章同时，戚本禹也发表文章，对吴晗大加挞伐。

戚本禹上来便说，姚文元"揭开了这一场不可避免的大论战的序幕"。既是"序幕"，就意味着"好戏"还在后头。因此，他接着说，吴晗1965年12月27日发表的《关于〈海瑞罢官〉的自我批

---

①　姚文元：《评"三家村"〈燕山夜话〉〈三家村札记〉的反动本质》，《解放日报》、《文汇报》1966年5月10日同时刊登，《人民日报》1966年5月11日转载。1966年5月9日，毛泽东在审阅这篇文章时，删去标题中"反党反社会主义的大黑店"的定语。见中共中央文献研究室编《毛泽东年谱（1949—1976）》第5册，中央文献出版社2013年版，第585—586页。

评》①，"态度是不老实的"，"是个假检讨"，并且是"反批评"，是一种"论战手法"。有了这样的定性，"序幕"后面的"好戏"当然也就可以开场了。他给吴晗开出的戏码是"反对马克思主义，反对社会主义"。为让吴晗"演好"这一戏码，他可谓对吴晗进行了"创造性的艺术想象和艺术创作"。

比如吴晗说，他的《海瑞骂皇帝》发表于 1959 年 6 月 16 日，而党中央的庐山会议和反对右倾机会主义的指示是 1959 年 8 月间的事；《海瑞罢官》写于 1959 年到 1960 年，发表于 1961 年年初，也是在"单干风"和"翻案风"出现以前。换言之，二者在时间上完全衔接不上。对此，戚本禹的回答是："代表每一种社会力量的知识分子都有他们自己特殊的阶级敏感性。"也就是说，尽管时间衔接不上，但不等于你的鼻子闻不到味道。如果没有闻到味道，那么你怎么随后就能推出一批"牛鬼蛇神"呢？

戚本禹采用循环论证的诡辩方法，但就是拿不出直接证据。于是，在他的文章里便出现了一个高频词——"联系"。他东联系、西联系，还是"联系"不出直接的证据，竟至在文章中采用了"同志们想一想"的修辞方式。②

作为"文化大革命"中红极一时的人物，关锋同样是批判吴晗的干将。在与林杰合写的文章中，他们表示要"摆事实、讲道理"，但所"摆"的"事实"、所"讲"的"道理"，最终却是要审问出他们预设好的吴晗"居心何在""为谁唱赞歌"。他们说海瑞对明王朝赤胆忠心，而吴晗隐瞒了海瑞对皇帝的"真忠"。其实，海瑞明明在戏里满口皇上，忠君思想显而易见。换言之，在海瑞之"忠"的认定上，关锋与吴晗至少是有最大公约数的。由此而引出的结论必然是，即使海瑞骂了皇帝，他也照样是个忠臣；忠臣骂皇帝，应该是"尤其忠"的表现，怎么反而成为"不忠"的证明了呢？如果他确实

---

① 发表于《北京日报》1965 年 12 月 27 日，又见《人民日报》1965 年 12 月 30 日。

② 戚本禹：《〈海瑞骂皇帝〉和〈海瑞罢官〉的反动实质》，《人民日报》1966 年 4 月 2 日。

"不忠"，那就证明关锋的断语是错误的。可见，关锋已经陷于论证上的自相矛盾。其实，他整篇文章无非是拾取姚文元、戚本禹的牙慧，把二人说过的意思再唠叨一遍而已，哪里还会顾及矛盾不矛盾。①

姚文元第一篇文章发表后，在全国引起强烈震动。吴晗读了姚文，非常激动。1965 年 11 月 14 日，他对登门的《光明日报》记者说："这样牵强附会的批评，乱扣帽子，这种风气很不好。谁还敢写东西?! 谁还敢谈历史?!"毛泽东从《光明日报》总编室编印的《情况简编》上了解到这一情况，"一夜无眠"。23 日，他对北京各报不转载姚文元的文章表示不满意，指示上海将姚文元的文章出单行本。12 月 21 日、22 日、23 日，毛泽东连续谈到姚文元的文章和《海瑞罢官》，认为"要害是'罢官'，嘉靖皇帝罢了海瑞的官，五九年我们罢了彭德怀的官，彭德怀也是'海瑞'"。但是，毛泽东没有打倒吴晗的意思。1966 年 2 月 8 日，他说："吴晗可以照样当他的副市长。"此后，他还说，郭沫若、范文澜不能打倒；"不要像 1958 年那样否定一切"，等等。对"中央文化革命"五人小组写成的《文化革命五人小组关于当前学术讨论的汇报提纲（草案）》（即所谓《二月提纲》），毛泽东当时也没有予以否决（当然他反对这个提纲）。《提纲》说："要坚持实事求是，在真理面前人人平等的原则，以理服人；要准许和欢迎犯错误的人和学术观点反动的人自己改正错误，不要不准革命；在报刊上点名给以重点批判要慎重，对于吴晗这样用资产阶级世界观对待历史和犯有政治错误的人，在报刊上的讨论不要局限于政治问题，要把涉及各种学术理论的问题，充分地展开讨论。如果最后还有不同意见，应当允许保留，以后继续讨论。"②毛泽东希望的是"触及灵魂"的深刻思想革命，并不是"否定一切"，但江

① 关锋、林杰：《〈海瑞骂皇帝〉和〈海瑞罢官〉是反党反社会主义的两株大毒草》，《红旗》1966 年第 5 期、《人民日报》1966 年 4 月 5 日。

② 见中共中央文献研究室编《毛泽东年谱（1949—1976）》第 5 册，中央文献出版社 2013 年版，第 541—542 页、547—548 页、第 556—557 页、第 569 页、第 572 页。参看中共中央文献研究室编《毛泽东传》，第 2365—2366 页。

青、康生没有完整准确地依照毛泽东的指示去做，违背毛泽东指示精神的实质，造成极其严重的后果。事实表明，批判吴晗的源起，完全来自江青、康生。康生曾经向毛泽东提议批判《海瑞罢官》，并最先发明了"要害是罢官"的说法。江青最初组织批判文章以及到上海去组织，毛泽东均不知情。①"保密七八个月"。文章写成后，才交给毛泽东，同时"背着除毛泽东之外的所有政治局常委和绝大多数政治局委员"。毛泽东最初并没有接受和重视康生的提议，还对江青说要保护几个历史学家。甚至在姚文元文章发表后，也没有肯定吴晗是"反党反社会主义问题"，还表示吴晗"不如下去当个县长好"。此后又说"吴晗可以照样当他的副市长"。②尽管毛泽东在批判吴晗的问题上有责任，但与受江青、康生的鼓动、助推具有直接关系；批吴晗的主要责任应由江青、康生来负。

1965年12月，吴晗写了自我批评，在报纸上公开发表。在近两万字的自我批评中，吴晗说自己"忘记了阶级斗争"，《海瑞罢官》写农民苍白无力，混淆、抹杀了阶级斗争的本质，"这是极端错误的，是立场性质的错误。""那么，这个剧本是为谁服务呢？显然，不可能是为无产阶级服务，而是为封建地主阶级、资产阶级服务。""这是思想问题，也是阶级立场问题"。"在检查过程中，逐步认识到问题的本质，认识到这不止是一个学术性问题，而是一个政治性问题；不只是一个历史人物评价问题，而是一个阶级立场问题；不止是一个个别历史事实问题，而是用什么思想指导，用资产阶级的形式主义、主观性、片面性、表面性去分析历史人物、历史事件，还是用马克思主义、毛泽东思想、历史唯物主义、一分为二的科学分析方法去分析历史人物、历史事件的问题；是两种世界观、两种立场，两种思想方法、两种观点，两条道路的何去何从的根本问题；也就是思想、

---

① 毛泽东曾说，姚文"开头写我也不知道"；"到上海去组织，我都不知道"；"文章写好了交给我看"。见中共中央文献研究室编《毛泽东传》，第2364页。

② 详见穆欣《办〈光明日报〉十年自述》，第496—501页。参见中共中央文献研究室编《毛泽东传》，第2368、2370页。

学术战线上的两条道路问题。"①

这里还要提到戚本禹另一篇批判《前线》与《北京日报》所谓"资产阶级立场"的文章。这篇文章同样与姚文元完全一个腔调，对中共北京市委《前线》杂志和《北京日报》大加挞伐，说它们"过去发表了大量的反党、反社会主义毒草"，"对吴晗假揭露、真支持，假批判、真包庇，假斗争、真保护"；"《前线》《北京日报》，还有那份《北京晚报》，在最近几年的一个相当长的时间里，本身就是邓拓、吴晗、廖沫沙等人猖狂向党、向社会主义进攻的工具"；"你们喊着无产阶级专政和社会主义的口号来丑化无产阶级专政，丑化社会主义制度。你们是挂着共产党的招牌，窃取党报、党刊的名义来反党、反社会主义。你们在我国社会主义同资本主义两条道路严重斗争的时刻，一直是站在资产阶级的立场上加紧同无产阶级进行着尖锐的阶级斗争，而绝不是什么放松了阶级斗争。你们没有无产阶级的政治挂帅，却有着资产阶级的政治挂帅。你们的资产阶级反动思想顽固得很，资产阶级反动立场坚定得很，资产阶级反动嗅觉灵敏得很，资产阶级党性强烈得很。"② 这就完全点明了要在政治上置对方于死地的目的。

当时，全国许多高校、社会团体以及科研机构，纷纷就《海瑞罢官》及有关问题进行热烈讨论。讨论中必然涉及一些学术问题。比如如何对待历史人物和历史剧的问题，怎样用艺术形式反映历史人物和历史事件的问题，封建社会中"清官"与贪官的关系问题等。

在姚文元第一篇文章出笼的时候，固然有许多人赞成，但也遭到不少批评。反对姚文元文章基本观点的人认为："《海瑞罢官》通过海瑞这个人物歌颂了刚正不阿、敢做敢为、向恶势力作斗争的精神，表现了人民的希望，曲折地反映了当时的阶级斗争。这出戏还表现了

---

① 吴晗：《关于〈海瑞罢官〉的自我批评》，《北京日报》1965年12月27日、《人民日报》1965年12月30日。

② 戚本禹：《评〈前线〉〈北京日报〉的资产阶级立场》，《红旗》1966年第7期、《人民日报》1966年5月16日。毛泽东于1966年5月上旬审阅了这篇文章，见中共中央文献研究室编《毛泽东年谱（1949—1976）》第5册，第586页。

海瑞全心全意为贫苦农民服务，反对贪污浪费、减轻苛捐杂税、均衡贫民力役、力主建立廉洁清明的政治局面的精神。这些都是有现实的教育意义的。"还有人认为："《海瑞罢官》这出戏是反映了历史的真实的。戏里用许多篇幅描写了地主对农民的欺凌、坏官对老百姓的压迫，这不正是反映了当时尖锐的阶级矛盾吗？而且，海瑞所处的时代，封建制度还没有濒临崩溃，农民革命的烽火还没有燃烧成燎原之势，特别是江南一带，由于统治阶级驻有重兵，防范极严，农民的阶级觉悟还不高，革命力量还没有形成。在这种情况下，农民只能把希望寄托于王法和青天，是可以理解的。至于海瑞所作的退田、除霸等事，史籍俱在，确有其事。《海瑞罢官》如实地描写了这些历史事实，怎么能说没有反映历史的真实呢？何况《海瑞罢官》是戏剧，不一定要完全符合历史情况。"另有意见认为："在海瑞的时代，为了人民而敢于同当时的权贵作斗争，是具有革命性的行为，海瑞是一个革命的代表人物。因此，在艺术作品中，把他的形象拔高一点，塑造成当时劳动人民利益的代表者和代言人，并不过分。""艺术不等于生活，历史剧不等于历史教科书。作者在不违背人物思想本质的基础上，取舍素材，进行艺术加工，突出人物形象，加深对读者的感染，是完全可以的。""作者对海瑞这个人物并没有一味歌颂，而是有分析的，戏中指明了海瑞的阶级局限性，指明了他的忠君思想，特别是最后受到革职处分，说明他的改良主义道路是走不通的。"有意见提出，海瑞确实做过"退田""平冤狱"的事情，并非捏造。这出戏写于1960年，不能说与1961年刮的"单干风""翻案风"有关。"吴晗的动机是好的，他满腔热情，想尽办法为社会主义服务。这出戏提倡了敢说敢为的精神，古为今用，开辟了历史研究为现实斗争服务的新道路。""海瑞虽然是封建统治阶级中的人物，但他是同情人民的。"他关心民间疾苦，不畏强暴，连皇帝都敢批评。因此应当说，海瑞做这些事情的时候，是站在人民立场上的。"有人提出："海瑞是封建地主阶级的改良派，他推行退田、治水、一条鞭法等措施，虽然主观动机是由于害怕阶级矛盾尖锐化会引起封建王朝被推翻的危险，因而要求统治者作些让步，借以缓和阶级矛盾；但是实行这些措施的客观效果，是对人民生活和生产发展有利的。所以，海瑞还是值得赞扬的。"关于"清官"的实质，有学者认为："清官是应该歌颂的。清官总比贪官好，海瑞总比严嵩好。他的退田、除霸、均徭、修江等措施，总比贪官污吏的敲诈勒索对人民生活和生产发展有利。人民群众对贪官污吏深恶痛绝，对公正廉洁、不畏强暴的官吏却很爱戴。人民希望多出几个青天，海瑞就是这样的青天。广大人民对海瑞有良好的印象。在民间文学中，海瑞从来也都是正面人物。如果连清官都不歌颂，历史上还有什么可以歌颂的人物呢？"也有学者提出："清官在不同时期和不同地点有不同的作用。在阶级斗争已很激化、一个王朝已走向没落时，他们主要起了麻痹革命思想、破坏革命斗争的作用；而在阶级斗争还不十分尖锐、一个王朝尚未面临末日时，他们则主要是有利于人民的。在海瑞所处的时代，虽然许多地方已爆发了农民起义，但是苏、松一带还是比较平静的，朱明王朝也还没有到覆灭的前夕。从主要的方面来看，海瑞还是应该肯定的。"①

上述情况说明，尽管姚文元的文章带有明显的政治目的，但在1965年年末的时候，学术界对此并不了解。因此，他们站在学术争鸣的立场，对姚文元的文章提出许多不同意见。如果讨论沿着这样的氛围与路径发展下去，显然会结出不少思想性成果。但是，这样的情形大约只持续了很短的时间，便急速地发生了变化。

就在这很短的时间里，却表现了许多学者的可贵品质。当时一篇署名"樵子"的文章明确说："我觉得姚文元同志研究历史，评价历史人物，不是运用实事求是、一分为二的革命辩证法，而是运用一种机械的形而上学观点。由此，便导致了否定一切历史人物的倾向。"作者询问姚文元："既然承认海瑞想缓和地主与农民之间的矛盾，又说在农民与地主之间的矛盾焦点——土地问题上，不给贫苦农民一点好处，只让中小地主独占其利，那末试问：矛盾何从缓和？远见何能体现？"作者说，姚文元"指责吴同志是借此发泄对党的不满，指责他的这出戏是一株毒草，实在难于令人同意"。作者最后说："就历

① 《关于〈海瑞罢官〉问题各种意见的简介》，《人民日报》1965年12月15日。

史人物海瑞来说，他当然不能超越本阶级的局限，但在当时的封建官僚中，不失为一个比较关心民生疾苦的好人。作为历史剧的《海瑞罢官》，存有较重大的缺点，但并没有如姚同志所指责的严重政治错误。"①

署名"亦鸣"的文章指出，姚文元说《海瑞罢官》是"一株毒草，影响很大，流毒很广"，"这个结论下得未免轻率"。姚文元的文章"就像脱了缰的野马，远远地奔到界外去了"。作者对姚文中的问题作了简要揭示，最后暗示，姚文元"应该受到谴责"②。

1965 年 12 月 31 日，《文汇报》邀请上海史学界、文艺界部分人士座谈吴晗的自我批评。座谈纪要在报上公开发表，引起广泛关注。尽管《文汇报》是姚文元文章的始发地，座谈会的基本倾向是批评吴晗，甚至有人说了一些过头过激的话，但总体上，学者们保持了实事求是的精神，整个发言过程不失学术品格，较好地贯彻了百家争鸣的方针。

上海社会科学院历史研究所副所长周予同谈到讨论中涉及的两个理论问题，一是戏剧与历史的关系，二是清官的性质。他委婉地表示，关于清官比贪官更坏的问题，似乎有些说不通；如果此说可通，那么"在蒋匪帮时代，是否做坏教授比做好教授要好吗？"周予同的类比，似乎不够恰当。但他真正担心的是，如果清官比贪官更坏的讲法成立，可能会影响学生的人生观，会给中学历史教学造成困扰，还会造成中国历史空白化的后果。他说吴晗"很爽直，文如其人，有错就认了，他的认错不是假的"。但批评吴晗"政治敏感性大有问题"。

复旦大学历史系教授周谷城也谈到清官与贪官的关系问题，建议"借此讨论之机会可以使历史问题的讨论范围扩大一些"。他认为"投献问题"就应该仔细研究。对吴晗的自我批评，他说自己"没有好评"，因为"文中第二段是为自己辩护"，清官评价问题也没有解

①　樵子：《也谈海瑞和〈海瑞罢官〉》，《人民日报》1965 年 12 月 15 日。
②　亦鸣：《〈评新编历史剧"海瑞罢官"〉读后》，《人民日报》1965 年 12 月 25 日。

决，"吴晗当初曾坚持历史剧要符合历史真实，但写《海瑞罢官》的剧本又不强调了，是自相矛盾了"。周谷城的立场显然也是立足于学术。他对吴晗的批评是善意的，也有一定道理。

复旦大学历史系主任谭其骧说："清官问题，很值得讨论。清官和贪官比较，是剥削少点好，还是多点好？压迫轻点好，还是重一点好？由此还可以进一步提出问题，即历史上除农民起义领袖外，在封建统治阶级范围内有没有值得肯定的人物？岳飞、文天祥是民族英雄，大家都肯定。此外和民族矛盾没有关系的封建人物，有没有值得肯定的？""再有，对《海瑞罢官》的批判是一个问题，如何评价海瑞又是一个问题；但现在有些人因为否定《海瑞罢官》，连海瑞这个人也根本否定了，其实两者不是一码事，应该分一分。"

在会上发言的还有蒋星煜（上海市文化局剧目工作室）、刘大杰（复旦大学中文系教授）、李俊民（中华书局上海编辑所主任）、束世澂（华东师范大学历史系教授）、杨宽（上海社会科学院历史研究所副所长）、魏建猷（上海师范学院历史系主任）、张家驹（上海师范学院历史系副主任）、徐德嶙（华东师范大学历史系教授）、陈向平（中华书局上海编辑所副主任）等人，他们大都对吴晗的自我批评有所不满意，程度不等地给予了批评，但他们也都谈到怎样看到清官与贪官的问题，试图就这一史学理论问题表达自己的思考或困惑。比如蒋星煜说："清官不光是指经济上的清，而有清正（有正义）、清廉（不贪污）、清明（不糊涂）等含义，清官的对称包括酷吏、贪官、糊涂官。"刘大杰说，"清官"、"贪官"在阶级本质上是同一的，作为封建阶级专政的工具是同一的，但这并不等于说他们之间在其他方面就没有可以区别、可以评价的地方。"对待历史上的具体人物，必须进行具体分析，首要的问题是划清阶级界限。决不能把一个地主阶级的巡抚大官，说成是农民阶级的救星。"他还说，不能把抗金斗争的功劳全算在岳飞一人身上，岳飞存在着忠君的封建道德的一面，还镇压过杨幺起义军，"完全成为农民阶级的敌人了"，对此要做阶级分析。他希望就"清官"问题多发表文章。李俊民说，"贪官实际上是糟粕，不在话下，而清官是封建时代的精华，影响也大，这种影响并不好，所以越是精华越要批判。清官比贪官坏，也有道理，从革命者立场来看，贪官、恶霸好对付，所谓'清官'难对付。"①

1966 年 1 月，上海《学术月刊》就清官问题刊登一组笔谈。周谷城说，"清官"贪官是一丘之貉，但又非全无区别。"清官"纵有好处，毕竟没有什么了不起。平心（李平心）说，把清官同人民之间的界限勾销是荒谬的，但是把他们同贪吏、豪强之间的区别划去也不能服人。他认为，不能因为吴晗在海瑞问题上犯了错误，就走到另外一个极端，不分皂白地把历史上的清官一概抹黑。他发问："如果说把清官捧上九天，是犯了右倾的错误，把他们一概打入十八重地狱，是不是犯了'左'倾的错误呢？""假如有人认为凡是清官，都是历史罪人，同所有的贪官污吏、权奸恶霸、民蠹国贼没有一丝一毫区别，那是把马克思主义十足庸俗化了。难道无产阶级是只管现实政治是非不顾历史是非的粗暴力量吗？不能同意这种严重曲解马克思主义阶级观的偏见。"李平心还围绕清官问题发表了文章，后被人严厉批判。② 丘日庆也说，对清官要一分为二。散播对清官幻想的论调必须批判，但是不能把清官与贪官完全等同起来。③

总体看，从 1965 年 12 月到 1966 年 3 月，关于清官的讨论保持了学术内涵，但日益向政治性上倾斜。1966 年 3 月后，对吴晗的批判向全社会扩展，工农兵学商都参加进来，口诛笔伐。据初步统计，截至 6 月底，全国性报刊上批判吴晗的大小文章即达到 150 余篇。清官问题讨论随即淹没在大批判之中。

当时有学者认为，历史上根本没有"清官"，因为封建社会里所有官吏都代表剥削阶级利益，对人民的剥削虽有程度的不同，但无官不贪；"清官"和"贪官"是封建地主阶级的政治观念和道德观念，

① 引文均见《上海学术界部分人士座谈吴晗的〈关于"海瑞罢官"的自我批评〉》，《文汇报》1966 年 1 月 7 日、《人民日报》1966 年 1 月 13 日选摘。

② 伍丁：《自己跳出来的反面教员》，《人民日报》1966 年 5 月 5 日，原载《文汇报》1966 年 4 月 25 日。

③ 引文均见《上海学术界部分人士笔谈"清官"问题》。原载《学术月刊》1966 年第 1 期，《人民日报》1966 年 3 月 11 日摘登。

是统治阶级用来划分其内部人物的标准,不是无产阶级观念,不能拿它作为评价历史人物的尺度;"清官"实际上是封建统治阶级制造出来的假象。有人说,"清官"是封建统治阶级对农民实行"让步政策"的倡导者、拥护者和执行者。他们是由"让步政策"而产生的。有人说,"清官"是封建统治进行自我调节的工具。有人认为,"清官"是代表人民利益的;"清官"是封建黑暗统治中的一线光明。但更多人不同意这种论点,因为封建官吏无论"清""贪""好""坏",都是地主阶级专政的工具,绝不代表人民的利益。"清官"所谓的"爱民"纯粹是欺骗。①

1966 年 2 月 2 日,《新建设》编辑部邀请北京部分学术界人士,就"清官"问题举行座谈会。② 会上,吴世昌说,"清官"实行改良,至少使老百姓少受剥削、少受罪。说贪官比"清官"还好,是站在后一个王朝上说话的。如果说贪官比"清官"好,客观上就会使人认为应当赞成贪官,打倒"清官"。按照这样的逻辑推下去,秦桧就会比岳飞好。唐兰说,"清官"不一定出在封建王朝走下坡路的时候。"清官"对人民有无好处,要根据其人其事作具体分析。"清官"不是我们学习的典范。对比起来,"清官"总比贪官好一点儿。杨一之说,"清官"是封建社会的迂腐的卫道者。不能说他们有多么好,但不能说"清官"比贪官更坏。"清官"为统治阶级服务比贪官更自觉一些,贪官则不很自觉。郑天挺说,"清官"和贪官都是封建压迫的执行者。农民阶级与地主阶级在一定条件下,可能有相对的共同利益。"清官"比贪官迷惑人,常常使人忽略他们的本质,所以"清官"更危险,但不能说"清官"比贪官更坏。贺麟说,"清官"是皇帝的忠实奴仆,根本不会骂皇帝。忠谏与骂是两回事。冯友兰说,"清官"比较不贪赃枉法,断官司比较能持平。"清官"的行动说不上改良主义,而是卫护封建制度的基础的。"清官"无论是真

---

① 《"清官"问题讨论中的几种意见》,《人民日报》1966 年 2 月 28 日。

② 这次会议是关锋要求召开的,目的是"吸引资产阶级放一些东西出来"。见张传玺《新史学家翦伯赞》,第 311 页。

"清"或假"清",他总是"官"。封建制度是他存在的根据。对"清官"不能宣扬。对于"清官"大肆吹捧,其目的是美化封建法律、封建道德、封建制度。翁独健说,统治阶级提倡"清官",人民中也有"清官"的概念。"清官"比贪官好,但叫今天的人去学习他们是不对的。杜任之说,儒家学说是"清官"的思想根源;对"清官"和贪官都要一分为二。朱光潜说,贪官是剥削到底,不管人民的死活;"清官"剥削到一定的程度,使农民能够活下去,继续受剥削。翦伯赞说,"清官"在历史上是找不出来的;在"清官"与贪官之间画出一条界线很困难。①

上面所介绍的情况,反映了全国学界的整体情形。各地讨论,大同小异,不出上面介绍的范围。与批判《海瑞罢官》相联系,从 1963 年开始,对孟超改编的昆剧"鬼戏"《李慧娘》、田汉编剧的《谢瑶环》,也进行了批判,说它们是戏剧舞台上的"三棵大毒草"。②

与怎样看待清官问题相联系的,是所谓"让步政策论"与"反攻倒算论"的争论。这里也简单做一些介绍。

一般认为,关于"让步政策"的争论,与孙达人 1965 年在《光明日报》发表的一篇文章直接相关。③ 所谓让步政策,就是说封建统治阶级在遭受农民战争打击之后,会实行一些"轻徭薄赋""与民休息"的措施,统称为"让步政策"。历史上到底有没有这种政策?它的实质和作用是什么? 就是争论的主要问题。

孙达人认为,让步政策的说法是非阶级分析的,也歪曲了历史实际。农民阶级与地主阶级的阶级斗争无时不在。封建政权究竟采取什么性质的政策,不决定于革命的压力,而是决定于地主阶级的阶级利益。战争之后地主阶级仍是继续采取各种方式对农民进行镇压,夺回

---

① 引语均见《北京学术界部分人士座谈"清官"问题》,《人民日报》1966 年 3 月 11 日,原载《新建设》1966 年 1 月、2 月号合刊。

② 参看云松《田汉的〈谢瑶环〉是一棵大毒草》,《人民日报》1966 年 2 月 1 日;何其芳《评〈谢瑶环〉》,《文学评论》1966 年第 1 期。

③ 孙达人:《怎样估价"让步政策"》,《光明日报》1965 年 9 月 22 日。

他们在战争中失去的一切，重新束缚农民。孙达人这种观点，一般被称为"反攻倒算"论。而与孙达人相反的意见认为，让步政策是客观事实，是农民战争的压力逼出来的，是阶级斗争的产物，是农民战争的胜利果实之一；它是为统治阶级的长远利益的内因所决定和制约着的。让步政策或者有进步作用，或者有一定限度的积极作用。①

对孙达人等人的基本观点，有人赞成（如唐长孺、郑天挺、白寿彝），有人反对（如翁独健）。有人说他们是用形而上学的观点看问题。② 孙祚民是主张"让步政策"论的代表人物。直到20世纪80年代，他还在申论自己的基本观点，即让步政策是客观存在的历史事实，无产阶级革命导师一致肯定其存在；让步政策一般是促进了生产的恢复和发展；让步政策从根本上说是剥削阶级为了"延缓灭亡""保持政权"的一种策略性措施，不是统治阶级的"仁政"，但对让步政策一般应予肯定；让步政策促进生产发展，是农民战争的"间接作用"。③ 这非常清晰地表达了让步政策论的基本内容。

有学者考察认为，"让步政策"论是翦伯赞最早提出来的。1951年2月，翦伯赞在《学习》杂志发表《论中国古代的农民战争》，提出："每一次大暴动都或多或少推动了中国封建社会的发展。因为在每一次大暴动之后，新的统治者，为了恢复封建秩序，必须对农民作某种程度的让步。这就是说，必须或多或少减轻对农民的剥削和压迫，这样就减轻了封建生产关系对生产力的拘束，使得封建社会的生产力又有继续发展的可能，这样就推动了中国历史的前进，因而中国历史上的每一个农民暴动或农民战争，可以说，都是中国封建社会向前发展的里程碑。"其后，漆侠对此作了进一步的发挥，把农民战争失败之后统治阶级所实行的有利于发展生产的政策，称之为"让步政策"。1961年年底，翦伯赞在《对处理若干历史问题的初步意见》

---

① 参看华正茂《关于"让步政策"问题的讨论》，《历史教学》1966年第4期。

② 李锦全：《不能用形而上学的观点来看待封建统治阶级的"让步政策"》，《中山大学学报》1965年第4期。

③ 孙祚民：《论让步政策》，《社会科学战线》1980年第2期。

中，又对十年前的说法作了修改，程度上有所降低，但保留了基本立意。①

但是，在"让步政策"论开始受批判的时候，有人提出，这一观点原本是陈伯达发明的，人们是受他影响才这样用。② 据悉，陈伯达在新中国成立前的论著中，曾写道："每次农民战争的结果，虽则由于缺乏城市革命阶级的领导而陷于失败，然而其结果总是给封建统治者以沉重的打击，迫得他们要做些让步，使得农民及其他独立生产者稍为'休养生息'，这就成为社会生产力更往前发展的一个出发点。"而且，陈伯达不止一次重复过这一论点。但是，康生却蛮不讲理地说，陈伯达讲的是"让步"，没讲"政策"。③ 然而，在翦伯赞的论述中，也没有"政策"二字，却照样属于"让步政策"论。其实，"政策"二字本来是概括性用语，没有用"政策"二字不等于不是"让步政策"论。"聪明"的康生对此当然了然于胸，但故意混淆是非。

在公开批判翦伯赞的时候，戚本禹等人曾经把"让步政策"问题单独提出来，作为翦伯赞"资产阶级、封建阶级的历史观点"的证据。他们污蔑翦伯赞把统治阶级的"让步政策"视为推动历史发展的动力，美化地主阶级，歌颂封建社会。他们提出："地主阶级和农民阶级的矛盾是不可调和的，利益是根本对立的。地主阶级对农民阶级的革命，极端仇视，坚决镇压。当农民革命失败以后，地主阶级对革命农民只能反攻倒算，血腥镇压，绝不会有什么'让步'，更不会有什么'让步政策'。"④ 因为作了这样的定性，此后直到改革开放，再没有史学家敢于公开阐述"让步政策"论。

---

① 郑起东：《关于翦伯赞的"让步政策"论》，《北京日报》2010 年 4 月 19 日。

② 中共中央文献研究室编：《毛泽东年谱（1949—1976）》第 5 册，中央文献出版社 2013 年版，第 575 页。

③ 详见穆欣《办〈光明日报〉十年自述》，中国青年出版社 2015 年版，第 478 页。

④ 戚本禹、林杰、阎长贵：《翦伯赞同志的历史观点应当批判》，《红旗》1966 年第 4 期。

第二节　新中国前十七年史学评估

从 1949 年 10 月中华人民共和国成立到 1966 年 5 月"文化大革命"发动，共有 17 年时间。这 17 年可以划分为两个阶段。从 1949 年 10 月开国奠基到 1956 年 9 月基本实现过渡到社会主义的历史任务，国家实现了从新民主主义到社会主义的转变，基本完成了对生产资料私有制的社会主义改造，成就辉煌。从 1956 年 9 月党的八大到 1966 年 5 月"文化大革命"发动，是开始全面建设社会主义的十年，也是艰辛探索中国社会主义建设道路的十年。"这十年，是正确与错误、成就与挫折错综交织的十年，是犯了严重错误又取得伟大成就的十年。挫折与错误，是在探索自己的建设道路中出现的，在一定的意义上说是难以完全避免的；重大的成就，也是在探索中包括纠正自己的错误中取得的。正是在这种曲折前进的过程中，为新生的社会主义制度进一步奠定了物质的和精神的基础，积累了正反两方面的经验，使社会主义制度在中国的大地上扎下根基，为巩固、完善和发展社会主义作出了重要的贡献。"[①]

新中国前十七年的史学，是在国家整体发展的格局中发展演变的。它的每一个变化，都与国家的发展息息相关。17 年中，中国史学走过了不平凡的道路，出现了曲折和挫折，但成绩是巨大的，是第一位的。

早在 1951 年 7 月 28 日，郭沫若在中国史学会成立大会上，就对刚刚起步的新中国史学作了基本估价。他认为，中国史学界在历史研究的方法、作风、目的和对象方面，在党的领导下已经开辟了一个新纪元。具体表现有 6 项。(1) 大多数的历史研究者已经逐渐从旧的史观转向了新的史观，即从唯心史观转向用马列主义的方法来处理实际问题。"由唯心史观转向唯物史观，这就是头一个值得我们欣慰的

[①]　当代中国研究所编：《中华人民共和国史稿》第 2 卷，人民出版社、当代中国出版社 2012 年版，第 412—413 页。

一件事。"（2）从个人单干、闭门造车转向集体研究、相互切磋。（3）从名山事业转向为人民服务。（4）从贵古贱今转向注重近代史研究。（5）从大民族主义逐步转向注重研究少数民族的历史。（6）从欧美中心主义转向注重亚洲历史。①

1958 年，有学者总结新中国成立后史学领域的成绩，也提出 6 项内容。（1）"经过系统的政治理论学习，经过历次社会改革运动的实践，经过自己的业务的实践，许多历史科学工作者，背叛了原有的阶级立场，转变到无产阶级立场上来，批判了为剥削阶级和帝国主义服务的反动的历史观点，接受了为社会主义革命事业服务的马克思列宁主义的历史观点，这是一个根本性质的变化。"（2）系统地全面地学习苏联历史科学的成果和先进的历史教学经验，如马列主义经典作家的著作，苏联历史学家关于"苏联历史分期问题"和"苏联中亚细亚各民族的历史问题"的讨论和总结，苏联史、苏联诸民族史、世界史、东方各国史的研究成果，以及苏联关于历史科学方面的理论著作。（3）有计划地开展了中国的奴隶制与封建制分期问题、中国资本主义萌芽问题、中国近代史分期问题、封建土地所有制问题以及中国哲学史问题的研究与讨论。（4）系统地整理了中国近代史资料丛刊、中国近代工业史资料、中国近代手工业史资料、中国近代农业史资料等。（5）先后创办了《历史研究》《历史教学》《史学月刊》《史学译丛》《考古学报》《考古通讯》《近代史资料》《文物参考资料》《中学历史教学》《历史教学问题》等刊物。（6）制订了教学计划、教学大纲，编写了大专中小学历史课的讲义讲稿和教科书，根本上改变了历史教学的性质，"即由过去为剥削阶级和帝国主义服务的历史教学，转变为无产阶级和社会主义革命事业服务的历史教学"。②

1962 年 2 月，刘大年在巴基斯坦历史学会第 12 届年会上，对十多年来的中国史学研究作了基本评估。在说明"历史科学有了一个

---

① 郭沫若：《中国历史学上的新纪元》，见中国史学会秘书处编《中国史学会五十年》，海燕出版社 2004 年版，第 6—9 页。

② 刘绍孟：《迎接伟大的 1958 年，争取在历史科学战线上获得更大的成绩和胜利》，《史学月刊》1958 年第 1 期。

崭新的发展"时，提到史学队伍的情况。他说：

> 目前我们已经有了一支庞大的历史科学工作的队伍。全国科学研究机构和高等学校里的历史教师、研究工作者多至二万余人。中国科学院现在设有历史研究所、近代史研究所、考古研究所、民族研究所和自然科学史研究室等专门研究单位。许多省和内蒙古自治区、新疆维吾尔自治区，也都设有历史考古的研究机构。各地的高等学校都设有历史系或历史教研室。全国有中国历史学会，省、市有分化。我国历史学界的重要学术活动，是通过这些研究机构和学会的密切合作来进行的。

关于研究领域的扩大，他提出有中国和世界的近代、现代史，中国封建社会史，中国少数民族史，若干理论问题研究。关于中国近代史，重点是帝国主义侵华史，革命史，思想史。关于世界史，重点是亚洲、非洲、拉丁美洲各国史，"是中国历史科学最新的领域"。关于少数民族历史，"深入到五十几个少数民族地区，搜集到了极为丰富的社会、历史资料"。关于理论研究，主要有中国历史分期问题、历史人物评价问题、中国历史发展中的普遍规律和特殊规律问题。此外，他还提到考古工作。

关于成果发表园地，刘大年提到《历史研究》等全国性历史刊物。关于著作出版，他说"郭沫若、陈伯达、胡乔木、范文澜、翦伯赞、胡绳、吕振羽、侯外庐等人的著作流行最广"。关于古籍整理，主要有二十四史与《资治通鉴》，"都经过缜密的校勘整理重印"。关于外国图书引进，"翻译了大量的 19 世纪以来和当代的外国重要的历史著作"。在文章后面，他还特意讲了这样一段话：

> 国外有些人怀疑中国历史研究者是否有学术自由。这种怀疑是没有根据的。经常阅读中国报刊的人，一定可以看到这样一种现象，就是各式各样的争论在那里发展着，许多争论长期没有取得意见一致，许多新的争论在继续兴起。可以想象，有些争论未

必真有什么重大的意义，这是很难避免的。但是应当看到，百家争鸣、自由讨论是极有意义的。只有经过这种讨论，人们才能继续向真理接近。①

夏鼐专门对十几年来考古发掘与研究的情况进行了介绍、评价，指出新中国成立后，考古学的工作规模扩大了，研究方法改进了，出了一批年轻的考古工作干部，许多地方发现了古代居住遗址和古墓，出土了许多重要的古物。由于这些成就，使得学者们有可能利用考古资料来解决从前单凭文字史料所不能解决的问题，同时也提出了一些过去不可能提出的问题。②

陈垣结合自己的经历，对新旧中国的历史研究环境、条件进行了对比。他认为："史学界最根本的变化，是历史工作者思想觉悟和立场观点的变化。过去绝大多数研究历史的人，没有机会学习马克思主义理论。解放后，我们有了充分的机会和条件学习马克思主义理论，并且自觉地把这唯一正确的理论运用到研究工作中去。这样，就使得历史科学得到健康的发展。我们历史工作者，越来越清楚地认识到：提高理论水平和占有史料，二者不能有任何偏废，而有计划、有组织地搜集、整理、出版历史资料，也只有在解放后才能实现。"③

1964 年，刘大年对 15 年来的历史研究整体状况做了评价。他认为如下研究成绩显著：中国共产党领导的民主革命历史经验的研究、帝国主义侵华史研究、中国资本主义和资产阶级研究、中国封建社会时期农民战争史研究、少数民族史研究、不同类型的历史人物研究。④

粉碎江青集团以后，全国开展了揭批"四人帮"运动，史学家们一致对"四人帮"在史学领域的种种倒行逆施行为进行了声讨，

---

① 刘大年：《新中国的历史科学》，《历史研究》1962 年第 2 期。
② 夏鼐：《新中国的考古学》，《红旗》1962 年第 17 期。
③ 陈垣：《衷心喜悦话史学》，《红旗》1962 年第 19 期。
④ 刘大年：《十五年来中国的历史研究工作》，载所著《中国近代史诸问题》，人民出版社 1965 年版，第 245—261 页。

但对十七史学给予了充分肯定。提到十七年史学，人们普遍出现的是向往、怀念的情绪，认为十七年史学是在马克思主义指导下繁荣发展的最好时期。他们对十七年史学中的缺点与不足虽然也有揭示与批评，但没有人对之持整体否定的立场。党的十一届三中全会以后，学者们保持了这一基调。一直到进入21世纪，社会上出现个别整体性否定的观点，但史学界的主流声音，是对十七年史学给予充分肯定，同时不忘总结其中的经验教训，以利于中国史学健康发展。

林甘泉强调20世纪50年代初期大多数史学工作者在一些基本历史观点上取得了共识，在共识的基础上，研究课题有了新变化，培养了一批中青年史学家，发表了一大批论文，出版了一大批名著，推出了不少考据性的专著，强化了中国近代史研究，整理出版了大批史料，所以，十七年史学"所取得的成绩是巨大的"。当然，也"存在着许多不足和失误"。[1] 其后，戴逸也表达了相似的观点。[2]

瞿林东认为，17年中，"新中国史学的发展出现了一个很有生机的活跃局面，以唯物史观为指导的马克思主义史学从不合法的、只在局部范围内得以存在的状态，转向合法的、可以在全国范围存在和发展的状态，这是一个历史性的变化。当唯物史观通过各种形式如同春风吹遍神州大地之时，它就不仅仅是'整个改变了国人对历史的观念'，而且使人们认识到自己在历史中所处的位置，从而产生了真正理性的觉醒——这是马克思主义史学具有根本意义的胜利。随着唯物史观的普及与提高，在唯物史观指导下，历史学界就中国历史上的一些重要问题展开了热烈的讨论和争辩，从而在历史理论领域取得了重大成就，进而使中国历史学在整体上发生根本性质的变革，马克思主义史学在全国范围内的主导地位由此而得以确立下来。但是，在这个过程中，对马克思主义的教条主义的理解和运用，日益发展起来，形成了严重的简单化和形式主义做法，损害了已经形成的自由争论的气氛；伴随着政治上'左'的倾向的发展，一个个政治运动的开展，

---

① 林甘泉：《二十世纪的中国历史学》，《历史研究》1996年第2期。
② 戴逸：《世纪之交中国历史学的回顾与展望》，《历史研究》1998年第6期。

历史研究中也逐步加重了'左'的倾向，使已经取得的理论成果蒙上了一层阴影，同时也给人们留下了许多困惑、思考和一些不应忘记的历史教训"。①

瞿林东还说，"新中国的成立，使马克思主义史学在中国大地上得到了广泛传播，这是中国史学发展上最伟大的事件。百年史学的种种进步，归根结蒂，历史观的进步是最显著的进步。中国马克思主义史学的发展经历了曲折的道路，但它总是要前进的。"②

陈其泰同样对十七年史学的成绩作了充分肯定。他突出论述了两点，一是正直的历史学家坚决抵制教条化错误，表现了马克思主义史学家捍卫历史学科学性的崇高风格；二是新历史考证学在新中国进入了新境界。③ 关于后者，他作了非常详细的论证，基本观点是："在1949年以前业已取得了很大的成就的新历史考证学，进入新中国以后，由于一批原先熟悉严密考证方法的史学家接受了唯物史观的指导，他们的学术工作达到了新的高度，尤其是在断代史和历史地理学领域取得了令海内外学者瞩目的成就，不仅成为新中国史学的出色篇章，而且对于展望21世纪史学的前景和创建具有中国特色的历史学派，提供了重要的启示。"他以谭其骧、唐长孺为例，作了具体分析，提出这个群体还包括徐中舒、郑天挺、杨向奎、邓广铭、周一良、罗尔纲、王仲荦、韩国磐、傅衣凌、梁方仲、史念海等人。④

一批改革开放以后培养起来的学者，继承了上面所介绍的基本观点，他们在不回避十七年史学所存在的失误与问题的前提下，充分肯定了十七年史学的成绩，强调成绩是第一位的，不赞同对十七年史学

---

① 瞿林东：《新中国史学五十年的理论建设》，《安徽大学学报》第23卷第6期，1999年11月。

② 瞿林东《二十世纪中国历史学》，《光明日报》1998年1月20日。

③ 陈其泰：《中国马克思主义史学发展道路的思考》，《当代中国史研究》第11卷第2期，2004年3月。

④ 陈其泰主编：《20世纪中国历史考证学研究》，北京师范大学出版社2005年版，第463、475页。

采取虚无主义的态度。①

十七年史学最大的特点，是马克思主义史学理论全面进入、指导、统领历史研究。这是中国史学划时代的变化。

马克思主义史学理论进入历史研究，并不始于新中国。民国时期，一批马克思主义史学家已经采取马克思主义的立场、观点、方法从事历史研究。但是，这与新中国成立以后的情形具有很大的不同。

最大的不同，是从"中华民国"到"中华人民共和国"，马克思主义由不合法以及仅仅在延安等解放区合法，到不仅全面合法，而且全面占据指导、统领地位，从而彻底改变了历史学的属性与面貌。由此带来的结果是，历史学整个话语体系、研究方向、思考方式、学科布局、队伍结构、精神气质乃至研究方式、组织形式、写作与出版方式，都发生了革命性的变化。

马克思主义史学理论本身，由于巨大的时代变革，也面临着新的形势与任务。对"唯物史观"而言，不论在民国还是在新中国，它的基本原理是不变的。但人们对它的研读、领悟、运用，却会由于环境的变化而产生差异。马克思主义史学理论本身的内涵、外延、侧重点也会发生变化。如果说民国时期的马克思主义史学家可以不考虑或者很少考虑唯物史观怎样与新民主主义、社会主义相结合的问题，可以不考虑或者只是部分地、较少地考虑以毛泽东思想以及毛泽东的论述来指导历史研究的话，那么，进入新中国以后，这些问题则成为马克思主义史学家们首先要面对的问题。因此，由于新中国的成立，马克思主义史学理论的内涵与外延发生了变化。一是加入并强化着新中国的路线、方针、政策的要素；二是加入并强化着毛泽东与毛泽东思想的要素；三是加入并强化着新环境与新形势的要素。

因此，同样是马克思主义史学，它在旧中国与新中国的思考方式是不一样的。从不自由或部分自由的环境，到全面自由的环境，马克思主义史学家们的心情是不一样的。获得运用马克思主义理论全面自

---

① 张剑平：《新中国历史学发展的道路和成就》，《史学理论研究》2009 年第 4 期。另见作者所著《中国马克思主义史学研究》，人民出版社 2009 年版，第 269—288 页。

由之后，在喜悦的心情下怎样面对新形势，交出新答卷，是马克思主义史学家们面对的新的时代任务。过去，他们交出了一份优异的答卷。现在，他们还能不能交出新的优异答卷呢？中国的马克思主义史学必须跟上时代的步伐，必须与时俱进，必须在继承与创新上有新的发展与突破。

首先说继承。新中国的马克思主义史学以及史学思想，继承了民国时期马克思主义史学的基本思考方式与基本问题。特别是在中国古代史研究领域，关于中国古史分期问题的讨论、封建土地所有制形式问题的讨论、中国封建社会为什么长期延续问题的讨论，等等，都与民国时期马克思主义系统的中国古史研究具有直接的血脉关系。关于中国近代史主题与线索、分期的讨论，则与延安时期范文澜等人的研究具有学术渊源关系。新中国的马克思主义史学，是在民国时期马克思主义史学的基础上发展起来的。没有民国时期马克思主义史学奠定的深厚基础，新中国成立后许多历史问题大讨论，就失去学术与思想的基础，就很难说能够形成那样成系统、成规模、有理论、有史料、很深入、出成果的研讨与争鸣局面。

事实表明，新中国马克思主义史学全面继承了民国时期马克思主义史学的优秀血统与学统。这是应当予以充分肯定的。

其次说创新。事实表明，新中国的马克思主义史学，绝不仅仅是对民国时期马克思主义史学的简单继承。它在继承的基础上，对马克思主义史学与史学思想，有极大的拓展与创新。这对老一辈马克思主义史学家来说，是值得骄傲与自豪的。对新中国成立后培养出来的年轻一辈马克思史学家来说，同样是值得骄傲与自豪的。"文化大革命"发动前夕，曾经有人把某些老一辈马克思主义史学家称作"过去的左翼史学家"，言下之意，是说这些老一辈马克思主义史学家已经跟不上时代的步伐了，已经过时了；在新的形势下，他们只能被称作"过去的左翼史学家"了。这是完全错误的、不符合事实的言论。事实是，不是老一辈马克思主义史学家过时了，而是这些声称可以代替掉老一辈的人严重违反了科学的发展规律。他们激进则激进矣，却缺少了"持重"。所谓"持重"就是尊重历史科学的发展规律。在尊重规律的前提下开拓进取、不断创新,是老一辈马克思主义史学家的共同认识、共同主张、共同特点。

所以,新中国成立后,对许多原有课题的研究,是有极大拓展的。特别是与中国古代史相关的许多具有重大理论价值的研究,虽然在民国时期已经开展,但无论格局、人员以及深入性等等方面,都是民国时期不能比拟的。提到十七年史学,后人往往津津乐道"五朵金花"。"五朵金花"其实已经成为一个象征、一种表征,远远超出了其实际所指。"五朵金花"的拓展性,正是新中国成立后中国史学开拓、扩展、深化的一个缩影。

不仅是拓展,新中国马克思主义史学的创新性,更主要地是表现为提出了许多新课题、讨论了许多新问题、出版了大批新论著、推出了大批新史家、形成了许多新学科、出现了许多新领域。关于这些,学者们已经做过比较周详的事实罗列,没有必要再去重复。凡此种种,归结起来,也就是出现了新样态、形成了新形态、有了新的精神面貌。所谓新的精神面貌,就是说在 17 年中,尽管出现了曲折与失误,一些史学家受到程度不同的批判或不公正待遇,但从整体上说,史学界昂扬着激情、充满了热情,主流倾向是理想主义的"激情燃烧",而市侩作风、学术不轨、学术失范、投机取巧等,不仅极少出现,而且受到压倒性的鄙视与蔑视。

关于新学科建设,应该提一下中外史学史学科的设置。这是新中国成立后发展起来的新学科,在民国时期规模很小。新中国成立后,白寿彝、吴泽等人都有意识地推动这一学科的发展。1961 年召开文科教材会议,提出要编写中国史学史教材,并决定由白寿彝负责古代部分,吴泽负责近代部分。在 1961 年 1 月召开的上海历史学会年会上,李平心、束世澂、吴泽、耿淡如、郭圣铭、曹增寿等学者就对史学史的对象和任务等问题进行了专门研讨,提出了史学史与历史编纂学不同等观点。北京师范大学历史系也举行座谈会,探讨中国史学史的基本内容和分期。参加会议的有尹达、白寿彝、刘盼遂、刘节、陈垣、何兹全、郑天挺、胡厚宣、侯外庐、柴德赓、贺昌群、熊德基、韩儒林等 50 多人。白寿彝提出,中国古代史学史包括四方面内容:

第一是历史观点、史学思想。这里要注意不同流派史学思想之间的斗争。历代的思想家在社会思想、历史观念上有不少主张，但是对于史学发展本身影响不大的，可以少提或者不提。第二是史料范围的不断扩大和鉴定分析史料的进步。第三是史书形式的发展，也可以说是史书体裁的发展。第四是有关史书编写的制度，如史官、史馆、实录的编写，以及地方志的编写等。白寿彝还提出三个史学史分期的标志：可以考虑以司马迁为第一个划期的标志，可以考虑以刘知几或杜佑作第二个划期的标志，可以以明清之际的王夫之、黄宗羲、顾炎武为第三个划期的标志。贺昌群则提出划为四段：司马迁开创纪传体，史学真正开始，在此以前为一时期；司马迁到杜佑是第二时期；从郑樵、马端临直到明末是第三段；清末考据学时期是第四段。[①] 史学史学科与史学思想关系密切，故对这一学科的探讨，有利于更深入地建设史学思想。

世界史研究也是一个值得强调的领域。17 年中，中国科学院成立了世界史研究所，高校等机构也成立了相应的机构。周一良、吴于廑主编的《世界通史》成为最著名的世界史著作，亚非的国别史撰写非常引人瞩目。虽然世界史研究的规模、队伍、论著出版等方面都远远比不上中国史，却是历史上推出成果最多的时期。

关于新课题与新问题，不仅有本书所介绍的那些宏观性的话题，而且还有许多中观、具体的话题。比如关于如何正确继承历史文化遗产问题，爱国主义与民族英雄问题，孔子、郑成功、康熙、张謇等人的评价问题，关于社学问题，关于中国民族市场形成问题，关于马克思主义早期传播中三次论战的性质问题，关于羌族、白族族源问题，关于侗族古代社会性质问题，关于满族史的问题，等等。诸如此类的问题，表明了十七年史学的丰富性。十七年史学不是干枯的，而是丰富的。

关于资料建设问题，许多人误以为马克思主义反对唯史料论，所以不重视史料建设。这是完全错误的。毛泽东本人虽然反对烦琐考

---

① 《国内史学动态》，《历史研究》1962 年第 2 期。

据,但一向支持史料建设。1953 年,他委托范文澜、吴晗组织整理标点《资治通鉴》。1958 年,他又指示点校二十四史中的前四史。[①]前四史的校点工作在"文化大革命"前全部完成。可以想见,17 年中诸多大型史料书籍的编辑出版,表明对唯史料论的批评,不等于不重视史料工作,而是将历史学提升到更高层次。

17 年中,一大批马克思主义青年史学家成长起来,一大批研究机构设立起来,这都是实实在在的成绩。特别是新中国成立时一大批年龄在 40 岁上下的所谓"中生代"史学家,他们作为一个群体,在17 年中完成了自身学术研究特点的转变,不仅成为马克思主义史学家,使得新中国的马克思主义史学队伍得到充实与扩大,而且相当一批人成为马克思主义史学的中坚力量。[②] 这当然是新中国马克思主义史学繁荣发展的一个重要原因,也是一个了不起的成绩。

尤其重要的是,马克思主义史学家深化了认识,非马克思主义史学家改变了立场,这就使得新中国史学具有了自己独特的民族特色与民族气派,为建构当代中国的学术话语体系做出了不可替代的贡献,为巩固当代中国的政治话语体系提供了坚实的历史依据。

有学者指出,从新中国成立到"文化大革命"发动,"史学家们从社会形态研究的角度,以开阔的视野对人类历史进行新的全方位审视,尤其是围绕中国古代史分期问题、中国封建土地所有制形式问题、中国封建社会农民战争问题、中国资本主义萌芽问题、汉民族形成问题这'五朵金花'展开的研究和讨论,不但使一批千百年来被忽略、被遗忘的历史领域得到了应有的重视,一大批沉沦埋没、几近渐灭无闻的历史资料、历史真相重见天日,而且推动史学界建立起以历史唯物主义为指导的学术研究体系。这一崭新的学术研究体系,将中国现代史学和以儒家思想为指导、以考经证史为特征的传统史学彻底区别开来;和以资产阶级唯心史观为指导、以实证为特色的近代史

---

① 李鉴:《范文澜、吴晗关于点校"二十四史"中的前四史给毛泽东的信》,《出版史料》2006 年第 2 期。

② 张越:《新中国建立后十七年"中生代"史家群体与马克思主义史学》,《史学理论研究》2012 年第 2 期。

学彻底区别开来。史学家们沿着历史唯物主义指引的方向,以严谨求是的学风钩深致远,从生产力和生产关系、经济基础和上层建筑相互作用的角度,考察了人类社会变迁的内在轨迹,比较准确地揭示了人类历史演进的一般规律,特别是揭示了中国社会既遵循人类社会发展的一般规律、又具有自己鲜明民族特色的独特历史道路。正是在这一宏伟的、史诗般的学术进程中,古老的中国史学焕发出新的生机和活力"。"以现在的标准看,尽管当时我国史学包括《历史研究》本身,在运用马克思主义指导学术研究方面曾出现过教条主义等种种失误,但毕竟形成了具有鲜明中国特色的崭新学术话语体系。这是新时期中国史学前进的基础和出发点。坚持唯物史观的立场、观点和方法,立足中国国情,始终是当代中国史学最鲜明的时代特征,是其最有价值的学术个性。"① 这是对十七年史学所作的科学评价。

关于十七年史学所遭遇的曲折和出现的失误,是不能离开国家的整体环境来孤立地进行考察的。既不能站在真空的视野中看待这些不幸,也不能从绝对正义的视角来评价这些不幸,更不能不分青红皂白地一概批判或辩护。应该采取的是马克思主义的历史主义态度。下面这些评价,我们是赞同的:

> 在全国建设社会主义时期,贯彻执行党的"百家争鸣"的方针,哲学、经济学、历史学、教育学等各个学术领域非常活跃,出现了各种不同观点的争论,对繁荣学术起了很好的作用。但是,从 1964 年开始,在阶级斗争扩大化的影响下,这种学术争鸣被政治化了,形成了大批判,造成了严重后果。
>
> 哲学界主要是"合二而一"与"一分为二"的争论。……
>
> 经济学界主要是围绕社会主义条件下价值规律作用问题展开的讨论。……
>
> 历史学界的争论主要是有关历史研究方法的问题。从 1958

---

① 高翔:《始终引领当代中国史学的前进方向——写在〈历史研究〉创刊 60 周年之际》,《人民日报》2014 年 6 月 29 日。

年以后，历史学界一直存在着如何运用马克思主义基本原理来研究历史问题的讨论。历史学家翦伯赞等人提出，历史学研究既要重视阶级观点又要注意历史主义的正确意见，主张一切要从客观历史实际出发，在研究大量史料基础上得出合乎规律的马克思主义的结论，反对片面强调"以论带史"的提法，反对狭隘地理解"古为今用"，反对类比和影射。提出这些意见，对推动历史学研究是有积极意义的；就这些观点展开讨论，也有利于繁荣历史学研究。但是，在讨论过程中，出现了简单地扣政治帽子的现象，把正常的学术讨论变成了大批判，翦伯赞本人也受尽精神和肉体的折磨。

教育界的讨论，主要为围绕"爱的教育"问题展开的。……。

这一时期意识形态领域进行的过火斗争，教训是严重的。主要是混淆了学术问题与政治问题的界限，把一些学术讨论中的不同意见当作政治问题来处理，无限上纲，搞大批判，伤害了知识分子；甚至混淆了人民内部矛盾与敌我矛盾的界限，把人民内部民主讨论中出现的争论，看作是敌对势力的进攻，按照敌我矛盾来处理，造成了一些冤案。这些做法，不但对学术的发展是不利的，而且也同"文化大革命"的发生有着直接的关联。[①]

意识形态领域展开的错误的过火的政治批判，是八届十中全会以后"左"倾错误在思想文化方面继续发展的重要表现。它破坏了党的"百花齐放，百家争鸣"的方针，阻碍了文艺事业和学术工作的健康发展，伤害了许多党内外知识分子。康生、江青等人在这些错误的批判中推波助澜，起了恶劣的作用。不过在"文化大革命"之前，这种批判主要是在报刊上和有关的文化团体、机关内进行，在对戏剧《海瑞罢官》的批判展开以前，尚

---

① 当代中国研究所编：《中华人民共和国史稿》第2卷，第410—411页。

未形成社会性的群众运动。①

怎样评价十七年史学，是有争议的。有人说十七年的史学思潮主要是历史主义史学思潮与教条主义史学思潮相互斗争。将突出阶级分析方法的主张笼统地定性为"教条主义思潮"，是不正确的。将突出历史主义与突出阶级分析的两方称之为"思潮"，同样是不正确的。将双方的讨论与论辩称之为"斗争"，也是不准确、不科学的。我们认为，尽管存在不幸，但突出历史主义与突出阶级观点的学者，共同为深化马克思主义史学思想做出了贡献。它们不是自发性的思潮，而是理性思考的结果。当然，戚本禹等人别有怀抱，另当他论。教条主义是存在的，但不足以概括那些突出阶级观点的学者。就理论探讨而言，无论突出阶级观点，还是突出历史主义，虽然存在缺点，但毕竟是马克思主义史学内部的论辩，决非敌我之间的斗争。

还有人认为十七年史学是"完全政治化"的史学。这同样不符合事实。在历史学领域，向来都有"政治"，但 17 年中，绝不是"完全政治化"。而且，不能一提到"政治"，就似乎不言自明地意味着它是一个贬义词。对此，有学者已经作了客观的分析。②

---

① 中共中央党史研究室著：《中国共产党历史》（第 2 卷，1949—1978）下册，第 728 页。

② 陈其泰：《建国后十七年史学"完全政治化"说的商榷》，《学术研究》2001 年第 12 期。

第七章

中国近代史研究的基本理论问题[①]

第一节 马克思主义史学的中国近代史研究理路

"中国近代史"是新中国重点发展的史学学科。它起步虽晚，发展独快。关于它的理论问题，主要围绕"中国近代史的主题与线索"展开，旁及其他种种。20世纪50年代，核心是怎样"划阶段"。80年代后，核心是怎样"理线索"。这一学科与现实政治和现实社会关系密切。对中国近代史的总观点，直接影响对中国现实发展道路的看法。

所谓"中国近代史"，目前人们普遍认可的框架，是指从1840年鸦片战争到1949年新中国成立的历史，共110年。以往或目前在部分人群中，也将其称作中国近现代史。也就是说，从1840年鸦片战争到1919年五四运动，叫中国近代史；此后至1949年新中国成立，叫中国现代史。从革命史的角度命名，前者叫旧民主主义革命史，后者叫新民主主义革命史。本书所说的中国近代史，从1840年到1949年。

关于近代中国社会的性质，民国时期有过激烈争论。对此，中国

---

① 关于新中国成立后中国近代史研究的整体情况介绍与评析，可参考中国人民解放军南京政治学院历史学系《中国近代史争鸣录》，江苏教育出版社1987年版；冯林主编：《重新认识百年中国——中国近代史热点问题研究与争鸣》，改革出版社1998年版；曾业英主编：《五十年来的中国近代史研究》，中国书店出版社2000年版；梁景和《中国近代史基本线索的论辩》，百花洲文艺出版社2004年版；张海鹏、龚云：《中国近代史研究》，福建人民出版社2005年版；龚云：《中国近代史学科体系形成的评析（20世纪30—60年代初）》，北京出版社2008年版。鉴于这些著作已做详细梳理，故本书的介绍尽量从略。

马克思主义史学家的共识是：近代中国是半殖民地半封建社会。这是中国马克思主义史学家研究中国近代史的总结论，形成的总观点。从总观点出发，由抽象再上升到具体，结合中国近代史实际，形成关于中国近代史的完整逻辑体系。

中国马克思主义史学家研究中国近代史，既立足于考察中国社会的内部要素，也立足于考察中国社会的外部要素；既立足于考察中国走向近代化与现代化的线索，也立足于考察中国人民为实现现代化而以革命方式为之扫清障碍的线索。由于西方资本主义、帝国主义的侵略，使中国陷于半殖民地境遇。西方资本主义进入中国后，一方面瓦解旧有的经济结构，促进商品经济发展，一方面与中国封建势力相结合，非但不促进中国资本主义发展，反而阻碍中国进入正常的资本主义社会。因此，反帝反封建成为中国近代史的主题。只有经过反帝反封建，取得民族独立、人民解放，才能实现现代化，走向民族富强、人民富裕。依据这样的路径与思路去书写中国近代史，是中国马克思主义史学家的共同做法，被称作"革命史范式"。[①]

在革命史范式下，中国近代史的核心是社会性质问题。半殖民地属于国家主权范畴，半封建属于社会结构范畴。半殖民地属于民族问题，最终解决方案是民族独立。半封建属于民主问题，最终解决方案是人民解放。前者要求反帝，后者要求反封建。谁来领导反帝反封建？应该由资产阶级领导，但由于中国资产阶级过于软弱，经过旧民主主义革命的实践，证明它胜任不了这个任务，因而由无产阶级通过其政党中国共产党来领导。这样，由革命而走向现代化的任务，就历史地落在了中国无产阶级的政党中国共产党肩上。

在革命史范式中，由半殖民地半封建的总结论与总观点出发，最终落脚点是在"中国向何处去"的道路与目标上。只有认清中国社会性质，才能认清中国革命的对象、任务、动力、性质、前途、基本规律。因此，可以用"中国道路"概念将上述认识总括起来。

[①] 正如有学者所指出的，这个概念原本带有贬义，但已经流行，故马克思主义史学家也沿用了这一叫法。

从世界范围看，半殖民地半封建社会属于资本主义体系，但它在欧洲、苏联均没有出现过。从中国视角看，它虽然已经被纳入世界资本主义体系，但半殖民地半封建社会不是资本主义社会。这一方面是由于西方殖民主义、资本主义以及后来的帝国主义，既无意使中国走上通常的资本主义道路，在部分分解封建要素的同时，总体上维护封建制度；另一方面是由于中国的封建制度、封建要素与家族制度、宗族社会制度以及专制制度、社会习惯相结合，具有强大的顽固性，特别是在城市以外更加广袤的地区，封建要素还占据优势，掌控着基本的社会生活。因此，半殖民地半封建社会只能是一个过渡性的社会。它虽然在世界资本主义的整体体系掌控之下，却在内部受封建势力主导。因此，中国革命的性质是民主革命，属于资产阶级性质，目标是建立人民民主共和国。在建立民主共和国的过程中，逐步减少封建要素，发展资本主义，为走向社会主义做好充分准备，最终在战胜帝国主义与封建主义的前提下，走向社会主义。这是中国马克思主义史学家所要阐明的历史发展规律，是中国近代史的归宿。

革命史范式发源于范文澜1947年出版的《中国近代史》上编第1分册。此后，中国的马克思主义近代史学家们都接受、遵循、补充、修正、扩展着这一模式。

在他们的著作中，都力求解答这样的问题：中国为什么会从封建社会走向半殖民地半封建社会？为什么会从旧民主主义革命走向新民主主义革命？为什么要从半殖民地走向民族独立？近代中国是怎样从传统农业社会走向近代工业社会的？是怎样从封建生产关系走向人民民主的？是怎样从皇权专制走向民主宪政的？是怎样从封闭走向世界的？是怎样从落后的生产力走向现代化的？中间的过程与阶段性到底怎样？等等。他们的论证过程与具体结论并不完全一致，但理论前提与思维路径是一致的。

要回答这些问题，需要抓住两大基本矛盾，即帝国主义与中华民族的矛盾、封建主义与人民大众的矛盾；需要抓住两大关键，即反对帝国主义以争取民族独立，反对封建主义以争取社会进步；需要抓住社会的主要矛盾：阶级斗争或生产方式；需要抓住理论指导，主要是毛泽东的论断，例如"两个过程"论。

1939 年 12 月，毛泽东在《中国革命和中国共产党》中提出："帝国主义和中国封建主义相结合，把中国变为半殖民地和殖民地的过程，也就是中国人民反抗帝国主义及其走狗的过程。"它被史学界称为"两个过程"论，是中国马克思主义史学家研究中国近代史最直接的理论指导。1940 年 1 月，毛泽东在《新民主主义论》中说："帝国主义侵略中国，反对中国独立，反对中国发展资本主义的历史，就是中国的近代史。"这成为突出资本主义发展为中国近代史基本内容的学者的理论依据。

与"革命史范式"并立的，是所谓"现代化范式"。它源于蒋廷黻 1938 年出版的《中国近代史》小册子，基本观点认为中国近代史是在西方冲击下走向近代化的历史。蒋廷黻认为，中国的首要问题是近代化；近代化是近代中国历史的主题；中国的近代化进程开始于鸦片战争；近代化就是追随西方，走出中古落后状态，实现民族复兴；中西关系是近代化的基本主题。改革开放前，蒋廷黻的观点受到严厉批判，被认为是买办史学观点、反动观点。

改革开放后出现的所谓"现代化范式"，存在两个脉系。一个脉系由中国近代史研究专家组成，核心在于突出中国近代史的实质过程是资本主义发展。他们对所谓"现代化"的理解，大体上以资本主义化为范围。李时岳是其代表。另一个脉系由世界史研究专家与中国近代史专家结合组成，核心在于突出中国近代史的实质过程是现代化。所谓"现代化"，不仅仅是资本主义化，而是由经济、政治、文化所构成的"系统"的演进过程。当然，资本主义化、工业化是这个系统的核心内容与动力。罗荣渠是其代表。两个脉系都与蒋廷黻具有学术关联，都受到蒋廷黻的观点启示，但都与蒋廷黻具有本质区别，绝不是对蒋廷黻观点的简单继承或重复。同时，两个脉系都与对"革命史范式"的反省有关，而且关系更深，因此，说两个脉系都从"革命史范式"那里汲取了思想与学术资源，是符合事实的。当然，这种"汲取"的表现形式不是继承与搬用，而是反思与再建。总之，没有"革命史范式"，很难说会有"现代化范式"。进一步考察，会发现还有一个区别。即李时岳一系与"革命史范式"的关系更加切近，而罗荣渠一系与西方各家现代化理论（包括马克思的现代化理论①）的关系更加切近。因此，同样是"现代化范式"，观察者既要看到其内部的一致性、共同性，也要看到其侧重性、差异性。

对于所谓"革命史范式"，指责者往往认为它忽视所谓"近代化"②或资本主义发展过程。这样的批评有一定道理，但并非不可商榷。首先，这种批评或多或少缺少一些历史主义的视角与态度。也就是说，它过于单纯地立足于学术本身的考察，而很少联系其时代背景与出现的必然性。况且，学术的发展具有时间性与阶段性。要求"革命史范式"在它所出现的时间与阶段上完全解决"现代化"的问题，显然是非历史主义的要求。正如胡滨所说，以阶级斗争为基本线索的研究方式，"在打破地主阶级和资产阶级史学体系、推动新中国历史科学的发展等方面，曾经做出了重大的贡献"。"阶级斗争的观点和学说，是历史唯物主义的一项基本理论，对于阶级社会历史的研究具有指导作用。"也就是说，至少在理论指导上，它是无可指摘的。胡滨本人的相关批评，是指向这一思想指导下的不当做法，而非理论指导本身。所以他说要克服实际中的不当，首要的就是"重新学习马克思主义的理论"。③ 戚其章也说，三次革命高潮说，"在当时来说应该是一个新成果，它将中国近代史初步理出一条线索来，因此很快地便为许多研究者所接受"④。这两位都是不完全赞成"革命史范式"的学者，他们的看法却颇说明问题。改革开放后，遵行"革命史范式"的史学家开始考虑现代化、资本主义化的问题，适应了新的时代精神，应该说非但为时不晚，而且正当其时，怎么可以说他

---

① 马克思主义来自西方，但不能将马克思主义理解为西方理论。这里所谓"包括"是从产生地意义上来说的，不是从理论本质上说的。

② 按罗荣渠认为应严格区分"近代化"与"现代化"两个概念。他主张采用"现代化"概念，弃置"近代化"概念。罗荣渠：《现代化与历史研究》，《历史研究》1986年第3期。

③ 胡滨：《打破框框，开阔视野》，《文史哲》1983年第3期。

④ 戚其章：《确定基本线索的依据应是反对帝国主义和发展资本主义》，《文史哲》1983年第3期。

们忽视"近代化"问题呢？

其次，中国马克思主义史学家并没有完全忽视"近代化"问题。他们是以研究中国资本主义发展史的方式来体现对资本主义进程、现代化进程的重视的。从讨论资本主义萌芽，到撰写中国近代资本主义发展史专著①，均为具体体现。而且，对中国资本主义发展史的撰写，恰恰以罗荣渠所主张的生产力发展为主要内容。对此，国家是支持、鼓励的。② 范文澜甚至提出，"单纯的中国资本主义发展史可以按本身的发展过程划阶段"。因此，革命史范式从来没有排斥过所谓资本主义的线索。批判蒋廷黻，不是批他的学术观点，而是批他的价值观、阶级立场以及对当时抗日战争形势的消极作用。笼统地讲"革命史范式"忽视甚至排斥"现代化范式"，不符合事实。

对所谓"革命史范式"本身，在现代化建设的新形势下，从中国近代史的实际状况以及学科建设的科学需要出发，马克思主义史学家也有新的思考，那就是尝试在"革命史范式"的框架之内，吸纳"现代化范式"的内容或要素，进一步丰富革命史体系。这样做，一方面是由于马克思主义史学本身原本存在这一议题，毛泽东的论断中原有指示；另一方面也是回应所谓"现代化范式"的需要。因此，改革开放前，在中国近代史研究领域，虽然没有专门从理论上讨论所谓资本主义发展、现代化发展的主题与线索问题，但不能说马克思主义史学中从来没有蕴含、涉及这一问题。改革开放后"现代化范式"的提出，激发马克思主义史家将自身学术资源中的资本主义议题结合新的学术形势予以更加自觉的专门性理论思考。

第二节 以标准与分期为核心的讨论

新中国关于中国近代史基本理论问题的讨论，始于胡绳 1954 年

---

① 代表作是许涤新、吴承明主编的多卷本《中国资本主义发展史》，人民出版社 2005 年版。

② 周恩来曾明确指示要撰写中国资本主义发展史。见许涤新为《中国资本主义发展史》所写《总序》。

在《历史研究》创刊号上发表的论文《中国近代历史的分期问题》。

胡绳将近代史定位在1840—1919年。从这时开始，出现了中国近代史和中国现代史的明确分界，分界线是1919年发生的五四运动。他认为中国近代史包括七个阶段：（1）1840—1850年，是中国由封建社会开始转变为半殖民地半封建社会的时期；（2）1851—1864年，中国近代史上第一次革命运动高涨时期；（3）1864—1895年，中国半殖民地半封建社会和政治形成时期；（4）1895—1900年，中国近代史上第二次革命运动高涨时期；（5）1901—1905年，资产阶级民主革命派渐次成立时期；（6）1905—1912年，中国近代史上第三次革命运动高涨时期；（7）1912—1919年，由资产阶级领导的革命过渡到无产阶级领导的革命时期。

胡绳划分阶段的目的，是试图反映社会历史发展中本质的东西，把具有重大意义的历史现象凸显出来。他不赞成采用类似"纪事本末体"的方法来描述历史，因为它没有清晰地反映历史发展中的基本线索。他也不赞成政治史占过重比重，而主张对社会生活、经济生活和文化给予适当关注。他认为"正确地解决了分期问题就是从中国近代历史的复杂的事实中找到了一条线索，循此线索即可按照发展程序把各方面的历史现象根据其本身的逻辑而串连起来，因此分期问题可以看做是解决结构问题的关键"。可见，他的方法是以历史—逻辑—历史为路径，这是马克思所主张的从研究方法到叙述方法、再从一个所谓仿佛"先验"的结构上升到具体的方法，是马克思主义史学采用的标准方法。

胡绳的基本立足点，是中国内部要素，而非外部要素。因此，他的第一着眼点，不是外国侵略，而是中国的"反应"。但中国内部要素不能是单纯的社会经济生活变化，而应是整体性的社会基础与上层建筑。阶级斗争则对此具有"预示"和"标志"作用。结合中国近代史实际，他认为"可以基本上用阶级斗争的表现来做划分时期的标志"。这里，他采用了"基本上"的措词，亦即不绝对化，保持一定的开放性。后来许多学者认定胡绳是绝对的阶级斗争标准论者，显然是不准确的。但是，在他把中国的"反应"作为第一着眼点予以考量时，没有充分地论证它与外来势力刺激的互动关系，所以受到个别学者批评。这种批评是有道理的。

胡绳文章最后有一段非常值得关注的话，被许多人忽略了。他说："把近代历史看做是从鸦片战争开始，并不是认为，中国社会在鸦片战争前一直是停滞不变的封建社会，只因为外来的侵略势力，才开始发生变化。为了说明中国近代历史的发展，很有必要对鸦片战争前相当久以来即在中国社会内部酝酿着的资本主义萌芽做专门的研究。"从时间看，这段话发表于尚钺涉及近代史开端问题的言论之前，因此，可以说尚钺关于前近代问题的基本考虑，胡绳也考虑到了。强调这一问题，是因为毛泽东原本讲过如果没有西方资本主义进来、中国也可以独立走向资本主义的话。思维周密的学者不可能不顾及鸦片战争前的历史伏脉。范文澜所作的近代史讲座，就用较大篇幅交代了前近代的背景。由于这样的视角牵涉是否可以鸦片战争这一外来因素引发的事件作为近代史开端的问题，因此胡绳文尾这段话具有预设伏笔的作用，不可等闲视之。

胡绳的观点被概括为"七阶段说"，也被后人称作"三次革命高潮"理论。有学者认为，这一理论有三个理论贡献：抓住了中国近代史最重要的三个革命时期；揭示了中国近代社会反帝反封建的任务是现实决定的，而不是任何人凭空任意杜撰的；肯定了人民群众是历史的创造者。[①] 这一理论发生非常大的影响，许多中国近代史教科书都采用了胡绳的基本理路。胡绳开创的"三次革命高潮"理论，是新中国马克思主义史学在中国近代史领域最大的理论贡献。它是在唯物史观指导下与毛泽东思想教导下取得的巨大学术创新成果，独领风骚几十年，具有时代里程碑的意义。胡绳的文章写得深入浅出、层次井然、清晰明白，也显示了范例性的马克思主义文风。

胡绳的文章发表后，引发了关于中国近代史基本理论问题的热烈讨论。

孙守任提出四阶段说。他以中国近代社会主要矛盾的发展及其质

① 梁景和：《中国近代史基本线索的论辩》，第 138—140 页。

的某些变化为标准，认为中国近代史有四个阶段。（1）1840—1864年，自由资本主义时代半殖民地半封建社会开始形成与农民反封建革命的高涨期；（2）1864—1894年，自由资本主义时期半殖民地半封建社会巩固和加深及资产阶级民主主义革命的酝酿时期；（3）1894—1905年，帝国主义时期半殖民地半封建社会之形成与农民反帝运动的高涨、资产阶级民主主义革命的初步发动时期；（4）1905—1919年，帝国主义时代半殖民地半封建社会的继续加深和小资产阶级、资产阶级所领导的反封建革命的高涨及其走向新民主主义革命转变的时期。

孙守任是最早对胡绳文章做出回应的学者，他的理论思考在于认为"高潮"与"性质"并非完全对等，"而作为一个过渡性的社会发展进程的重要的指标，应是它的性质的某些变化，而不是形势的变化。因此，社会主要矛盾形式的转换和人民革命运动的高潮和低潮的变化，都不能做（作）为分期的主要标准，而只能做（作）为分期的重要参考"。[1]

很快，即有学者批评孙守任是以帝国主义侵略中国的各个阶段来代替中国近代史的各个时期，把视线片面地集中在帝国主义侵略者身上，忽视甚至抹杀了人民群众作为历史的主人的作用。[2] 但是，孙守任文章具有诸多启发性，其贡献是应该肯定的。

金冲及最早提出五阶段说。他的分期标准是社会经济（生产方式）的表征和阶级斗争的表征的结合。（1）1840—1864年，由封建社会开始走上半殖民地半封建的道路及农民反封建运动高涨时期；（2）1864—1894年，中国半殖民地半封建社会逐步形成及反动统治秩序暂时稳定时期；（3）1895—1900年，半殖民地半封建社会正式形成，资产阶级倾向改良主义运动和农民自发的反帝运动高涨时期；（4）1900—1914年，半殖民地半封建社会继续加深，反帝反封建资

---

① 孙守任：《中国近代历史的分期问题的商榷》，《历史研究》1954年第6期。

② 黄一良：《评孙守任"中国近代历史的分期问题的商榷"一文》，原载《光明日报》1955年8月18日，引自《历史研究》编辑部编《中国近代史分期问题讨论集》，生活·读书·新知三联书店1957年版，第34、38—39页。

产阶级民主革命高涨时期；（5）1914—1919 年，中国由旧民主主义革命转变到新民主主义革命时期。

金冲及的思路是认为研究中国近代史应该有两个着眼点，第一个是研究经济结构、生产方式的发展变化；另一个（他没有说是第二个）是研究阶级斗争的发展及其在性质上的变化。他认为胡绳忽视了第一个着眼点，也就是阶级斗争产生的基础。而且，不仅中国近代充满阶级斗争，一切阶级社会都如此，所以阶级斗争不是近代中国的具体特征。"阶级斗争只有和社会经济、生产方式的发展变化结合起来考察时才能用来作为划分历史时期的标准。"他还认为胡绳以几次革命运动的高涨来做分期标志，"容易使人模糊了这几次革命运动在性质上的某些变化。"① 在参与相关会议研讨时，他没有被商榷意见所说服，表示坚持自己的观点。

范文澜最早提出四阶段说。他的依据是毛泽东关于根本矛盾、大小矛盾关系的论断，认为应该用主要矛盾来划分历史阶段。（1）1840—1864 年，鸦片战争开始了中国半殖民地的历史，太平天国运动开始了中国人民反帝反封建的历史；（2）1864—1895 年，帝国主义更加深刻地侵入中国；（3）1895—1905 年，中国陷入被瓜分危机及爱国救亡运动兴起、中国资产阶级民主革命前进的时期。（4）1905—1919 年，旧民主主义革命结束，向新民主主义革命过渡的阶段。在每个阶段下面，还有若干"分段"。

范文澜的第一篇文章原是 1954 年 11 月在历史研究所第三所某次学术讨论会上的讲稿，故对讨论未作任何反应。1956 年 7 月为政协全国委员会中国近代史讲座作报告，提出"帝国主义及其走狗的经济政治压迫和中国人民的民族民主革命"是 1840—1949 年的根本矛盾，也是贯穿各个事件的一条线索。他认为，"决不能像西方资本主义国家那样把近代史等于资本主义社会的历史"；"仅仅用中国资本主义的发生和发展来划分中国近代史的阶段是不全面的，是不符合历史事实的"。但是，他认为"单纯的中国资本主义发展史可以按本身

---

① 金冲及：《对于中国近代历史分期问题的意见》，《历史研究》1955 年第 2 期。

的发展过程划阶段"。这层意思可视为对三十多年后一些突出现代化史的观点的回应。他也认为，从 1840—1949 年，中国社会根本矛盾的性质和过程的本质没有变化，革命性质始终是资产阶级民主主义革命，革命史是它的骨干。他说：研究中国近代史应当以各阶段各个主要矛盾为基础同时配合着经济的、政治的、文化的各种发展情况，"综观主要的次要的各种矛盾相互间的联系和影响，从而了解历史的全貌。专执一端便难以达到这个目的"①。"综观"可视为范文澜视角的突出特点。

戴逸最早提出三阶段说。他的依据是阶级斗争。（1）1840—1873 年，革命形势的第一个阶段，革命主要对象是封建统治者，最高潮是太平天国战争；（2）1873—1901 年，革命形势的第二个阶段，革命主要对象是外国侵略者，最高峰是义和团运动；（3）1901—1919 年，革命形势的第三个阶段，革命主要对象是封建统治者，最高峰是辛亥革命。

把 1873 年作为一个节点，是戴逸给人印象很深的见解，因为大部分人都不同意这种分法。他认为 1864 年天京失落后的八九年间，历史的主流仍是农民以反封建为主的革命战争，因此仍然属于第一个革命形势的范围。这说明，他非常重视太平天国失败后捻军、回民、苗民的斗争，将之与太平天国视为同一个历史范畴。②

上述四家有一个共同特点，就是均以旧民主主义革命时期为对象。在理论依据上，引用毛泽东的论断最多，斯大林的论断次之。在参考借鉴上，均以当时苏联学术界关于历史分期问题讨论中的倾向性观点为他山之石。1956 年，范文澜 63 岁，戴逸 30 岁，金冲及 26 岁。后两位青年学者的论文史论结合，十分老到，实得益于马克思主义理

---

① 范文澜：《中国近代史的分期问题》，《中国科学院历史研究所第三所集刊》第 2 集，1955 年 7 月；《略谈中国近代史的分期问题》，《光明日报》1956 年 10 月 11 日；《中国近代史的分期问题》，《光明日报》1956 年 10 月 25 日；《中国近代史的分期问题》（1956 年全国政协二届委员会举办的"中国近代史讲座"讲稿），《社会科学战线》1978 年第 1 期。引文见《历史研究》编辑部编《中国近代史分期问题讨论集》，第 100—102、110 页。

② 戴逸：《中国近代史的分期问题》，《历史研究》1956 年第 6 期。

论的训练与钻研。

1956 年 6 月 4 日，在中国人民大学举办的科学讨论会上，戴逸以他的文章为题作主题报告。金冲及参会，两人当面就分期标准进行了讨论。邵循正、荣孟源、郭毅生等人也参会发表了意见。这次讨论会开得很热烈，其中透露出一个重要信息，即中国人民大学的林敦奎提出，中国近代史的下限应延长至 1949 年中华人民共和国成立前，因为从 1840—1949 年，中国社会性质没有变，革命对象和性质基本上也没有变。这一意见当场得到马鸿模、戴逸赞同，但戴逸建议将其叫做半殖民地半封建的中国史，不一定非叫近代史，马鸿模则觉得当时解决这样的问题时机还不够成熟。① 当时，一些综合性大学的文史教师从习惯及教学需要出发，也提出了与戴逸相同的主张，即赞同将 1840—1949 贯通起来，但不必马上叫中国近代史的名字，而叫作"中国史——半殖民地半封建社会时代"。在综合大学文史教学大纲审订会上，与会者提出，"从鸦片战争到中华人民共和国成立以前的中国社会是半殖民地半封建性质的社会，社会性质并未改变，只是由于革命的领导力量发生了变化，所以分为旧民主主义革命时期与新民主主义革命时期。近代史一般了解为资本主义时期的历史，中国半殖民地半封建社会既然是资本主义社会的一种变种，因此将从鸦片战争到中华人民共和国成立时止的这段历史称为中国近代史是比较恰当的。这样将中国近代史与现代史打通，对于教学和科学研究都是有好处的。但也要考虑到'近代史'与'现代史'两个名称沿用已久，已经代表一定的含义，突然改变恐难合于习惯，同时'近代史''现代史'的名称也不是含义十分精确的用语，所以建议将 1840—1949 年间的中国历史称为'中国史——半殖民地半封建社会时代'；1949 年以后称为'中国史——中华人民共和国时代'"。②

中国人民大学讨论会后，荣孟源对中国近代史应该从 1840 年到

---

① 杨遵道：《中国人民大学第六次科学讨论会上关于"中国近代史分期问题"的讨论》，《历史研究》1956 年第 7 期。

② 柞新：《综合大学文史教学大纲审定会简况》，《历史研究》1956 年第 9 期。

1949 年新中国成立的观点，做了最初的论证。①他的理由同样是，从鸦片战争到新中国成立，社会性质没有变，革命性质也未变。因此，"这 110 年的历史应该作为一个历史时期，叫做中国近代史"。"假如从新民主主义革命起到目前止作为现代史，那么所谓近代史只是半殖民地半封建社会历史的一半，而现代史却包括着中华人民共和国成立前后两个不同性质社会的历史。这样就其科学性来说是不妥当的。中国近代史应当分为旧民主主义革命和新民主主义革命两个时期。从前，特别是在 1949 年以前，我们把新民主主义革命时期作为现代史，把旧民主主义革命时期作为近代史，那时中国社会性质没有改变，按两段民主革命的不同来区分历史是应该的。但在今天中国人民民主革命胜利之后，中国社会性质已经改变，中国革命性质改变了，再保守着旧日的样子划分历史阶段就不妥当了。"

荣孟源着重对旧民主主义革命时期的历史划分提出自己的看法。他赞成胡绳以阶级斗争为标准的看法，从而把旧民主主义革命时期分为四个阶段：（1）1840—1864 年，这是半殖民地开始与反帝反封建开始的阶段，主要矛盾是人民大众与封建主义的矛盾，但中国人民与帝国主义的矛盾也成为主要矛盾了。（2）1864—1901 年，这是中华民族与帝国主义矛盾成为主要矛盾的时期。（3）1901—1913 年，这是人民大众与封建主义的矛盾是最主要矛盾，但中华民族与帝国主义矛盾还是主要矛盾的时期。（4）1913—1921 年，这是中华民族与帝国主义矛盾是最主要矛盾、人民大众与封建主义矛盾仍然是主要矛盾的时期。此后新民主主义革命时期的历史，荣孟源认为包括：1921—1927 年，是第一次国内革命战争时期；1927—1937 年，是第二次国内革命战争时期；1937—1945 年，是抗日战争时期；1945—1949 年，是第三次国内革命战争时期。②

在荣孟源的框架中，没有突出五四运动，但突出了中国共产党成

---

①　一般认为是李新、陈旭麓系统阐述了这一观点，但荣孟源的贡献也应强调。见梁景和《中国近代史基本线索的论辩》，第 79—81 页。

②　荣孟源：《关于中国近代史分期问题的讨论》，《科学通报》1956 年第 8 期。

立，以党的成立作为区分新旧民主革命的标志。

截至 1956 年年底，学术讨论与历史教学良性互动，相得益彰，在六个问题上形成和而不同的局面。（1）关于分期标准，大部分学者主张以阶级斗争为标准（王仁忱、章开沅、孙正容均表示赞同）；（2）关于第一段下限，除戴逸外，都认为应以 1864 年天京陷落画线；（3）关于 1894 年或 1895 年可否作为界标，把 1864 年以后到《辛丑条约》订立期间再划分为一个阶段问题，戴逸等人不主张把 1894 或 1895 作为界标再划一个阶段；（4）1900 年或 1901 年或 1905 年作为断限的问题，主张不同；（5）辛亥革命至五四运动前夕是否再划一个阶段的问题，主张也不同；（6）中国近代史是否要延长到 1949 年，开始有人正面主张，但认为实际条件还不够成熟。①

除上述成果之外，还有学者提出诸多重要观点。李新在为《中国通史半殖民地半封建时代（下）教学大纲（初稿）》所写的前言中提出："在中国按照五种社会形态来划分历史时代是最为恰当的。"他说，没有理由把 1840 年至 1949 年的历史划分为近代史与现代史，而应该把它写成分为上下两部的完整的通史，统称之为近代史。他认为近代史的上部范文澜分为四段的意见较为妥善，而下部可以采用胡乔木关于中共党史的分期。② 来新夏提出，在中国近代史领域不应使用"分期"的提法，而应叫作"划阶段"。③ 这一意见显然是正确的，但参与讨论的学者未必不清楚此点，只是在讨论中"得意忘言"而已。当然，提示一下是有益的。

从胡绳发表文章到 1957 年，是关于中国近代史基本理论问题讨论的高潮期，可以看作是一个阶段。《历史研究》编辑部编的《中国近代史分期问题讨论集》，由三联书店出版于 1957 年 8 月，共收论文

---

① 参看毛健予《关于中国近代史分期问题讨论的介绍》，《史学月刊》1957 年第 1 期。

② 李新：《关于近代史分期的建议》，引文见《历史研究》编辑部编《中国近代史分期问题讨论集》，第 153—155 页。

③ 来新夏：《读"我们对中国近代史分期问题的初步意见"一文的笔记》，引文见《历史研究》编辑部编《中国近代史分期问题讨论集》，第 166 页。

13 篇，相关报道 4 篇，反映了这一阶段分期问题讨论的情况。由中国人民大学清史研究所编的《中国近代史论文集》最初编于 1963 年，由中华书局在 1979 年 8 月出版，因此对 1964 年后发表的论文做了增选，共收论文 50 篇。集子中的部分文章由作者作了修订。它不专收理论文章，反映的是改革开放前中国近代史研究的整体状况。

1957 年后，刘大年发表两篇关于近代史基本理论的文章。刘大年是郭沫若主编的《中国史稿》第 4 册（即中国近代史部分）的实际负责人，又是国家权威的近代史研究机构负责人，著名近代史专家，因此他的意见非常重要。由于他的文章晚出，可以从新的时代视角出发，更充分地考虑此前发布的各种意见。

一篇题为《中国近代史研究中的几个问题》，发表于《历史研究》1959 年第 10 期。文章除继续批判尚钺涉及中国近代史开端的观点外，与胡绳一样，主张"基本上用阶级斗争的表现做（作）为划分时期的标志"。他把中国近代史分为三个时期：鸦片战争—1864 年太平天国失败、1864—1901 年义和团运动失败、1901—1919 年五四运动爆发。文章最后表示："自鸦片战争起到中华人民共和国成立以前的 110 年，都是半殖民地半封建社会，都是中国的近代。"[1] 表明他也主张以 1840—1949 年为中国近代史。

另一篇发表于《历史研究》1963 年第 3 期，题为《中国近代史诸问题》。刘大年开宗明义便表明，中国近代史包括从鸦片战争到中华人民共和国成立以前整个民主革命时期的历史，即包括前 80 年的旧民主主义时期和后 30 年的新民主主义时期。这是一个原则性意见，对学科发展意义重大，但他所讨论的重点是前 80 年。刘大年未再就划分阶段补充意见。他的文章更像一篇指导性的理论文献。论述对象是近代史书写的内容，其中有三个突出特点，一是以阶级分析方法贯穿始终；二是非常关注海外（包括台湾）的史学观点与动向，引用了诸多海外、特别是西方史家与思想家的观点；三是在阶级观点之下采用了比较方法。第一个特点反映了时代的特征，第二个特点反映了

---

[1]　刘大年：《中国近代史诸问题》，人民出版社 1965 年版，第 68 页。

一位马克思主义史学家尽可能追求的开阔视野与思想宽度，第三个特点反映了对阶级分析方法下具体史学方法的吸纳。

刘大年认为中国近代史研究的根本要求与根本任务，是对阶级、阶级的复杂斗争进行具体的分析研究，把中国半殖民地半封建社会这个特定历史时代的阶级、阶级斗争规律揭示出来，让人们能够认识它，理解它。简言之，就是以阶级分析方法去写阶级斗争。但是，在这个基本目的或直接目的之下，还有"需要着重研究的一些问题"。他说："外国侵略势力、中国地主阶级、买办资产阶级、民族资产阶级、小资产阶级、农民阶级、工人阶级这些阶级的不同地位、不同作用，它们从事活动、进行斗争的方式，它们互相间的关系、那些关系演变发展的过程等，这就是阐明近代历史发展规律要涉及的主要方面，就是阐明近代中国阶级、阶级斗争要解决的主要问题。用马克思主义观点看来，那些阶级斗争、阶级关系的演变，不是表现了其他任何东西，正是表现了历史发展的客观规律性。那些阶级坚持反对什么，拥护什么，坚持向某个方向活动，不向另一个方向活动，这不是任何其他东西在起作用，正是阶级、阶级斗争的规律在起作用。把这些问题研究清楚了，近代中国阶级、阶级斗争的规律也就研究清楚了。撇开这些问题，就不可能理解近代中国阶级斗争有什么规律，撇开这些问题，近代历史研究也就脱离实际，无助于解答当前生活提出的问题。"这显然把胡绳的观点进一步细化了，阐明中国近代史的主题、主线，就是阶级斗争。

文章中还有两个值得注意的观点。一是在讲鸦片战争是近代史开端时，特别强调"在这以前虽有资本主义萌芽，仍是处在封建社会时代"。显然有继续回应尚钺的意思。接着说：五四运动"以后社会性质虽没有改变，革命斗争已经不是处在旧民主主义时期，而是处在新民主主义时期，那时中国工人阶级是革命的领导者。中国由封建社会转变为一个有工人阶级领导的人民革命运动的社会是由这八十年历史完成的重大使命"。提出了一个"有（由）工人阶级领导的人民革命运动的社会"的概念。这又是一个什么社会呢？他似乎特意没有使用"新民主主义社会"的概念。这似乎表示，他对"新民主主义阶段"是否能构成一个社会，是持保留态度的。

二是对资料工作做了强调。他说："近代史研究离开了详细占有资料，做好史料考证工作，进行科学分析，那末，揭示历史规律或引出理论性结论，就只是一句响亮的空话。这不会产生一点价值。近代史研究根本不存在要不要史料考证的问题，只存在一个用什么观点从事史料考证的问题。"这与范文澜等人的观点完全一致，再次证明，马克思主义史学从来不轻视史料工作，而是把史料工作看作史学工作的本分。

陈旭麓专门讨论了中国近代史的年限问题。他说："把近代和现代作为两个概念严格地区分开来，以鸦片战争至五四运动的80年为近代，以五四运动以后的历史为现代，教学用书更严守这个界线，这是最近十年来的事，也是学习苏联科学地区分近代和现代历史的结果。这种区分，不仅改变了过去对近代和现代名称的混淆，也打破了近百年史的习惯用语。显然是历史科学向前发展的表现。"接着他阐述了把1840—1949年作为中国近代史的理由，认为这110年中虽然有新旧民主的区分，却只是一篇文章的上下篇，而不是两个不同的题目。这样处理不会混淆无产阶级和资产阶级领导革命的界限，也不会造成局部与整体的不一致，不会割断中国共产党的历史或工人阶级领导中国革命的历史。[①]

第三节　应对现代化主题

十一届三中全会后，关于中国近代史的基本理论问题，再次引起史学界热情关注和讨论。这场讨论的规模比50年代大得多，思想尤其活跃、大胆。许多学者开始质疑胡绳的观点与框架，提出许多前所未见的新观点、新见解。首屈一指的文章，是李时岳发表于《历史研究》1980年第1期的论文《从洋务、维新到资产阶级革命》。研究者大都把这篇文章视为新时期讨论中国近代史基本理论

---

① 陈旭麓：《关于中国近代史的年限问题》，《学术月刊》1959年第11期。

问题的开端。

李时岳后来继续在《历史研究》等刊物发表文章，并于1993年在汕头大学出版社出版《近代史新论》一书，阐述并细化自己的观点。他的观点，被称作"四个阶梯"说。

所谓"四个阶梯"说，其实只是李时岳第一篇文章中的一段话。他说，1840—1919年的中国近代史，"经历了农民战争、洋务运动、维新运动、资产阶级革命四个阶段。前一阶段孕育着后一阶段的因素，前后紧相连接。前一阶段的运动尚未结束，后一阶段的运动业已萌发；后一阶段的运动已经开始，前一阶段的运动尚留尾声，前后交错。它反映了近代中国社会的急剧变化，反映了近代中国人民政治觉悟的迅速发展，标志着近代中国历史前进的基本脉络"。他说，从洋务运动、维新运动到资产阶级革命，救亡始终是历史主题。紧迫的民族危机对各家的救亡方案迅速做出抉择，不断地抛弃被实践证明失效的旧方案，接受、试验新方案。因此，政治潮流一浪压过一浪，飞快地向前发展。

这样的断语是在文章后面出现的。在文章前面的铺垫部分，李时岳对洋务运动、维新运动到资产阶级革命依时间顺序作了评析，对之均有严厉批评，但也做了许多肯定。对于批评，因为是熟悉的话语，故在意的人不多。对于肯定，在当时属于新意，故很是引人注目。比如他说："无论对内或对外，洋务运动都是地主阶级的改革运动，半殖民地半封建中国的改良主义运动，本质上是反动的。不过，在当时的历史条件下，枝节的改革也比顽固地守旧好些。"洋务派"至少在客观上使封建坚冰出现了裂口，从而为开通资本主义的航道准备了某些必要的条件。自然，洋务派主观上并不想发展资本主义"。他说。"把洋务运动完全说成是适应帝国主义侵略的需要，仅仅起了加速中国半殖民地化进程的作用"，"是不符合事实的"。这牵涉怎样评价洋务派的问题，也曾引发争议。过去对洋务派根本否定，而现在出现了

"功大于过"的评价。① 关于维新运动，李时岳的评价更高，说"维新运动作为救亡爱国运动，具有反对帝国主义的性质；作为资产阶级新文化运动，具有反对封建主义的性质，'百日维新'是资产阶级夺取政权的初次尝试，维新派和守旧派的斗争，实质是新兴资产阶级和封建顽固势力之间的阶级斗争。维新运动的终极目标是要把半殖民地半封建的中国变为独立的、民主的、资本主义的中国"。"维新运动可以说是资产阶级的启蒙运动。长期以来，把维新运动说成资产阶级改良主义运动是不确切的。"对资产阶级革命派，他确实像上台阶一样评价愈加高。他提出，对革命派不应立足于批，因为这种"立足于批"的所谓"原则"，"就是宁可让历史停滞不前，也不可让非劳动人民为历史的前进做出贡献。按照这种'原则'，人类如果不能在一夜之间进入共产主义的大同世界，就应当永远像狼群一样在原始森林里徘徊；从原始人群到共产主义之间的一切文明、进步，都是必须诅咒的。这种'原则'，似乎很革命，实际上是'革革命的命'。正是在'立足于批'的原则指导下，出现了把资产阶级革命派及其领导的革命运动和人民群众及其自发斗争割裂开来，对立起来，借歌颂自发性以贬低觉悟性的咄咄怪事"。这样的断语，非常富于争议性。从后来的发展趋向看，支持他的观点是不断增加的。

在此后发表的文章中，李时岳提出了"沉沦与上升"的命题（又称作"两种趋向"论），受到广泛关注，使得这一叫法成为史学史上的固定词语，经常被人提起。

李时岳首先提出三大疑问：中国近代史上有没有三次革命高潮？仅仅着眼于阶级斗争的"表现"，能不能反映中国近代历史的"发展程序"？革命（武装斗争）是不是阶级斗争的唯一标志？他说，他"赞成基本上用阶级斗争的表现为线索，不过，必须紧密地联系社会经济的变动进行考察，找出那些能够集中地反映历史趋向的标志"。

---

① 参看李时岳《洋务运动研究40年》，《历史教学》1991年第5期。孔令仁在1983年提出，洋务运动就其本质倾向说，是反封建、反外国侵略的，是进步的，是具有资本主义性质的革新运动，功大于过。孔令仁：《中国近代史上存在着两种反帝反封建的斗争》，《文史哲》1983年第3期。

接着，他便提出了著名的沉沦与上升两种趋向之说：

> 按照一般规律，封建社会的前途是资本主义社会。但是，由
> 于帝国主义的侵略压迫，近代中国社会的发展实质上存在着两个
> 而不是一个趋向：一是从独立国家变为半殖民地（半独立）并
> 向殖民地演化的趋向，一是从封建社会变为半封建（半资本主
> 义）并向资本主义演化的趋向（在五四运动以前还没有出现社
> 会主义的前景）。前者是个向下沉沦的趋向，后者是个向上发展
> 的趋向。封建阶级结构的解体，资本主义生产方式的发生和发
> 展，对封建的中国来说，无疑是个进步。但这种进步是在特殊的
> 条件下，是在帝国主义的侵略、刺激下出现的，因而呈现出两种
> 趋向之间的互相连结的一面。在人们的观念里，往往认为，中国
> 变为半殖民地半封建社会完全是一个向下沉沦的过程，所谓
> "陷入半殖民地半封建深渊"，而不大注意在这个整体运动中还
> 存在着向上发展的因素。……这两种趋向在本质上是互相排斥、
> 互相对立的。正因为存在着向上发展的趋向，近代中国人民的革
> 命运动才可能获得越来越进步的性质，最终埋葬了帝国主义和封
> 建主义，结束了半殖民地半封建社会的历史。

李时岳最后特别强调，"四个阶梯"论与"三次高潮"论并非根
本对立，只是部分的修正和补充。因为他感到"三次高潮"论还有
不够完善的地方，"关键在于没有把阶级斗争和社会经济紧密地联系
起来，从而没能把唯物史观贯彻到底"[①]。显然，李时岳认为自己是
在马克思主义史学园地内进行讨论。

李时岳的观点提出后，虽有学者赞同，但批评者更多。一般认
为，李时岳是从概念（所谓"按照一般规律"）而不是从中国近代史
的实际出发的。资本主义相对封建主义自然是进步、是上升，但资本
主义在中国具有特殊性。不能用正常的资本主义概念来看待中国的资

---

① 李时岳：《中国近代史主要线索及其标志之我见》，《历史研究》1984 年第 2 期。

本主义。此外，中国的资本主义包含诸多不同部分，民族资本主义是进步的，买办官僚资本主义是反动的。笼统地用资本主义概念一锅煮，命之为"向上"，忽视了中国资本主义的内部构成。况且，在整个近代时期，中国资本主义要素一直非常微弱，远比不上封建势力强大。有学者评价四个阶梯说有三项弱点。首先，它虽然同意以阶级斗争为基本线索，但未说明是哪个阶级与哪个阶级的斗争。与"三次革命高潮"相比，少了义和团运动，多了洋务运动，但几个阶梯中同样既有农民运动，也有资产阶级运动，它们是怎么连成一条线索的，未见从阶级斗争与经济变动的结合上所给予的说明。其次，它试图以"四个阶梯"形象地说明近代中国前进的过程，但究竟怎样用阶级斗争结合经济变动来概括整个近代经济、政治、文化思想等全部社会生活的内容，也缺乏具体说明。再次，对太平天国前十年、辛亥革命后七八年的历史，没有做交代。①

　　总之，李时岳的文章引发广泛讨论。它活跃了近代史学界的思想与气氛，造成一股思考基本理论问题的趋向，总体上说，属于马克思主义史学范畴内的学术争鸣。但是，也有学者认为他颠覆了范文澜、胡绳开创的马克思主义的中国近代史话语体系，开启了以现代化范式代替革命史范式的闸门。

　　其实，至少在字面上，"沉沦"与"上升"的表述可以在马克思主义史学资源中寻到伏线。刘大年在 1959 年就使用过"下降线""上升线"的措辞。刘大年说："农民和资产阶级的革命都遭到了失败，都没有挽救中国半殖民地半封建社会沿着下降线发展。五四运动以后，有了工人阶级领导的革命，局势才为之焕然一新。以后的 30年里中国革命是沿着上升线行进的。"② 意思当然与李时岳不一样，但措辞相近是确实的。胡绳评价李时岳，觉得"好像还说不上什么创见"③，或许就与这种用语的相似有关。不过，胡绳并不全盘否定

---

① 曾景忠：《中国近代史基本线索讨论述评》，《近代史研究》1985 年第 5 期。
② 刘大年：《中国近代史诸问题》，第 68—69 页。
③ "从五四运动到人民共和国成立"课题组：《胡绳论"从五四运动到人民共和国成立"》，社会科学文献出版社 2001 年版，第 40 页。

李时岳的观点。1988年4月，他在一次会议上说："现在史学界有种意见，认为变成半封建不是一个倒退，我赞成这个意见。有了点资本主义才叫半封建，比起纯粹的封建主义，这是个进步。中华民族就这样生存了下来，最终依靠自己的力量解决了民主革命的问题。"①

李时岳还从辨析"半殖民地半封建"概念入手，细化了观点。其实，他原来的文章已经蕴含他的逻辑，即"半殖民地"对应"沉沦"，"半封建"对应"上升"。在辨析中，他正是把半殖民地半封建分拆开来，进行单独考察的。作为概念辨析，这样做是允许的。但问题在于，他对两条线的交集，论述不足。尽管他最后落脚在"交错进行的历史运动"，但实际论述中，"交错"得不够。不过，他承认半殖民地半封建"不失为较好的概括"，不赞成采用"半独立半资本主义""半殖民地半资本主义"或"半独立半封建"的概括。他提出的一个新见解，是主张以1912年中华民国成立代替五四运动，作为中国近代史的中间线。此外，他与戴逸一样，把1873年作为近代史前半段第一段落的结尾（1840—1873）。由于他认为半殖民地过程与半封建过程不同步，中国近代史又存在两个过程，所以他对中国近代史的分期不是时间上的前后联结，而是交错，即：1840—1873、1861—1895、1888—1912、1912—1927、1919—1949。② 这样，他就在理论上完成了基于沉沦与上升理论的中国近代史体系建构。

李时岳这种把资本主义化作为中国近代史本质过程、把为资本主义开辟道路的各种斗争作为中国近代史主要线索的框架，与所谓"革命史范式"并非决然对立。但它与"革命史范式"的差别是明确的。对于后者，他认为主要存在三点明显失误：不适当地抬高农民自发斗争和贬低资产阶级的历史地位；片面强调武装斗争、暴力革命的历史作用；忽视资本主义发生发展的历史意义。这三点批评成为对"革命史范式"的常见用语，被许多人不断重复。李时岳不赞成革命为现代化扫清障碍、因而革命是中国近代史本质过程的观点，但他并没有提出有力的支撑证据。他认为"革命史型的中国近代史已经不能适应建设时代的需要"，但没有讲"革命史型的中国近代史"融入现代化的内容后是否依然成立，但他对"本质过程"与"主要线索"的区分，大体蕴含了回答，即革命应与其他各种斗争一起，纳入资本主义化的过程中去。①

李时岳第一篇文章发表后，出现诸多新颖观点。学者们一般将其归结为"民族运动"说、"两个过程"说、"双线"说与"三个阶梯"说、"反帝反封建斗争过程"说、"独立的资本主义近代化"说、"新三次革命高潮"说、"两端论"说，等等。② 对这些观点，有学者认为"追根索源，基本都是胡绳和李时岳观点的延伸或进一步解析。可以讲总根没变，枝节有别。"③

有学者提出了所谓"新陈代谢"说（或称"新三次革命高潮"说），认为中国在推进变革的道路上有过农民起义的高潮、维新变法的高潮、反帝运动的高潮，以不同的斗争方式程度不等地推动和体现了新陈代谢的历程，但并没有形成如后来那样的反帝反封建的革命高潮。所以，中国近代历史确实有三次革命高潮，但不是胡绳提出的三次，而是1911年辛亥革命推翻清政府、1927年国民革命推翻北洋政府、1949年新民主主义革命推翻国民党政府。④

正是在上述背景下，进入20世纪90年代后，出现了所谓"革命史范式"与"现代化范式"两大范式并存的局面，由之构成观察世纪之交及其后中国近代史研究整体状况的基本线索。

所谓两大范式的关系，一是指以"现代化范式"取代"革命史范式"；二是指以"现代化范式"包容"革命史范式"；三是指以

---

① 李时岳：《中国近代史学科的改造与建议》，《广州研究》1988年第11期。该文排印应有讹误：强调为"强发"，发展为"调展"。

② 参看曾景忠《中国近代史基本线索讨论述评》，《近代史研究》1985年第5期；梁景和《中国近代史基本线索的论辩》，第7章。

③ 李喜所：《改革开放以来的中国近代史发展主线研究》，《史学月刊》2009年第3期。

④ 陈旭麓：《关于中国近代史线索的思考》，《历史研究》1988年第3期。

"革命史范式"包容"现代化范式"（或者是以后者去丰富前者），四是指两种范式共存。据说，1995年，美国学者德里克断言，中国近代史研究的趋势是"现代化范式"正在取代"革命史范式"。此后，德里克的断语被许多人所引用。但有学者指正说，德里克根本没有表述过那层意思。[①] 不管德里克是否表达过这种意思，但就意思本身而言，马克思主义史学界一般认为属于危言耸听，但意思的警示性是显而易见的。

前文已言，"现代化范式"的学术渊源是蒋廷黻，但它还有一个切近的理论背景，即西方现代化理论。随着中国改革开放、进行社会主义现代化建设，西方的现代化学术与理论著作在中国颇多传播与回响。西方现代化理论对中国近代史整体研究架构的影响，是蒋廷黻远远无法比拟的。比较极端的"现代化范式"主张者认为，新范式与旧范式的最大不同，在于它主要是从"现代化"的角度来看待、分析中国近代史，而不把中国近代史视为仅仅是一场"革命史"；因为以农民起义为主线的旧范式，是以革命、夺权、斗争为"时代精神"的那一社会阶段的必然且合理的产物。现在的时代精神，已由激烈的革命、斗争转向现代化追求。早在1984年，具有很大学术影响力的黎澍就提出："近代中国的主要问题是近代化或工业化或现代化，不能说就是革命，尤其不能说，太平天国和义和团都是资产阶级革命的高潮。革命是手段，不是目的。把革命当做目的是错误的。"[②] 因此，新形势下到底应该怎样给近代史定位，需要做系统性的思考。

1990年，在中国社会科学院近代史研究所建所40周年举办的"近代中国与世界"国际学术讨论会上，胡绳提出了他的新思考。他说：

> 近代中国并不是近代化的中国，不是一个商品经济发达、教

---

① 徐秀丽：《中国近代史研究中的"范式"问题》，《清华大学学报》（哲学社会科学版）2015年第1期。

② 徐宗勉、黄春生编：《黎澍集外集》，社会科学文献出版社2003年版，第65—66页。

育发达、工业化、民主化的国家。在近代中国面前摆着两个问题：一、如何摆脱帝国主义的统治和压迫，成为一个独立的国家；二、如何使中国近代化。这两个问题显然是密切相关的。因为落后，所以挨打；因为不断地挨打，所以更落后。这是一个恶性的循环。

以首先解决近代化问题为突破口，来解除这种恶性循环，行不行呢？在半殖民地半封建的中国，一切工业救国、教育救国，以合法的途径实现民主化、近代化的主张都不能成功。致力于振兴工业、振兴教育的好心人虽然取得了一些成就，但并不能达到中国近代化的目的，不能使中国独立富强。不动摇原有的政治和社会秩序而谋求实现民主化的努力更是毫无作用。这些善良的愿望之所以不能实现，就是因为有帝国主义及其在中国的代理人的严重的阻力。

首先解决民族独立的问题，是很艰难的。要在十分落后的社会基础上，战胜已经在中国居于统治地位的帝国主义势力，当然不是一件轻而易举的事情。但历史经验证明，只有这样做，才能改变中国所面临的恶性循环的命运。就是说，只有先争取民族的解放和国家的独立，才能谈得到近代化的政治、经济、文化的建设。①

胡绳这一思想，是坚持"革命史范式"但不排斥"现代化范式"的学者们的基本思路与主张。1995 年 12 月末，在为所著《从鸦片战争到五四运动》所写的《再版序言》中，胡绳又明确表示，考虑以现代化为主题来叙述中国近代史的意见，是可行的。"从 1840 年鸦片战争以后，几代中国人为实现现代化作过些什么努力，经历过怎样的过程，遇到过什么艰难，有过什么分歧、什么争论，这些是中国近代史的重要题目。以此为主题来叙述中国近代历史显然很有意义。"但

---

① 胡绳：《从鸦片战争到五四运动》，人民出版社 1997 年版，《再版序言》附录《关于近代中国与世界的几个问题》，第 14 页。原载《近代史研究》1990 年第 6 期。

他又说："以现代化为中国近代史的主题并不妨碍使用阶级分析的观点和方法。相反的，如果不用阶级分析的观点和方法，在中国近代史中有关现代化的许多复杂的问题恐怕是很难以解释和解决的。"显然，他非但没有放弃阶级分析方法，而且主张以阶级分析方法去驾驭现代化主题。如果单纯写一部以现代化为主题的近代史"专史"，他是完全支持的。到 1998 年，他对这个问题的思考更加深入，其中一个核心思想，就是现代化必须与民族独立的问题联在一起。① 当然，胡绳由此而生发的关于新民主主义等等的相关观点，曾引起较大争议。

刘大年在同一时间也提出了自己的思考。他反对单纯从资本主义发生、生产力水平出发去肯定洋务运动，认为"不能单从中国资本主义状况、生产力高低寻求社会主义的根据。研究中国半殖民地半封建时期的历史，离开反帝反封建，就告诉不了人们任何重要的东西"。② 他说：近代世界的基本特点就是工业化，也就是通常所说的近代化。适应世界潮流，走向近代化，是中国社会发展的必然趋势。"所谓中国是否有能力自立于世界民族之林，如何来自立于世界民族之林，其核心，就是中国社会能否走向近代化。"中国走向近代化的方式，是先获得民族独立、完成民主革命，"也就是中国近代化扫清了前进道路上的障碍物，独立自主迈开第一步之时"③。显然，他与胡绳一样，持"扫清道路"之说。

总而言之，在新形势下，马克思主义史学家也在认真思考现代化视角与模式问题，努力以与时俱进的态度和精神，吸收其中的积极因素，丰富原有的体系，主导近代史研究方向，促进近代史研究向更加科学的高度发展。

---

① 详见"从五四运动到人民共和国成立"课题组《胡绳论"从五四运动到人民共和国成立"》，社会科学文献出版社 2001 年版，第 40 页。

② 刘大年：《当前历史研究的时代使命问题》，《近代史研究》1983 年第 3 期。

③ 刘大年：《中国近代化的道路与世界的关系》，见中国社会科学院近代史研究所科研组织处编《走向近代世界的中国》，成都出版社 1992 年版，第 2—5 页。

这里需要重点介绍一下罗荣渠在"一元多线历史发展观"① 指导下所构建的以现代化为主题的中国近代史体系，从中可以映射出所谓"现代化范式"达到的规模与水平。

1993 年，罗荣渠出版《现代化新论——世界与中国的现代化进程》一书。该书把现代化作为一个世界历史范畴，从宏观历史学的视角，考察从世界到中国的现代化过程。作者说，他试图对现代化这个世界历史范畴作出历史唯物主义的新解释。该书第 3 编《转型期中国发展趋势通论》，其实讲的就是以现代化为主题的中国近代史。作者是这样介绍这部分内容的：

> 在把握了现代化世界进程的总趋势之后，再把近代中国的社会巨变放在世界大变革的总进程中加以考察。这是从世界看中国，作为对现代化进程的个案研究。长期以来，对近代中国巨变的认识都是以革命史上反帝反封"两个过程"作为基本线索和理论分析框架。本编突破了这一分析框架，从众多的内外因素的互动作用，提出了以衰败化、半边缘化、革命化、现代化四大趋势作为近代中国变革的基本线索的新观点。其中半边缘化与革命化都是中国从旧体制向新体制转变过程中的特殊形式，经过曲折的斗争，现代化才逐渐上升为大变革的主流。本编从这四种趋势交相作用的合力中去清理近世中国巨变的历史脉络。在鸦片战争以后的一个世纪中，中国的变革大致可划分为前后两个阶段。从鸦片战争到第一次中日战争（甲午战争），是在衰败中半边缘化的初期，也是以"自强运动"的名义进行局部性防卫性现代化的开始。从第一次中日战争到第二次中日战争，半边缘化深化，

---

① 罗荣渠不赞成五种生产方式循序演进的历史理论，认为它是单线发展图式，而马克思的历史发展观是一元多线式的。"一元"指以生产力为核心，"多线"指人类文明的多线发展趋势与多种类型。在社会形态研究领域，这种观点代表了具有趋向性的思维方式。罗荣渠：《论一元多线历史发展观》，《历史研究》1989 年第 1 期。这篇文章似乎有意未提翁贝托·梅洛蒂的《马克思与第三世界》一书，后者的中译本由商务印书馆于 1981 年 1 月出版。谈单线或多线，不能绕过梅洛蒂。

政治体制发生剧变，民族民主革命高涨，是现代化经济出现依附性增长的时期。这后半个世纪发生的变化远远超过前半个世纪，最后是战争打断了现代化的进程，导致经济增长的锐减，但也带来民族主义觉醒精神的昂扬。总的说来，将近百年的中国现代化是"被延误的现代化"。①

1997年，罗荣渠又出版《现代化新论续篇——东亚与中国的现代化进程》。该书加重了对中国的论述篇幅，其中第2编《中国的现代化道路》中的第一篇文章题为《走向现代化的中国道路》，实为作者以现代化为主题所构建的中国近代史体系。文章开篇写道：

> 长期以来，革命史一直是中国近现代史研究的中心和主题。所有一切其他研究如经济史、社会史、文化史、国际关系史都是围绕这个中心来进行的。革命史是中国近现代史研究的唯一"范式"，即唯一的解释模式。换言之，就是认为对革命的理解和正面评价是理解近代以来中国一切变革的首要前提。
>
> 80年代以来，中国现实的大变革主题发生了重大变化：从革命转向现代化，而且是在改革开放新形势下的现代化。历史总是要不断进行再认识与再研究的。中国的现实大变革加上中国社会科学与国际学术研究的接轨，推动了中国近现代史学乃至整个社会科学开始出现了新进展。
>
> 当前中国近现代史研究中的新进展就是在"革命"的传统范式之外出现了"现代化"这个新范式。现在还谈不上这个新范式已经取代了传统范式，只能说是出现了两种范式并存的局面，目前主导范式仍然是革命史范式。因此，在中国大陆学术界似乎还谈不上抛弃革命的"范式危机"。……

---

① 罗荣渠：《现代化新论——世界与中国的现代化进程》，北京大学出版社1993年版，《序言》第5—6页。该书第1章曾在《历史研究》1986年第3期发表，题为《现代化与历史研究》；第3章曾在《历史研究》1989年第1期发表，题为《论一元多线历史发展观》。

以现代化为中心来研究中国近现代史，不同于以革命为中心来研究中国近现代史，必须重新建立一个包括革命在内而不是排斥革命的新的综合分析框架，必须以现代生产力、经济发展、政治民主、社会进步、国际性整合等综合标志对近一个半世纪的中国大变革给予新的客观定位。①

上面的引语有助于了解"现代化范式"出现的背景及其史学方位，也表明了罗荣渠采用这一范式的基本原则，即"包括"而非"排斥"。不排斥是正确的，但谁"包括"谁有争议。

不过在罗荣渠看来，尽管采用现代化视角，现代化理论许多来自西方非马克思主义学术，中国学者大量介绍、借鉴了这些成果，但作为"中国自己的现代化理论"，却是"在历史唯物主义的基础上开始形成"的。至少他的世界现代化过程解释体系，是从"马克思主义发展理论"生发出来的。这集中体现在《现代化新论》第4章《马克思主义与新的现代化理论的建立》中。马克思不仅形成"现代"、"现代生产方式"等科学概念，而且早就认识到人类社会从前现代向现代社会转变是一个质的飞跃。马克思具有一套以现代社会发展为核心的发展理论。罗荣渠说这就是他所提出的"一元多线历史发展观"的理论基础。所以，在罗荣渠的逻辑架构中，或许所谓"包括"本身就是马克思主义理论内部的事情。1986年，他写道："组织马克思主义理论队伍，开展我们自己的研究，批判地吸收国外学术成果，建立马克思主义的现代化理论，显然也是我国社会科学面向现代化的迫切任务之一。"② 很明显，他试图以历史唯物主义为理论基础，突破西方话语体系，去另行构建一套"中国自己的"、至少可以与西方现代化理论平起平坐的现代化理论体系，这种理论出发点与雄心壮志，

① 罗荣渠：《现代化新论续篇——东亚与中国的现代化进程》，北京大学出版社1997年版，第99—100页。

② 罗荣渠：《现代化与历史研究》，《历史研究》1986年第3期。

非常难能可贵。① 但是他做得怎样,是否达到了所说的目的,还得经受检验。有一点或许可以指出,即他的探讨颇有西方马克思主义的色彩。

罗荣渠说,"中国自己的"现代化理论的主要基点是:"把以阶级斗争作为社会变革的根本动力转变为以生产力的发展作为社会变革的根本动力;现代化作为世界历史进程的中心内容是从前现代的传统农业社会向现代工业社会的大转变(或大过渡)。从这个新视角来看,鸦片战争以来中国发生的极为错综复杂的变革都是围绕着从传统向现代过渡这个中心主题进行的,这是不以人们意志为转移的历史大趋势。有了这个中心主题,纲举目张,就不难探索近百年中国巨变和把握中国近现代史的复杂线索。"这些话与胡绳、刘大年的思考有交叉。但如果把生产力作为考察社会变迁的第一标准,那就是"托派"观点。在罗荣渠的学术架构中,缺乏对"托派"思想的梳理。

基于上述思想,罗荣渠提出了他的现代化图景下的中国近代史线索与架构。

罗荣渠把鸦片战争至改革开放后的历史看作一个整体。就考察中国道路的整体过程而言,这样的"大历史观"方法是恰当的。我们考察中国特色社会主义道路的形成过程,就是这样做的。② 但罗荣渠有自己的内容安排,即将这个大跨度的整个历史时空,看作是"中国从传统走向现代的大转变时期",然后再去细化其内部的"因素"和"分过程"。这些因素与分过程,他认为表现为四大趋向:衰败化、半边缘化(即半殖民地化)、革命化、现代化。

衰败化主要是指国家政治权威的衰落与立国的经济基础农业和农村的衰败。半边缘化主要是指朝贡体制瓦解,中国逐步沦为新兴的西方资本主义世界体系的半边缘地位。它一方面解体旧的皇权制度,一

---

① 按,章开沅认为罗荣渠带领的北京大学团队"力图建立中国自己的马克思主义的现代化理论体系",将之归在马克思主义范围内。章开沅:《寻求历史与现实的契合》,载北京大学世界现代化进程研究中心编《罗荣渠与现代化研究:罗荣渠教授纪念文集》,北京大学出版社 1997 年版,第 8 页。

② 参看李红岩《从大历史观看中国道路》,《光明日报》2012 年 11 月 25 日。

方面引进先进的生产方式与技术，传播西方资本主义新文化、民主制度等。其中 1895 年前是半边缘化初期阶段，1945 年前是深化阶段。革命化是指在衰败化、半边缘化冲击下出现的各种激进形式的斗争。现代化是指引进现代生产方式后发生的深刻社会革命。

罗荣渠进一步提出，对东亚各国来说，在上述四类趋势中反映出三种不同性质的矛盾，即殖民主义侵略与反侵略的矛盾；资本主义新生产方式与古老的小农与手工业结合的生产方式的矛盾；以基督教文化为核心的现代工业—商业文明与以儒家文化为核心的农耕文明的矛盾。

这就是所谓"四种趋势交织，三种矛盾重叠"。

罗荣渠提出，从 19 世纪下半叶到 20 世纪初，即从自强运动经过维新运动到立宪运动，大约半个世纪，是中国现代化运动的初始阶段，是在旧王朝体制下探索资本主义发展取向的自上而下的改革时期。从 1911 年辛亥革命至 1949 年革命，国家的实效统治断裂，现代化处于自发的游离状态，被挤压在一条窄缝中断续地进行。1946—1949 年是中国两条道路的大决战。1949 年革命结束了中国近百年来的内部衰败化与半边缘化，带来了发展模式的一次全面大转换，开辟了走向现代化的新道路，标志着中国现代化运动进入一个新的历史时期。"中国不仅力图实现自己国家的独立自主的发展，而且力图探索一条非资本主义的道路。"在 1949—1989 年 40 年间，中国取得的成就举世瞩目，其中最突出的是经济高速增长。[①]

从上面的介绍可知，罗荣渠显然吸收了近代史学界的讨论成果，但仔细比较会发现，他不仅与极端的现代化模式主张者不同，而且与温和的现代化模式主张者也不同。他没有排斥"革命史范式"，认为革命化不仅是中国巨变的四大趋向之一，而且是中国现代化的一种特殊表现形式；中国的日趋革命化不仅是为了对付内部衰败化的危机，更重要的是要抗拒日益严重的边缘化危机。这样的立论是值得肯定的。他努力从马克思主义发展理论中去获取资源，力图构建中国人自

---

① 罗荣渠：《现代化新论续篇——东亚与中国的现代化进程》，第 112、115、122 页。

己的现代化理论，是令人钦佩的。他把鸦片战争到改革开放后的历史作为一个整体，从中寻找中国发展的线索，最后落脚于新中国的发展成就，同样是值得肯定的。他的理论架构非常宏大，视野非常开阔，既从世界看东亚，又从东亚看中国，复从中国看东亚与世界，在比较与跨学科的研究过程中，提出许多新颖的概念与见解，给人许多启发，引出许多新的思考。当然，他试图将革命包容于"现代化范式"之内，对"两个过程"论也有不同看法，还有一些论证过程与观点存在争议，这些应该是可以通过学术争鸣进一步探讨的。

对于"现代化范式"，我国马克思主义史学家没有给予排斥。但是，许多学者明确表示，不能以"现代化范式"去代替"革命史范式"。对于一些极端化的主张，他们有批评。有学者提出，革命是20世纪历史发展的主旋律；至少，20世纪的前一半，革命成为中国历史的最主要内容。如果按照邓小平的说法，"我们把改革当作一种革命"，那么，革命对于20世纪历史的影响就更加重要了。[1] 这种观点从近代史上实际发生了什么、主要发生了什么出发，认为以现代化为主题，多少有些从假设出发。有学者对从"假设"出发的错误方法提出了批评。[2] 有学者说："如果承认历史是既往的现实，那就首先要问一问，近百年历史上究竟发生了什么，为什么发生？"由此出发去观察，会发现"百年来的中国其实并不存在一个真正意义上的现代化运动，近百年中国历史的主题或基本内容就是反帝反封建，争取民族解放和社会进步，现代化或现代转型问题只是从属于这一主题的一个方面"。因此"硬要去从中找出一个其实并不存在的连续的现代化运动，将百年中国史说成是'一场现代化史'，只能是一种主观的臆想和假设"。因此，不能因为中国正在搞现代化，便把百年中国史改写成"一场现代化史"。[3]

目前，关于中国近代史的基本理论问题，已经很少有人去专门研

---

① 李文海：《告别20世纪的历史思考》，《人民日报》2000年12月28日。

② 龚书铎：《"假设"的历史》，《北京日报》2000年12月25日。

③ 吴剑杰：《关于近代史研究"新范式"的若干思考》，《近代史研究》2001年2期。

究讨论。许多青年学者对这类问题的来龙去脉、理论意蕴，已经有所隔膜。与史学其他领域一样，中国近代史研究领域更多地被具体研究所填充，以致存在着所谓"碎片化"的倾向。这是非常令人遗憾的事情。事实上，没有理论思维的深刻介入，历史学要取得真正意义上的繁荣，乃是不可能的。如何加强对中国近代史的整体性理论研究，已经成为一个需要重视的迫切问题。

第八章

在一体多样中开拓进取

第一节　新时期的时代与思潮背景

从 1978 年年底中共十一届三中全会开始，中国进入改革开放历史新时期。新时期中国的指导思想，是中国特色社会主义理论体系。以中国特色社会主义理论体系为主线考察新时期的思想、思潮变迁以及史学思想，可以划分为四个思想时期，即以邓小平理论为主要标志的中国特色社会主义理论体系开创和奠基时期（1978—1989 年）、以"三个代表"重要思想为主要标志的中国特色社会主义理论体系推进和丰富时期（1989—2002 年）、以科学发展观为主要标志的中国特色社会主义理论体系完善和发展时期（2002—2012 年）、以实现中华民族伟大复兴"中国梦"为目标的中国特色社会主义走向全面辉煌的时期（2012—）。

新时期中国马克思主义史学思想的发展历程，需要在上述主线与框架下进行，这样才能从时代特点出发，得出科学结论。

在中国特色社会主义理论体系指导下，新时期是一个经济快速发展、国家综合国力迅速增长、人民生活不断富裕的时期，也是一个思想开放、思潮激荡、言论多样的时期。考察新时期中国马克思主义史学思想，同样不能脱离这样的思想与舆论环境。

具体说来，从 1978 年到 1989 年，曾经发生关于"包产到户"的争论、关于社会主义经济理论的讨论、关于人生观的大讨论、关于人道主义与异化问题的讨论，出现了所谓新启蒙主义、文化研究热、西方文化热、现代西方哲学热、《河殇》风波、新自由主义经济学热、

"民族主义"主张，等等。从 1989 年到 2002 年，发生了关于现代企业制度与产权改革大讨论、关于分配问题的讨论、关于所有制结构变化问题的讨论、关于人文精神的讨论、关于两种人权观的讨论、关于后现代主义的讨论、关于新社会阶层问题的讨论，等等。从 2002 年到 2012 年，发生了关于新自由主义思潮的论争、关于国企改革的论争、关于改革方向的论争、关于民主社会主义的论争、围绕物权法的论争、关于新儒学思潮的论争，等等。新时期的史学思想，与上述思潮、讨论、论争具有或明或暗、或深或浅的关系，与它们一起，构成新时期文化与意识形态领域一体多样的整体格局。

中共十八大确立了全面建成小康社会的奋斗目标。此后，"两个一百年"与"中国梦"成为考察中国时代主题的关键词。2012 年 11 月 29 日，在参观《复兴之路》大型展览时，习近平向世界宣示了实现中华民族伟大复兴的"中国梦"。此后，习近平发表一系列重要讲话，提出只有社会主义才能救中国、只有中国特色社会主义才能发展中国，确定"两个一百年"的奋斗目标，即在建党 100 周年时全面建成小康社会，在新中国成立 100 年时建成富强民主文明和谐的社会主义现代化国家。2015 年 2 月 2 日，在省部级主要领导干部学习贯彻十八届四中全会精神全面推进依法治国专题研讨班上，习近平提出"四个全面"的国家发展战略总布局，即全面建成小康社会、全面深化改革、全面依法治国、全面从严治党。

在习近平系列重要讲话中，"历史"占有很大篇幅、很重分量。习近平论述历史，贯通中外，纵横古今，点面结合，融汇八方，内容十分丰富，观点十分精粹。他高度重视对历史知识的汲取、对历史经验的借鉴、对历史智慧的掌握，提出了"历史是最好的教科书"的著名论断。早在 2010 年召开的全国党史工作会议上，他就对党史研究与宣传问题发表过重要讲话。2011 年 10 月，在中央党校秋季开学典礼上，习近平又发表《领导干部要学点历史》的重要讲话。2013 年 6 月，在主持中央政治局第七次集体学习时，他强调："学习党史、国史，是坚持和发展中国特色社会主义、把党和国家各项事业继续推向前进的必修课。"7 月，在河北省调研指导党的群众路线教育实践活动时，习近平进一步指出，中国革命历史是最好的营养剂。12月，他在中共中央政治局第11次集体学习时强调，要推动全党学习和掌握历史唯物主义，更好认识规律，更加能动地推进工作。2014年10月13日，中共中央政治局进行第18次集体学习，就我国历史上的国家治理问题进行专门研讨。习近平在主持学习时强调，历史是人民创造的，文明也是人民创造的。对绵延五千多年的中华文明，我们应该多一份尊重，多一份思考。对古代的成功经验，我们要本着择其善者而从之、其不善者而去之的科学态度，牢记历史经验、牢记历史教训、牢记历史警示，为推进国家治理体系和治理能力现代化提供有益借鉴。习近平关于历史的讲话，涉及历史发展动力、历史发展规律、史学功能、历史与现实的关系、对历史应持的正当态度等重大史学理论命题，不仅对历史学界具有重要指导意义与启示价值，而且也属于新时期的重大史学思想成果，需要深入学习、阐释。

在中央高度重视历史学习与教育的背景下，与历史直接相关的国家行为相继出现。2014年2月27日，十二届全国人民代表大会常务委员会第七次会议通过两个决定，分别将9月3日确定为中国人民抗日战争胜利纪念日，将12月13日确定为南京大屠杀死难者国家公祭日。"两个决定"一公布，引起社会各界积极反响。2014年9月3日，是中国人民抗日战争暨世界反法西斯战争胜利69周年纪念日，也是中国人民抗日战争胜利首个纪念日。党和国家领导人习近平、李克强、张德江、俞正声、刘云山、王岐山、张高丽等来到中国人民抗日战争纪念馆，与首都各界代表一起，向抗战烈士敬献花篮。12月13日，习近平亲赴南京，参加在侵华日军南京大屠杀遇难同胞纪念馆举行的国家公祭仪式。

可以预计，"历史"在现实中发挥的作用会越来越大。中国的马克思主义史学理论研究，只有站在历史与现实两个制高点上，才能够跟上时代的步伐，做出历史性的贡献。回顾新时期中国马克思主义史学的研究历程，同样需要站在历史与时代的制高点上，登高望远，抚今追昔。

第二节　应对"史学危机"

1979 年前后，史学界经过深入揭批"四人帮"，认真反思以往的曲折经历，总结经验教训，重新确立实事求是的科学精神，深感历史学新的春天又到来了。但是，进入 80 年代以后，与开创史学研究新局面的呼唤、期待相互穿插，史学家们发现，在商品经济大潮下，刚刚摆脱精神枷锁束缚的历史学面临着许多从未遇到的新情况新问题，颇有无所适从之感。在这种形势下，一些青年史学工作者喊出"史学危机"的口号。

有学者从历史教学与社会接受的角度谈到与史学直接相关的"反常现象"："高校招生，自愿报考历史的考生减少；纵使学了历史也心不在焉；决意不择历史研究与教学为终生事业者增多；历史系毕业生接受单位不广，除教学与科研而外，其他更广泛的社会行政等部门对之不很欢迎；对于历史学子潜心研究的成果，出版部门不乐于承接出书任务，即使出版了销路也不畅，销量不大。"①

有学者提出，所谓"史学危机"主要涉及五个问题：对马克思主义的再学习和再认识问题；对当代史学的评价和借鉴问题；历史体系的建构问题；史学著作无销路问题；史学工作者无前途问题。作者呼吁认真刻苦学习马克思主义经典著作，对西方史学不可一概盲从，要改变历史著作古板干涩的文风，不必太在意历史系毕业生改行。②

有学者提出，史学研究中存在方法、角度、领域单一化与理论薄弱的问题。"以中国近代史为例，长期以来是革命史的框架，八大事件的组合。研究点也集中在八大事件上面，对事件或人物做定性的评价。……而且基本上是同一方法，就未免狭隘、单调，以至痼弊思想。""史学理论的薄弱，由于过去'左'的原因，以及史学本身的

---

① 弓力：《从"史学危机"谈起》，《青海师范大学学报》（社会科学版）1986 年第 4 期。

② 金重远：《亦谈所谓"史学危机"》，《社会科学》1987 年第 4 期。

因素等，表现为冷漠感，也表现为教条化、简单化。"①

有人把"史学危机"归因于所谓"旧的史学范式的危机"，认为这种危机的根源，首先由于五阶段社会发展公式的所谓公式论"提供了一个对认识和解释中国历史毫无效用的理论范式"，其次是由于"阶级斗争动力论"与"暴力革命决定论"的支配性影响，"使我们的历史学具有极为强烈的政治偏见和价值偏见"。这种观点认为，新中国史学一直在做两件事。"第一是试图尽可能地削足适履，扭曲、删改、修正中国历史，以便把它塞进这个历史公式的框架内。第二就是在'历史规律'的名义下，将这个公式神化成不允许怀疑和批评的神圣教条。"② 显然，这种观点把马克思主义史学看作所谓当代中国史学危机的根源。

有学者认为，史学危机最主要的是课题的危机，突出的问题是传统史学课题脱离现实，跟不上时代的步伐；史学危机不仅仅归结为个别方法和理论方面，而是整个体系的危机。③

面对这种从具体到全盘、带有社会思潮属性的史学议题，我国马克思主义史学家大都认为，历史学确实存在问题，但谈不上是"危机"。

金冲及说："我不相信一个文明的民族，会不要自己的历史；一个不要自己历史的民族是不可想象的。"④ 胡绳说："现在史学界有的同志认为史学有危机，我不大相信。"他指出，解决了历史学的功能问题，可以做的事情很多，不会有危机。至于有人讲现在是"哲学的贫困，经济学的混乱，历史学的危机，法学的幼稚"，胡绳认为虽非毫无根据，却不足以作为对改革开放后社会科学的全面估计。⑤

---

① 龚书铎：《从"史学危机"想到的》，《福建论坛》（文史哲版）1987年第1期。

② 何新：《古代社会史的重新认识——从近年出版的两部史著看当代中国史学理论的危机》，《读书》1986年第11期。

③ 参看王正《十年来我国史学理论和史学方法研究述评》，《社会科学家》1989年第3期。

④ 金冲及：《创新不能违背事实》，《高校理论战线》1995年第8期。

⑤ 胡绳：《社会科学面临的形势和任务——1988年4月17日在全国社会科学院院长联席会上的讲话》，《中国社会科学》1988年第4期。

对问题要认真分析，科学认知，庶可使所谓"危机"成为"转机"。于是，史学家们纷纷对史学中存在的问题进行了归纳和分析。一般认为，造成史学严重问题的一大原因，是江青集团及其打手对历史科学的破坏。正如一篇揭批"四人帮"的文章所说，"四人帮"在他们掀起的那阵子"搞历史"的热潮中，"散布了大量的乌七八糟的东西，制造了大量的混乱，历史科学因之遭了大殃"。"四人帮"的历史学是反革命性与反科学性的集中表现。① 要弄清楚历史学问题的来龙去脉，需要继续肃清"四人帮"的余毒。但除此之外，怎样适应新的形势，怎样发展自己，史学界也需要反省，找出解决问题的途径。为此，学者们提出，要加强对唯物史观自身的研究，要变革观念，要重视对现实与重大问题的研究，要改变知识结构、改善文风，要提倡史学方法的多样化，要克服"短期行为"，要改革历史教学，等等。②

以所谓"史学危机"为契机，我国马克思主义史学家实际上对历史学科怎样发展、怎样处理与现实的关系等问题，作了一次认真思考，这为中国史学的未来发展奠定了新的出发点。但是，在关于"史学危机"话题的讨论中，受各种西方不健康思潮的影响，出现了马克思主义还灵不灵、唯物史观是否还需要坚持的疑问。对这些疑问，马克思主义史学家们给予了坚定回答，即马克思主义需要与时俱进，但决没有过时，其指导地位必须坚守。史学没有危机，马克思主义更没有危机。教条主义所导致的史学的种种问题，是马克思主义运用上出的问题，不是马克思主义本身的问题。

对马克思主义表示怀疑、对唯物史观的指导地位产生疑惑，确实与"四人帮"对历史科学的破坏有关。诚如戴逸所说，在马克思主义指导问题上，由于受"左"的思潮影响，长期以来存在着教条主义与形式主义的问题。以阶级斗争为纲曾在很长的时间内占据统治地位，农民战争史代替了全部的中国历史。历史博物馆陈列的都是农民

---

① 丁伟志：《"四人帮"是历史科学的敌人》，《历史研究》1978 年第 6 期。
② 参看姚之若《史家谈"史学危机"述要》，《甘肃理论学刊》1988 年第 5 期。

战争，而且每个朝代都以农民战争打头。历史人物也打上了"左"的烙印，不但帝王将相被打倒，而且杜甫、苏轼这些著名的诗人也被打倒，后来甚至农民起义领袖也都被打倒。因此 80 年代以来，马克思主义史学受到严峻挑战。马克思主义理论是否已经过时，今后还要不要坚持，怎样坚持，需要做出回答。马克思主义仍然是科学的理论和方法，但马克思主义只能以自己的理论威力争取群众，而不能靠行政命令，不能靠大批判和压服的方法。①

面对多样化的形势，我国史学主流队伍没有动摇对马克思主义的信仰。在 1986 年 10 月 10 日召开的一次史学理论座谈会上，不少学者指出，历史学要发展，还得靠马克思主义理论。一要坚持四项基本原则；二要坚持百家争鸣，自由讨论；三要坚持开放、引进。必须提倡认真学习马克思主义著作，运用马克思主义的基本原则和基本方法创造性地研究历史，努力建设具有中国特色的现代化的历史科学。②

关于对马克思主义失去信心的问题，胡绳提出，经过"文化大革命"的灾难，在一部分青年、一部分群众中，难免发生对马克思主义和社会主义丧失信心的迷惘情绪。把异化论、人性论、人道主义当作马克思主义的基本原则的思潮在中国的出现，不仅是向西方学时髦的问题，也是对马克思主义丧失信心的最集中的理论表现。他认为这属于思想认识问题。他说，随着社会主义建设实践的发展，马克思主义理论也应该能够向前发展。马克思主义运用到中国有一个从幼稚到成熟的过程，走过曲折的路，出现过错误，但总的说来，60 年来马克思主义和马克思主义哲学在中国的发展有着伟大的成就，积极的成果。不能用一个"左"字否定过去的一切。③ 胡绳还说，马克思主义只能靠自己的科学性、真理性，而不能指望依靠政权、法律力量来卫护威信。"任何一种思想，如果依靠政权的力量，依靠法律的力量来推行，都是行不通的，是不能成功的。"④

---

① 《二十世纪中国历史学》下篇，《光明日报》1998 年 1 月 27 日。
② 史岩：《北京史学理论座谈会简述》，《社会科学研究》1987 年第 1 期。
③ 胡绳：《在实践中发展毛泽东哲学思想》，《哲学研究》1984 年第 2 期。
④ 胡绳：《关于发展哲学社会科学的几个问题》，《理论月刊》1987 年第 1 期。

针对马克思主义"过时"论，刘大年指出，科学的历史研究必须以马克思主义为指导。他写道：

> 中国历史研究中，坚持以马克思主义为指导的思想处在主导的地位。我们这里找不到西方那种过时论，首先也不存在那样的土壤。但是如何看待马克思主义的指导作用，却并非没有模糊的观念。历史刊物中翻案性的文章相当流行。拿中国近代史来说，几乎所有重要问题都存在意见分歧，都在讨论和争论。这里面有思想活跃，认识前进，克服过去那种简单、教条的一面，无可否认，也有认识反复，否定以前的研究中比较正确的、合乎马克思主义观点的一面。有的研究者只注重在史料上打主意，议论是否应该"回到乾嘉"；或者说，走王国维的路，"可以存在三百年"。不少关于历史研究方法论的文章，主张应用自然科学中的控制论、信息论等新的科学技术来研究历史。其中有下功夫深入探讨的文章，也有闻风而起，以为应用那些方法来研究历史，也许比马克思主义是更为可信的，或者至少也可以补马克思主义之不足。西方资产阶级历史学说牌号繁多，令人眼花缭乱。青年热心和勇于探索，应当受到鼓励；有的人由于缺少理论思维的训练和锻炼，不免把唯心主义的、违反科学的历史观点看做时髦货，心向往之。谁也没有正式地讲马克思主义过时了，但是在一些人的心目中，马克思主义还灵不灵，是一个模糊不清的观念。这种模糊不清，不需要来自西方，也可以是来自西方。

刘大年通过对西方有关资料的辨析，提出马克思主义又要发展，又要保持固有的革命本质。他最后说："马克思主义创始人并没有把真理说完，谁也不可能把真理说完。关于马克思主义，现在我们能够认识到的是：第一，马克思主义是科学，研究历史必须以这个科学思想为指导。第二，马克思主义最后是要失去时效的，从现在到全世界范围内阶级消灭、国家衰亡，还需要走相当长的路程。马克思主义在这段路程中，是如何以新的经验丰富和发展自己的问题，不是过时与否的问题。第三，即使到了共产主义高级阶段，人们回头对私有制的历史作娱乐性的，区别于今天作为阶级斗争需要的纯学术性研究，阶级分析也仍然是基本的方法，因为它是分析私有制历史唯一科学的方法。第四，马克思主义的辩证唯物主义和历史唯物主义，作为世界观和方法论，将和恩格斯说的第一、第二类科学一起，由一切最新科学成就不断地加以充实和发展，使自己的旺盛生命力保持下去。马克思主义是任何人无法私有，无法垄断的。若干世代以后，马克思主义究竟将是个什么样子，完全可以由‘未来学’去讨论。但有一条是肯定的：作为集以往人类思想精华之大成的马克思主义，在人类发展史上将永远放射光辉。马克思主义是不朽的。"①

　　刘大年这些话最典型地代表了新时期马克思主义史学家的观点。一般讲，从50年代进入80年代的马克思主义学者，大都持这样的观点。他们对当时史学现象的观察是真实的，评价也是客观的，反映了老一辈史家的共同想法，为今人了解和判断那时的情况提供了可资参考的平台。在坚守的前提下加入开放的因素，是他们的基本思想状态。因此，以极端"保守"或极端"开放"的视角去观察、评价他们，都不科学。事实上，中国历史学只有沿着他们所指示的路径不断开拓进取，才有光明前途。当时，就连在一些人看来观点颇为激进的李时岳也说，要想开创历史学的新局面，"必须坚持和发展马克思主义，这是我国社会主义历史学的特征。坚持马克思主义首先要学习和研究马克思主义"②。在分析所谓"史学危机"时，李时岳依然强调了马克思主义的重要性。他说："运用马克思主义研究中国历史，是我国史学划时代的变革。我国马克思主义史学在建立阶段曾经是生机

---

　　① 刘大年：《关于历史研究的指导思想问题——评马克思主义"过时"论》，《世界历史》1983年第4期。按，胡乔木在1980年4月8日说："无论是马克思、恩格斯、列宁或其他的人，都不可能把全部的真理统统说完。事实上，没有任何人能把全部真理说完。如果认为真理可以全部说完，那么，这种真理就会变为谬误，我们就会由科学滑向宗教迷信。所以，当我们说到马克思主义历史理论的时候，不能把它简单化。马克思主义的立场、观点、方法，应当成为研究的向导，而不能成为我们研究的终点。"两人的观点相互衔接。胡乔木：《在中国史学会第二次代表大会上的讲话》，《当代中国史研究》1994年第2期。
　　② 李时岳：《开创我国历史学的新局面》，《史学集刊》1983年第1期。

勃勃的。"史学革新需要校正过去的偏颇，正本清源，但"马克思主义不是紧箍咒，而是打开认识大门的金钥匙"。他呼吁加强史学理论和方法建设，因为这是我国史学最为薄弱的环节，但在吸收新方法时，不能抛弃马克思主义。即使阶级分析方法，作为马克思主义史学的主要方法之一，也要坚持。他说："不能因为发生过绝对化、简单化和庸俗化的失误而否定或贬低阶级分析方法，应进一步研究它的运用原则、适用范围。"① 这种意见，显然是正当的。

20 世纪 80 年代中期，在"革新""开创新局面"的主格调下，伴随着"史学危机"一类声音，从史学理论入手，加强历史学科建设，在一体多样的格局中开拓进取，成为我国马克思主义史学的基本特点。

第三节　回应时代呼唤

从 20 世纪 80 年代初开始，我国史学界立足于丰富和发展马克思主义史学，在一大批健的马克思主义史学大家的支持下，有意识、有规划地推动了史学理论研究和建设。②

怎样开展马克思主义史学理论研究？从何处入手？有哪些问题最值得重视？许多学者就这些问题纷纷提出见解。

在 1983 年 2 月 9 日中国社会科学院世界历史研究所举办的一次马克思主义史学理论专题座谈会上，何兆武提出，历史科学一定要现代化，史学理论研究也一定要现代化。史学工作者应该有气魄高瞻远瞩，正视历史科学的现代化问题。为此，应该研究马克思主义的史学理论，应该研究一个多世纪以来世界的和中国的马克思主义史学理论发展的历史和现状，应该研究近现代国内外史学理论和方法论中的重要流派、人物和著作。刘家和提出，要了解国外史学理论发展动态，包括马克思主义的和非马克思主义的。要深入开展马克思主义史学理

---

① 李时岳：《史学的革新》，《汕头大学学报》（人文科学版）1986 年第 3 期。
② 史学理论研究在 80 年代初被列入国家第六个五年计划的史学发展规划。

论研究工作，要以马克思主义的史学理论为依据，总结我国老一辈马克思主义史学家的经验，要普及历史辩证法的教育。齐世荣提出，应当认真学习马克思主义经典作家有关史学理论和方法的一系列论述，应当对一些著名马克思主义者的史学观点进行研究和总结，应当批判地吸取非马克思主义历史学家著作中的合理成果。瞿林东说，要深入总结我国马克思主义史学发展史，要加强对历史科学的作用的研究，要在分专题研究的基础上写出比较系统的马克思主义史学理论著作，比如出版一套"马克思主义史学理论丛书"。沈仁安说，当务之急是要开展马克思主义史学理论研究。应建立有中国特色的、不同于历史唯物主义的马克思主义史学理论体系，应就史学目的、史学对象、史学方法、史学传统等基本问题，进行探讨和争论。要回到马克思恩格斯原著去，要以毛泽东思想为指导，要开展史学评论。张文杰说，首先应该对马克思的历史学说进行系统的、精确的研究，把其来龙去脉、精神实质、具体内容搞清楚，要使历史学界与哲学界、自然科学界合作。王瑾说，首先应当重视现代资产阶级哲学的研究，其次要具体分析历史学家的理论观点与现代历史哲学主要流派之间的联系。总之，要研究资产阶级历史哲学的历史和现状。①

上述学者的意见是一个缩影，反映了 20 世纪 80 年代初史学理论界的思想状态与思考范围。当时《世界历史》杂志曾发表评论员文章，标题为"让马克思主义史学理论之花迎风怒放"。文章综合上述学者的观点，指出要开创史学研究新局面，必须大力加强马克思主义史学理论研究。为此，必须搞清楚马克思主义史学理论的范围。在范围上，有一点是清楚的，"即不能把历史唯物主义的一般原理等同于马克思主义史学理论。无疑，辩证唯物主义和历史唯物主义是马克思主义史学理论的基础，是我们进行史学研究的指南，但它终究不能代替后者，正像马克思主义哲学不能代替任何一门自然科学学科本身的理论、方法论一样。历史科学如果本身没有理论和方法论，那它就很

---

① 《开展马克思主义史学理论研究》（座谈会发言摘要），《世界历史》1983 年第 3期。

难成为一门独立的学科"。这段话是对当时史学理论界基本共识的概括。刘大年等人都赞同这一认识。一般认为，这一新认识是改革开放后史学理论界最初的思想成果。正是在这一新认识的背景下，20世纪80年代推出了分别由白寿彝、吴泽、葛懋春主持撰写的史学概论，成为新时期史学理论建设的标志性作品。

《世界历史》评论员文章提出可以开展六个方面的工作：研究现实生活中提出的史学课题；研究马克思主义经典作家的著作，特别是有关历史的著作；清理、总结中国史学的传统，尤其要总结中国马克思主义史学的发展和传统；研究近年来历史科学研究中提出的或者争论的许多理论问题；研究国外马克思主义的和非马克思主义的（资产阶级的）史学理论、方法论的历史和现状；研究史学研究手段的现代化。① 这六个方面同样是对学者们意见的归纳总结。其中特别吸收了白寿彝的意见。

在上述座谈会上，白寿彝提出，我国老一辈马克思主义史学家已经回答了他们所处的那个时代的现实所提出的一些重大问题，交了卷，我们也要回答现实提出的重大、迫切问题。一是马克思主义史学和社会主义建设问题；二是马克思主义史学和群众教育问题。马克思主义史学在社会主义时期的根本任务是什么？史学工作者在新的历史条件下怎样跟上时代的发展？怎样把历史感同时代感结合起来？史学工作者应当站在历史潮流的前列，不断地研究并回答现实所提出的问题。②

白寿彝站在时代制高点上，实际提出了一个关乎当代中国史学定位与发展的全局性、战略性问题。特别是在改革开放刚刚起步不久的背景下，提出史学的时代任务议题，既具有理论意义，又具有现实意义；既是一个史学自身原本既有的思想命题，也是一个新时期催生的新的现实课题。它回应了时代的呼唤，反映了史家的感受，因此，

---

① 本刊评论员：《让马克思主义史学理论之花迎风怒放》，《世界历史》1983年第3期。作者是陈启能，收入陈启能著《史学理论与历史研究》，团结出版社1993年版。

② 《开展马克思主义史学理论研究》（座谈会发言摘要），《世界历史》1983年第3期。

"历史与现实"的关系问题，就这样在时代的脉搏中，自然成为当时史学理论界迫切需要研讨的对象。

与白寿彝思路一致，刘大年对"历史研究的时代使命问题"作了论证。他提出，在多种多样的研究中，我们必须有自己的根本任务，必须担当起时代赋予的使命，最大限度地满足时代的需要。他说，要从社会主义的现实需要出发，研究古今中外的历史。今天的环境条件虽然不同于民主革命时期，但现实生活要求历史解答的问题，不是减少，而是增加了。深入研究中国历史发展的全部客观规律性，阐述中国的社会主义、共产主义前途，仍然是中国历史科学首要的和根本的任务。①

刘大年还说："今天我们所要联系的实际，就主要是加强社会主义前途教育，建设有中国特色的社会主义的问题。我们应当立足于这个实际，满足它的需要，从而开创出中国马克思主义历史学的新局面，表现出新的时代特色。有没有别的路子可以选择呢？回头走史料学代替历史学的老路，是在科学面前倒退，不会有什么作为。看不见现实世界的发展变化，教条式地对待马克思主义，只会把它变成僵死的、人们不需要的东西。"②

其实，早在 1980 年 4 月 8 日中国史学会第二次代表大会上，胡乔木就非常具体地论述了历史研究与现实的关系问题，提出认识和处理当前的现实问题不能不研究历史，历史问题本身就经常作为各种各样的现实问题出现在我们面前。他举出若干实在的例子说明这个道理。③ 1986 年 12 月 9 日，胡绳在一次报告会上，也讲到类似的意思。胡绳说："以为研究过去对现实没有意义，是不对的。我们科学地认识了昨天和前天，就能对正在运动着的今天的现实有更好的了解，并且对未来作出科学的预测。用以指导现实的理论，就是从总结经验而

---

① 刘大年：《当前历史研究的时代使命问题》，《近代史研究》1983 年第 3 期。

② 刘大年：《学习郭老——在中国史学会纪念郭沫若同志诞辰 90 周年学术报告会上的发言》，《近代史研究》1983 年第 1 期。

③ 胡乔木：《在中国史学会第二次代表大会上的讲话》，《当代中国史研究》1994 年第 2 期。

得出来的。在研究历史时，要有现实的时代感，否则就成了为研究历史而研究历史。"①

正是在这样的背景下，1984 年 11 月在武汉举行的首届全国史学理论讨论会，其主题之一选择了"历史与现实"的关系。

会议还讨论了"历史的统一性和多样性"问题，这是马克思主义史学理论中的一个基础性问题。翦伯赞的《历史哲学教程》即以这个问题为总纲领。但这个似乎高度哲学化的理论问题，其实与现实同样具有切实关系。这次会议提出诸多颇有启发性的见解，比如要区分"历史与现实"和"历史学与现实"的关系，历史的连续性与中断性、阶段性的关系问题，历史量变过程中的中断、质变、飞跃问题，是否要划分"基础历史学"与"应用历史学"的问题，规律和模式、常规和变异的问题，规律与规律的形式、形态的关系问题，等等。有人提出，历史科学为人民服务，为社会主义服务。会议还特别强调："史学理论必须以马克思主义为指导方针。实践证明，史学界对马克思主义不是学得太多了，而是学得还很不够，为了史学理论乃至整个历史学的发展，必须进一步深入学习马克思主义。当然，对于马克思主义的原理不能教条式地搬用，而要以它为指导方针来解决史学领域中的问题。对于史学理论领域中的学术性问题，必须贯彻百花齐放、百家争鸣的方针，只有这样，才能保证史学理论的繁荣和发展。"② 这是史学理论界的主流声音。

以这次会议为标志，史学理论探讨与研究一时颇有成为史学领域的显学之势。全国性的专门研讨会每年召开一次，史学家们均热情参与。而且，一些在校史学专业研究生也开始介入。他们中许多人后来成为知名的史学领军人物。讨论的议题则向史学方法与方法论、认识论、社会形态理论移动，但与现实依然具有密切关联。特别是马克思主义理论指导地位，始终得到坚持。在 1986 年 5 月举办的第三届全国史学理论讨论会上，一位在校史学专业研究生说，以为青年人要抛

---

① 胡绳：《关于发展哲学社会科学的几个问题》，《理论月刊》1987 年第 1 期。
② 吴明：《全国首届史学理论讨论会述要》，《近代史研究》1985 年第 1 期。

弃马克思主义，那时一种误解；"我们应该成为一个新时代的马克思主义者"。有中年学者则提出，应该把历史唯物主义基本原理结合中国几千年的历史实际，形成自己的历史哲学。谈到自然科学方法和马克思主义的关系，这位学者说："我同一些同志的区别是，他们想把自然科学这个框子包括马克思主义的东西。我则认为，应该把马克思主义作为一个大篮子，把自然科学的东西放在这个大篮子的适当位置上。"① 这句话与刘大年表达的意思一致，非常典型而形象地表明了马克思主义史学家在方法问题上的出发点、立场与原则，是当时最主流的声音。它既有开放性，又有根本原则上的坚守。

在此后的许多年里，关注现实、介入现实、服务现实、与时代脉搏同步，作为史学理论界的传统被传承下来。所以，中国的史学理论研究从没有钻入象牙塔作所谓纯粹的思辨，而是力图使自己具有实践品格，发挥史学的社会功能，同时规范史学的发展方向。

进入21世纪前，有学者呼吁，历史学绝不应割断与现实及大众的联系。② 有学者呼吁历史学走出史学界，以很大的热情回报广大群众的积极要求，面向社会，面向群众。③ 有学者提出传统史学规范应做出适当调整：著作形式不应再拘泥于传统模式。著述的体例、结构、语言风格等应更活泼、更生动、更具有文采。史家群体应以博大的胸怀，欢迎非专业的学者加入到史学研究队伍中来，提倡宽容精神，欢迎不同学派的对立和争鸣。④ 有学者对市场背景下不正常现象提出批评，指出浮华急躁之心、目空前贤之论、热衷于构建体系、陶醉于标新立异，这些不良的学风在史学界多有反映。它们不仅危害今人，而且殃及古人。⑤ 有学者对史学在某种程度上的自我迷失感到痛心，表示要带着几分苍凉为史学招魂。⑥ 有学者提出，史学家讲"规

---

① 凤鸣：《1986年全国史学理论讨论会纪要》，《近代史研究》1986年第5期。

② 孙达人：《史学的宗旨：把历史变成国民的精神财富》，《浙江社会科学》1998年第2期。

③ 李文海：《历史学，请走出史学界》，《光明日报》1998年5月15日。

④ 李振宏：《关于大变革时期史学规范问题》，《光明日报》1998年4月24日。

⑤ 瞿林东：《百年史学断想》，《世纪论评》1998年第1期。

⑥ 章开沅：《论史魂》，《华中师范大学学报》1998年第1期。

律"不能与现实生活无关。史学不关心时代，有什么理由要时代关注自己呢？历史学研究的内容不涉及或很少涉及当代，而当代所提出的问题史学很少关心，这样的史学不能不走向"困境"，陷入"危机"。史学家疏远了现实，相应地，现实也疏远了史学。[①] 有学者提出，个别前辈史学家不了解、不宗尚马列主义，这是其弱点、局限而非长处，"不是一种需要大力歌颂的英雄行为或壮烈情怀"。歌颂这种东西，是对青年的误导，对科学的阻滞。[②]

类似这样的言论，反映了马克思主义史学家的深层考虑。如何传承传统，如何走向未来？如何看待过去，如何规划未来？这些问题，在时代的大格局中，构成世纪之交的核心问题。

第四节　走进历史和历史理论的深处

依照历史的自然秩序考察，新时期我国史学领域的理论探讨，是从历史理论而不是从史学理论开始的。从亚细亚生产方式，到历史发展动力，再到历史创造者，直到社会形态问题、中国有无奴隶制问题、秦汉后中国是否封建社会问题，中间夹杂着农民战争评价问题、阶级斗争作用问题等，演变为对中国马克思主义史学的整体评价问题、对唯物史观的认识问题，形成一条线索比较清楚的历史理论的研究线索。这条线索与史学理论研究的线索大体是平行与交叉的，但从起始时间上看，早于史学理论的线索。

关于亚细亚生产方式研究，早在 1978 年 7 月就在长春召开了专门的研讨会。足见其起步之早。在会议上，北京大学马克垚、吉林师范大学林志纯、通辽师范学院刘文鹏、辽宁大学崔连仲作专题报告，学者们就"亚细亚生产方式"概念的理解、所谓"古代东方社会特点"等议题进行了颇见深度的讨论。[③] 1981 年 4 月，我国史学界在天

---

① 刘泽华：《历史研究应关注现实》，《人民日报》1998 年 6 月 6 日。

② 沙健孙：《向陈寅恪先生学习什么》，《人民日报》1998 年 6 月 20 日。

③ 《北京大学、吉林师范大学联合召开"亚细亚生产方式"问题讨论会》，《吉林师大学报》1978 年第 4 期。

津又举行专门会议，研讨这一问题。如此早地讨论亚细亚生产方式问题，与这个问题的长期学术积淀有关。20 世纪 30 年代、50 年代，有过两次讨论热潮。改革开放后，形成第三次讨论热潮。史学界对这个问题有深厚的学术与理论积累，有丰厚的学术资源，特别是它来自马克思本人的论断。因此，在新形势下，对此议题有深厚钻研的学者希望承继 20 世纪 50 年代的成果，进一步对之进行深化，最好能达成共识。

亚细亚生产方式研究有其独特特点。它是一项理论与实证结合得非常紧密的宏观课题，对研究者的理论素养、马克思主义政治经济学修养、历史资料的抽象性思考能力要求非常高。它是一项跨学科研究课题，要求研究者不仅掌握历史学、考古学的知识资料，而且要掌握人类学、民族学、历史社会学的基本理论与知识资料。它是一项跨中外的历史研究课题，不仅要对中国历史具有宏观把握能力，而且对世界历史也要进行整体把握。它还是一项具有意识形态属性以及一定的战斗性的研究课题，要避免走入理论陷阱中去。从 1990 年开始，我国史学理论界曾经有计划地组织学者展开对美籍德国犹太学者魏特夫所著《东方专制主义》一书的批判，就是这种战斗性的体现。[①] 当然，它更是一项对于认识人类历史发展规律、揭示中国与东方社会文明特点具有极大启发性与启示性的课题。近百年来，中外史学家与理论家们之所以孜孜以求地关注这一课题，就在于它具有特别重大的意义。但遗憾的是，目前史学界已经很少有人对这一课题感兴趣，也较少有人具备研究这一课题的能力了。

亚细亚生产方式研究的核心，是确定它到底是什么。所谓"到底是什么"，实际是说马克思心目中的亚细亚生产方式到底是什么。只有先确定马克思的真实想法，才能再去联系历史实际进行评判。由于马克思并没有非常明确地确定亚细亚生产方式的内涵，所以人们只能通过对其相关论述的理解去推断他的真实想法，由此也就形成了各

---

① 参看李祖德、陈启能主编《评魏特夫的〈东方专制主义〉》，中国社会科学出版社 1997 年版。

种不同的见解。那么，这一研究是否如同个别人所讽刺的那样，是一种"猜谜"式的研究，毫无意义呢？当然不是。马克思作为伟大的思想家，对亚细亚生产方式的论述是严肃的、认真的。亚细亚生产方式在马克思那里是作为重大历史命题提出来的。研究这一问题的中外学者，是由于看到它的重大意义，才对之倾注精力的。

1978 年后，围绕亚细亚生产方式到底是什么，我国学者或继续申论前辈的观点，或加入新的元素，提出新说，形成多种观点。主要有：

原始社会说。主张者有何兹全、田昌五、林志纯、廖学盛、徐若木、侯方岳、祁庆富等。

奴隶社会说。主张者有吴泽、吴大琨、林甘泉、宋敏、黄松英等。

封建社会说。主张者有庞卓恒、高仲君、郭圣铭、耿夫孟等。

混合阶段说。主张者有项观奇、苏凤捷、张元庆、赵克尧等。

东方特有的阶级社会形态说。主张者有吴大琨、胡钟达、丁云本、于可、王敦书等。

经济形式说。主张者有张雅琴、白津夫。[①]

上面的概括未必十分准确，因为每一类大主张内部，都存在歧异性，而且在最终的趋向上，甚至可能对立。

亚细亚生产方式讨论涉及中国是否始终是亚细亚生产方式国家的问题，亚细亚生产方式概念是否科学的问题，五种社会形态理论是否单线发展图式问题，历史发展是直线演进还是多线发展的问题，历史上的生产方式究竟是几种的问题，东方落后国家的社会主义道路问题，马克思是否放弃了亚细亚生产方式概念的问题，历史发展的统一性与多样性问题，等等。所以，与其说它是一个问题，毋宁说是诸多问题的交集点。

---

① 参看罗宝轩《1979 年以来关于史学理论和史学方法论探讨的摘述（2）》，《历史教学》1986 年第 8 期；张广志：《中国古史分期讨论的回顾与反思》，陕西师范大学出版社2003 年版，第 223—229 页。

在讨论中，尽管学者们很少主动提起，但其实意大利学者翁贝托·梅洛蒂所著《马克思与第三世界》一书，发挥了或明或暗的影响。吴大琨为本书写的序言说该书至少有四个"爆炸性"观点。[1] 有学者在评价亚细亚生产方式讨论的新情况时说："论者不再把亚细亚生产方式纳入五种生产方式的发展序列之中，而肯定它是独立的社会发展道路，从而也就否定了五种生产方式序列是社会发展的普遍规律。随着梅洛蒂《马克思与第三世界》的翻译出版，一元多线史观也被引进中国。这种史观认为，五种生产方式的单线发展图式不必符合马克思主义创始人的本意，也不符合世界历史事实；所谓一元，是指生产力发展水平，它可以分为原始生产力、农业（含畜牧业）生产力和工业生产力三个循环渐进的有重叠的阶段，多线是指世界各地与生产力相适应的生产方式、经济结构、政治制度、社会形态和文化面貌等所具有的多样性。这些观点对国内亚细亚生产方式的讨论产生了明显的影响。"[2] 还有学者说，如果像梅洛蒂那样把中国看作亚细亚形态的典型，由此去分析封建专制主义与官僚主义，"就会把我国社会主义的全民所有制和集体所有制同所谓亚细亚生产方式混淆不清，以至否定我国的社会主义所有制。所以，从社会后果说，中国亚细亚形态论是有害的"。[3] 可见，梅洛蒂是横亘在中国学者面前的一个待解课题。尽管梅洛蒂是对华友好人士，但他的理论观点，中国马克思主义学者们不能接受。

对梅洛蒂的观点，我国马克思主义史家是作了分析批判的。所谓亚细亚社会，简单地说，就是指农村公社、土地国有、专制主义三位一体。还有学者强调它的另一特征，即生产者以赋税的形式，把剩余劳动和剩余生产物贡献给统治者。梅洛蒂认为，中国"直到上一世

---

[1] 该书原文意大利文版出版于 1972 年，英文本 1977 年出版。中文本由高铦、徐壮飞、涂光楠从英文本译出，由商务印书馆于 1981 年 1 月内部出版。应该说，该书在引入时间上是很快的。

[2] 田人隆：《关于亚细亚生产方式的争论》，载肖黎主编《20 世纪中国史学重大问题论争》，北京师范大学出版社 2007 年版，第 38—39 页。

[3] 田昌五：《评近年来亚细亚生产方式问题的讨论》，《人文杂志》1981 年第 6 期。

纪为止，亚细亚社会的典型结构还多少原封未动地保持着"。林甘泉指出，早在春秋战国时代，以井田制为标志的农村公社和公社土地所有制就已经瓦解；中国封建时代占支配地位的地主土地所有制属于私有制；专制主义中央集权制度则与亚细亚生产方式没有必然联系。梅洛蒂还声称现实的中国是建立在亚细亚生产方式基础上的"官僚集体制"国家。林甘泉批驳到，古代中国并不存在一个特殊的"官僚阶级"。历代封建王朝的各级官吏，不论其出身如何，按其社会本质而言，都是地主阶级的工具。现实中国没有梅洛蒂所说的那种社会基础。梅洛蒂尤其荒谬的是认为中国这样的"亚细亚社会"不可能产生资本主义，如果没有帝国主义的侵略，"中国的亚细亚生产方式就还有可能再继续存在许多世纪"。对此，林甘泉引用马尔科姆·考德威尔的话说，在自命为马克思信徒的那些西方人中间，"欧洲中心主义"表现出相当大的力量，梅洛蒂"也不能免于这一可想而知的影响，正如他对中国革命的评论中所表现的"。

林甘泉还着重批判了梅洛蒂所谓"多线论"主张。他说："应当承认，在国内外以往的历史研究中，是存在把五种生产方式简单化和僵化的倾向的。这种教条主义倾向，严重地妨碍了历史科学的健康发展。"但是，用"多线论"与"单线论"的对立来概括问题，并不恰当。因为无论是"多线论"或"单线论"，都可以作不同的理解。"多线论"可以理解为否认不同国家和民族历史发展的共同性。而这种共同性，正是我们必须坚持的马克思主义的一个基本观点。"多线论"的提法，反映不出社会制度的重复律。"单线论"的提法，则很容易被误解成单一的模式，从而忽视不同国家和民族历史发展的多样性。

至于梅洛蒂说中国、印度、埃及、俄国都没有经过奴隶社会和封建社会；世界史上经过奴隶社会的，只有古代希腊罗马。林甘泉指出，马克思和恩格斯把古代希腊罗马和中世纪欧洲看作是奴隶社会和封建社会的典型，但他们并不认为，奴隶社会只存在于古代希腊罗马，封建社会只存在于中世纪欧洲。所谓奴隶社会和封建社会是历史发展的普遍规律，不外乎有两层意思。其一，奴隶社会和封建社会都是人类社会由低级到高级的发展进程中的一个暂时阶段；其二，奴隶社会和封建社会不是孤立的、个别的现象，而是在世界范围内有重复性和常规性的现象。这种重复性和常规性，并非指完全同一的模式，也不能理解为一切民族和国家都必须经过这两个社会发展阶段，概莫能外。看问题的正确方法是，"在承认奴隶社会和封建社会可以有不同类型的前提下，既看到了不同国家或民族经过奴隶社会和封建社会的共同性，又看到了它们之间奴隶制和封建制类型不同的多样性"。因此，"人类历史的发展不能说是多线的，但不论哪一种社会制度，却都是多模式的"。林甘泉写道：

> 长期以来，由于对马克思主义的社会经济形态理论采取简单化和公式化的理解，形成了一种不正确的认识：奴隶社会一定要奴隶占人口的大多数；封建社会一定要从领主制开始。按照这样的公式来要求，历史上可能就没有一个奴隶社会，而封建社会则只存在于少数的民族和国家。这样，要说人类社会的发展有共同的规律，也就很难了。中国的奴隶社会不同于古代希腊罗马，中国的封建社会也不同于中世纪欧洲。如果一定要用欧洲的模式来要求中国，那么中国就不但没有奴隶社会，也没有封建社会。但中国自秦汉以后（或者像魏晋封建论者所说从魏晋以后），封建地主土地所有制和封建租佃制得到了充分的发展，成为支配的形态，难道这不能说是封建社会的一种类型，反而可以把它和亚细亚生产方式混为一谈吗？……一个国家或民族的历史，只要是具备奴隶制或封建制生产方式的基本特征，并且这种生产方式已经成为支配的形态，我们就没有理由因为它们不同于古代希腊罗马或中世纪欧洲而拒绝承认它们是奴隶社会或封建社会。①

这段话最典型地代表了中国马克思主义史家在亚细亚生产方式问题、社会形态问题乃至历史发展统一性与特殊性关系问题上的基本立

---

① 林甘泉：《亚细亚生产方式与中国古代社会》，《中国史研究》1981 年第 3 期。

场与方法。坚持这样的基本点，对梅洛蒂等人的观点，就不难轻易辨别。比如关于民主，有学者当时就指出，梅洛蒂混淆了"西方资产阶级民主和中国的社会主义民主"，"我们要的民主化是社会主义民主化，不是西方的民主化"。① 显然，由于坚持西方中心论，梅洛蒂在一系列问题上都发生谬误。如果说有什么"单线论"的话，梅洛蒂等人所持的基本方法，倒是不折不扣的西方中心单线论。

依照我国学者廖学盛的解读，在马克思心目中，亚细亚生产方式作为原始的形式，在一切文明民族的历史初期都曾有过；不仅在亚洲有，不仅在欧洲某一地区有，而且在"欧洲各地"都有，那么，梅洛蒂的观点就更没有立论的基础了。

在亚细亚生产方式与社会形态理论讨论中，我国马克思主义史家取得一个共识，即五种社会形态理论不是斯大林发明创造的，而是来自经典作家本身。正如廖学盛所说："马克思列宁主义的创始人，在历史科学和革命实践的基础上，从来认为人类社会的历史中有五种基本的社会经济形态，即原始社会、奴隶社会、封建社会、资本主义社会，以及必然要取代资本主义社会的共产主义社会。"廖学盛说："我们反对那些认为马克思、恩格斯放弃亚细亚生产方式这一术语的观点，但我们绝不主张今天仍然要用亚细亚生产方式以代表原始社会时代，因为这不符合马克思、恩格斯、列宁提出和使用亚细亚生产方式这一术语的原意。"②

关于马恩是否放弃了亚细亚生产方式术语一类问题，在马克思主义史学内部也有争议，因此不是根本性问题。问题的根本在于今天是否"仍然要用"。遗憾的是，有学者的主张正在于"仍然要用"。他们建议弃置所谓斯大林的五种生产方式理论，改用亚细亚生产方式理论来研究中国历史、观察中国现实，用亚细亚的眼光去看待现实中的官僚主义、封建主义等③，这与梅洛蒂几乎就没有区别了。

---

① 田昌五：《评近年来亚细亚生产方式问题的讨论》，《人文杂志》1981 年第 6 期。

② 志纯、学盛：《怎样理解马克思说的"亚细亚生产方式"？》，《世界历史》1979 年第 2 期。

③ 吴大琨：《重视"亚细亚生产方式"的研究》，《社会科学》1990 年第 6 期。

亚细亚生产方式讨论与中国历史发展道路直接相关，其中最突出的问题就是五种生产方式理论是否适合中国，而五形态问题中首当其冲的子问题，是一个老问题，即奴隶社会问题。从亚细亚生产方式讨论的后期走向看，进入21世纪前，有越来越多的学者认为，奴隶社会既不是人类社会普遍必经的阶段，中国也没有经历过奴隶社会阶段。[①] 但从史学界的整体状况看，肯定奴隶社会普遍存在、中国"必经"的学者人数更多，而且多是主流学者。

否定奴隶社会"普存"、"必经"的一个样本，是朱晞1999年在学林出版社出版的论文集《为马克思辩——原始社会向奴隶社会发展是一种伪马克思学说》。该书以马克思关于古代世界的商业资本导致奴隶经济的论断为依据，全面否定奴隶社会作为一个社会形态的存在，认为从原始社会进入封建社会，才是社会发展的规律，而奴隶制生产方式只是世界历史上一种局部的特殊现象，不具备普遍性。据此，作者进而认为，所谓原始社会向奴隶社会发展的历史公式，不仅不是马克思学说，而且与马克思学说对立，是伪马克思主义。如此鲜明地否定奴隶社会的普遍性，其语气之坚定，在改革开放前，没有见到过。作者把肯定奴隶社会的观点说成是伪马克思主义，把对这种观点的学术商讨定性为一场"尖锐、复杂而又十分激烈的真假马克思主义的斗争"，显然是错误的。本来，作者对马克思的经典文献进行文本梳理，值得肯定，得出的结论应通过学术争鸣经受检验，却表现出不容置疑的霸气，而且上纲上线，其实已经陷入作者所反对的"文革"作风。

关于奴隶社会之有无，是可以讨论的。从以往史实看，肯定与否定者之间，没有必然的政治上的分野关系。肯定者中，曾经有托派、国民党学者。否定者中，也曾经有马克思主义学者。因此，从政治上划分否定、肯定，没有依据。但是，大部分马克思主义学者都是肯定派，却是确然的。从否定的一方看，其否定的意见，可说没有什么创

[①] 参看张广志《中国古史分期讨论的回顾与反思》，第239—262页。另参看罗新慧《20世纪中国古史分期问题论辩》，百花洲文艺出版社2004年版，第454—494页。

意。举例说，王明就认为，在马克思主义关于社会发展史的学说中，不存在什么"奴隶制"社会，有的只是奴隶占用制社会，因为"奴隶制"按它的意思来说，应该是意味着奴隶占统治地位的社会制度，而在整个人类历史上根本就不曾有过这样的社会。① 中国托派的领导人彭述之也曾说："像古希腊罗马那种奴隶制度，却还没有根据证明在中国历史上存在过。"② 类似这样的意见，早就被马克思主义史学家批驳过，不应再予重复。

从否定奴隶社会存在的普遍性以及中国有过奴隶社会，20 世纪80 年代初开始，就出现了对五种生产方式理论的指责声音。有人认为，新中国成立后，当代中国史学一直被束缚于一种历史公式之中，即"原始共产主义→奴隶制→封建制→资本主义制→社会（共产）主义制"这个著名的五阶段社会发展公式。这一公式来自苏联史学，"是当时的苏联史学家根据他们所误解了的马克思的思想而构造的"。③ 有人甚至说："1949 年以来，连篇累牍讨论的关于奴隶制和封建制分期、关于中国资本主义萌芽、关于农民起义性质等等问题，几乎都成了毫无意义的废话。"④ 持类似观点的学者一般认为，五种生产方式是按照欧洲历史提出来的，所以只适用欧洲，与中国历史不切合；五种生产方式只是一种逻辑概念，与实际历史有出入；五种生产方式的含义是由斯大林定下来的，未必符合马克思和恩格斯的愿意。因此，他们认为必须放弃用五种生产方式套改中国历史的做法，另行考虑解决中国历史发展体系的途径和方法。从这种观点出发，有学者进一步认为"古史分期"问题没有学术目的，完全是为了政治目的。对西周封建说、魏晋封建说、特别是战国封建说，一些学者给予了严厉抨击。持上述主张的人中确实有不少认真做学问、严肃思考

① 王明：《中共 50 年》，东方出版社 2004 年版，第 249 页。

② 彭述之：《评毛泽东的"新民主主义"》，《彭述之选集》第 2 卷，十月书屋 1984 年版，第 496—497 页。

③ 何新：《马克思的历史观与社会五阶段公式》，《晋阳学刊》1981 年第 4 期。

④ 向继东：《新史学丛书总序》（2008 年 10 月于长沙），该丛书由广东人民出版社 2009 年出版。

问题的学者，但也夹杂了一些很不严肃的人。

对五种生产方式理论，我国大部分史学家持维护态度。有学者通过对马克思关于东方社会性质及发展道路研究的理论考察，提出一些学者基于马克思晚年对东方社会的研究，将马克思的历史发展理论分为"史前社会理论""西方社会理论"和"东方社会理论"，进而提出唯物史观只适用于西方社会，人道主义则适用于东方社会以及唯物史观理论早期和晚期的"对立"，这些认识是错误的。事实表明，马克思晚年对东方社会的研究，是对唯物史观的丰富和发展。实现"社会形态发展的一般规律"的具体道路，并不等于"社会形态发展的一般规律"本身。在马克思看来，建立在唯物史观理论基础上的社会形态演进的具体道路有两种形式："依次演进"的和"跨越式"的，如果忽视了社会形态演进跨越式的发展道路，或者将其与"依次演进"的道路对立起来，那只能是对唯物史观的误读或曲解。①

否定中国有过奴隶社会，是一个老观点。进入 21 世纪以后，史学界又出现一种"新"观点，即认为秦汉以后的中国不是封建社会。

2005 年，随着马克·布洛赫的代表作《封建社会》（上、下卷）一书成为 2004 年度社科类十大畅销书中唯一的翻译作品，关于封建社会问题的讨论呈现出热烈的趋向。由于这个问题涉及社会经济形态学说、唯物史观在历史研究中的应用以及中国历史发展道路，甚至涉及新民主主义革命，所以备受关注。讨论中有一些学者提出，"封建"是欧洲社会特有的概念，不适合于中国历史；中国近代社会的前身，未必是封建社会；在中国，存在着"封建"概念滥用的现象。他们认为中国历史具有不同于西方的独特性，不适合套用五种社会形态学说。2006 年 2 月，武汉大学出版社出版冯天瑜所著《"封建"考论》，以中国历史为线索，对"封建"一词作了概念史的考索与探究，区别并分析这一概念的本义（古义）、西义（世界通用义）以及马克思的封建原论、现代中国的"泛化封建观"，试图为聚讼未决的

---

① 于沛：《关于马克思对东方社会性质及发展道路研究的再思考》，《史学理论研究》2006 年第 3 期。

中国历史分期提出新的观察视角和新的概念坐标。冯天瑜提出，大半个世纪以来，中国历史分期之所以聚讼未决，原因之一是"封建"等核心术语概念有待厘清。称秦以下两千年为"封建社会"，实属名实错置、形义脱节。因为"封建社会"不能反映秦至清两千余年间中国社会的基本属性，无法表述"田土可鬻"和"专制帝制"等核心内容。秦至清两千余年为"封建"的"封建"，与"封建"一词的主要含义（封土建国）指示的方向截然背逆。秦汉至明清的两千余年可以"宗法地主专制社会"称之。① 冯天瑜还说，以从欧洲史概括出的五种社会形态套用中国史分期，将中国历史序列为原始社会—奴隶社会—封建社会—半殖民地半封建社会，虽有颇强的概括力和较严密的理论构架，但它的某些环节是"泛化封建观"的产物，有名实不符之弊。②

以冯氏著作的出版为标志，在封建问题上，形成两种意见。一种以林甘泉、李根蟠、栾成显、马克垚、庞卓恒、吴承明、方行、瞿林东为代表，不赞成冯氏的观点。一种以张绪山、叶文宪、侯建新等人为代表，与冯氏的基本观点一致。

针对冯天瑜等学者的观点，李根蟠发表若干篇文章进行辩驳。2007 年，还召开了专门研讨会。与会者认为，"封建"名实的争论表面上是对"封建"概念的不同理解，实质是承认不承认封建生产方式的普遍性、承认不承认马克思主义社会经济形态学说的正确性、承认不承认历史发展规律存在的问题。否定论者否定的不是"封建"之"名"，而是"封建"之"实"。这是 20 世纪 90 年代以来史学界出现的"去社会形态化"思潮的一种表现。他们认为，马恩的封建观虽然与西义封建有渊源关系，并多从西欧的历史实际出发谈论封建，但他们一开始就把封建视为一种生产方式，一种社会形态。马恩把封建社会同原始社会、奴隶社会、资本主义社会并列，作为人类历史依次演进的几个历史阶段，表述明确，不容置疑。即使是对西欧历

---

① 冯天瑜：《历史分期命名标准刍议》，《文史哲》2006 年第 4 期。
② 冯天瑜：《中国历史分期与秦至清社会形态命名》，《学术月刊》2006 年第 4 期。

史的具体论述,马恩也超越西义封建的视野,并往往从更高的层面上进行理论概括,揭示出其中带规律性的东西,也具有普遍性的指导意义。马恩在讲述西欧和其他地区的"封建"时,往往加上"西欧意义封建""拉丁封建主义""罗马日耳曼封建主义"等前缀做限制词,表明在他们心目中还有别的地区的封建社会,不限于西欧一地。与会者还指出,马恩明确提出社会形态有序演进概念的《德意志意识形态》比达尔文的《物种起源》早 14 年,怎么能说马恩的社会形态有序演进学说"显然受到古典进化论的影响"呢?[①]

从理论层面说,由亚细亚生产方式到中国秦汉后是否为封建社会,贯穿其中的理论问题,是怎样认识历史的统一性与多样性。由于这个问题非常重要,所以一直受到马克思主义史学界的高度重视。1984 年 11 月在武汉召开的史学理论讨论会,曾专门讨论这一问题。我国学者一致认为,历史发展存在着统一性。但如何理解、落实统一性,意见分歧严重。无论怎样,科学地认识历史的统一性与多样性问题,对于在历史理论上树立历史唯物主义与辩证唯物主义的方法论,是至关重要的。因此,对这一重要议题,应展开更深入的研讨。

第五节　从历史发展动力到历史创造者

1979 年 2 月,在成都历史科学规划会议上,曾发起历史动力问题讨论。这同样是一个老的理论问题。改革开放后,鉴于以往不适当地夸大了阶级斗争作为文明史发展唯一动力的作用,因此史学界对这一问题进行了新的研讨。

一些学者依然认为阶级斗争是文明史发展的真正动力,但其他学者或提出生产斗争是历史发展的根本动力,或提出生产力是历史发展的根本动力,或提出适合生产力的生产关系是历史发展的根本动力,或提出生产力和生产关系矛盾是历史发展动力,或提出社会基本矛盾

---

① 李根蟠:《如何科学理解马列主义封建观——"封建"名实问题与马列主义封建观学术研讨会纪要》,《光明日报》2008 年 2 月 17 日。

是历史发展的根本动力，或提出物质经济利益是历史发展的根本动力，或提出人民群众是历史发展的原动力，或提出社会各种矛盾运动的合力是历史发展的动力，或提出直接地或归根结底促进生产力发展的人的实践活动是历史前进的动力，或提出改良也能成为历史发展的动力，等等。各种不同见解的总体倾向，是依据历史唯物主义基本见解，做多样性的解释。①

其中"合力论"是动力问题讨论中的一个热点。"合力论"的主张者以恩格斯一封阐述唯物史观的长信为依据，认为历史发展是由无数力的四边形汇合成的合力推动的。对此，刘大年写出专文商榷。他说，"合力论"作为别开生面的一种主张，实质上混淆了"合力"与"动力"的区别。动力的焦点在性质上，合力则是讲事物的数量。一个讲定性，一个讲定量。"合力说"的主张者对两者不加区别，造成人们的错觉，仿佛动力是一种抽象的东西，没有质的规定性；历史的变化、运动，不在于力的性质，而取决于力的数量。刘大年举例指出，如果以此去揭示历史，一定会得出许多荒诞的结论，例如敌对阶级间越是合作历史就越会前进，等等。② 但是，刘大年的观点没有得到"合力论"主张者认可。

从历史发展动力来看中国历史进程，必然引出一个问题，就是怎样看待农民战争的动力作用。是推动历史前进，还是把历史拉向后退？由此再出发，就是整个农民战争史研究，是做对了，还是做错了？对这个问题，史学界内部发表了诸多不同意见，而从史学界之外却传来许多杂音。比如有人说陈胜、吴广是"叛乱分子"，"变乱"、"叛军"，"变民集团"；"农民起义在总体上说来是中国的历史悲剧，是民族的内斗，不值得歌颂甚至美化，更不值得提倡和发扬"。要使农民起义的悲剧不再重演，应"普及国民教育，提高农民的文化素质，在受到不公正待遇时勇于用理性的方式向执政府争取权利和讨还

---

① 参看龚延明《关于历史发展动力问题讨论综述》，《杭州大学学报》1979 年第 4 期；艾力云：《历史发展动力问题讨论述评》，《史学月刊》1980 年第 1 期。

② 刘大年：《说"合力"》，《历史研究》1987 年第 4 期。

公道，敦促执政府做出有益于社会的人民的改革，而不要一味隐忍退让，到了忍无可忍的时候再走暴力、走极端"。① 有人说洪秀全发动金田起义"可是性质严重的反革命颠覆政府的大动作"；"太平天国是中国近代史上的一幕滑稽戏"；太平天国是邪教，骗财骗色，对妃嫔进行"数字化管理""数字化依次编号"；"太平天国带来了中华民族历史上的一次灾难"，等等。② 类似言论比较多地出现于公开出版物中，对以往的农民战争形象予以彻底颠覆。这些粗暴的非理性言论已经超出正常学术研究范围，马克思主义史学界当然不赞成，理当给予严厉批判。

与历史动力问题关系密切的另一议题，是历史创造者问题。这同样是新时期史学理论领域的一个热点问题。1984 年，黎澍在《历史研究》第 4 期发表《论历史的创造及其他》一文，提出历史是人人的历史，所有人都参与了历史的创造。只讲英雄创造历史固然不对，提出只有人民才是历史的创造者也有片面性。这两种提法都离不开创造历史的前提，仿佛历史是人民或英雄的动机和观念随心所欲地创造的，皆未脱唯心主义的窠臼。"人民群众是历史的创造者"一说起源于《联共（布）党史简明教程》中某些观点的引申和附会，在我国一变而为"人民群众是历史的主人"，明显缺乏科学性。1986 年 7 月 3 日，黎澍又在《光明日报》发表《再论历史的创造及其他》，提出"人民群众是历史的创造者"的观点完全错误，不仅有转述中产生的错误，而且最初提出这个命题的逻辑推理也是错误的。第一个错误是把物质条件创造者和历史创造者完全等同起来，而实际上创造物质条件无非是历史的一个内容；第二个错误在于这个命题是与"英雄是历史的创造者"相对立而产生的。两种说法皆有片面性，不符合事实；第三个错误是这个命题把无所不包的历史看作是由一个独一无二的力量创造的，从而否定了社会分工，否定了阶级区分，这是一个隐

① 熊飞骏：《历史在这里哭泣》，花山文艺出版社 2005 年版，第 54—55、97、191 页。
② 袁腾飞：《历史是个什么玩意儿 2：袁腾飞说中国史（下）》，花山文艺出版社 2009 年版，第 37、39—40 页。

含的错误。

黎澍文章发表后，引发一场全国范围的讨论。吴江认为，黎澍批评的"人民群众是历史的创造者"和"人民群众是历史的主人"那两种提法，实乃语出有因，虽不够确切，但非谬见。评论一下可以，过分苛责则不必。① 苏双碧说，"人民群众创造历史"的提法，从本质上看是没有错的，但原先的解释有错误，主要是把"人民群众"仅仅理解成劳动人民，把它和统治者截然对立起来；同时又把人民群众这个群体与杰出人物对立起来，这样一来许多现象就无法说清楚。② 王学典认为，黎澍文章中的一些论点，尤其是基础论点是很不彻底的，以至于不能最终解决历史创造者问题。撇开剥削阶级来谈论文明时代生产历史的创造，是这个论点的缺陷所在；而承认剥削者也曾参与了生产历史的创造，对解决历史创造者问题具有非同一般的意义。在黎澍终止思维的方面继续前进，在深刻反省的基础上重新认识唯物史观，这是彻底解决历史创造者问题的关键所在。③ 周溯源认为，"创造历史"和"历史创造者"都是中性词。人民群众、英雄个人、权力、剥削阶级都参与了历史的创造。在阶级社会中，"人民群众是历史的主人"的观点不确切。④ 一时间，发表了许多文章，形成讨论的热潮。但是，讨论并没有让人民群众是历史创造者的提法消失。⑤

从历史发展动力问题讨论到历史创造者问题讨论，中间不仅夹杂着对农民战争的评价与定性问题，还牵涉怎样看待历史上的阶级斗争与如何处理阶级分析方法的问题。换言之，阶级斗争的动力作用应该怎么看。由于"四人帮"对阶级分析方法的滥用，极大地败坏了这一方法的名声。改革开放后，在许多学者那里，对阶级分析方法的评

---

① 吴江：《关于〈论历史的创造及其他〉的信——致黎澍同志》，《历史研究》1985年第4期。

② 苏双碧：《略论阶级分析和历史的创造者》，《中国史研究》1986年第4期。

③ 王学典：《关于"历史创造者问题"的讨论》，《文史哲》1988年第1期。

④ 周溯源：《关于历史创造者问题的新思考》，《历史研究》1989年第3期。

⑤ 参看毛豪明、王丽娜《近20年来历史创造者问题论争评说》，《安庆师范学院学报》（社会科学版）第19卷第3期，2000年6月。

价越来越低，以至于出现了这一方法在历史学概论类书籍中占据的位置越来越低、篇幅越来越少。这就不免以一种倾向掩盖了另一种倾向。当然，在历史研究中是否要以阶级斗争为纲，是可以商讨的。不过史学界一般性的意见，是不赞成在学术研究过程中以阶级斗争为纲。苏双碧说："历史研究以阶级斗争为纲，不仅会颠倒历史发展的真相，而且也禁锢了历史工作者的思维。"① 这样的观点放在"四人帮"大搞影射史学的语境中是成立的，但作为一般性的理论命题则值得商榷。显然，即使在研究过程中以阶级斗争为纲，也未必就一定颠倒历史真相、禁锢学者思维。但是，在清算"四人帮"余毒的背景下，这样的观点很难被人接受。

我国马克思主义史学家一般认为，在国家生活中放弃以阶级斗争为纲是一回事，但对历史现象、特别是阶级斗争现象做阶级分析，是另一回事。滥用阶级分析方法，把阶级分析方法视为历史研究的唯一方法，是错误的。但是，弃置阶级分析方法、一提阶级分析方法便视为极"左"，同样是错误的。事实上，对历史上的现象不做阶级分析，往往得出肤浅甚至错误的结论。以辛亥革命研究为例。有人认为辛亥革命是一部"事与愿违的历史"。与什么人、什么事"愿违"呢？依照这些学者的解释，是清政府废科举、搞立宪的种种改革举措与措施，最终导致了"事与愿违"的结果。清政府真心实意改革，结果却失败了，是"事与愿违"。这样解释历史，就站在了清政府的立场上。立场站错了，自然会得出这样的结论："清王朝不是在倒退而是在改革，所以不能颠倒过来解释因为清政府极度的腐败，所以我们的国家向下沉沦了。晚清十年是道光以后，清王朝最向前进的时候，正在向走出中世纪走向近代化的过程前进，并不是向下沉沦的最腐败的时候。"再向下继续，为慈禧翻案，也就是题中自有之义了。我们说，得出这样的结论，不能说不与彻底弃置阶级分析方法相关。

---

① 苏双碧：《加强宏观史学的评论》，《光明日报》1988 年 4 月 28 日。

第六节　从评析新儒学到批判历史虚无主义

"新儒学"是指 20 世纪 20 年代产生的与五四反传统思潮相悖的一个保守主义思想流派。1920—1949 年是新儒学发展的第一阶段，主要代表人物有梁漱溟、张君劢、熊十力、冯友兰、贺麟、钱穆、马一浮；1950—1979 年为第二阶段，活动区域由大陆转移到中国香港、中国台湾，代表人物是钱穆、唐君毅、牟宗三、徐复观、方东美；1980 年后为第三阶段，主要成员有杜维明、刘述先、成中英等人。①

宣讲新儒学的人，被称为"新儒家"。关于新儒学与新儒家概念的内涵，无论在其内部，或在研究者眼中，都有不同解读。一般认为，"新儒学"的特点是以接续儒家道统、弘扬儒学为己任，以儒家内圣外王之学为主导，以服膺宋明理学为道统，以融汇中西、实现儒家思想的现代转型为宗旨，以谋求中国社会、政治、文化的导引为向路，表现出强烈的民族意识、历史意识、宗教意识、道德意识以及"为往圣继绝学，为万世开太平"的"使命意识"。此外，新儒学不信奉或者反对马克思主义。

改革开放后，海外新儒学人士时常到大陆访问。他们通过学术交流、公开演讲、发表与出版论著等途径，宣讲新儒学主张，影响颇大，带动了大陆的儒学研究以及社会上的传统文化与儒学热。20 世纪 90 年代，大陆开始有人信奉新儒学思想，试图以新儒学为基础，创立自己的系统主张。进入新时期新阶段以后，出版的儒学与新儒学书籍多到不胜枚举，相应的思想观念则渗透到文化、思想以及社会许多层面，因而新儒学的概念也被泛化。现在一般民众心目中的新儒学，乃泛指宣讲儒家学说的人和事，已经突破严格的学术含义。

就社会上已经泛化的新儒学与新儒家概念而言，其构成主要包括四部分人。一是从事学术研究的专业学者，其活动与思想基本限定在学术范围内。二是一些从弘扬民族优秀传统文化角度，本着取其精

---

① 详见方克立《现代新儒学与中国现代化》，天津人民出版社 1997 年版。

华、去其糟粕立场，积极提倡和宣讲儒家学说的知名人士。这些人一般都力求用马克思主义的立场、观点和方法，有重点、有系统地对中国优秀传统思想文化进行研究，使之为中国特色社会主义服务。三是一些比较严格地恪守新儒学家法的学者与思想者。他们以儒学传人自我定位，注重对儒学著作的钻研与阐释。四是一批来源比较繁杂的人士，带有宗教性，一方面利用儒家学说著书立说，阐述自制的意识形态，一方面传道授业，极力与社会大众相结合，推销自己的主张。所以，一般民众心目中的所谓"新儒学"，诚可谓"如冰炭相憎、胶漆相爱者，如珠玉辉映、笙磬和谐者，如鸡兔共笼、牛骥同槽者，盖无不有"。当然，各种人等之间的边界，往往并不清晰。

其实，将上述人等笼统地一概称作"新儒学"并不合适。运用马克思主义研究新儒学的人，是马克思主义者，不是新儒学者。即使最后一类人，也往往否认自己是"新儒家"，而且对现代新儒学多所批评。但是，作为思潮，他们确实与现代新儒学一脉相承。本书所说的"新儒学"，主要指最后一类人而言。有学者将这种人称作"大陆新儒家"中的"政治儒学派"。①

20 世纪 90 年代以来，大陆思想界形成形形色色的"大陆新儒家"。经过将近 15 年的酝酿和准备，2004 年 7 月，大陆新儒家在贵阳举行所谓"中国文化保守主义峰会"，标志着新儒家进入了大陆新儒家唱主角的阶段。②

复兴儒学、重建儒教。复兴儒学是新儒学派的基本主张。进入新时期新阶段以后，一些人从现实出发，继续大力倡导复兴儒学，进而呼吁重建儒教。

他们认为，当今中国与世界存在许多非常严重的"病"，既有物质层面的"病"，更有精神与心灵层面的"病"。要治愈这些"病"，就必须复兴儒学。为此，有人提出，"只有儒学才能够救中国"，"复

---

① 张世保：《"大陆新儒家"与马克思主义关系探论》，《马克思主义研究》2008 年第 6 期。

② 同上。

兴儒学不仅具有中国意义，也具有全人类的意义"；只有儒学"能够使人心和谐、社会和谐、民族和谐、政治和谐、国家和谐、世界和谐、物我和谐、天人和谐、宇宙和谐"。①

复兴儒学的核心，是重建儒教，即将儒学设为制度，立为"神道"，实现所谓"政教合一、圣王合一"，使"儒"成为国家与民族之"本"。为此，一些提倡者建立网站、发表构想、创立研究机构、组织研讨会，引起颇为热烈的社会反响。

建构"政治儒学"。一些激进人士认为，儒教兴则华族兴、中国兴，儒教衰则华族衰、中国衰。由此出发，有人提出建构"政治儒学"主张，即在儒学"经世"的理论功能指导下，进一步确立和巩固其"制义法"功能，以儒教来"确立最高政治理念、制定基本治国原则与建构国家典章制度"，以儒家特有的"外王儒学""制度儒学""实践儒学""希望儒学"来开辟中国政治制度发展的新路径。②

以儒教文明回应西方文明，坚决反对全盘西化。现代新儒学原本产生于西风东渐的历史背景之下，因此，他们一方面尽力吸收西洋思想为己所用，一方面在终极目标上排斥西方基督教文明。由此出发，他们对五四新文化运动及传统、对全盘西化的思潮，一律持拒斥的态度。

不信仰乃至反对马克思主义。现代新儒家把马克思主义在中国的传播、发展，看作是西方异质文化"入侵"的组成部分，是屠宰民族文化主体精神的"刽子手"。因此，现代新儒学一出现，便站在马克思主义对立面，并由之而形成几十年来的基本理论趋向。③ 总之，"崇儒反马"是大陆新儒学的一个显著特征。④

---

① 参见邓妍《"中国需要复兴儒学"：蒋庆读书月论坛探微儒学精神与价值真谛》，《晶报》2004 年 11 月 29 日。

② 蒋庆：《政治儒学：当代儒学的转向、特质与发展》，生活·读书·新知三联书店 2003 年版，第 5 页。参见陈冰、陈寅《以中国"家法"解释中国：蒋庆访谈录（下）》，《晶报》2004 年 6 月 5 日。

③ 参见李毅《中国马克思主义与现代新儒学》，辽宁大学出版社 1994 年版，第 7 页。

④ 张世保：《"大陆新儒家"与马克思主义关系探论》，《马克思主义研究》2008 年第 6 期。

主张儒学与社会人群密切结合。新儒学有所谓"学院派"与"践履派"之分。两派均主张儒学或儒教应该与社会人群相结合，但前者偏于思想建构，后者偏于奔走实践。具体说，就是把儒学尽力融入人们的日常生活，尽力与学校教育、企业经营相结合。为此，他们积极从事儿童读经活动，推动公祭孔子，主张恢复各类传统民俗与节日，穿儒家服装，实行儒家礼仪，等等。总之，他们认为中国应该"儒化"。

新儒学思潮一直争议不断。反对这股思潮的人，既有马克思主义者，也有信奉西方自由主义的人，还有许多普通的民众。

20世纪90年代，就有马克思主义学者提出，孔子学说是"一个非常封建的学说"。"马克思主义和孔子的教义，无论如何是两个对立的体系，而不是可以调和的体系（折中主义），或者并行不悖的体系（二元论）。"认为国学与儒学"热"是文化保守主义、复古主义、迂腐的文化改造观的回潮和反映，提出：如果我们天真地以为从"国学"中可找到立国之本或重建民族精神的支柱，而马克思主义作为外来文化可以置之一边，那么未免太迂腐了。一些人从先秦的神秘主义中寻找理解当代文明的钥匙，一些人宣扬中国需要孔夫子、董仲舒，需要重构与马克思主义并列的哲学新体系，正是利用了这种迂腐的文化改造观。不排除有人企图用"国学"这一可疑的概念来达到摒弃社会主义新文化于中国之外的目的。[①] 有专门研究新儒学的学者，也对新儒学思潮中的"越界"主张提出了严厉批评。[②]

总起来看，围绕新儒学思潮的争议，既有正常的学术之争，也有基本立场之争；既有学术界内部的思想派与学术派之争，也有学术界外部的信仰与思想交锋。其基本特点，是社会各类人群广泛卷入，海内外各类媒体纷纷介入，在"尊孔"与"反孔"[③]两大阵营壁垒鲜明的基本格局之下，各种各样的主张与声音混杂相糅，莫衷一是。

---

① 详见李洪岩《近年中国大陆儒学研究动态》，《国际儒学研究》第1辑，人民出版社1995年版。

② 方克立：《现代新儒学研究十年回顾》，《社会科学战线》1997年第2期。

③ "反孔"除"造反"、"反对"的意思外，还有"反思"、"反省"的意思。

马克思主义学者们认为，要全面认识祖国传统文化，需要取其精华、去其糟粕，使之与当代社会相适应、与现代文明相协调，保持民族性，体现时代性。弘扬优秀民族传统文化是完全正确的、应该的，也是急迫的。但是，不能把糟粕也当作精华，甚至认为中国传统当中全是精华，没有糟粕。要警惕那些打着民族文化旗号，试图把中国拉回封建旧时代、让封建主义复辟的人和事。

极端化的新儒学主张与历史虚无主义貌似相反，实为一对孪生兄弟。前者以"实"的内容向马克思主义进攻，后者以"虚"的形式向马克思主义进攻。正可谓有所"虚无"，有所"不虚无"。

新时期对历史虚无主义的批判，直接起于 1988 年电视剧《河殇》的播放及其后对该片"民族虚无主义"的批判。① 民族虚无主义与历史虚无主义是一回事，在概念上差别不大。前者涵盖历史与现实，后者主要指向历史，但二者在价值观与基本属性上完全一致。1992 年，有学者将历史虚无主义作为历史主义的对立面以及政治极端主义的孪生兄弟予以批判。② 2000 年，针对全盘否定新中国十七年文学、全盘否定革命文学、全盘否定五四后进步文学、全盘否定 20 世纪中国文学的思潮和主张，有学者对文学领域的历史虚无主义进行了理论剖析与批判。③ 但史学界集中批判历史虚无主义，则始于 2005 年。此后，一直到 2015 年，对历史虚无主义的批判虽有起伏，但基本没有间断。

2005 年 3 月 15 日，历史学者沙健孙、李文海、龚书铎、梁柱在《光明日报》推出一篇访谈，题为"警惕历史虚无主义思潮"，引起海内外媒体关注。

他们提出，历史虚无主义的主要表现是：（1）提出否定革命、"告别革命"主张，认为革命只起破坏性作用，没有任何建设性意

---

① 参看闻平《从民族虚无主义到卖国主义——评刘晓波的资产阶级自由化谬论》，《北京师范大学学报》1989 年第 6 期。

② 刘文泰：《历史主义与历史虚无主义》，《南都学坛》（社会科学版）第 12 卷第 1 期，1992 年。

③ 李伦：《评近两年的历史虚无主义批评》，《文艺理论与批评》2000 年第 4 期。

义。（2）把五四以来中国选择社会主义发展方向视为离开所谓的"以英美为师"的"近代文明的主流"而误入了歧路；宣称经济文化落后的中国没有资格搞社会主义，新中国成立以后搞的不过是小资产阶级的空想社会主义。（3）用攻其一点、不及其余的方法歪曲中国共产党的历史，否定或掩盖它的本质和主流，把它说成是一系列错误的延续。

他们进而认为，历史虚无主义思潮"虚无"的是中国人民的革命运动、中国共产党的领导、马克思主义的指导、社会主义制度和人民民主专政；不"虚无"的则是为早已有历史定论的叛徒、汉奸、反动统治者歌功颂德。历史虚无主义者不是从历史发展的真实情形出发去诠释历史，而是想当然地解读历史，虚构历史，歪曲历史，否定历史，为中国近现代历史的发展寻找根本没有历史根据的另类"历史规律"和"发展道路"。

四位学者认为，鼓吹历史虚无主义，实质上是从歪曲革命的历史、社会主义的历史和党的历史入手，达到否定党和社会主义制度的目的。如果听任这种思潮泛滥，必然会把中国人民革命的历史、中国共产党的历史、中华人民共和国的历史丑化了、糟蹋了，必然会摧毁坚持人民革命的成果、坚持社会主义制度、坚持共产党的执政地位和领导作用的历史依据，由此会导致严重的政治后果。他们提出，历史虚无主义的根源是历史唯心主义，就方法论而言，则是把支流当主流，把现象当本质，将历史上的某些失误抽象化，并加以孤立地、片面地放大、渲染。从现实观察，苏东剧变及其后国际上出现的西强东弱的总体态势，使得社会主义"失败论"、马克思主义"过时论"、共产主义"渺茫论"的市场有所扩大，也为历史虚无主义的泛滥提供了土壤。

访谈推出后，龚书铎又发表《历史虚无主义二题》，进一步阐述观点。他说，有人主张中国近代史的研究要"范式转换"，即以"现代化范式"代替"革命范式"。其实，不进行反帝反封建斗争，不革命，不改变半殖民地半封建的社会地位，不改变帝国主义和封建主义的压迫和掠夺，要实现现代化是不可能的。值得注意的是，无论自由主义还是文化保守主义，在今天仍然不乏其人在鼓噪。一方面是鼓吹自由主义的"新启蒙"，以"西化"中国，另一方面是宣扬以儒学代替马克思主义，"儒化"中国。二者的共同目标，都是企图改变中国社会主义的道路。①

4月5日，《光明日报》又刊出李珍的文章《历史虚无主义的危害不可低估》。文章介绍了教育部社科中心和中国史学会在北京联合召开的"近现代历史研究与历史虚无主义思潮"研讨会上的主要意见。据悉，与会的三十余位学者认为，一定要认清并警惕历史虚无主义的危害。第一，它是在西方各种以唯心主义历史观为哲学基础的思潮的影响下，适应西方国家对我国实施和平演变战略的政治需要和国内反社会主义势力的策略变化，产生的一种政治思潮，它所反映的不仅是文化问题，而且是政治问题，不仅是对待历史的态度问题，而且是对待现实的态度问题。第二，它脱离客观历史事实，以唯心主义的价值观对历史进行剪裁甚至重塑，背离了起码的客观性标准，是典型的实用主义，与马克思主义唯物史观根本对立。第三，它否定、歪曲中国革命史，特别是中国共产党领导的革命、建设和改革史，是要从历史依据上抽掉中国走社会主义道路的必然性，在理论深层上否定唯物史观关于历史规律性、必然性的观点，达到从根本上否定马克思主义的指导地位和社会主义制度，否定共产党领导的合理性、正义性的目的。

历史学家田居俭也发表文章，对历史虚无主义进行批判。他说，在进入新世纪新阶段的重要历史时期，掺进一串极不和谐的杂音，这就是时起时伏的历史虚无主义。这种倾向，从形式上看有虚有实，虚是理论拼凑，实是历史解读；从内容上看有整有零，整是总体否定，零是分体曲解。尤其值得注意的是，一些宣扬历史虚无主义的人，本不熟悉中国历史和世界历史，却摆出一副执史坛牛耳的派头，用主观臆想的世界历史改写中国历史。这是一个大是大非的问题，直接关系到历史研究的方向和中华民族的尊严，不可等闲视之。他还说，历史

---

① 龚书铎：《历史虚无主义二题》，《高校理论战线》2005年第5期。

虚无主义的要害是虚无历史。虚者，模糊歪曲也；无者，抹杀消除也。其思想根源在于唯心主义的历史观，说明"宗于神道"的唯心史观至今仍未绝迹。以唯物史观为指南的史学研究者要清醒地认识到，捍卫唯物史观，应对唯心史观的挑战，任重而道远！他进一步认为，历史虚无主义凭借"零碎的和随意挑选"的事实，进行甚至"连儿戏都不如"的"研究"，根本谈不上学术"创新"。即使如此，对其危害也不能低估，因为历史虚无主义极易导致民族虚无主义和崇洋媚外思想，沦为"中国文明西来说"的俘虏。他认为，历史虚无主义的沉渣泛起再次提醒人们：史学研究者必须深入学习马克思主义的立场、观点和方法，提高用唯物史观指导历史研究的自觉性和坚定性。①

田居俭是中国古代史研究专家，他还着重批判了中国古代史领域公然篡改中国文明起源的做法。他说，有两本谈论"三星堆文化"的书，认定"'三星堆'文明绝非内生，它属于外来文明，其来源是'西方'"。田居俭指出，得出这种结论的人，对举世公认的史实居然充耳不闻、视而不见，在学术准备极不充分的状态下，却重复和演绎了一番早已破产的"中国文明西来说"。然而，这种如同儿戏的结论，却受到某些人和个别媒体的吹捧，可见对历史虚无主义的影响决不能低估，必须义无反顾地应对历史虚无主义的挑战。②

学者黄凯峰表达了与田居俭相同的立场，但认为历史虚无主义思潮最显著的表现发生在中共党史领域。他说，历史虚无主义以"重新评价"为名歪曲历史，以"理性思考"为名否定社会主义，从歪曲革命的历史、社会主义的历史和党的历史入手，达到否定党和社会主义制度的目的，其根源是唯心史观。近现代史研究中的所谓由"革命"向"现代"的范式转型，实际上为虚无主义提供了理论支撑。党史领域中的虚无主义不是从历史发展的真实情形出发去诠释历

---

① 田居俭：《必须尊重中华民族的历史渊源：评历史虚无主义的一种表现》，《求是》2006 年第 3 期。

② 田居俭：《历史岂容虚无：评史学研究中的若干历史虚无主义论》，《高校理论战线》2005 年第 6 期。

史，而是想当然地解读历史、虚构历史、歪曲历史、否定历史，为中国近现代史的发展寻找根本没有历史依据的另类的"历史规律"和"发展道路"，不遗余力地把中国共产党的历史说成是一系列错误的延续，并得出"告别革命"的武断结论。他认为，目前至少有三种历史虚无主义需要注意。第一种就是党史研究领域的"否定革命"的虚无主义，这种虚无主义实际上并不可怕；第二种是对全部历史的虚无主义，"新历史主义"等后现代思潮的主张就是如此，长此以往，现实将因为历史的不堪回首而支离破碎；第三种是对历史教育的虚无主义，影视创作领域的"戏说"热和"空手道"、网络 FLASH 的"搞笑"和"无厘头"等等就是这种虚无主义的具体反映。针对这三种不同层次的历史虚无主义思潮，我们有必要把唯物史观的基本原理、我党对世界历史和中国历史的深刻理解、我们面临的历史情境和历史任务、需要澄清和批判的错误观点等结合起来进行分析，从而在"重在建设"的意义上坚持科学历史观，继承和发展马克思主义。[①]

这里涉及对中国近代史研究领域"现代化范式"的评价问题。其实，批评者并未对"现代化范式"全盘否定，而是认为"简单地以'现代化范式'替代'革命史范式'，未必是正确的思考方向"；"中国近代史学科体系只能在'革命史范式'主导下，兼采'现代化范式'的视角，更多关注社会经济的发展与变迁及其对于革命进程的作用，使'革命史范式'臻于完善。"[②] 这种批评，完全合理。

2014 年 11 月 12 日，由中国社会科学杂志社与中国社会科学院历史研究所联合主办的"历史虚无主义评析学术研讨会"在京召开。会后，专门在 2015 年 1 月 16 日发行的《中国社会科学报》刊出以"历史虚无主义评析"为题的 12 篇特别策划文章，将对历史虚无主义的批判推向新的阶段。

---

① 黄凯峰：《以科学的历史观指导历史评价：兼评历史虚无主义思潮》，《毛泽东邓小平理论研究》2006 年第 2 期，《历史学》2006 年第 6 期转载。

② 张海鹏：《20 世纪中国近代史学科体系问题的探索》，《近代史研究》2005 年第 1 期。

马克思主义史学家们之所以如此长时间地关注、批判历史虚无主义，完全是由于大面积、全方位的历史虚无主义泛滥刺激出来的。比如有人说，中国是"一个至少落后欧洲三百年的白痴部落"。专制主义使中国人民"屁股朝天头着地，成为世界民族之林中最为庞大的一个怪异而懦弱的群体"①。有人说，19世纪欧洲人入侵时，中华民族已经堕落成为一个白痴般的民族；鸦片战争时，英国军队看到的"是一个近乎白痴的民族"，"他们发现自己在同一群白痴或神经不正常的军队作战"②。有人说，几千年的专制制度使中国形成了一个"比傻文化"，吹牛拍马、装疯卖傻成了人们生存所必须的日常行为，"好像我们生活在一个傻子无所不在的傻子国"，"不会装孙子的人最终就成不了江湖大爷"。③有人说，"太平天国运动失败后，各种流氓运动前赴后继，风起云涌，直至彻底改写了近代中国的历史"；"没有任何一个种族能够企及中国流氓的深度"；"孙悟空的金箍棒象征可以自由伸缩的阳具"；"春蚕到死丝方尽，蜡炬成灰泪始干"写的是男性生殖器和精液，《桃花扇》中李香君以头撞墙流的血其实来自生殖器；北京市民手中的鸟笼和健身球、东方明珠电视塔等都代表男人的生殖器；中国发生过"一场阳具（或阴户）夸耀运动""起源于一种尖锐刺耳的生殖器叫嚣"；"流氓"从来就是中国历史和现实的首要问题，流氓社会的兴盛和衰败，成为塑造中华民族"性格"的支配力量。"生殖器万岁，万岁，万万岁！"④有人说，大跃进对农民"敲骨吸髓的剥夺，彻底断绝了农民的储备"；大跃进对老百姓是"完全的奴隶性质的劳动"。⑤有人说，"古中国文明从春秋战国时代，从秦汉时代就感染了漠视人权、崇拜强权的病症"。"石虎同志还是妇女运动的先驱，他设置女内史，还弄了一千女骑兵，充当侍卫，可

---

① 魏得胜：《历史的点与线》，第281、283页。

② 熊飞骏：《历史在这里哭泣》，第41—42、263页。

③ 冉云飞：《通往比傻帝国》，花城出版社2008年版，第84—85页。

④ 朱大可：《流氓的盛宴：当代中国的流氓叙事》，新星出版社2006年版，第78、386、90、94、98—99、132、284页。

⑤ 国亚：《一个普通中国人的家族史》，中国广播电视出版社2005年版，第77—78页。

谓后赵儿女多奇志,不爱红妆爱武装了。""集体尿尿的力量是无穷滴。""尿运当头,他不名垂青史也难。""隋炀帝的文工团演出季与派对狂欢。"① 有人说,"意识形态之毒,已经全然侵入教徒的大脑。其深重程度,估计不次于光明顶上的殉难烈士。""那些被我们的上一代奉作神明与圣灵的政治图景,终究会在今天,还有不远的将来,在我们日新月异的视觉快感之中变质腐坏,直到它们对民众的普遍吸引度,还比不上舶来的情色漫画——而那一天,将永远值得我们期待。"② 面对如此这般的历史虚无主义表现以及污言秽语,马克思主义史学家们如果闭口不言,那即是对民族的极大不负责任。因此,批判历史虚无主义具有切实的现实依据,它是马克思主义史学家的天职所在。

在开始集中批判历史虚无主义的第 2 年,即 2006 年,还发生了围绕历史教科书的争论。这场争论,同样与历史虚无主义相关。

2006 年年初,《中国青年报》"冰点周刊"刊出中山大学教授袁伟时的一篇文章。这篇文章原是 2002 年 12 月发表过的一篇旧文,文中提出,我们的中学历史教科书,是让青少年继续吃狼奶,因为这些教科书都在宣扬中华文化至高无上、外来文化邪恶、应该或可以用政权或暴民专制的暴力去清除思想文化领域的邪恶。用这样的理路潜移默化我们的孩子,不管主观意图如何,都是不可宽宥的戕害。为了培育理性的有法治观念的现代公民,现在是纠正这些谬误的时候了。③此论一出,舆论哗然,形成了一时间闹得沸沸扬扬的所谓"《冰点》事件"。④

历史学者张海鹏撰文对袁伟时的观点进行了批评。他指出,袁伟时的观点是要否定新中国成立以来,我国学术界以马克思主义为指导研究中国近代史所取得的基本结论,对青少年产生了严重的误导。针

---

① 凌沧州:《龙血狼烟:中国文化的基因碰撞和裂变》,中国工人出版社 2010 年版,第 129、109、112、148 页。

② 羽戈:《从黄昏起飞》,花城出版社 2008 年版,第 290—291、143 页。

③ 袁伟时:《现代化与历史教科书》,《中国青年报》2006 年 1 月 11 日。

④ 参见马国川《争锋》,中国水利水电出版社 2008 年版,第 181、183 页。

对袁伟时否定近代中国反帝反封建斗争的历史主题，认为义和团反文明、反人类的观点，张海鹏指出，大量历史材料证明，义和团仇视洋人、洋教、洋物，都与仇视帝国主义瓜分中国的图谋有关。攻击义和团摧毁现代文明，是西方侵略者的观点。张海鹏还依据史料以及中外史学界的最新研究成果，具体批驳了袁文在第二次鸦片战争、马神父事件等历史问题上的观点。张海鹏说，研究和解读历史，是非常严肃的事情。把研究和解读所得用通俗的文字介绍给广大读者，更应该对社会、对读者抱着非常负责的态度。历史过程、历史事实是怎么样就怎么样，并不能由人作任意的解释，这才是历史唯物主义的态度。同时，历史进程充满矛盾的运动，复杂的事件是由各种各样具体的事件组成的，在分析、研究历史事件时不能把握尽可能多的史料，不能把事物提到一定的历史范围内，不能抓住历史过程的本质方面，不能对历史现象做出阶级的、辩证的分析，就不能从纷纭的历史现象中理出头绪，把握历史过程的基本规律。如果不尊重历史事实，对历史事实、历史过程作任意的解释，那就是历史唯心主义。他指出，袁文的不正确，在于完全抛弃了唯物史观，得出许多错误的观点。在研究方法上，袁文所叙述的历史，也不是建立在研究大量、扎实历史资料的基础上，而是按照自己的好恶，随意拈出几条史料，随心所欲地做出历史评论，这样的历史评论，脱离了史料基础，只是个人感想，它是无源之水、无本之木，乍看吓人，却是没有根基的，没有说服力的，经不起史料鉴证的。懂得历史，才能更好地建设今天。把鸦片战争以来真实的历史告诉我们的下一代，让他们明白真正的现代化道路在哪里，我们在中华民族伟大复兴的征程中才会行进得更加坚实。①

张海鹏的文章发表后，袁伟时在国际互联网上继续予以回应，虽然全盘反对张文的观点，但承认张文并非立意给他扣帽子。

2006 年 9 月，围绕教科书的争议又有新变化。9 月 1 日，美国《纽约时报》刊登记者约瑟夫·凯恩（Joseph Kahn）的一篇报道《毛在哪里，中国修改历史教科书》（*Where's Mao? Chinese Revise History*

---

① 张海鹏：《反帝反封建是近代中国历史的主题》，《中国青年报》2006 年 3 月 1 日。

Books）。这篇报道同时被《国际先驱论坛报》转载。报道说，上海的新版标准历史课本不再探讨战争、王朝和共产主义革命，而是把更多的笔墨放在经济、技术、社会风俗和全球化等多种主题上。报道说，几乎是在一夜之间，上海的学校将主宰历史课本五十多年的一些政治教条束之高阁。"这套历史教科书的编写者称，课本内容的改变通过了高层的详细审查，并且是推进更稳定、较少暴力的中国历史观的广泛努力的一部分。这种新的历史观将服务于当前经济和政治目标。该新版历史课本将重心放在常见于中国媒体和官方话语的思想和术语上：经济增长、创新、外贸、政治稳定、尊重文化多样性和和谐社会。摩根大通、比尔·盖茨、纽约股票交易所、美国航天飞机以及日本的子弹头火车，都在新版教科书中得到了突出。课本中还有专门讲述领带如何流行起来的章节。曾被视为世界历史重要转折点的法国大革命和十月革命，如今受到的关注也大为降低。毛泽东、长征、殖民侵略以及南京大屠杀，而今只在初中讲授，并且内容也大幅缩减。"报道并引用上海师范大学教授、新版历史教科书的主要编写者之一周春生的话说，编写目的在于将历史从只注重领袖和战争的传统中解救出来，并使人民和社会成为中心主题，"历史不属于帝王将相，它属于人民"。"新的历史教科书呈现了一个有关中国的过去的更和谐形象。"①

后来，有国内记者概括沪版教科书的特点是：淡化"毛泽东、长征、殖民侵略、革命、战争"，盖茨取代毛泽东；大幅度削减古代史内容，用所谓当代文明史取代中国史；营造所谓"和谐史"，革命、战争、苦难内容被大幅度删减，南京大屠杀内容只在初中部分简单提及；高中部分完全抛弃传统中国、世界编年记史的方式，改用一部笼统的"人类文明史"代替，等等。②

如何评价上海新版教科书的变化，上海大学历史系教授朱学勤在

---

① 缪小析编译：《"阉割历史"还是"时代进步"：新版历史教科书引发激辩》，《青年参考》2006 年 9 月 5 日。

② 邓艳玲：《历史不再需要领袖？》，《青年周末》第 26 期，2006 年 9 月 21 日。

接受记者采访中认为，新版教科书用文明史来代替阶级斗争史、用社会生活的变化来代替王朝体系的演变、用文明来代替暴力、用千百万普通人生活的演变来代替少数帝王将相的历史，是非常大的进步。他认为这套教材放弃了五个社会发展阶段，突出了文明、文化、科技、生活，提供了一整套文明、开放、面向世界的思路。读这样历史书长大的小孩，才真是喝人奶，不是喝狼奶。他还认为，过去是暴力史观、阶级斗争史观、革命史观、王朝体系史观，现在是文明史观、文化史观、社会史观，普通民众日常生活、衣食住行变迁的历史观，这种人文史观，虽然还不是主流，但正在成为越来越多的历史学家的共识，是历史观上的进步。朱学勤说，鲁迅的历史观是农民起义历史观的组成部分，"我们的小孩饱读水泊梁山这些相互砍人的东西，再读到鲁迅对中国历史的大简化，他会饮鸩止渴，会产生前几年我们知道的像马加爵这样的一种极端悲剧性的行为"。所以，以往的"历史观肯定有问题"，"是对历史的大扭曲、大曲解、大减化"①。

针对朱学勤的观点，某网站调查显示，八成以上网民表示反对。有人指出，这样编写历史教科书是在消灭历史；一套没有历史年代、历史事件和历史人物的"历史教科书"，无法给青少年传授正确的历史观；这样写历史教科书具有颠覆性，是回避历史和歪曲历史的表现。

不过，事情并未完结。2007 年 3 月 6 日，全国政协委员喻权域联合六名委员向全国政协递交提案，建议全国人大常委会制定"惩治汉奸言论法"。他们提出，我国一些报刊上不时出现汉奸言论，歪曲历史事实，为 1840 年以来外国列强侵略中国的罪行辩解，甚至为日本军队侵占中国领土、大量屠杀中国人民的罪行辩解，侮辱历史上的爱国志士和抗战英雄。因此，对于在公共场所发表谈话或在大众媒体上发表文章，歪曲历史事实，为 1840 年以来外国侵略中国的罪行辩解的人；对于为 1931 年"九一八事变"至 1945 年日本投降期间日

---

① 石扉客：《朱学勤：上海历史教科书是个进步》，《南都周刊》第 62 期，2006 年 10 月 13 日。

本军队侵占中国领土、大量屠杀中国人民的罪行辩解的人；对于发表上述汉奸言论的大众传媒的法人代表或责任人，均应判处徒刑。① 此议一出，又是一片哗然。

上述情况表明，历史虚无主义所涉及的对象既宽又广，远远超出历史学界的范围，其间的斗争与交锋，曾经一度达到白热化程度。

与批判历史虚无主义相关的另一议题，是围绕某些电视历史剧与历史政论片的争论。

新时期新阶段我国文化界的一大景观，是荧幕上放映了许多电视历史剧。一些以历史为题材的政论片，颇为走红。这些电视片的主流，是弘扬爱国主义，传播历史知识，因而深受观众喜欢。甚至在我国周边一些国家和地区，也颇有市场。但是，这些电视片也存在一些问题，争议颇大。

针对一些电视剧过度夸大、虚构以及为某些反派历史人物随意翻案的问题，历史学者夏春涛指出，《雍正王朝》《康熙王朝》《孝庄秘史》《康熙微服私访记》《铁齿铜牙纪晓岚》《还珠格格》等历史剧，清一色地聚焦于帝王将相，而且侧重对帝王形象进行美化，已经让许多中小学生产生困惑，觉得封建专制时代的皇帝竟如此可亲可敬。与之同时，一些历史剧又过多渲染历史阴暗面，描绘权力倾轧，声色犬马，对历史人物进行戏说，对一些革命派、维新派人物进行贬损。既然是历史剧，就应遵循历史唯物主义的基本原理，使观众在娱乐放松的同时领悟到一些历史哲理，这应当是此类作品的题中应有之义。在不少历史剧中，许多原本正确的基本概念变得模糊了，还在艺术虚构的名义下闹出许多"关公战秦琼"一类的常识性错误，传播了错误的历史知识。这都反映了某些编导在创作态度上的不严肃和历史知识上的捉襟见肘，所产生的负面影响不容小视。②

学者邢贲思表达了相同立场和观点。他指出，历史剧必须尊重历史。对历史上实有的人和事，特别是对那些有重大影响的人和事的描

① 马国川：《争锋》，中国水利水电出版社 2008 年版，第 173—174 页。
② 夏春涛：《历史剧媚俗何时休》，《人民日报》2003 年 8 月 13 日。

述和评价，尤其要慎重，决不能不顾及历史的记载、史实的鉴证和历代史家的评论，单凭自己的想象和好恶，任意进行编造，以致把历史篡改得面目全非。他以描写慈禧的历史剧为例，指出慈禧的恶名不是哪个史家强加给她的，是她的所作所为把自己钉在了历史的耻辱柱上。这样一个反面人物，有什么必要在银幕和荧屏上一而再再而三地出现？历史剧不是不能写慈禧一类人物，问题是写什么，怎样写，是用唯物史观作指导，按照历史的真实性来写，还是用唯心史观作指导，违反历史的真实性来写？是"直书"，还是"曲笔"？人们在有的历史剧中看不到慈禧的凶残和阴险，看到的却是她的所谓机警和沉稳。这种把反面人物的性格和行为主次颠倒的现象，在不少历史剧中都存在。有的历史剧作者甚至把"人性化"的光环戴到了慈禧的头上，把她描写成一个具有善良人性的历史人物。这一切完全背离了历史剧的创作原则，使历史剧脱离了健康的轨道，走向了它的反面。邢贲思并说，历史学和历史剧之间的错乱现象，使得广大群众特别是青年无所适从，产生了严重的思想混乱。有的宣扬错误的历史观、歪曲历史真相的所谓历史剧不胫而走，而按照历史的真实性写出的历史学著作，在群众中反倒十分隔膜。这种情况如不改变，几代以后，不少人将不知历史为何物。[①]

上述意见和观点，代表了史学界及理论界的主流看法，具有典型性。

新阶段最著名的电视政论片，是2003年3月至5月以及2006年11月分别在中央电视台首播的《走向共和》与《大国崛起》。围绕两部片子，知识界形成对立的两种意见。

关于《走向共和》，坚守唯物史观立场的专业历史学家普遍认为，这部片子有其成绩，但对人物、事件的刻画和展示往往有悖于历史真实，混淆了许多是非界限，因之难免造成对不甚了解真相的观众的误导。片子未能更深刻地揭示君主立宪和共和制为什么在近代中国社会土壤不能植根、开花和结果；以大量的虚假情节美化李鸿章这个

---

① 邢贲思：《历史·历史学·历史剧》，《求是》2006年第1期。

对清王朝苟延残喘起过强心针作用的重臣，使观众对他同情、谅解和首肯，淡化了他竭力维护腐朽透顶的清王朝的倒行逆施的行为实质。对阴险毒辣、两面三刀、崇尚专制皇权、反对真正改革的反动人物袁世凯，对集晚清一切黑暗之大成的极其反动腐朽的人物慈禧，均进行了程度不等的美化；对孙中山，则简陋到了勾勒轮廓的地步，有时甚至拙劣到漫画式，歪曲了孙中山的形象，反映了作者滥用虚构与煽情手段的不严肃创作态度。①

关于《大国崛起》，在一片叫好声中，有学者提出，这部片子洋溢着对霸权的欣赏，美化殖民史，推崇资本主义政治制度，迷恋资本主义市场经济，盛赞资产阶级价值观，在历史认识上存在着严重偏差，充斥着未经严格论证的结论和没有充分依据的说教。② 还有学者认为，这部片子根本就是《河殇》的"上下集、姐妹篇"。③ 这种意见，代表了批评这部电视片的基本立场。

第七节　坚持和发展唯物史观

进入 21 世纪后，我国马克思主义史学理论研究在总体上呈现开放但分散的态势，以往那种举国关注的热点讨论几乎不再见。新中国前 30 年所热烈讨论的问题，关注者呈现越来越少的态势。历史研究的丰富性空前增加，但史学家们的理论热情在减弱。后现代主义、新文化史等思潮影响日深。马克思主义史学面临着新的形势与局面。

史学领域呈现出几个明显倾向。一是玄学化的倾向，亦即故作高深，以晦涩的语言掩盖思想的贫乏、冒充思想的深奥，"以至叫人看了不知所云。在这种情形下，读不懂的责任只好由作者来负"④。有

---

① 丁冠景：《近代史专家评〈走向共和〉：青史凭谁定是非?》，《南方日报》2003 年 5 月 19 日。

② 张顺洪：《忧从中来，不绝如缕：〈大国崛起〉观后》，《马克思主义研究》2007 年第 1 期。

③ 参见马国川《争锋》，中国水利水电出版社 2008 年版，第 73 页。

④ 黎澍：《反对故作高深》，《学习》1951 年 8 月 1 日第 4 卷第 8 期。

学者认为，这种玄学化的倾向，实属"以妖入史"。二是形式化的倾向，即只看外表，不看实质；只做描述，不作或尽量少做分析。马克思说："如果事物的表现形式和事物的本质会直接合而为一，一切科学就都成为多余的了。"① 而形式主义者总是把形式直接看作是本质。殊不知，他们这样做，完全是"多余"的。马克思还说："现代历史著述方面的一切真正进步，都是当历史学家从政治形式的外表深入到社会生活的深处时才取得的。"② 而形式主义者偏偏要从社会生活的深处退回到政治形式的外表。三是碎片化的倾向，即专做细碎研究，反对宏大叙事；不能以小见大，拒绝理论思维。对此，史学界做了比较充分的讨论。四是教条化的倾向，既对马克思主义教条化，也对西方理论教条化，但后者是主要的。毛泽东说："我们除了科学以外，什么都不要相信，就是说，不要迷信。中国人也好，外国人也好，死人也好，活人也好，对的就是对的，不对的就是不对的，不然就叫做迷信。要破除迷信，不论古代的也好，现代的也好，正确的就信，不正确的就不信，不仅不信而且还要批评。这才是科学的态度。"③ 这段话是教条主义的消毒剂。五是理论思维弱化倾向，亦即把实证主义奉为最高信条，已经不具备理论思考能力。

在这种学术状态与格局下，坚持唯物史观指导，依然是中国当代史学的主流。针对否定甚至摒弃唯物史观的思潮，马克思主义史学家们进行了坚决抵制，同时积极从事建设工作，从而使中国马克思主义史学呈现出新的光明前景。

马克思主义史学家们对史学领域的后现代主义思潮进行了研究与批判。进入新世纪后，西方后现代主义史学越来越引起我国史学界关注。特别是美国后现代主义史学家海登·怀特，不仅其著作得到翻译出版，而且登陆中国进行演讲，一时成为热点人物。2003年6月，中国社会科学出版社出版此人所著《后现代历史叙事学》的中文本。

---

① 《马克思恩格斯全集》第25卷，人民出版社1974年版，第923页。
② 《马克思恩格斯全集》第12卷，人民出版社1962年版，第450—451页。
③ 毛泽东：《关于中华人民共和国宪法草案》，《毛泽东文集》第6卷，人民出版社1999年版，第330页。

2004年11月，译林出版社出版海登·怀特的代表作《元史学：19世纪欧洲的历史想像》。2005年5月，北京出版社又出版此人所著《形式的内容：叙事话语与历史再现》一书。后一本书是《历史哲学译丛》中的一种，同属该译丛的还有荷兰后现代主义史家安克施密特所著的《历史与转义：隐喻的兴衰》一书。受后现代主义思潮影响，一些史学家开始关注史学著作的隐喻、修辞、叙事之类问题，特别是对历史认识论，有了许多新的看法。但如何看待后现代主义思潮，学者们的认识差异很大。

有学者认为，后现代主义注意对历史学的想象问题的解释，既非故弄玄虚，也不是有意要把问题复杂化，与传统史学理论的盲目自信缺乏反思相比，后现代主义对历史学的某些解释，是敏锐而深刻的，套用哲学家杜威的话：它不仅更切合事实，也体现出一种理智上的坦率和诚实。[①]

有学者提出，后现代主义的逐渐兴起给现代历史学的合法性所在，特别是其所主张的客观性和真实性原则造成前所未有的冲击，因此引起许多历史学家的不满与反击；但后现代主义对历史学还是有巨大贡献的，使人们更清楚地认识到了历史书写中不太为人所知的面相，挑战史学家去重新检查他们自己学科的理论和实践，也极大地加深了人们对历史、对历史研究和历史书写的理解。但也有其自相矛盾之处，而且史学家在实践中不可能完全按照后现代主义的宣称来研究历史，现代主义的史学观念依然有其生命力，它与后现代史学理论完全可以互补长短、相得益彰。[②]

我国主流的历史学家大都对后现代主义持抵制态度。有学者明确表明了批评立场。沙健孙说，对西方资产阶级的思想理论的迷信盲从，意味着对马克思主义指导地位的否定。如果听任西式教条主义自由泛滥，马克思主义就会被边缘化，而坚持马克思主义在思想文化领

---

① 张耕华：《试论历史叙事中的想象问题》，《史学理论研究》2005年第4期。
② 张仲民：《后现代史学理论述评》，《重庆社会科学》2005年第3期。

域中的指导地位也就会成为一句空话。① 吴英说，后现代思潮对由启蒙运动所建构的现代性发起猛烈攻击，表现在史学上，就是对历史学的科学性提出质疑。他认为，后现代思潮对历史科学性的质疑，其理由并不能真正构成对历史学科学地位的否定。因为，任何学科都有主体价值的干预，问题在于，这种主体价值的干预能否经得起实践的检验。此外，由于唯物史观对规律的认识超越了实证主义的规律观，使得它能够揭示各民族发展道路的丰富多样性，并从各民族发展道路的比较中认识历史的发展和人的发展的因果必然性规律，从而指导人们顺应历史发展的规律，完成后现代主义史学所不承认的"宏大叙事"。②

中国马克思主义史学的核心问题，是如何对待唯物史观。批判后现代主义也好，讨论其他史学议题也罢，都与维护唯物史观的指导地位直接相关。唯物史观既要坚持，也要发展。坚持是前提，发展是需要。既然要发展，就会出现新的理解与阐发，就可能出现失误与错误。在新时期，正如有的学者所说，在对唯物史观的理解中，由于人们所处的时空条件不同，因而出现了不同的"解释范式"，也使唯物史观受到来自不同方面的误解和曲解。于是，人们开始对传统唯物史观的理解方式进行思考。在对唯物史观的重读中，强化了唯物史观的文本研究和现实关照，形成了多种研究路向。主要包括实践路向、创新路向、制度路向、方法路向。可以看出，唯物史观正在人们的研究中走向立体化，都是着眼于恢复马克思主义唯物史观的本真面目，并且结合已经变化了的现实实践，创新和丰富唯物史观。③

但是，无论怎样发展唯物史观，都不能"发展"到抛弃乃至背叛的路上去。事实上，抛弃唯物史观的倾向在史学界是存在的。有学者指出，历史研究所存在的最大问题，就是 20 世纪 80 年代以来，原

---

① 沙健孙：《坚持马克思主义指导地位，正确对待西方思想理论》，《光明日报》2005 年 4 月 27 日。

② 吴英：《评后现代思潮对历史学科学性的否定》，《中国社会科学院院报》2005 年 8 月 4 日。

③ 贾英健：《唯物史观的研究路向》，《光明日报》2005 年 3 月 22 日。

已存在的淡化马克思主义、背离马克思主义、乃至否定马克思主义的倾向，不仅循而未改，反而其趋势有所增强。突出表现，首先是对唯物史观的彻底否定。唯物史观被彻底否定了，历史研究中坚持马克思主义的指导也就成了一句空话。[①] 还有学者指出，唯物史观的指导地位，受到了种种挑战。有人甚至发表文章说，阻碍新中国历史学发展的最大障碍或桎梏，是强迫人们接受了唯物史观；自 50 年代以来，"几乎所有史家"都或者屈服于"政治威胁和行政压力"，或者"出于对自身生存利益的考虑"，形成了对唯物史观的"盲目崇拜与狂热迷信"，以致"不知不觉地放弃了对历史过程的理性探索精神，习惯成自然地丧失了历史批判的科学能力"。这样的判断是完全背离历史真实的。[②] 这些学者所指出的现象，是客观存在的。

正是在坚持还是抛弃唯物史观指导地位的根本问题上，我国马克思主义史学家们没有迷茫，没有动摇，义无反顾地继续维护唯物史观的指导地位。2000 年 8 月在哈尔滨召开的第 11 届全国史学理论研讨会上，有学者指出，唯物史观仍将是历史学的指导思想。有学者预言，21 世纪的中国史学理论研究在相当长的一段时期内，将出现多种史学理论主张共存的局面；目前流行的马克思主义史学理论体系将受到冲击和考验。但经过彼此消长，科学的马克思主义史学理论最终仍将担负起理论统一的重任，由此在新世纪建立起具有中国特色的马克思主义史学理论体系。[③]

北京师范大学史学理论与史学史研究中心于 2001 年 11 月举办了一场"唯物史观与 21 世纪中国史学"学术研讨会，专门就"马克思主义唯物史观与 21 世纪中国史学"这一主题展开讨论。学者们普遍认为，马克思主义唯物史观并非僵化的教条，而是一个开放的理论体

---

① 卢钟锋：《历史研究现状与加强马克思主义指导》，《中国社会科学院院报》2005 年 2 月 25 日。

② 李文海：《在中国社会科学院历史研究所建所 50 周年庆祝大会的讲话》，《中国史研究》2005 年增刊。

③ 易木：《走向深入的史学理论研究：第 11 届全国史学理论研讨会综述》，《史学理论研究》2000 年第 4 期。

系，是随着历史的发展而不断发展、不断完善的。在新世纪，马克思主义唯物史观仍然是中国史学研究的指导思想与方法论。多数学者指出，尽管中国史学受过苏联史学界的僵化模式和教条主义影响，受到过我国政治生活中"左"和右的思潮的影响，出现了对唯物史观的机械理解和贴标签做法，有过深刻教训，但不能因此否定马克思主义唯物史观基本原理的正确性，更不能因此否定唯物史观在20世纪中国史学发展中所产生的积极影响和所取得的巨大成就。有学者认为，20世纪50—70年代我国历史研究中出现的问题，不是唯物史观造成的。例如用阶级斗争、儒法斗争概括几千年的中国历史，在一定程度上是政治问题，是政治运动在"史学"上的反映。教条化、公式化本身正是唯物史观的对立物。学者们在分析了唯物史观在目前所遭遇到的挑战的各种表现之后，普遍认为，唯物史观本身需要不断丰富和发展，但首先要坚持。①

进入新世纪伊始，我国史学理论界围绕唯物史观议题，进行了讨论。有学者提出，从苏联传过来的"唯物史观"，是在20世纪30年代为适应当时苏共所处的国内外环境和面临的任务而形成的理论范式，经过大半个世纪世界历史进程的实践检验和社会历史科学研究的检验，证明它确实有许多严重缺陷，但不能因此否定马克思主义的唯物史观基本原理本身的正确性。不能把后人对唯物史观的误释或曲解造成的问题，看作是唯物史观本身的理论缺陷。"我们没有理由不相信唯物史观和它揭示的人类历史发展规律是颠扑不破的真理。"②

2002年4月18日，教育部高等学校社科中心与中国史学会、北京市历史学会共同举办"唯物史观与社会科学研究研讨会"，会议就唯物史观的当代价值，唯物史观的坚持与发展，唯物史观的指导地位与繁荣哲学社会科学、推动理论创新，唯物史观与当前社会科学研究中的重大理论问题，唯物史观与历史研究等，进行了讨论，金冲及、

---

① 罗炳良：《发展唯物史观繁荣历史科学："唯物史观与21世纪中国史学"研讨会综述》，《人民日报》2002年1月12日。

② 吴英、庞卓恒：《弘扬唯物史观的科学理性》，《历史研究》2002年第1期。

李文海、陈先达等知名学者作了发言。①

随后，《高校理论战线》自第 5 期开始开辟专栏，陆续发表了一组文章。10 月 12 日至 14 日，根据中国社会科学院院长李铁映的倡议，由中国社会科学院历史所、近代史所、世界史所、考古所、当代中国研究所、边疆史地中心、地方志办公室和《历史研究》杂志社，联合召开了史学理论座谈会，就如何坚持和发展唯物史观的议题进行了座谈。②

10 月 27 日至 28 日，"新中国史学的成就与未来"研讨会在北京师范大学举行。会议由北师大史学理论与史学史研究中心、北师大史学所主办，也专门讨论了坚持唯物史观的问题。

坚守唯物史观指导地位，在理论和实践中坚持和发展唯物史观，受到一再强调，并采取了若干落实的行动。2006 年 10 月 16 日至 17 日，中国社会科学院历史所、考古所、史学理论研究中心和中国史学会在北京联合召开"纪念尹达先生诞辰 100 周年暨中国社会科学院中国历史学论坛"，以纪念著名马克思主义史学家尹达诞辰 100 周年的形式，表达对唯物史观的坚守立场。③ 11 月 9 日至 11 日，中国社会科学院文史哲学部与中国社会科学出版社、《历史研究》编辑部在北京召开"坚持与发展唯物史观理论研讨会"。与会者认为，中国的现代史学是在马克思主义的指导下形成和发展起来的。在新的历史时期，中国史学要走向新的繁荣，仍然必须一如既往地坚持以马克思主义为指导。④

有学者提出，中国人接受唯物史观，把唯物史观作为历史研究的指导性理论，是一代中国人的自觉的理性选择，并不是某种意识形态

---

① 李珍：《"唯物史观与社会科学研究研讨会"综述》，《高校理论战线》2002 年第 5 期。

② 《坚持唯物史观指导，繁荣中国历史科学：中国社会科学院史学理论座谈会侧记》，《史学理论研究》2003 年第 1 期。

③ 楚天舒：《"纪念尹达先生诞辰一百周年暨中国历史学论坛"在京举行》，《光明日报》2006 年 10 月 23 日。

④ 路育松：《坚持用唯物史观指导历史研究》，《中国社会科学院院报》2006 年 12 月 11 日。

的灌输和强制性要求的结果。中国见之行事与经世致用的史学传统和唯物史观的历史认识论有着一定的对应关系，这成为中国人自觉地选择唯物史观作为历史研究的理论指导的文化意识基础。此外，中国人选择唯物史观，还是社会需要机制发生作用的结果。以唯物史观指导中国历史研究，改造了中国传统的历史研究范式，实事求是，不仅是按照事物的本来面目记录历史，而且是要揭示历史事实之间存在的内在必然性，历史的传统也具体化为以经济基础说明历史发展的成因，以阶级斗争说明历史的动力，以劳动人民的进步说明社会改造的必要性和历史的趋势，这体现着近代中国的历史研究发生了质的变化。①

还有学者提出，在唯物史观指导下，中国史学应当确立其进一步走向世界的意识和要求，把不断提高自身的品格作为进一步走向世界的前提，结合当今的历史认识和研究对象，提出新的见解和结论。对中国古代史学遗产研究、总结、继承，不仅可以充实当今中国史学的思想内涵和历史底蕴，而且可以从不同方面更多地反映出中国特色、中国风格和中国气派。中国史学还应明确进一步走向世界的目标和路径。②

有学者认为，新时期史学工作者要有时代责任感。一些现象说明，确有部分史学工作者忘记了历史学应该为人民服务、为社会主义服务的社会责任。史学工作者不能淡化甚至抹杀中国历史乃至世界历史上的压迫、剥削和阶级矛盾、阶级斗争。③

有学者介绍说，参加马克思主义理论研究和建设工程的学者就如何撰写《史学概论》取得共识：首先，必须坚持以马克思为指导，通过撰写《史学概论》，在新的历史条件下构建马克思主义史学理论的新形态，阐释马克思主义史学原理的新体系、新发展；将撰写《史学概论》同建设全面反映当代中国马克思主义史学最新成果的学

---

① 李杰：《唯物史观史学方法论的中国化问题》，《史学理论研究》2006 年第 3 期。

② 瞿林东：《前提和路径：关于中国史学进一步走向世界的思考》，《北京师范大学学报》2006 年第 5 期。

③ 户华为：《新时期史学工作者的时代责任：访中国社会科学院学部委员、历史研究所所长陈祖武研究员》，《光明日报》2006 年 12 月 11 日。

科体系和教材体系密切结合在一起。其次，用科学的态度对待马克思主义。要建设具有时代特征的马克思主义理论的学科体系。坚持马克思主义在历史研究中的指导地位，绝不是将马克思主义经典作家的个别结论当作现成的"公式"，不分时间和地点机械地套用，而是自觉地坚持马克思主义的立场、观点和方法，把马克思主义史学的革命精神、中国传统史学的优良传统同外国史学的有益内容有机地结合在一起。再次，历史学科课题组的全体同志要不断加强自己的责任感和使命感，紧密结合新的实践不断创新，追踪史学发展前沿，拓宽历史认识视野，扩展历史思维空间，既立足当代又继承传统，既立足本国又学习外国，大力推进学术观点创新、学科体系创新和科研方法创新，努力建设具有中国特色、中国风格、中国气派的马克思主义史学理论，高质量地完成《史学概论》的撰写工作。①

坚持和发展唯物史观，让中国史学的前景更加辉煌。2004年3月，中共中央下发《关于进一步繁荣发展哲学社会科学的意见》，随后，马克思主义理论研究和建设工程正式启动。这为中国马克思主义史学理论在新的历史起点上繁荣发展提供了制度保障。2005年7月15日，中国社会科学院史学理论研究中心举行成立大会。朱佳木在成立大会上提出，史学理论研究中心的主要任务是围绕史学理论的学科建设，将相对分散的研究力量组织起来，开展课题研究，组织学术会议，举办学术报告或讲座。收集有关信息，促进国际国内交流，发挥中国社会科学院历史学科比较齐全的优势，给有志于史学理论研究的学者搭建一个相互交流的平台，为繁荣和发展以马克思主义为指导并以马克思主义史学理论为主体的史学理论研究，做出应有的贡献。8月22日至26日，第12届全国史学理论研讨会在云南大学举行。会议的主题是"面向新世纪的史学理论研究"，内容包括唯物史观面临的机遇和挑战、中国马克思主义史学的发展、西方史学理论与中国史学等。10月25日至27日，由北京师范大学史学理论与史学史研

---

① 于沛：《努力奉献经得起历史和时代检验的精品力作：马克思主义理论研究和建设工程历史学科取得实质性进展》，《光明日报》2006年5月23日。

究中心、安徽师范大学社会学院和安徽省历史学会联合举办的"理论与方法：历史比较和史学比较"学术研讨会在安徽芜湖召开，对历史比较与史学比较研究中的理论问题进行了深入探讨，涉及比较研究中的公度性问题、比较研究中主体和客体的关系、比较研究的类型和层次问题、如何理解和处理史料的选择问题、中西史学的主要特征问题。10 月 28 日至 29 日，由华东师范大学历史系、华东师范大学海外中国学研究中心主办的"国际视野下的中国史学国际学术研讨会"在华东师范大学举行。会议围绕"互动与发展：让中国史学理论和史学史研究走向世界，让世界关注中国史学理论与史学史研究的发展"的主题，就中国古代史学的理论特色、传统史学的近代转型、近代史学科学化进程以及当代中外史学互动与前景等问题进行了深入讨论。2005 年 7 月 3 日至 9 日，我国多位史学理论研究人士还参加了在澳大利亚悉尼市举行的第 20 届世界历史科学大会。① 而 2015 年，将首次在中国举办世界历史科学大会。

事实证明，在坚持中发展，在发展中不忘坚持，是中国马克思主义史学在一体多样的学术格局中开拓进取、走向辉煌的科学之路、光明之路。

---

① 参看陈启能等《第 20 届国际历史科学大会纪实》，《史学理论研究》2005 年第 4 期；李世安：《第 20 次世界历史科学大会评析》，《光明日报》2005 年 11 月 29 日。

第九章

史学研究方法的多样化

马克思主义历史科学是最重视方法的史学形态。一般说来，"方法"在马克思主义历史科学的知识体系中，划分为方法论、宏观方法、中观方法、微观方法四个层次。唯物史观既是方法论，也是宏观方法。中观与微观方法虽然可以与非马克思主义的史学方法相联系、相交叉、相重叠，但也要以唯物史观为指导。这是马克思主义史学看待史学方法问题的基本着眼点。

新中国的马克思主义史学，在史学方法的理解、探讨、应用方面，分为改革开放前后两个历史时期。第一个时期突出强调唯物史观的指导，同时以历史唯物主义的基本原理作为历史研究的基本方法。由于历史唯物主义是宏观历史理论，因此在历史研究方法领域的基本趋向，是方法论与宏观方法的探讨占据多数，而中观与微观方法探讨较少。但是，在历史文献学、古籍整理、考古发掘等领域，传统的微观方法并没有废弃，而是得到有效应用。第二个时期则在依然强调唯物史观指导的同时，逐渐呈现多样态的发展趋势；作为"学科"意义上的"方法"自觉日益强化，因而出现了改革开放前没有过的五花八门的方法主张与方法尝试。这种"一体多样"的格局，极大地丰富了原有的唯物史观方法论体系，使得唯物史观史学方法系统呈现出前所未有的开放性、丰富性。但是，它也带来三个需要防止的倾向。一个是方法的多样化、方法运用的碎片化，使得唯物史观的整体性、系统性以及指导性，有被虚化的可能；二是方法的丰富性、多方法运用的溢出效应，使得唯物史观的应用性有不再被突出、甚至被悬置的可能；三是对历史研究方法的探讨，越来越失去思想性，越来越增加烦琐性，越来越趋于干枯性，有被程序性、技术性方法替换的可能。因此，怎样处理好在突出唯物史观指导性的前提下，大力促进史学方法繁荣，使得前者不完全代替后者、后者不淹没前者，是需要在理论上探讨、实践中探索的问题。

改革开放后史学方法的多样态发展，集中体现在历史比较方法、史学系统方法以及跨学科方法的研究与应用上。

第一节　历史比较方法①

比较是人类最早采取的思维方式之一，也是人类最常使用的方法之一。但是，自觉地使用与不自觉地使用、科学地使用与不科学地使用、在学科内部使用与在学科外部使用，所导致的效果往往是不一样的。在历史研究中，比较可以帮助发现并阐明历史发展真相与规律，可以帮助呈现民族历史的特点、历史人物的特质以及区域文化的特征，等等。有比较才有鉴别。人们对一个历史对象进行鉴别，提出价值判断，往往通过比较的方式来进行。但是，比较是有"规则"的。历史比较必须遵守怎样的规则，是历史比较方法研究的核心。

新中国成立后的前 17 年，历史比较方法虽然有所采用，但没有上升到范畴与学科的高度来进行。在社会主义与资本主义之间的制度优劣性比较，历史人物评价中的相互比较，文化特色研究中的区域性比较，以及历史发展过程中的阶段性比较等，基本上是在自然的状态中进行的，对之的独立理论思考、认识论审视以及自觉地利用它研究具体历史问题，还很少见。"文化大革命"期间，江青集团及其控制的写作班子，滥用庸俗的历史类比，在"木与夜孰长、智与粟孰多"之间肆意牵连，大搞影射史学，极大地败坏了历史比较与类比方法的名声，以致一度使人对"比较"与"类比"产生恐惧。中共十一届三中全会以后，历史比较方法被科学地予以审视，开始受到学术界广泛重视，在史学以及比较文学等领域，得到具有理论意义的自觉

---

① 本节参考了蒋大椿、李洪岩的文章《解放以来的历史比较方法研究》，刊载于《近代史研究》1993 年第 2 期。

探讨。

1981 年 3 月 24 日，周谷城在《光明日报》发表《中外历史的比较研究》一文，呼吁运用比较方法研究历史。同年 10 月召开的中国哲学史比较研究学术讨论会上，有学者提出，用历史唯物主义观点进行历史人物比较是完全可以的。其后，运用比较方法的历史研究论文逐渐增多，并对历史比较方法进行理论探讨，同时大量译介国外比较史学成果，与比较史学相关的学术会议也经常召开。学者们对这一方法的探讨更加全面、自觉，不仅发表一大批较有质量的论文以及运用这一方法于史学实践的史学论作，还出版了几部专著。但不足的是，在研究中还很少与历史认识的规律相联系。其实，比较离不开主体的思维习惯与思维方法。只有对主体的思维规律有所剖析，历史比较方法研究才能够走向通透。

由于比较方法具有悠久的历史传承，所以学者们首先面对的，就是如何认识、分析、扬弃我国古代和近代历史比较方法的课题。有的学者提出，《尚书·召诰》是我国最早的一篇比较史学著作。[1] 有人认为，战国时《荀子·非十二子》《庄子·天下》已在思想史方面体现出比较研究的特点。[2] 但是，学者们很少论及《墨子》所总结"异类不比"的逻辑命题。其实，这是世界上最早的有关比较理论的命题，具有极高的理论价值。两汉的《论六家要旨》《史记》《汉书·艺文志》也都运用了历史比较方法。学者们认为，我国古代史学中的历史比较法有三个发展阶段：意在说理的说理比较法，盛于先秦诸子，延及两汉；优劣比较法，自汉迄今，经久不衰；求真比较法，意在探求历史现象之由来与所必至，如清代赵翼以及近人蒋廷黻均对此有过探索。但有学者指出，古代史家运用比较法多处于自发状态，缺乏自觉意识与系统理论。

另一些学者则认为，比较史学在中国的历史最早可上溯到 18 世纪末。到戊戌变法前后，出现一批中西历史比较的论著，如严复所撰

---

① 易孟醇：《我国传统史学中的比较法》，《北方论丛》1990 年第 3 期。
② 赵吉惠：《历史学方法论》，四川人民出版社 1987 年版，第 147 页。

多种西籍按语，康有为在进呈光绪皇帝的各国政变史上写的序言，谭嗣同《论今日西学与中国古学》，梁启超《论中国与欧洲国体异同》，唐才常《历代商政与欧洲各国同异考》《各国政教公理总论》等，堪称中国比较史学研究的先驱。"五四运动"前后参加东西方文化问题论战的双方，大都采用比较方法。此后，比较史学一度处于停滞状态。虽然郭沫若、翦伯赞、吕振羽等曾运用比较方法，但严格意义上的比较史学论著则极少见。①

关于国外的比较史学方法，1981 年后，我国学者大量翻译介绍了国外的相关论著。新时期的历史比较研究，没有深入地向我国自身的传统资源开掘，而主要表现为对国外资源的引进与借鉴。

我国学者大都认为，比较史学在当代的崛起，首先应归功于法国大史学家马克·布洛赫（1886—1944）。布洛赫被誉为"比较历史之父"。他在 1928 年写的《论欧洲社会的比较》，被誉为"至今仍不失为一篇对比较法理解最透彻，在理论上最令人信服的文章"。我国学者专门介绍了他的比较方法的理论基础和应用，还翻译了他的一些比较史学论文。随着法国"年鉴学派"（一译安娜学派）在我国的传播，年鉴学派的方方面面都受到我国学者关注。②

我国学者还对西方比较史学方法作了更广泛的考察。如庞卓恒就考察了从布洛赫直至汤因比、库尔本的历史比较研究。③ 在《比较史学》一书中，他更广泛地考察了西方历史比较研究的历程。还有学者考察了从希罗多德、波里比阿、普鲁塔克直到维科、伏尔泰、康德的历史比较方法运用，得出一些颇具启发性的结论。④ 另有学者则认

---

① 蔡克骄：《比较史学在中国的发展与前景》，《温州师范学院学报》1988 年第 2 期。

② 参看范达人《当代比较史学论纲》，《史学理论》1988 年第 1 期；荣颂安《马克·布洛赫及其比较史学方法论》，《世界史研究动态》1983 年第 4 期；尤天然：《布洛赫和他的史学地位》，《世界史研究动态》1984 年第 8 期。

③ 庞卓恒：《封建社会历史比较研究的几个问题》，《历史研究》1985 年第 1 期。

④ 参看孟庆顺《比较史学方法评析》，《西北大学学报》1986 年第 1 期；王正平《史学理论与方法》，杭州大学出版社 1990 年版；荣颂安《当代史学研究方法的变革与趋势》，《国外社会科学》1985 年第 5 期。

为，比较历史学是 19 世纪中叶从欧洲开始产生的。①

对美国的比较史学状况，我国学者进行了重点介绍，因为美国是开展比较史学研究最充分的国家。C. E. 布莱克的《现代化的动力》（1966 年纽约）和巴林顿·穆尔的《专制和民主的社会起源：现代世界上的地主与农民》（1966 年波士顿）被称为美国历史比较研究的范例。

对苏联和东欧国家的比较史学，我国学者给予相当的重视，认为 20 世纪 30 年代中期，比较方法几乎从苏联历史研究中消失，从 50 年代开始又活跃起来。

总之，我国学者对国外比较史学的介绍是比较充分的。从 1982 年到 1988 年，仅译文就发表近 40 篇，并结集出版。项观奇编辑的《历史比较研究法》一书，收有苏联、捷克、法国、美国学者的比较史学论文 19 篇，比较集中地反映了上述国家的比较史学研究水平。② 国内一些学术刊物，也以一定篇幅介绍国外比较史学状况。这对推动我国的比较史学方法研究，有一定的借鉴作用。但相对来说，对国内资源的发掘，则非常不够。具有思想深度、引人入胜的分析文章，也很少见。

对马克思主义经典著作中历史比较方法的发掘和研究，在我国具有特别重要的意义。关于马克思主义经典著作对比较史学方法理论阐述的基本内容，黎澍、蒋大椿主编的《马克思恩格斯论历史科学》归纳出四个方面：（1）比较能使我们找到理解历史现象的钥匙；（2）历史比较的类型包括寻找相异或相同点的比较以及二者皆有的综合比较；（3）历史比较方法应遵循可比性原则，并在充分研究被比较的各方的基础上进行；（4）不要作肤浅的历史对比。③ 庞卓恒、范达人分别撰著的《比较史学》一书以及其他一些论文，也都总结

---

① 赵吉惠：《比较研究方法在国外》，《中外历史》1987 年第 2 期。

② 葛懋春、姜义华主编《当代外国史学理论丛书》之一，项观奇主编：《历史比较研究法》，山东教育出版社 1987 年版。

③ 黎澍、蒋大椿主编：《马克思恩格斯论历史科学》，人民出版社 1988 年版，第 428—444 页。

出一些经典著作中的历史比较内容。

有学者对经典作家关于历史比较研究的成果，进行了较深入的探讨。蒋大椿认为，马克思、恩格斯之所以将历史比较方法视为理解历史问题的一把钥匙，是因为只有通过比较研究，才能加深对历史问题的认识；可以帮助人们进行历史类比推理，从已知历史事物的特征中，合理地推出未知的历史事物的特征。马恩比较研究的具体历史事实和类型有：社会形态比较、国家比较、阶级比较、政治制度比较、学术思想和理论著作比较、历史事件或人物比较。①

范达人则全面地考察了马克思、恩格斯、列宁、斯大林、毛泽东的历史比较研究实践与理论阐述，认为辩证唯物主义历史观、运动观和物质观，是历史比较研究坚实可靠的理论依据。开展历史比较研究，就是继承经典作家已经使用过的方法。赵吉惠著《历史学方法论》、吴泽主编《史学概论》②，也都对此作了阐发。庞卓恒认为，在马克思所进行的历史比较研究实例中，总是把握着历史统一性与多样性的辩证关系，生动而具体地揭示出历史发展的普遍和特殊规律。从此历史比较才有可能摆脱同一性与差异性的僵硬对立和简单的形式上的或模式上的异同类比。③

国外研究马克思主义经典作家关于历史比较方法的相关论文，我国学者也做了翻译介绍，如范达人翻译的苏联学者作《列宁的历史类比和对照方法》《马克思、恩格斯、列宁与历史的比较研究》，即有较高的学术价值。

另有些学者对某部特定的经典著作所运用的比较方法进行了探讨。如杨晓榕提出，马克思在《资本主义生产以前的各种形成》中运用过三种历史比较研究法：对照比较法、类型比较法、遗传学比较

---

① 蒋大椿：《马克思、恩格斯著作中所见之历史研究方法》，刊载于历史科学规划小组史学理论组编《历史研究方法论集》，河南人民出版社1987年版，第110—152页。

② 吴泽主编：《史学概论》（曹伯言、桂遵义副主编），安徽教育出版社1985年版。

③ 庞卓恒：《历史的统一性多样性与历史的比较研究》，《天津社会科学》1985年第1期；《封建社会历史比较研究中的几个问题》，《历史研究》1985年第1期。

法。① 忻剑飞提出，毛泽东对比较法的运用，突出表现在国情比较、阶级比较、历史比较、过程比较、理论比较五个方面。比较的原则是，注意整体性、系统性、恰当掌握质与量的关系，注意可比性问题，树立积极的历史比较观。②

那么，什么是"历史比较方法"呢？周谷城在前引文章中说："比较研究，即经常拿彼此不同的东西对照着看的意思。"这是立足于比较在形式上的行为而下的定义。丁伟志则认为，它是"对历史进行宏观考察的一种重要方法"，"或者通过对于不同时期的历史的比较研究以求常求变，或者通过对于不同地域（不同民族、不同国家）的历史的比较研究以求同求异"。③ 这是立足于理论层次与比较类型所下的定义。范达人认为，历史比较研究不仅是潜在的比较或偶一使用的比较对照方法，而且是自觉的、系统地使用的方法。真正的历史比较研究，是对历史上的事物或概念，包括事件、人物、思潮和学派等，通过多种方式进行比较、对照，判明异同，分析缘由，从而寻求共同规律和特殊规律的一种方法和学科。④ 这是比较全面的一个定义，考虑到了主体的自觉、运用的完整以及比较的过程、目标、学科意义。而更多的学者则侧重在"方法"层面，认为历史比较法就是要从各种角度、各种关系上，对历史现象进行对照比较，找出异同和从中抽象出规律的研究法。

比较的目的是求同求异，或求常求变，但比较的对象不同，结论的应用范围自然也不同。宁裕先给比较提出一个最宏观的对象，即以整个人类历史为对象，以世界历史的特征为重点，从时间性上对不同国家的不同时期的历史进行比较研究，求常求变；从地域上对不同国

---

① 杨晓榕：《〈资本主义生产以前的各种形式〉的历史研究方法》，《探索与争鸣》1986 年第 2 期。

② 忻剑飞：《毛泽东著作中比较方法的运用及其哲学意义》，《复旦学报》1982 年第 1 期。

③ 丁伟志：《马克思主义与历史宏观研究》，《人民日报》1981 年 8 月 25 日。

④ 范达人：《略论历史的比较研究》，《北京大学学报》1982 年第 3 期；《历史比较研究的理论依据与局限性》，《光明日报》1983 年 12 月 28 日；《历史比较研究刍议》，《历史教学问题》1984 年第 6 期；《当代比较史学论纲》，《史学理论》1989 年第 2 期

家或不同民族的历史进行比较研究，求同求异。在常与同中认识普遍规律；于变与异中认识特殊规律。比较史学最关注的不是从时间上纵向观察历史进程，而是从空间来横向观察。① 这一看法，不免让人想到汤因比那种宏大的文明类型划分架构。而有的学者则没有这样气象宏大。谢本书即认为历史比较法应当是运用比较方法研究历史的一种具体方法，难怪他是在具体历史人物的比较中得出这一结论的。②

陈其泰将历史比较法分为两支：一是历史比较研究，二是史学比较研究。③ 庞卓恒在《比较史学》中把比较行为分为两种，即时间系列上的前后阶段的纵向比较（又称垂直比较）、空间系列上的同一阶段的横向比较（又称水平比较），其实就是时空坐标中的比较，但他强调它应该是理论和方法论体系，而历史的比较研究就是运用那种理论和方法进行具体的比较研究的实践。赵轶峰则着重从主体的角度探讨了比较史学的性质，认为比较史学的总体意识是一种宏观历史发展观念。无论研究对象的具体性如何，比较研究本身已经意味着突破一个单一的或静态的对象本身的框架，而将之放入更大的普遍联系中来认识对象过程。④

其实，比较的对象既可以是宏观对象，也可以是具体对象；既可以前后纵向比较，也可以区域横向比较。拘泥于特定性，未免形而上学。关键在于，比较必须在两个或多个对象间进行，而对象之间必须有内在的统一性，不然就无从比较。

这就引出了历史比较方法的条件和要求问题。不是什么事物之间都可比较，也不是在任何条件下都可比较。必须遵从客观事物的性质，从中找出规律性，制定出规约，使得比较能够在共同遵守的规约下进行。也就是说，必须制定可比性原则。

"可比性"是历史比较方法的核心问题。脱离这一核心，其他问

---

① 宁裕先：《略论比较史学》，《河南大学学报》1986 年第 1 期。

② 谢本书：《康梁蔡朱之比较研究——兼论比较历史研究法》，载《历史研究方法论集》，第 238—259 页。

③ 陈其泰：《关于史学比较研究的思考》，《史学史研究》1987 年第 3 期。

④ 赵轶峰：《历史比较研究》，《东北师范大学学报》1988 年第 4 期。

题的探讨都会失去逻辑基础。可比性原则的实质是事物统一性与辩证性的统一。范达人在前引文章中提出，一切事物之间都具有同一性与差异性，在原则上都是可比较的，这是可比性的无条件性和绝对性。但是两个事物之间又必须找到一定角度的联系，找到第三者作为中介，才能进行具体的比较，这是可比性的条件性和相对性。可比性原则就是比较的无条件性与条件性、绝对性与相对性的辩证统一。具体讲，它包括三个方面：（1）用来作比较研究的必须是确实存在过的两个以上的事物，或同一事物经过两个以上的不同发展阶段；（2）要符合各类历史比较的要求，如历史类型性比较，比较的事物必须是同类的；（3）要把所比较的事物放到一定的范围之内作具体比较。

　　这一分析是比较深刻的，但还不够完善。赵吉惠在前引论著中说，历史现象的可比较性在于对象之间具备共同基础与联系。可比性原则只有一个，即"只有同类事物才能比较，不同类的事物不能比较"。他的前一句话，可以作为范达人的补充，从而使论述完善起来。但后一句话与范达人意见相同，却忽略了异类事物中蕴含的相同的要素或元素之间虽然不一定可以比较，却往往可以连类。正如孟庆顺所说，"同类"概念的含义是相对的；凡是历史现象，只要给它们确定一个前提，便可进行比较。王正平也曾说，处于不同时期与地域的事物在历史现象上有许多相似之处，也可进行比较。性质不同，但在某一方面相类似的即可比较。换言之，异类事物之间，例如"智"与"粟""木"与"夜"，确实不能比较，但倘若它们之间具有同类的元素，那主体就可以在这些元素之间建构起同类关系。例如"木"的"生长"与"夜"的"长短"之间、"智"的"多少"与"粟"的"多少"之间，由于主体从中抽绎出了统一性，就可以进行连类。而连类所形成的，却不是比较，而是类比或比喻。因此，人的智慧可以像粟那样多，夜的漫长可以让"木"停止生长。但树木的高低与夜晚的长短、智慧的灵动与粟米的多少之间，完全没有统一性，所以完全不具备可比性。所以，要把比较的规律研究透彻，必须与类比、比喻的规律联系起来进行共同研究。隐喻中的比较与科学中的比较具有本质差别，后者是寻找客观存在的统一性，将比较建立在真实的基础上；前者是在元素的牵连中建构统一性，将比较建立在拟想的基础上。但统一性或共同的基础，是它们必须共同遵守的原则。

所以，正如学者们所说，决不能把那些不相干的事物，生拉硬扯地放到一起做比较。如果这样做，那就成为影射史学了。

可比性原则的另一项要义是，比较必须在对被比较的事物充分了解的基础上进行。对此，范达人提出，要把两种事实搞清楚，使其在相互关系上表现为不同的发展阶段，并将其连贯性弄清。这关系到是否"架空比较"的问题。蒋大椿提出，必须将被比较各方的事实情况研究清楚，不能只凭空洞的历史哲学理论硬套。

所谓"架空比较"，其实就是毫无根据或抓住一点、肆意放大地胡乱比附。这在方法上，属于错误；但在学风上，属于不正；而在史德上，则是败德。因此，比较方法的探讨，不能孤立地进行，需要结合学风、史德来进行。

可比性原则还要求抓住关节点，力戒肤浅类比，通过比较抓住被比较的历史事物的本质。假如像有的学者所批评的那样，做一些"大狗比小狗大、小狗比大狗小"的比较，那显然是毫无意义的。对此，范达人、蒋大椿在前述论文中都认为，科学的比较不限于单纯罗列一些表面异同现象，而是透过现象，分析原因，从共同性与差异性中揭示矛盾的普遍性和特殊性。为此，就应找到各种历史现象产生的物质经济条件和社会条件，才能在洞识历史事物本质的基础上做出比较。而这样做，当然离不开唯物史观的介入。

可见，历史比较方法也需要在唯物史观的指导下进行，不然就会忽略历史的本质，做一些无谓的现象描述或形式对比。

可比性原则最后一项要求是，在进行比较时，应防止以一种历史现象或过程作标准模式，去硬套其他历史现象和过程。陈绍闻批评有学者以欧洲的社会经济发展史作为标准模式来与中国作对比。[①] 侯

---

① 陈绍闻：《中国封建社会若干问题之管见》，《复旦学报》1982年第6期。

力、奇光则提到历史比较的时间性原则、相对性原则等。[①]　总之，历史比较必须与历史主义的原则相结合，必须尊重客观史实，不能为了比较而比较。它必须与其他历史研究方法相互结合，在综合性的运用中显出它的独特性。

关于历史比较方法到底有哪些类型，我们认为大可不必罗列出具体的数目，有一个粗线条的揭示就可以了。如果一定要说出历史比较方法有确切的几个类型，不仅不科学，也会束缚这一方法的灵活运用。

有人主张二类型说。谢本书认为，一是纵的比较（历时性比较），指对不同时期、同一民族或同一国家相似或接近的历史发展、历史事件或制度进行比较；二是横的比较（共时性比较），是对同一时期、不同民族或不同国家相似或接近的历史发展、历史事件或制度，进行比较研究。王正平也认为有两个类型，一是对发展不同阶段的相同历史现象或事物进行比较；二是对两个以上事物的平行比较。赵轶峰在前引论文中也持二类型说，并对"纵向比较"作了专门论述。

有人主张三类型说。范达人说，具体方式一般常用的有三种：（1）历史类型性比较，是由于共同规律起作用而产生的事物之间的比较；（2）历史"渊源"上的比较，其对象限于有亲缘联系的事物之间；（3）历史上国家之间相互影响的比较，其对象应是相互有联系和影响的。他还提出人物的比较研究是一个重要领域；历史类比是历史比较研究的一种模式。时间上可有同期比较，空间上可有宏观比较和微观比较或历史事件的并行比较等，另外还提出静态和动态比较之分。孟庆顺提出的三类型是：时间比较，即同一地理区域不同历史时期的比较；空间比较，即同一历史时期不同地域的比较；性质比较，主要是思想比较。

有人主张四类型说。赵吉惠提出有四种类型，即横向比较、纵向

---

① 侯力、奇光：《论中西历史比较研究的应用理论和方法》，《湖南师范大学学报》1988 年第 1 期。

比较、宏观比较和微观比较。

有人主张六类型说。满永谦提出，比较史学有两个层次，可组合为六种比较类型：同上求同、同上求异、异上求同、异上求异、同上求异同、异上求异同。六种比较类型各具有不同功能与作用。[①]

有人主张多类型说。吴泽主编的《史学概论》即持此说。认为有怎样的差异，便有怎样的比较；有怎样的矛盾，便有怎样的比较。只要是在人类史上确实存在过的两个以上的事物，或同一事物两个以上不同的发展阶段，都可根据不同研究课题，选择不同方式进行比较。比较的具体方式可互相结合，交错进行。

关于程序或步骤。有人提出四程序说。吴泽主编《史学概论》提出的程序是：确定比较的目的和方向；选择比较对象；考察进行比较的各个对象，弄清事实；辨明比较对象的异同。

有人提出五程序说。赵吉惠提出的程序是：（1）确定可比性主题；（2）分别研究可比项各方的特点、过程和根本属性；（3）综合起来比较异同；（4）提出命题假设，寻求本质和规律；（5）验证理论，说明提出的理论的真实性。

有人提出六程序说。范达人提出：（1）明确目的性，选择好恰当的比较对象；（2）弄清比较对象的类型，建立比较研究的参照系；（3）提出规律性的假设；（4）在比较中找出同异；（5）分析原因，探求规律；（6）验证假设。

其实，人们在具体研究过程中，可能综合运用上述程序，未必如填框格似的一一照办。但是，作为理论研究，提炼出若干步骤，还是必要的。

历史比较方法有什么用？有没有局限？有哪些局限？不少学者作了或广义或狭义的论述，归纳起来，有如下见解：（1）有助于扩大历史视野，清除历史研究中的偏见；（2）可以提高理论思维能力，有助于发现历史规律；（3）有助于发现和解决问题，取得突破性进展；（4）有助于历史真理的检验；（5）可以促进史论结合；（6）有

---

① 满永谦：《论比较史学的六种类型及其功能》，《学术研究》1986 年第 6 期。

助于认识某些无法直接认识的事物，帮助预见未来。

但不少学者也提出，历史比较方法并非万能，到处适用，而是具有一定的适用范围和局限性。

首先，研究角度的局限性。孟庆顺在前述文章中认为，比较方法只能就现有的史料进行比较分析而无法发现新事实。它只适用于两种以上历史现象，不适用于单一的历史事件。对于研究领域宽广的史学家作用很大，对于研究领域狭窄的史学家，则帮助较少。当然，它在微观领域中也能起积极作用。庞卓恒提出，比较方法在某些方面某种程度上可以解决通史、断代史和专题史不便于侧重解决的问题，但不能代替通史和专史研究。这是由于它的研究角度本身的局限性决定的。

其次，研究过程的局限性。沈定平认为，唯物史观和唯心史观都可以利用历史比较法。这种方法强调在最大限度"纯粹"的状态中确定规律性，很容易把所比较的事物从其周围广泛的联系和自身的发展过程中割裂开来，孤立静止地进行比较，难以反映事物的本来面目和揭示发展规律。

再次，研究范围和成果的局限性。范达人在前述文章以及与易孟醇合著的《比较史学》中提出，历史比较方法只是研究历史的方法之一，而研究历史不可能在真空中进行，总是受到种种社会因素的约束，尤其受研究者的历史观影响，比较研究的成效往往取决于研究者的历史观是否正确。他们强调，比较研究只适用于一定范围，而且都是有条件限制的。没有可比性的事物，不能进行比较。在能够进行历史比较时，也只是拿所比较的事物或概念的一个方面或几个方面来相比，而暂时地和有条件地撇开其他方面。所以，得出的认识和结论是相对的，不可能是十全十美的。

针对历史比较方法的局限性，许多论者都提出了限制、减少和加以克服的若干原则。普遍一致的意见是，从事历史比较研究必须坚持马克思主义理论指导，这样才能使历史比较方法真正发挥科学作用。

我们认为，探讨历史比较方法的局限性是非常必要的。只有了解局限性，才能了解其所长，也才能综合运用其他方法补其所短。关键在于，对任何一种研究方法，都不能绝对化，都需要以正确的史观去驾驭。比较的效能之一，是提供启发。未必在比较中一定得出公认的结论，但倘若在比较中不能启人神智，那比较就是没有意义的。

比较研究中一个重要问题，就是"比较"与"类比"的关系问题。对这个问题，我国史学界有一个认识过程，看法不尽一致。20世纪60年代初，针对胡乱类比的做法，翦伯赞曾提出："不要类比，历史的类比是很危险的。在不同的历史基础上，不可能出现性质相同的历史事件或人物。""不要影射，以古射今或以今射古"；"不要推论，一用推论就会用主观观念代替客观的历史。"[1] 这是发人深省的见解，有具体的语境。20世纪70年代末，针对"四人帮"主观唯心主义地胡乱使用历史类比、以古射今的做法，刘泽华力主"坚决摒弃历史类比的做法"。[2] 到80年代，时过境迁，语境改变，一些学者经过进一步研究，主张对历史类比方法采取分析态度，对历史类比与历史比较的关系、历史类比法的内涵、作用、类型、客观基础及局限性，提出了一些新的见解。

（一）应当区分科学的历史类比和庸俗的历史类比。孔立对此作了区分，认为科学的历史类比的特点是：（1）对类似的历史现象，就其本质上的相同之处进行比较，从而得出规律性认识；（2）既注意类比对象间的共同性质，又注意其不同性质。庸俗的历史类比是对某些类似的历史现象，加以简单的枝节的皮毛的类比，甚至把不同性质的历史现象混同起来，从而制造出假的规律，或者得出极其武断、荒谬的结论。[3]

（二）把握好历史类比与历史比较的关系。吴寅华将历史类比等同于历史比较，认为它是把一般的类比推理运用于人类史研究的逻辑方法。[4] 吴泽主编的《史学概论》则提出，二者既相联系，又有区

---

① 翦伯赞：《对处理若干历史问题的初步意见》，《光明日报》1961年2月22日。

② 刘泽华：《砸碎枷锁，解放史学——评"四人帮"的所谓"史学革命"》，《历史研究》1978年第8期。

③ 孔立：《论历史类比与影射史学》，见《历史理论研究》，重庆出版社1984年版。

④ 吴寅华：《历史类比的类型和要求》，《江汉论坛》1982年第9期。

别。历史类比法是根据两种历史现象在某些性质上相似，进而推断出它们在其他方面也可能相似的一种研究方法。两种历史现象只有通过比较才能知道它们有某些相似的性质，比较是类比的前提。类比的目的不是判明异同，而是推断出其他相似的性质。这是它与比较法的区别。孟庆顺也持类似的见解。

（三）区分历史类比方法的类型。吴寅华提出有三类：（1）性质的历史类比，即根据相比较的两个历史现象在某些性质上相似而推断出在另一性质上也相似；（2）关系的历史类比，即研究不同时代的历史现象之间的关系；（3）历史模拟类比，即运用数学方法进行计量处理，使类比从定性发展到定量。

（四）把握历史类比方法的客观基础，遵守运用的条件。吴泽主编《史学概论》提出，客观历史本身的多样性统一以及历史现象之间往往具有某些类似的性质，使得历史研究者能够据此启发思路，提供线索，为科学假说提供依据。这就是历史类比法得以运用的客观基础。吴寅华提出应注意四个条件：一是历史条件的可比较性是进行历史类比的根本要求；二是必须进行实质的而非表面的历史类比；三是同时要注意反类比；四是应从质的相似过渡到精确的定量。

（五）把握历史类比方法的内涵，正确了解其作用。张扬把类比方法放到控制论的创立、发展过程中加以考察，认为类比方法在逻辑学上是指这样一种思维形式：根据两个（或两类）对象在一系列属性上的相似，并且已知其中一对象还具有其他的属性，由此而推出另一对象也具有同样的其他属性的结论。类比方法能帮助人们的认识由已知扩展到未知，由知之不多扩展到知之较多，是一种启发思路、触类旁通、发展知识的有效方法，在控制论的创立和发展中起了头等重要的作用。[1] 马俊峰认为，类比主要是一种探索的方法，探索性是类比方法最显著的特点。类比不要求前提的完全真实，也不要求结论的绝对可靠。它是在理智缺乏可靠论证的思路时运用来启发思维，从而

---

[1]　张扬：《控制论与类比方法》，《复旦学报》1981年第2期。

促使运用设想从多方面进行思考探索的可能性。① 吴寅华的文章还提出，在人类史研究中，历史类比具有再现历史、预见未来的作用。

（六）牢记历史类比方法的局限性。吴泽主编的《史学概论》指出，类比的可靠程度决定于两种历史现象相同属性的多少。共同属性愈多，可靠性愈大。因此应尽量选择相同属性较多的历史现象进行类比。类比法的特点是在不知道两个对象的属性之间是否有必然联系的前提下进行推论，因此类比的结论就带有或然性，只能为进一步研究提供线索，而不应看作是科学的结论。

以上这些见解，都是具有深刻性和启发性的。它们确实会引发进一步的思考。但是，这些观点在通透性与明晰性上明显不足，甚至在表述上还有晦涩之嫌。可不可以这样说，比较是在对比中引出结论，而类比是在对比中推出结论。"引出"与"推出"就是比较与类比的区别所在。引出的结论往往更具有确定性，推出的结论往往更具有思想性。引出结论的过程更多地是实证研究的过程，推出结论的过程更多地是逻辑推导的过程。在材料充足的时候更多地使用比较方法，在材料缺乏的时候更多地使用类比方法。但它们有一个共同的前提，即假定研究者的史德是纯正的。

总之，尽管我国学者在历史比较方法研究上成绩颇丰，但也存在四个明显的不足。第一，有深刻性，但深刻性还没有达到应有的深度；有清晰性，但通透感还不足。第二，缺乏与同样采用比较方法的学科的对话。例如比较文学，是改革开放后文学研究领域的热门学科，史学界却从没有与它进行过对话，因而没有从它那里获得借鉴和启发。第三，有些论题没有得到深入研究，甚至没有涉及。例如比较与比喻的关系，类比与比附的关系，等等。对比较与类比关系的探讨，也没有翻进一层。第四，比较方法研究没有可持续地开展下去。大体进入 20 世纪 90 年代之后，相关研究就式微、淡出了，这是非常遗憾的。今后的研究，必须吸收哲学与文学领域的成果，必须采取多学科对话的方式进行。历史比较方法研究当然要立足于历史学的本体

---

① 马俊峰：《类比方法在科学发现中的作用》，《社会科学》（上海）1984 年第 7 期。

地位，但如果不与其他人文学科对话，那就很难促进本学科的发展。

第二节　历史系统研究法[①]

改革开放以后，主要是在 20 世纪 80 年代中前期，曾经掀起史学方法研究热。引发史学方法热的一个主要切入点，是一些人对自然科学方法的提倡与鼓动。在阶级分析方法不再被当作唯一研究方法的背景下，以系统论、信息论、控制论（被称为"老三论"）以及耗散结构论、协同论、突破论（被称为"新三论"）为代表的自然科学理论与方法，在社会舆论驱动下，被多少有些饥不择食的青年学生所热捧。所谓史学系统方法，就是在这样的情形下成为 20 世纪 80 年代史学方法研究中的一个热门议题。

所谓系统研究方法，本不是一个前沿的方法。但是，当时所说的系统方法，却不是传统意义上把研究对象看作一个完整系统从而予以整体把握的意思，而是特指美籍奥地利生物学家贝塔朗菲所描述的一套方法。20 世纪 30—40 年代，贝塔朗菲创立了一般系统论，同时期还产生了由维纳创立的控制论以及主要由申农创立的信息论。到 70 年代，还出现了普利高津的耗散结构理论、哈肯的协同学、艾肯的超循环理论。这些自然科学的成果与门派，尽管绝大多数历史学家完全不懂其义，却吸引了大批渴望获得新知识的青年学子。

懂得这些自然科学意义的个别科学家，希望人文社科界能够借鉴前沿自然科学的成果，充实文科教育与研究。其中最著名的代表，是著名科学家钱学森。他从 1978 年开始，就积极倡导和推动社科界了解自然科学的成果。对此，虽然有人感到迷茫，但史学理论界总体上予以积极响应，并努力进行了研讨与推广。很快，史学系统方法便被纳入了历史研究的方法系统。20 世纪 80 年代中期，几部史学概论、史学方法论或与史学方法相关的书籍，大都设专门章节论及历史系统

[①] 本节参考了蒋大椿、刘俐娜的文章《史学系统方法研究概述》，刊载于《史学理论研究》1993 年第 2 期。

研究法。相关的史学理论研讨会议，也都论及此法。特别是 1985 年 4 月，《中国史研究》《近代史研究》《世界历史》三家杂志社与复旦大学历史系联合召开了"历史研究与现代自然科学方法论"研讨会，会上就历史唯物主义与现代自然科学方法论的关系、历史思维的特点与新技术革命挑战的关系、历史科学的现代化的设想和自然科学方法在历史研究中的具体应用等问题进行了热烈的讨论。会后还专门出版了论文集①，成为当时历史学与自然科学方法对话的一项标志性成果。

密切关注自然科学的最新发展动态，从自然科学的最新成果中汲取智慧与养料，是马克思主义的自有之义。在这个方面，马克思与恩格斯为后人树立了典范。众所周知，细胞学说、能量守恒和转化定律、生物进化论等科学发现，为马克思主义哲学全面地揭示客观世界发展的普遍规律奠定了自然科学基础。马克思与恩格斯本人甚至很深入地研究了一些自然科学的学科。就此而言，我国史学理论界大力推介包括系统论在内的自然科学方法，完全符合马克思主义的学统。

正因如此，新中国成立后，非但没有人反对社会科学与自然科学相互借鉴，相反，倒是有诸多正面主张。例如早在 1951 年，马克思主义史学理论家华岗就说，"自然科学与社会科学只有研究对象的不同，在两者之间并没有存在着不能超越的鸿沟"；两门科学之间的关系非常密切，"必须分工合作，互相帮助，才能使这两门科学各自发挥所长，并互相推动进步"。但是他也强调，"从事于社会科学的研究，不能够机械地搬用自然科学的规律"。正如马克思所说："分析经济形式，既不能用显微镜，也不能用化学试剂。二者都必须用抽象力来代替。"② 因此，华岗提出，社会和自然的关系是辩证的统一；社会科学规律正如自然科学规律一样，都是客观存在和客观真理，"但是社会生活和社会科学是物质世界发展的高级形态，因而有着自

① 《中国史研究》编辑部、《近代史研究》编辑部、《世界历史》编辑部：《系统论与历史科学》，"史学理论探索丛书"之一，中州古籍出版社 1987 年版。

② 马克思：《资本论》第 1 卷《1867 年第 1 版序言》，《马克思恩格斯选集》第 2 卷，人民出版社 1995 年版，第 99—100 页。

己的特殊规律"。自然科学与社会科学之间存在很密切的依存关系；社会科学必须要有一定的自然科学的基础，自然科学则必须得到社会科学的正确指导。[①] 华岗的这些话不仅完全正确，而且可以作为分析20世纪80年代在历史领域引进自然科学方法过程中得失利弊的思想工具。

20世纪80年代初史学理论界的基本认识是，随着现代科学技术的发展，社会科学、人文科学和自然科学之间的相互渗透，已经成为一种不可阻挡的趋势。在这种形势下，历史学应该有所因应，有所对策，跟上时代步伐，开展理论创新。这样的认识，应该说是了不起的。

但是，重视、对话、了解、吸纳、借鉴是一回事，是否可以把自然科学方法原封不动地搬到历史学领域来，又是另一回事。特别是在具体的研究过程中，如何运用自然科学方法才是科学的，很需要做理论上的说明与澄清。在运用自然科学方法的过程中，怎样发挥马克思主义的指导作用，更需要予以阐明。正是在这些基本的原则问题之下，学者们对历史系统研究法进行了深入探讨。

什么是历史系统研究法？葛懋春主编的《历史科学概论》给出了最简明扼要的解答："'系统'是由相互联系、相互作用的若干部分或要素，按一定规则组成的，具有一定功能的整体。而把对象作为一个系统来研究的方法，就是系统方法。"作者认为系统方法的特征是：整体性、结构层次性、有机性与动态性。[②]

20世纪80年代前期，我国发表了一批介绍系统论的文章，它们大都从自然科学、工程技术学与社会科学结合的角度，对系统论的来龙去脉、基本内涵、基本特征、应用前景以及它与马克思主义的关系，作了大致类似的介绍。我国学者一般认为，系统观是辩证唯物主义自然观的补充和深化，也是辩证唯物主义世界观的组成部分。而

---

① 华岗：《论中国自然科学的历史命运——兼论自然科学和社会科学的关系》，《山东大学学报》第1卷第1期，1951年8月。

② 葛懋春主编，谢本书副主编：《历史科学概论》，山东教育出版社1983年版，第468—470页。

且，马克思本人就是运用系统观分析自然界和人类社会的典范。这样的理解，既符合实际，也有利于人们对系统论的理解。不过，我国史学家中并没有人采用系统论方法去进行历史研究实践。最初尝试将这一方法应用于历史研究的，是一位名叫金观涛的自然科学工作者。后来的实践证明，他的尝试并不成功。之所以不成功，一是由于他对历史缺乏必要的专业训练，因而导致一些错误的做法与结论；二是他没有恰当地处理好系统方法与马克思主义方法论的关系，试图利用系统方法去冲击马克思主义的历史方法论。

1980 年，金观涛与刘青峰合作发表一篇文章，试图采用系统论、控制论的方法，对中国历史进行新的阐释。结果，一石激起千层浪，引发了学术界与校园内的广泛关注与讨论。①

作为从自然科学进入历史学领域的闯入者，金观涛在这篇文章中表现了很不慎重的态度。加之他此后的文章、小册子进一步扩展自己原本已经似是而非的观点，因而在获得许多青年学生与社会文化人士的热捧之时，却迎来了主流史学界的反感。他们认为，控制论、系统论都是好方法，却被金观涛在历史领域用歪了。一则，他从非难"终极原因"着手，否定唯物史观；二则，他贬低哲学的功能，否定唯物史观对历史的指导作用；三则，他公然宣布唯物史观已经被"证伪"，否定实在世界和事物的客观性质；四则，他所谓"中国封建社会超稳定系统"带有基本理论错误。② 很快，主流史学界便对金观涛进行了批判。

这说明，尽管经历了"文化大革命"，唯物史观受到"四人帮"及其写作班子的糟蹋，但是中国主流史学界对唯物史观的信仰并没有改变。他们希望中国史学更加开放、更加包容，吸纳包括自然科学在内的一切最新成果，但有一个前提，即唯物史观的指导地位决不允许动摇。而金观涛恰恰在这个根本点上，表现出了无知与狂妄。至于他

---

① 金观涛、刘青峰：《中国历史上封建社会的结构：一个超稳定系统》，《贵阳师院学报》1980 年第 1、2 期；《兴盛与危机》，湖南人民出版社 1984 年版；《在历史的表象背后》，四川人民出版社 1984 年版。

② 参看蒋大椿《金观涛的理论追求及其迷误》，《近代史研究》1990 年第 2 期。

的某些具体论证与观点上的不足，倒在其次。

所以，同样是引用系统方法，却出现了两种声音，两种思想。马克思主义史学家们赞成引入系统方法，但要求把它纳入马克思主义史学理论系统之内，而不是溢出、挤占、代替，甚至反向纳入。

在 1985 年前后，我国马克思主义史学家就是在这样的基调下来看待控制论、系统论方法的。他们比较充分地论证了在历史研究中采用现代自然科学方法的必要性与可行性，以开明与开放的立场和态度，主张大胆利用和借助自然科学的最新方法，实现历史学的突破与发展。有学者说，系统论和系统方法的整体性、最优化和模型化三个基本原则不仅同历史研究中考据和思辨的方法没有冲突，而且恰好能弥补其不足；系统方法的引进有助于史学方法从整体上得以改善。[①]有学者说，历史研究方法亟待丰富和发展。"历史科学的发展和思维逻辑的内在要求，已经把历史发展过程进行系统的综合性研究，提到了人们的面前。"[②] 可见，他们希望的是丰富与发展，决不是另起炉灶。

在这样的思想引领下，学者们一方面对系统论本身作了较多的考察，另一方面特别留意考察系统论与马克思主义之间的关系。这样的关系包括三个层面。一是怎样以马克思主义为指导去促进系统论与历史研究的结合；二是怎样从系统论的视角出发去加深对马克思主义理论的理解；三是怎样在马克思主义与系统论之间建立具体而微的对接。有学者曾这样说，从二三十年来自然科学与社会历史科学互相渗透、互相跨越的客观趋势来考察，"使我们更加确信马克思、恩格斯关于自然界与人类社会、思维的统一性和自然科学与社会科学必将融合成为唯一的科学论断的正确性。真正实现那种融合的日子当然还很遥远，但是，现在已经出现的趋势，至少已经足以使我们确信，在社会—历史科学中引进自然科学、确是一种顺乎历史发展方向的客观必

---

① 刘文瑞：《历史研究方法的变革与系统方法》，《江汉论坛》1986 年第 6 期。
② 沈定平：《关于系统论、控制论方法在历史研究中应用的几个问题》，载《系统论与历史科学》，中州古籍出版社 1987 年版。

然趋势，而且已经具备了一定的客观条件"。①

在马克思主义的史学思想框架中，系统方法论与唯物辩证法不是对立、排斥的关系，而是后者指导前者、积极应用的关系。系统方法论将系统看作许多相互联系和相互作用的要素组成的有机整体，这与唯物辩证法所说的任何事物现象都存在着普遍联系和互相制约的观点，是一致。有学者说，用系统论观点研究历史，必须与历史科学的根本宗旨——认识历史发展的客观规律——一致。马克思主义的历史观正是由于能够科学而又清晰地描述历史系统，把握历史系统的本质，所以才能正确地认识人类社会历史，发现社会历史运动的客观规律。系统论要求多层次、多要素、多环节、多侧面地说明事物，从而组成了纵横交叉的立体结构，使我们能尽量全面地认识历史，从而使我们的研究成果更符合历史唯物主义和唯物辩证法的原则。②

当时主流史学家们普遍认为，现代自然科学方法论固然了不起，但没有超过辩证唯物主义的高度，当然，马克思主义哲学也不能代替具体的科学方法。现代自然科学方法加上唯物史观的指导，必然会让历史学更加丰富。有学者提出，马克思主义史学方法，包括实事求是的方法、分析综合的方法和理论联系实际的方法三个方面。系统方法中的整体性原则，要求全面占有史料，正确进行分析综合；可能性原则要求不断寻找发掘新的史料，对史学成果进行充分验证，模型化原则要求对史料的分析和综合达到尽可能的精确程度。这样，系统方法与马克思主义史学方法就具有了一致性。但是，系统方法与马克思主义史学方法的侧重点不同，所以二者不会完全相同。例如马克思主义史学方法注重社会层次结构，侧重于探讨社会层次的上下决定关系；注重定性研究，侧重探讨质的规定，注重史料的分析，由分析而导出综合；而系统方法则注重各子系统的平行结构，侧重探讨子系统的协调平衡，注重定量研究，侧重探讨量对质的作用；注重整体的综合，

---

① 庞卓恒：《社会—历史科学引进自然科学的客观必然性和现实可能性》，见《系统论与历史科学》，中州古籍出版社 1988 年版，第 22 页。

② 王笛：《提倡历史研究的多方法、多途径》，《安徽史学》1986 年第 3 期。

由综合而导出分析。一致性使二者紧密结合，不同点则使历史研究更加全面、更加精确、严加严密、更加深入。① 这样的分析，是辩证的，很有启发性。

因此，对待自然科学方法的正当态度，无非两条：一是引进，二是不能照搬。金观涛照搬控制理论结论，不免枘凿。刘大年说："对一切新的技术，作为手段都是可以利用的，没有什么要排斥的。有些问题现在说不清楚，历史的发展会去说清楚。"但是，"人类社会历史前进、运动中的问题，要从社会关系、社会内在矛盾去寻找答案，不能在其他地方寻找答案"。"对自然科学的掌握、了解，不能替代社会内在矛盾、社会发展规律的研究。"② 刘修明说："问题不在于是不是应该吸取国外社会科学和自然科学的研究方法，而在于作为思想体系的西方社会科学和自然科学的方法论能不能不加鉴别、不加选择地全盘引进历史科学领域，甚至认为可以取代历史唯物论。西方变幻不定的史学方法论尽管派系林立，历史唯心论却是它们共同的出发点。"③ 卫辰说，以系统论、控制论、信息论为主体的"横断科学"方法于历史研究中能不能运用，如何运用，"史学研究的实践，才是衡量其适应性的标准，切忌空谈"④。这些意见，都是颇具眼光的。

一般说，当某种思潮或新方法涌起的时候，人们往往会忽略其负面作用。在控制论、系统论进入史学领域的时候，更多的学者也是将目光集中于其特长之处，着重论述其与历史学的相合，较少讲其相异。在这方面，我国一些马克思主义史学家表现了令人钦佩的独立思考精神，对其相异之点，多有阐述。他们秉持辩证思维方法，指出自然科学与历史学的研究方法和对象决非同一：前者可以通过重复实验来探索规律，而后者不能，也无法使社会现象重复。自然科学大量采取形式逻辑方法，不能解决现象和本质的关系问题，而社会科学则大量运用辩证逻辑，要求并能够解决现象和本质的关系问题。他们说，

---

① 刘文瑞：《历史研究方法的变革与系统方法》，《江汉论坛》1986 年第 6 期。

② 刘大年：《论历史学理论研究》，《近代史研究》1985 年第 4 期。

③ 刘修明：《史学方法论的"引进"要慎重》，《光明日报》1982 年 12 月 15 日。

④ 卫辰：《探索新方法时切忌空谈》，《安徽史学》1986 年第 3 期。

在研究社会制度时，除了要看到社会各种因素相互作用、相互制约之外，还存在一种最终起决定作用的因素，这就是生产力和生产关系。控制论却只强调各子系统之间的相互关系，不去探究是否有最终决定作用的因素。对于运用控制论等方法研究中国封建主义，应持慎重而积极的态度，可鼓励一些学者进行系统的深思熟虑的研究，切忌一哄而上。

那么，在解决引入的思想认识问题之后，又如何解决引入的实际问题呢？金观涛多次说："系统论、控制论可以成为历史研究的工具。"仅仅作为"工具"，那就不会产生歧义。但实际上，他是把系统论、控制论的一些名词、术语乃至结论，机械地照搬到历史领域中来。所谓"超稳定系统"就是机械照搬的结果。这样的做法，显然不能得到史学界的认可。因此，有学者在对金观涛文章作系统周密考察后，尖锐地指出，金观涛的文章有四个症状：自然科学知识有问题；自然科学知识正确，但运用有问题；历史知识有问题；历史知识正确，但运用有问题。金观涛不仅蓄意贬低翦伯赞、侯外庐等人所使用的所谓"传统方法"，而且把历史唯物主义的基本方法和自然科学对立起来，完全站不住脚。作者呼吁，控制论理论是正确的，但也不能不警惕滥用控制论的错误出现；马克思主义者要善于对种种非马克思主义的"时髦哲学"进行科学分析。[①] 回头看来，这样的看法聋振发聩，表现了锐利的史识。

这样的史识在当时不是孤立的，其实是马克思主义史学队伍的共识，作为一般性的道理，也是原本就有的认识。正如有的学者所说，不能把自然科学理论直接套用于社会历史领域，"自然界和人类社会的实际条件不同，用同一种科学方法，却可以得出不同的理论结论，不能用自然领域的规律抹煞社会历史领域的特有规律"。[②] 所以，在主张积极引入自然科学方法的时候，主流史学家不忘提醒注意中介和

①　吴筑星、林建曾：《让什么光照进历史科学领域？——与〈中国历史上封建社会的结构：一个超稳定系统〉一文作者商榷》，《贵阳师院学报》1981年第4期。
②　蒋大椿：《自然科学的发展与历史唯物主义的形成》，《历史研究》1986年第2期。

过渡条件，避免同一化地应用。许多学者提出："自然科学理论上升为哲学之后，可以运用到历史研究当中。"[①] 有学者说，考察系统方法，不能限于自然科学的路径，还要沿着社会科学的脉络去考察，而且对自然科学理论成果要进行哲学概括。从个别、特殊上升到一般，再用这些抽象出来的一般原理，运用到社会历史研究的实践中。马克思和恩格斯所采取的，就是"沿着实证科学和利用辩证思维对这些科学成果进行概括的途径去追求可达到的相对真理"[②]，有学者进一步强调说，在对其他科学方法进行哲学提炼和加工时，要找到史学同其他科学在相同层次上的对应点和交叉点，把其他学科的方法变成历史科学的思维方式和研究方法，并确定它们的运用条件和适用范围；切忌把其他学科的研究方法当成现成的模式和术语，不分场合、不论条件地任意套用。[③]

在这种思想引领下，史学界对系统方法进入历史学时的哲学中介和过渡条件作了考察。有学者提出，系统论和控制论需要"扬弃那些特殊的、不适合整体化意向的部分"，要经过哲学阶段的总结和概括。[④] 还有学者提出，要对现代自然科学成果从本体论、认识论和方法论上加以总结和升华，从而为社会——历史科学引进自然科学提供指导思想上的科学保证。[⑤] 有学者还提出，运用系统论、控制论、信息论研究历史应有层次之别。"三论"本身不是哲学方法，而是一种横断科学方法。"三论"所包含的一些哲学精神，为运用历史唯物主义方法论探索历史规律提供了许多新的启迪。[⑥]

至于说系统方法中到底有哪些内容可以用于历史研究，有学者提

① 《历史研究》《晋阳学刊》记者：《中国封建主义研究方法论问题讨论会综述》，《历史研究》1982 年第 5 期。

② 蒋大椿：《自然科学的发展与历史唯物主义的形成》，《历史研究》1986 年第 2 期。

③ 吴廷嘉：《要重视和加强史学方法论研究》，《历史研究》1986 年第 1 期。

④ 沈定平：《关于系统论、控制论在历史研究中应用的几个问题》，见《系统论与历史科学》，中州古籍出版社 1987 年版。

⑤ 庞卓恒：《社会—历史科学引进自然科学的客观必然性和现实可能性》，见《系统论与历史科学》，中州古籍出版社 1987 年版。

⑥ 陈廷湘：《历史研究运用"三论"方法的层次问题》，《社会科学研究》1986 年第 3 期。

出主要有六项内容，即系统网络分析方法、结构功能分析法、层次分析法、中介分析法、模式分析法、无序有序过程分析法与开放式多元研究法。① 有学者提出，必须把系统结构分析和系统历史分析结合起来；应揭示一定社会系统与外部环境的相互关系，首先是社会系统活动和发展的自然环境的关系，其次是一定社会系统活动和发展的外部历史环境，最后是一定社会系统活动和发展的内部历史环境。② 有学者提出，用系统方法研究历史的具体内容有五项：整体分析方法、层次分析方法、结构分析方法、环境分析方法、动态分析方法。③ 有学者则更具体地提出，控制论中的反馈概念和反馈方法，有可能为历史研究的深化提供新的思考角度；耗散结构论和协同学揭示了事物无序走向有序的条件，揭示了事物有组织性和偶然性的重大作用，它们的基本原理有可能成为历史认识的新工具。④

毫无疑问，系统论对历史研究是有帮助的。不仅系统论，大概任何自然科学原理和方法，对历史研究都会有帮助。而最大的帮助，应该是在启发性上。因此，历史学家应该对自然科学的最新发展动态、最新成果有所了解。但是，这种了解应该是基本面上的，是宏观的和思想层面的。深入了解固然最理想，但不能对历史学家提这样的要求。以系统论而言，学者们已经指出，它的要素、层次、结构、功能、有序、无序、静态、动态、环境、模型等范畴，可以让历史研究方法更加具体化，总之可以给历史研究以很大的推进。⑤ 但是，如果说让一个历史学家在成为系统论专家的基础上再去从事历史研究，那就很荒唐了。因此，所谓系统方法，无非是给史学家们更多的思想启发，从而在具体研究过程中能够注意相关事项，给予适当的处理。由此看来，在引进系统方法加强史学研究功能的研讨中，未免也存在纠

---

① 吴廷嘉：《要重视和加强史学方法论研究》，《历史研究》1986年第1期。
② 董进泉：《历史研究应贯彻系统分析原则》，《社会科学》1985年第6期。
③ 赵吉惠：《历史学方法论》，四川人民出版社1987年版。
④ 陈广乾：《历史研究引入一般科学方法的理论可能性》，《世界史研究动态》1985年第6期。
⑤ 参见郭碧波《谈历史研究中的系统科学方法》，《光明日报》1985年1月2日。

缠于概念解析、粗做大卖、过于玄虚的现象。

从上面所介绍的系统方法应用于历史研究的内容来看，系统方法在历史研究中的范围和局限性是明显的，因此不必夸大它的能力。有学者提出，自然科学方法的精确性多属技术方面，而对于研究复杂的社会现象来说，它不能完全驾驭，或者束手无策。再说，它也不能代替人们认识的规律。它在定量研究方面显示了很大优越性，但在定性方面却不能完全胜任。① 还有学者提出，要把自然科学运用于历史研究，必须根据历史科学的实际和特点。即使现代自然科学方法经过改造，转化为可以应用的史学方法，也不可能替代马克思主义史学方法，它在具体的应用上也必然有一定的局限性。它可能有助于定量分析，但决不能代替阶级分析。它绝不可能从整体上和本质上解释历史，揭示历史发展规律。② 有学者说，系统方法未能从整体上把握世界，没有达到方法论的最高层次，即科学世界观和哲学方法论的高度。离开一切依条件、地点和时间为转移的历史观点，系统方法所得出的结果便是一笔偶然现象的糊涂账。大量不确定的历史现象很难定量，最后还得求助于科学历史观，才能判明究竟谁是决定的因素或终极的原因。定量分析是系统方法的长处，但要求它作定性的结论，就超出了它的能力。因此，它不是包医百病的灵丹妙药。③

运用系统方法必须有一系列前提条件。钱学森等学者指出，找出描述社会行为的宏观变量，建立历史模型，其理论前提必须科学，否则，不论电子计算机所依据的数据及其运算过程多么准确，也不会得出科学的结论。必须考虑历史科学的特点和性质。不能机械地把历史科学的定量研究理解成一个绝对的、凝固的数字或比值。系统方法需要综合运用各种史学研究方法和手段。④

---

① 谢本书：《历史研究中自然科学方法的适应性及其局限性》，《社会科学》1986 年第 12 期。

② 戚其章：《改进史学方法之我见》，《安徽史学》1986 年第 3 期。

③ 杨国宜：《略论科学历史观和系统方法论》，《安徽史学》1986 年第 3 期。

④ 钱学森、沈大德、吴廷嘉：《用系统科学方法使历史科学定量化》，《历史研究》1986 年第 4 期。

显然，系统方法可以补充、丰富历史研究方法，但不能代替其他任何方法。有学者提出，不可能用综合学科代替专门学科研究。传统的史学方法没有而且也不可能失去它存在的必要性。系统方法需要考据和实证的成果做它的前提。所以，系统方法和传统方法不是谁取代谁的问题。也不是在历史学的所有领域里系统方法都是必须的，它仅限于对系统进行整体研究时使用。如果只须搞清某些历史名物或历史事件的某一点事实、某一侧面，传统方法是一个比较得力的工具。[①]有学者说，纯化或净化史料的工作，必须采用传统的审查史料、整理史料的方法。所以，只有把历史系统方法与传统研究方法适当结合起来，才能更广泛地更有效地开展史学研究。[②] 这当然都是显而易见的道理。

总而言之，尽管有这样那样的不足，20 世纪 80 年代中期关于信息论、控制论、系统论与历史研究方法之关系的研讨，成果与成效是积极的，应当予以肯定。它开拓了史学家们的视野，活跃了思路，在不同观点以及不同侧重点的交流中澄清了一些思想问题。最大的收获，是人们认清了任何自然科学方法的应用，都无法解决历史观的问题，都无法对历史"质的规定性"做出最终判断，因此它非但不能代替理论指导，而且还必须以理论为指导，也就是接受唯物史观的指导并为其服务。自然科学方法有其特长，也有其天然的局限性。对它的正确态度，只能是取长补短、扬长避短。它非但不能代替马克思主义，而且也不能代替历史学的其他方法。相反，它的运用需要以历史学所提供的资料为前提，需要尊重历史学的特性，遵守历史学的规则。能够取得这样的认识，也就为历史学采用跨学科方法研究提供了科学的辩证的思维方法。

---

① 洪役:《历史学中应用系统方法问题浅议》,《南开学报》1986 年第 1 期。
② 赵吉惠:《历史学方法论》,第 196 页。

第三节　跨学科研究方法[①]

跨学科的前提是学术分科。没有学术分科，就无所谓跨学科。而近代以来的学术分科是随着自然科学的发展而逐渐形成的。

恩格斯在《反杜林论》中说，真正的自然科学只是从 15 世纪下半叶才开始。它的特点是把自然界分解为各个部分，把各种自然过程和自然对象分成一定的门类，对有机体的内部按其多种多样的解剖形态进行研究。后来，培根和洛克将这种方法移植到哲学当中，从而造成了形而上学的思维方式。

形而上学的思维方式有其优点。对此，恩格斯作了很充分的揭示。但这种思维方式的缺点也很明显。最大的缺点是把事物与概念看作是孤立的、应当逐个地和分别地加以考察的、固定的、僵硬的、一成不变的研究对象。总之，它"撇开宏大的总的联系"，忽视或掩盖了"现象的总画面的一般性质"。

我国从晚清开始，随着西学强势地位的不断提升，中国文化与中国学术逐渐进入了这个被恩格斯犀利解剖的形而上学的思维框架之内。此后，更是步入制度化的轨道，以立法的形式为学问定制出一套严格精细的"学术格律"。大体说来，当代学术分科体系与学科体制，是在辛亥时期开始建构的。

在知识分类的背景下，历史学走向专业化，并通过学科定位、学校教学、学术评价机制等方面的制度设置，被固化下来。现代学科体制的形成促进了中国学术进步。对此，应当予以充分肯定。但转型不仅彻底改变了中国传统学术笼统分科的四部之学的形态，还带来诸多弊端。最大的弊端，是将学者与专业学术局限在独立、孤立的范围内，很少从其他学科去吸纳营养，从而造成作茧自缚、做法自毙的局面。当然，人的精力是有限的。不能要求学者成为精通全学科的通

---

① 本节参考了蒋大椿、李洪岩的文章《史学中的跨学科方法研究综述》，刊载于《史学理论研究》1992 年第 1 期。

才。通才都是相对的。但是在"通科"上尽力而为，形成强烈的方法自觉，与牢守于专业学科而自满自足，其效果显然是不同的。

这就从学术自身的内在需求上，提出了"跨学科"的问题。

史学中的跨科学方法，要求以历史学为本位，尽量去吸纳其他学科的养料，以促进本学科的发展。它是学术整体化发展趋势在史学中的反映，但不是对传统学术基本不分科形态的回归。它既包括现代自然科学，如系统论、控制论、信息论、耗散结构论方法以及计量方法的运用，也包括史学以外其他社会人文科学方法在史学中的运用。但是，从 20 世纪 80 年代史学界的相关讨论情况来看，它其实有着更特定、更狭窄的指向。

首先，它是指法国年鉴学派的治史样式。主张跨学科研究的学者大都热衷于介绍年鉴学派所提倡的包括经济、社会、文化在内的"总体历史"观念，认为他们采用的综合研究方法为史学跨学科研究提供了成功的范例。从 20 世纪 60 年代与 70 年代初的历史学与社会学结合，到 70 年代后期以来历史学与人类学结合，不仅促进了经济史、社会史、人口史的蓬勃发展，而且其中心开始转向文化史和精神状态史。中国学者发现，80 年代美国史学界各类专史的史家在保持其学科独立性的同时，还把跨学科研究作为一项突破性的原则，并在经济史、思想史、社会史、文化史以及中国史的研究中实践着跨学科研究。① 因此，中国学者希望把这样的理念和方法引进中国史学。

其次，由上可知，所谓跨学科研究，在特定的语境下，是指西方流行的治史理念、方式与方法。它与其说是一种思潮或理论，不如说是一种历史研究的实际行为。把这些行为予以总结梳理，形成理性认识，化作学科自觉，跨学科研究便具有了史学思想的内涵。所以，学者们在论述跨学科方法的必要性时，往往把西方的史学行为当作我们应当怎样做的依据。

中共十一届三中全会以后，我国史学界形成方法热。其中的重要

---

① 参见荣颂安《当代史学研究方法的变革与趋势》，《国外社会科学》1985 年第 5 期。

特点之一，就是探讨跨学科方法。我国学者是通过介绍西方史学跨学科方法的研究情况，来对跨学科方法的一般理论以及各种具体的跨学科方法进行探讨的。1987 年创刊的《史学理论》杂志，有意识地将跨学科研究作为刊物的引领方向，组织了"历史学的发展与跨学科研究"等专题讨论。当时的学者呼吁，经济学、社会学、社会人类学、社会心理学等学科中那些已被证实、具有科学价值的方法，都应引入史学领域。①

其实，史学跨学科方法并不玄妙。胡如雷将它形象性地说成是"左顾右盼"，意即越出史学范围，与其他学科的研究相结合。② 有学者则用规范的语言说，跨学科方法就是运用两种或两种以上的研究法则或研究领域的成果对某一问题进行学术考察，这种研究的结论会对这两个领域学术原则的证实及发展同时做出贡献。③ 李幼蒸则说，跨学科研究的方向在不同程度上与一切类型的历史研究者都有关联，比如在科研组织和方式上，强调史学界与其他学科不同程度、不同范围的对话和合作，尤其是与哲学、社会人类学、文学、语言学、心理学、政治学、经济学、艺术学以及有关的自然科学合作；在研究者知识准备的综合化上，要求消化各相关学科的知识；在阅读上，意味着单纯阅读传统史书是远远不够的，在学科定位上，意味着史学不是完全独立的学科，而是人文科学中的一员。④

荣颂安介绍说，跨学科研究的具体方法通常有两种：一是多学科的合作研究，如法国在进行城市史研究中，就有历史学家、社会学家、地理学家、政治学家、经济学家、文学家、剧作家共同参加；二是历史学家利用其他学科的成果和方法来进行历史课题的研究，如 F. 布罗代尔的《地中海与腓力二世时期的地中海》一书，就运用了

---

① 庞卓恒：《劳动者生产生活史的研究与多学科方法的引进》，《文史哲》1986 年第 3 期。

② 胡如雷：《瞻前顾后，左顾右盼》，《光明日报》1985 年 1 月 23 日。

③ 贾宁：《关于历史学与人类学跨学科的研究探讨》，《史学理论》1988 年第 4 期。

④ 李幼蒸：《史学理论与跨学科方法论》，载《史学理论丛书》编辑部编《八十年代的西方史学》，中国社会科学出版社 1990 年版，第 238—239 页。

地理学的成果；《物质文明、经济和15至18世纪的资本主义》则以历史学为中心，把经济学、社会学、政治学结合在一起。① 贾宁则说，所谓跨学科研究，其一是同一研究对象（如中国社会）的不同专科（如经济史、政治史、文化史、社会史等）研究之间的互相借鉴；其二是不同社会条件和文化背景研究对象之间的比较探讨，如中西方史家都已相当关注的中西史学史、中西哲学史、中西文化史等等项目的研究；其三是不同范畴不同学科在方法论上的互相借鉴，如历史学与人类学的跨学科研究。②

总之，所谓史学跨学科研究，就是说利用史学之外的一切有益成分为史学服务。这种视野开阔、到处伸手的通识性研究，其好处是显而易见的。其中一项相反相成的后果，就是它有可能进一步细化学术分工，因为它常常会建构出史学新分支，例如历史人口学、地理历史学、社会历史学、心理历史学、历史人类学、历史民族学等。

其实，历史学本身就是一门综合性的学科。不仅历史学如此，其他人文社会学科，也大都如此。由于知识爆炸性增长使得人类吸纳知识的生命相对变短，专业分工实属无奈。发展下去的结果便是，没有一门学科的进步可以抛弃其他学科而独立进行，也没有一门学科内部的问题可以不借助其他学科的帮助而独立完成。所以，史学中跨学科方法的运用，不仅能够丰富历史研究的内容，而且能够解决单一学科难以解决的课题。"比如在历史学与地理学、经济学三者之间的交叉地带，有着许多单科研究不能完全解决的课题，如果运用这三种学科的理论和方法，开展地域经济史的研究，不仅可以取得新的研究成果，而且可以为今天制定某一地区社会经济发展战略提供决策依据。"③

一 社会历史学方法

社会历史学是社会学与历史学的交叉学科。它采用社会学的概念

---

① 荣颂安：《当代史学研究方法的变革与趋势》，《国外社会科学》1985年第5期。
② 贾宁：《关于历史学与人类学跨学科研究的探讨》，《史学理论》1988年第4期。
③ 陈育宁：《谈谈历史学的综合研究问题》，《红旗》1987年第11期。

与方法进行历史研究。运用社会学理论和方法研究历史，我国近代史学已经采用。19 世纪末和 20 世纪初，严复所译社会学著作，对当时我国史学产生了深刻影响，促进了我国史学向近代史学的转变。20 世纪二三十年代，我国社会史学的研究，已经获得一定发展。新中国成立后，社会学学科一度被取消，也就谈不上用社会学方法来研究历史了。中共十一届三中全会以后，社会学重新取得合法地位，社会学与历史学的结合被逐步提上日程。20 世纪 80 年代前半期，我国史学界出现现代自然科学方法论与史学融合的新潮。到 1985 年，人们开始更加重视社会学与史学的结合，社会史研究重新引起部分史学家的浓厚兴趣。《历史研究》1987 年第 1 期发表评论员文章《把历史的内容还给历史》，认为史学研究要想进一步改变多年来形成的"内容狭窄、风格单调的状况"，"复兴和加强社会生活史的研究，应是一条切实可行的重要途径"。文章说："这样做，可以另辟蹊径，促进史学的改革和创新，突破流行半个多世纪的经济、政治、文化三足鼎立的通史、断代史等著述格局，从研究社会生活的角度着手，开拓和填补鼎足之下的边缘地带和空白区域，同时再以社会生活的历史演变为中介，连接和沟通鼎立的'三足'，复原历史的本来面貌，使之血肉丰满，容光焕发，改变以往史学那种苍白干瘪的形象，使它更加充实和完善。这种别开生面的研究，还有助于通过生动具体、纷纭复杂的历史现象，深刻揭示历史演变的真实过程和不同层次的发展规律，检验和纠正过去应用历史唯物主义研究历史时发生的公式化、简单化缺陷。应当看到，这种新的研究和探索，还可以锻炼和提高史学工作者的理论思维能力，并且为丰富和发展历史唯物主义提供可能，而这又是提高我国马克思主义史学研究水平的重要条件。"该期《历史研究》同时刊登了一组社会史方面的文章。以这期《历史研究》为标志，"社会史"成为新时期史学发展最快、最引人注目的学科。它所运用的核心方法，就是社会历史学方法。

所谓社会历史学方法，魏承恩认为它的本体依然归属于历史学，但援用了社会学的理论、概念和方法。它不是研究一系列的个体或事件，不必关心经常变化的历史现象；而是对社会结构、关系和状态的发展过程进行观察和探讨，特别是关心诸如家庭、人口、结社、风俗、职业结构之类相对稳定、较少变化的现象。但它又是社会学，却运用了历史学的方法来研究各种社会问题，即按照对象产生和发展的自然过程进行研究并揭示其发展规律，强调从纵观的角度去考察事物。[①]从他的理解看，学者们所撰写的社会生活或风俗史，显然不完全是这样的。

徐平认为，历史社会学是运用社会学的某些方法，对史学研究的目的、功能、社会作用等问题的探讨。它侧重于解决人们为什么研究历史和怎样研究历史，又怎样使史学的研究成果服务于社会的问题。它要超越原先史学在学科范围内对某种成果进行自我评价的狭隘界线，从社会的角度来考察史学的社会功能，从而揭示史学发展与社会发展之间必然存在的某些涵数关系。它的特点，一是以广义的史学为自己的对象；二是运用社会学的方法研究史学，把史学研究本身看作是一种社会运动的现象和过程。[②]冯尔康则认为，社会历史学与历史社会学是两个不同的学科，前者是历史学的分支，后者是社会学的分支。历史社会学着眼现实问题，考察的是局部历史现象，它只需要解释被研究的这个问题就可以，而不必统观历史的全貌；社会历史学不同，它要把考察的对象放到历史整体中去分析，同时要考察社会史的全部内涵，而不是零星的局部问题。所以，历史学中的社会历史学与社会学中的历史社会学互相不能取代，要同时共存，并有某些相同研究对象把它们联系在一起。作为历史学分支的社会历史学的方法，作者认为，基本上同于历史研究法，但有三点需要特别注意：一是要研究有实质意义的日常行为和社会现象；二是把人际关系理解得要细致些，以便从中观察，做出历史的解释；三是要研究社会现象的变化。[③]

---

① 魏承恩：《历史社会学方法研究的尝试：中国封建家庭结构初探》，《社会科学》（上海）1986 年第 2 期。

② 徐平：《应该开展对历史社会学的研究》，《求是学刊》1987 年第 1 期。

③ 冯尔康：《开展社会史研究》，《历史研究》1987 年第 1 期、《百科知识》1986 年第 1 期。

冯尔康还认为，社会史研究方法离不开传统史学方法，即归纳法、演绎法、考证法。但它可以采用跨学科的方法，就是在相邻的学科中吸取通用的方法，一是思维方法；二是具体方法。"社会学、文化人类学的结构论、模式论、群体论、系统分析法、社会调查法、个案法、计量法等，能为社会史研究所接受。"冯尔康还说，"当社会史还没有成为史学一个分支时，史学不仅缺少它，也没有认识它的方法。社会史研究提出后，史学家把它的研究范畴、任务纳入到自身的研究中，社会史课题就是历史研究课题，社会史的研究任务就是历史研究的任务之一，这就把社会史的认识论变成为历史学的方法论"。[①]

二 心理历史学方法

对历史人物进行心理描述原是我国史学古已有之的方法。三国时期刘邵的《人物志》是我国最早的人物心理研究专门著作。近代的梁启超在《中国历史研究法》中曾提倡史学研究应重视人的心理变化"情状"。杨鸿烈在《史地通论》和《史学通论》中曾探讨历史学与心理学的关系。但总体上说，在民国以前，以心理学方法治史处于自发状态，远未形成理论自觉。心理学只是在文学研究中，得到比较充分的运用。新中国建立后，心理学曾一度取消，故对历史过程中的社会心理和个人心理研究，几成绝响。

党的十一届三中全会以后，心理学在我国得到恢复，对历史上心理现象的研究也引起重视。1981 年，湖南人民出版社出版燕国材著《先秦心理思想研究》一书。1984 年，燕国材著《汉魏六朝心理研究》又在该社出版。江西人民出版社则在 1983 年出版了潘菽、高觉敷主编的《中国古代心理学思想研究》。心理学界有学者提出应建立历史心理学。有学者提出，历史心理学要从古今中外的传记和其他历史资料中，分析历史人物的心理特征及其成长原因，从而总结培养人才的规律，有助于人才学的建立。还说，历史心理学研究人类心理（含个性心理）与人类社会文化历史如何互相制约、互相促进的关

---

① 冯尔康：《社会史研究与史学研究》，《人民日报》1988 年 10 月 21 日。

系；研究与历史因素紧密结合的心理因素；研究重要的历史条件、历史人物所起作用及与此有关的一系列问题。它是一门介于历史学与心理学之间而主要属于心理学的分支学科之一历史心理学的研究方法，主要是历史资料调查研究法。①

这是从心理学角度立论的，但心理学是同属于医学与社会科学的学科，它过于技术性的手段对历史学家来说，是很难实施的。因此，在史学界要求引进吸收心理历史学方法与概念的呼声，主要是希望采用心理学最基础最一般的视角和方法。但心理历史学的建设却起步甚艰。究其原因，可能是史学界对心理学这门学问过于生疏，再则还有心理上的障碍。例如有学者说，人们对心理史学还缺乏应有的承受力；它要在史学界站稳脚跟，还必须克服一些思想顾虑和心理障碍，如担心心理分析与资产阶级唯心史观划不清界限等。② 1987 年后，心理史学方法终于逐渐受到史学界部分学者的重视。有的学者开始运用这个方法从事实际历史研究，并将之称为"心态史学"。

例如李桂海将历代农民起义提出的口号，分为三种类型：模仿型、逆反型、空幻型，探讨了这三类口号的活力、影响和社会意义。③ 王玉波则对传统的家族文化心理进行研究，提出了关于家族认同心理结构、历史渊源、社会效应等方面的见解。④ 诸如此类的应用研究文章还有一些，但最引人注目的是推出了很见功力与水平的专著。⑤

另外一些学者则在译介国外心理史学研究信息的同时，对心理史学的概念和方法作了理论探讨。据介绍，西方心理学理论在历史研究领域的最初运用，始于弗洛伊德的《童年的回忆——达·芬奇》一书。该书尽管有许多史实和理论错误，但用精神分析学说对达·芬奇

---

① 蔡雁生：《创立"历史心理学"刍议》，《华南师范大学学报》1983 年第 2 期。
② 何振东：《拓宽史学研究的思路》，《人文杂志》1988 年第 4 期。
③ 李桂海：《对中国封建社会农民起义口号的心理分析》，《争鸣》1987 年第 3 期。
④ 王玉波：《传统的家族认同心理探析》，《历史研究》1988 年第 4 期。
⑤ 例如彭卫所著《历史的心镜——心态史学》，河南人民出版社 1992 年版。该书完成于 1988 年，是一部中外学术史梳理、理论探讨、专题研究相结合的专著，系统性甚强，代表了当时我国学者所达到的最高水平。

的心理生活进行分析，为心理史学开辟了道路。1919 年，美国学者巴恩斯发表《心理学与历史》一文，初步奠定了心理史学的理论基础。1938 年，年鉴派创始人之一费弗尔撰写出《历史与心理学：一个总的看法》，阐述了建立历史心理学的必要性和历史心理学的特点。而真正系统地将心理学概念和方法引入史学，则是 20 世纪 50 年代从美国开始的。①

在美国，心理历史学在全面的意义上（学术组织、科研力量、专业刊物等）构成了一个新的史学派别。1957 年，美国史学家威廉·兰格就任美国历史学会主席的就职演说《下一个任务》，大力提倡心理史学。其间，出现了一批心理史学著作。例如赫伯特·马尔库塞的《爱欲与文明：对弗洛伊德思想的哲学探讨》，诺曼·科恩的《对千年盛世的追求：中世纪与宗教改革时期欧洲的革命乌托邦主义及其对现代极权主义运动的影响》，埃里克·埃里克森的《青年路德——对精神分析学与历史学的研究》，诺曼·布朗的《生与死：历史中的精神分析含义》，斯坦利·埃尔金斯的《黑奴制：美国制度与理智中的一个问题》等。美国的心理史学专业刊物以《心理学杂志》和《心理史学评论》最著名。但心理史学与其他流派相比，仍显得不够成熟。

关于西方心理史学理论和方法的主要流派，有学者从临床心理学的角度，将之分为五派：精神分析学派，强调无意识心理因素的重要性；行为主义派，比较重视环境对人行为的影响与作用；疾病学派，也称医学模式，把人的各种不同行为归结为机体因素；人文主义学派，将个人行为看成是由其内在的趋向所决定的；社会学派，认为行为的因果因素可以是机体的，也可以是心理的，但起决定作用的是社会的和文化的因素。②

---

① 参看裔昭印《心理学原理在历史研究中的应用》，《上海师范大学学报》1988 年第 2 期；罗凤礼《西方心理历史学》，《史学理论》1989 年第 1 期；彭卫《心态史学研究方法评析》，《西北大学学报》1986 年第 2 期；朱孝远《现代历史心理学的产生和发展》，《历史研究》1989 年第 3 期。

② 荣颂安：《心理历史学简介》，《世界史研究动态》1985 年第 11 期。

有学者从现代心理学的角度，将之分为五派：构造学派，认为人的心理状态包含许多意识经验，把"内省法"作为主要方法，把"实验法"作为辅助手段；机能学派，强调人活动的"内驱力"和"机制"，机制是内驱力得以满足的外在行为方式，内驱力是激发机制的内在条件；行为学派，认为个人行为是其过去条件作用及其所处环境双重影响的产物；格式塔学派，认为个体心理活动存在于生存空间，人的行为是人和环境相互作用的函数；精神分析学派，强调潜意识心理活动，认为无法观察的内驱力在很大程度上决定了一个人的行为方式。①

有学者分为四派：精神分析学派，侧重分析历史人物童年时代表现的心理变态及其对人一生的影响；疾病学派，认为决定人的行为趋向的是某种疾病或遗传因素；人文主义学派，偏重对人物性格的分析研究；社会学派，认为社会或历史的进程是社会因素即同伴集团、各种机构、环境因素等决定。②

有学者分为三派：古典主义内心说，特征是把历史人物当作病例研究；埃里克森的历史发展心理学，特征是把社会化理论、发展心理学理论、弗洛伊德心理分析理论和群体文化概念融为一体；社会历史心理学，即吕西安·费弗尔奠基的年鉴学派。③

还有学者提出，格式塔心理学认为对部分的了解基于对整体的理解，这派学说对历史学家有较大的吸引力。④

对历史心理分析方法的缺陷，我国学者的认识是清醒的。我国学者都不赞成夸大心理因素的历史作用，更反对以心理因素为本位去解释历史。他们都很注意强调心理因素的唯物主义基础，对陷入主观唯心论保持警觉。因此，他们都只把历史心理分析方法当作辅助性方法。这说明，经过马克思主义理论洗礼的我国史学界，对唯心主义是保持着高度警觉的。

---

① 彭卫：《心态史学研究方法评析》，《西北大学学报》1989 年第 2 期。
② 赵吉惠：《历史学方法论》，第 230 页。
③ 朱孝远：《现代历史心理学的产生和发展》，《历史研究》1989 年第 3 期。
④ 山青：《心理历史学的发展导引》，《江汉论坛》1988 年第 1 期。

事实说明，西方心理史学的理论和方法不能照搬进我国的历史研究领域。只有在唯物史观指导下，吸收其合理因素，并加以深刻改造，才能发挥心理史学方法的合理作用。

关于心理历史学方法的含义和基本原则，我国学者也做了比较多的研究。有学者说，心态史学就是运用心理学方法研究历史上人们心理状态的史学方法。① 进行心态分析，应当遵循社会性原则、客观性原则、联系性原则、系统性原则、复杂性原则、差异性原则、历史性原则或发展性原则、时代性原则。上述原则不可割裂，而应作为一个整体贯彻到具体历史问题的研究中去。② 还有学者对从心理学角度分析历史人物，划出了准入门槛。比如不能就个体论个体，不能离开人物所处的环境，必须经过分析、鉴别，必须重视可塑性和可变性因素，要注意生理条件，不要受研究者情绪、成见、偏见的干扰，等等。③ 有学者则提出，运用社会心理分析方法要区分静态和动态的社会心理分析、要进行不同品质的社会心理分析、要进行不同层次的社会心理分析、要进行个人行为中的社会心理分析、要注意文化思想史研究中的社会心理分析。④ 更有学者提到"心态史学方法"与"心理史学方法"的区别，认为心态史学起源于年鉴学派，而心理史学由弗洛伊德创始；心态史学研究社会群众（或其中一个部分或集团）共有的稳定性的观念和意识，心理史学的研究对象和内容则无局限，可以是人类全体，也可以是个人（心态史学完全不研究个人），既可以是心态，也可以是经济、政治、外交等各方面的行为。⑤ 这样的辨析非常有启发性，它促使人们更细微地去认识心理学与历史学的关系，做出更加准确的判断。

总之，对心理学方法，我国学者是将其置于历史主义的原则之下予以应用的。这是来自马克思主义的视角，是我国史学的高明之处。

---

① 彭卫：《心态史学研究方法评析》，《西北大学学报》1989 年第 2 期。
② 彭卫：《试论心理历史学的主体原则与理论层次》，《史学理论》1987 年第 2 期。
③ 吴达德：《历史人物研究与心理分析》，《云南社会科学》1987 年第 6 期。
④ 周义保：《史学研究应重视社会心理分析》，《安徽史学》1987 年第 2 期。
⑤ 罗凤礼：《再谈西方心理历史学》，《史学理论》1989 年第 4 期。

因为有这样的视角和主张，所以心理史学方法在我国不是独立地、绝对化地被主张和应用，而是被置于一系列条件之下，置于各种相互作用的关系之中。如此郑重地对之层层加上"锁链"，心理史学的位置才是恰当的、安稳的，其发展才是自由的、有前途的。

正如学者们所说，"历史心理分析必须置于马克思主义的思想范畴之内，用历史唯物主义观点加以应用"。①"为了更好地坚持唯物史观，重视对社会心理因素的研究是十分必要的，同时又必须把社会心理看作人们社会经济生活的反映，按照唯物史观的基本原理研究社会心理。"②"历史心理学必须以辩证唯物主义、历史唯物主义为指导，反对机械唯物主义和历史唯心主义。有些西方学者把社会发展看成人们心理活动的结果，甚至归结为帝王将相和某些当权领袖人物的思想、动机、意志、感情和性格的力量，这无疑是十分荒谬的"，"要确立辩证唯物主义和历史唯物主义观点，从社会存在决定社会意识，历史客观规律不可抗拒的历史前提出发，去研究社会意识对社会存在发生的积极的或消极的能动作用。对于任何历史现象、心理现象以及任何人物的心理活动对于历史事件和社会历史的影响，都应结合当时特定的历史条件和具体史实，进行具体分析，才能够得出正确的结论"。③

在科学限制之下，历史心理分析方法无疑会发挥特殊的正能量。正如一位学者所说，"社会意识确实受社会存在的制约，但这个制约不是直接产生，而是经过大量的中介环节，其中很主要的就是社会心理。所以，要了解一个社会、一定阶级的意识形态和思想体系，仅仅知道经济关系是不够的，还必须了解当时的社会心理，了解那时人们的相互关系、交往方式。由此，以研究群体与个人之间的相互关系以及社会变迁，历史事件对个人（或社会集团）心理因素影响为主要内容的社会心理学和社会心理本身，显然是研究思想史的学者应予注

---

① 陈峰：《论心理分析在历史研究中的应用》，《江汉论坛》1988年第1期。
② 辛敬良：《社会心理与唯物史观》，《复旦学报》1984年第2期。
③ 蔡雁生：《创立"历史心理学"刍议》，《华南师范大学学报》1983年第2期。

意的部分"。① 也如另一位学者所说，历史心理学是一门连接外部社
会与人类内心世界的学问，它一边连着作为生物的人，一边连着作为
社会的人。家庭在社会与个人之间起中介作用。人际关系中的一些复
杂微妙之处被深刻地揭示出来，对有关历史问题的解释由此变得更加
复杂，更加深刻，更加清晰和更加冷静。②

三　历史地理学方法

"历史"与"地理"是血缘关系最近、发生关系最早的两个领
域，故在很长时间里，"史地"并称。史地结合研究，在中外均源远
流长。《汉书·地理志》是我国古代社会沿革地理的创基著作之一。
沿革地理在中国古代隶属于史学范围，被当作史学的辅助工具而应用
和研究。以后历代，多有史地合一名著，如《读史方舆纪要》等。
民国时期顾颉刚等学者倡导组织禹贡学会，在前人研究的基础上，对
边疆史地予以考察，多有成绩。新中国成立后，关于地理环境对客观
历史进程所起作用诸问题，曾引起争议和讨论，斯大林关于地理环境
作用的论断成为主要理论依据。

斯大林虽然没有在理论上完全否认地理环境作用，但在实际研究
中，极少有人专门从地理角度去说明或解释历史。改革开放前，我国
学者在理论上对地理环境决定论保持高度警觉，将普列汉诺夫视为地
理环境决定论的代表之一，批判言词时常可见。故这一时期，除相关
批判外，正面理论成果十分罕见。具体研究方面，出版了《中国历
史地图集》等一批重大成果，适应了国家建设与相关研究的需要，
成为传世精品，值得钦佩。正如侯仁之 1988 年之所说，新中国成立
以来，我国在历史地理学方面虽然进行了大量的专题研究，积累了丰
富的第一手资料，可是却很少有人进行理论上的全面总结；另一方面
对于国际上历史地理学的新理论和新发展，也不像 50 年代初期那样

---

① 马自毅：《思想史与心理学》，载《系统论与历史科学》，中州古籍出版社 1987 年
版。

② 朱孝远：《现代历史心理学的产生和发展》，《历史研究》1989 年第 3 期。

给予应有重视和介绍。①

党的十一届三中全会以后，我国学者在译介国外历史地理学理论著作的同时，也对地理环境的历史作用问题展开了较深入的探讨，从各种角度阐述了地理环境对历史发展所起的作用，对历史学与地理学的结合作了理论上的探索。②

当代历史学与地理学交叉融合，可以产生两门子学科：一是作为地理学分支的历史地理学，其研究对象是无意识的大自然、各个历史时期地表的演变和规律；一是作为历史学分支的地理历史学，研究对象是过去地理环境之中的有意识的人的活动，是以应用地理学的理论和方法去研究有关历史现象所获得的结果。二者研究的对象虽各有偏重，具体研究方式也有所不同，实际上难以截然分开。这首先是因为二者的对象难以分割，再则二者所用的方法都既有历史学又有地理学。广义地看，二者实可以等量齐观。

关于历史地理学与历史学的关系，黄盛璋指出有三个方面：一是研究时间的重合，二者研究的都是人类历史时期；二是研究对象的交错；三是研究资料和手段的部分相同。历史地理学研究需要借助于历史知识和史学发展成果。要大量利用历史资料，要具有资料方面的基本功，还需要利用历史学的一些研究方法，需要历史学配合去寻求规律，更需要以历史唯物主义为指导。③ 谭其骧、葛剑雄在回顾新中国

---

① 侯仁之：《扩大我们的科学视野——由〈历史地理学：对象和方法〉中译本出版所想到的》，《光明日报》1988 年 9 月 21 日。

② 参看史为乐《谈地名学与历史研究》，《历史研究》1982 年第 1 期；黄盛璋《历史地理学与历史学》，《史学月刊》1983 年第 1 期；徐日辉《略谈地理环境对中国封建社会长期延续的影响》，《社会科学》（兰州）1983 年第 6 期；严钟奎《论地理环境对历史发展的影响》，《暨南学报》1985 年第 3 期；杨琪、王兆林《关于"地理环境决定论"的几个问题》，《社会科学战线》1983 年第 3 期；徐咏祥《论导致普列汉诺夫地理环境决定论倾向的理论根源》，《中国社会科学》1986 年第 1 期；宁可《地理环境在社会发展中的作用》，《历史研究》1986 年第 6 期；候甫坚《历史地理学——历史学与地理学的交接点》，《陕西师范大学学报》1987 年第 3 期；李著鹏《系统的输入与历史的特殊性》，《世界历史》1989 年第 2 期；张艳国《东方地理环境与中国历史发展》，《社会科学辑刊》1989 年第 4 期。

③ 黄盛璋：《历史地理学与历史学》，《史学月刊》1983 年第 1 期。

成立以来的历史地理学研究时提出，就学科性质而言，历史地理学并不属于历史学，而是地理学的分支，但中国历史地理却是中国历史研究的重要组成部分，并且它的研究成果始终是其他各个分支所不可缺的。这一方面是由于这门学科的特殊性，因为尽管它的研究对象是地理现象，却都是发生在过去的，所以离不开历史文献资料和对历史本身的认识。而历史研究也同样不能缺少对当时的自然和人文的地理条件（历史本身赖以存在和发展的舞台）的了解。中国的历史地理学能为历史研究提供更多的利用成果，同时又能从历史文献中吸取丰富的、无法替代的源泉。①

关于在历史研究中运用地理学方法的科学依据，黄盛璋在前述文章中提出，人类社会是在地球表面存在和发展的，各种社会活动都不能脱离一定的地区，所以对于历史科学而言，除了时间观念外还必须具有空间观念。时间和空间是历史事件发生、发展的依存基础，不可或缺。时间是发展的，空间是变化的。历史地理学对历史时期生产力的研究提供了帮助。

关于历史研究中运用地理学方法的内容，任乃强总结他的治学经验说：分析任何一个历史问题，都离不开地理条件的依据；把历史资料全面落实到地面上来，再从当时地面上的自然条件和社会条件去找寻产生这一历史事件的前因后果，亦即历史地理学的研究方法。因此，说历史地理学是地理学的一门分支固无不可，但说它是历史学的一门分支也未尝不可。任乃强认为历史与地理综合分析的方法，用于研究地方史和经济史最为有效；用于本国史、世界史以及其他各种性质的专业史也无不相宜。其好处在于可从文献资料以外找得更多的分析手段，而与文献资料产生歧义时，又能起鉴别真伪的作用，当文献资料缺乏时，又能从地理条件方面找到正确探索方向和有效佐证。②

金哲、姚永抗、陈燮君主编的《世界新学科总览》提出，历史

① 谭其骧、葛剑雄：《历史地理学》，载肖黎主编《中国历史学40年》，书目文献出版社1989年版。

② 任乃强：《略谈我研究历史的方法》，《历史知识》1981年第1期。

地理学既运用历史学的研究方法，也采取地理学的研究方法，前者主要有历史考证法，后者则包括自然地理学的方法、经济地理学的方法和地图学的方法，以自然地理学的方法为例来说，主要应用地貌学、沉积学、土壤学和孢粉分析学等科学知识对实地进行考察，以获取历史地理的资料，作定相、定位、定年代的复原工作。经济地理学方法，如用经济图表和统计分析等研究方法，对历史时期的人口、经济、贸易等情况加以综合和归纳，并从中找出它们随时间变化的规律。地图学方法则有判读法等。①

进入21世纪后，历史地理学在理论上的探讨虽然略显冷清，但在专题研究中却得到非常广泛的应用，这主要是由于环境史、城市史、社会史以及区域史研究的兴起而造成的。而环境史研究与灾荒史、人口史、移民史等学科关系紧密，城市史与经济金融史、银行史、文化史交叉互动，社会史又分解出社会文化史、社会生活史、社会风俗史等，并且与区域史发生亲缘关系，其中都离不开对基本地理方位的考察、历史地理与环境的追问、基本地理学理论的应用。因此，历史地理学方法实际上被分解到各个史学分支学科当中去了。

四　人类学方法

人类学同样是与历史学具有紧密血缘关系的学科。特别是对于古代社会、文明与国家起源的研究，人类学是完全不可缺场的。人类学是研究人类及其文化起源与发展的综合性、边缘性学科。作为学科要素，它在古代文明国家均存在。作为近代意义上的学科，它首先产生于西方国家，萌发于16世纪，受达尔文进化论推动，到19世纪中叶形成为独立学科。到20世纪初，发展成为包括体质人类学和文化人类学两大分支的综合性学科。早期人类学主要是对原始部落社会的研究，第二次世界大战以后，逐渐突破传统人类学的局限，而关注当代

---

① 金哲、姚永抗、陈燮君主编：《世界新学科总览》，重庆出版社1986年版，第281页；并参见杨国璋、金哲、姚永抗、陈燮君主编《当代新学科手册》，上海人民出版社1985年版，第611页。

社会，形成乡村人类学和都市人类学以及应用人类学等分支。至于人类学学科体系下的具体分科，有的分成数科，有的分成 20 多科，还有分成 40 多科的，意见远不一致。

西方人类学在 20 世纪初传入我国，在前辈学者努力下，出现了不少学术译著、论著和调查报告，形成了南北两个学派以及北方、东南、南方、西南几个研究中心，从而奠定我国人类学发展的基础。新中国成立后，由于我国学科设置采取苏联模式，人类学研究鲜有进步。党的十一届三中全会以后，我国人类学与民族学、历史社会学等亲缘学科一起，很快得到恢复和振兴，在译介大量西方人类学论著的同时，还就如何建立具有中国特色的人类学而展开了颇为热烈的讨论。

人类学理论与方法在史学中的运用，它与历史学的交叉融合，形成了历史人类学。据学者介绍，历史人类学是随着当代史学跨学科研究日益盛行，在历史学与人类学这两门学科相互渗透、结合的基础上，形成和发展起来的一门新兴边缘学科。它是从历史学这个领域出发研究和回答人类学提出来的问题。也就是说，它把人类学的研究对象和主题引入历史学，试图对它们做出历史的解释。历史人类学以人类社会文化，即包括物质生活和精神生活在内的人类全部生活为研究对象，但主要是研究人类物质生活，旨在通过这种研究，深刻地再现普通人民群众的"非事件"的"默默无闻的日常生活"。据悉，历史学与人类学的结合，萌发于 19 世纪末。20 世纪 70 年代以后，除德国以外，历史人类学在欧美不少国家获得发展。"历史人类学在革新和扩大传统史学研究领域，重视和恢复普通人民群众在历史发展中的应有地位与作用方面，对当代史学发展无疑具有积极的意义。而且，这类著作无论在内容还是在表述方式上，都通俗易懂，趣味无穷，很适应普通读者的水平与要求，因而十分有利于史学研究成果和历史知识的普及，起到了密切史学与普通读者关系的桥梁作用。"①

有学者较具体地论述了人类学原则与方法在历史研究中所起的作

---

① 荣颂安：《历史人类学简介》，《世界史研究动态》1986 年第 4 期。

用。其一，人类学研究原则对史学家提出了以参与者的姿态进入历史环境并理解研究对象的要求。"作为外来者的人类学家，在充分深入和理解研究对象的生活和文化特质以及主导其行为方式的思维方式和精神境界之前，不可能准确地解释研究对象的社会生活、信念、信仰和行为方式。如果带着自己文化中固有的观念去建立与自己不同文化中人类生活的图象，这种图象必然失真。"因此，"越是像人类学所要求的那样摆脱研究者对研究对象的主观意识和臆断，历史学家就越能把自己重建历史社会，进而解释历史社会的任务建筑在一个更客观、更真实、从而更精确的基础之上"。其二，"运用人类学对人类生活无意识部分的研究理论及方法，挖掘和认识这一部分人类行为在社会发展中的表现及其作用，无疑对于探讨我国传统文化的反思问题和重新认识我们民族文化等重大问题有积极意义。"其三，人类学家对人类的研究，深入人类各种文化现象的内部挖掘其全部意义，这种研究方法被历史学家用来在力图阐明历史事件、在时间意义上的因果关系的同时，更深入地专注于所研究事件、事物的内在含义和人物的内心世界。其四，人类学的比较分析法，是史学家应吸取的要点之一。其五，人类学家以微观的方法，从社会的底层出发，研究人们日常行为——婚姻、家庭、性别关系、血缘群体、村社组织、工厂生活、娱乐团体等繁多的维系人们实际生活的各个部分之根本，走入有血有肉的社会实体。这种微观研究可以避免单纯客观研究而带来的笼统和失真，为客观研究的结论奠定基础。其六，借鉴人类学可对史学提出新标准，提高对史料理解、选择和运用的要求。总之，人类学对研究者以参与者身份进入研究环境，捕捉研究对象自身的世界图像和文化概念，和在近距离观察中做结论的要求，在理论上和方法上加强了史学家治史的客观性；人类学家对人类思维和行为无意识方面和过程的探讨，促进了史学家对人类活动和社会问题认识的全面性；人类学的文化研究打开了史学家解释人类关系的新角度，人类学比较方法的运用增加了史学家论史的鲜明性和准确性。[1]

---

[1]　贾宁：《关于历史学与人类学跨学科研究的探讨》，《史学理论》1988 年第 4 期。

五　其他学科方法

其实，在马克思主义指导下，历史学应尽力去做跨学科研究、交叉学科研究。就此而言，史无定法，难以划定清晰边界。在我国近代史学中，涉及史学与其他学科关系的论述是大量存在的。从清末出现现代意义上的学科分类，以梁启超为代表的新史学家们就对此作了程度不等的阐述。而我国学者在梳理跨学科研究的学术资源时，偏重对西方成果的介绍，很少对自身资源的开掘，这是一个明显的不足。

清末新史学家陈黻宸，是最早对多学科方法治史进行系统论述的学者。早在 1902 年，他就提出应当采用社会学、政治学、统计学、地理学、人类学的理论和方法去研究历史。他把学问划分为 18 门：经学、史学、心理学、伦理学、政治学、法律学、地理学、物理学、理财学、农学、工学、商学、兵学、医学、算学、辞学、教育学、宗教学，认为"夫史学必合政治学、法律学、舆地学、兵政学、财政学、术数学、农工商学而后成，此人所常言者也；史学又必合教育学、心理学、伦理学、物理学、社会学而后备，此人所鲜言者也"。又说："读史而兼及法律学、教育学、心理学、伦理学、物理学、舆地学、兵政学、财政学、术数学、农工商学，此史家之分法也。读史而首重政治学、社会学，此史家之总法也。""史学者，又合一切科学而自为一科者也。"同时期的曹佐熙也有相类似思想。他认为史家至少应当旁通下面的 28 门学问：经学、天演学、公益学（即社会学、群学）、伦理学、法律学、政治学、教育学、心理学（又名心灵学、心学）、生理学（又名生学）、国民生计学（又名经济学、计学、全国人民财用学）、国家财政学（又名财政学、公经济学）、兵学、交涉学、人种学、宗教学、言语学（又名博言学）、年代学、地理学、地质学、古物学、金石文字学、物理学、统计学、辨学（又名论理学、名学，即逻辑学）、文学、小学、图画学、测算学。

进入民国后，讲述史学概论或历史研究法的著作，大都讲述历史学与其他学科的关系。何炳松认为："历史能否进步同能否有用，完全看历史能否同其他科学联合，不去仇视它们。"所以，他主张运用心理分析方法研究历史，对统计方法大体持抵制态度，对地理学方法格外重视（但反对地理决定论），认为分类法与历史的"共通性"相违背，强调历史学与社会学有差异。这些观点虽非一概是正面主张，但对跨学科方法的关注，是显而易见的。杨鸿烈则提出有两类与史学相关的学科，一为补助科学，含人类学、人种学、地理学、土俗学、经济学、政治学、法律学、教育学、宗教学、社会学、统计学、哲学、文学、心理学、逻辑学、道德哲学、美学等；二为特殊补助科学，如言语文字学、古钱学、系谱学、纹章学、目录学等。他具体论述了史学与言语文字学、年代学、考古学、人类学、民俗学、社会学、政治学、经济学、地理学、心理学、文学、哲学的关系。蒋祖怡的《史学纂要》提出"史学是一种综合的社会科学"，应当积极吸收考古学、人种学、心理学、社会学、天文家、地理学、物理学、化学、生物学的知识与方法。李则纲的《史学通论》论述了历史学与文字学、文学、地理学、经济学、古物学、心理学、社会学、统计学、哲学的关系。他还指出人类学、年代学、目录学、政治学、天文学也与史学具有密切关系。刘剑横的《历史学 ABC》提出历史学是社会科学的总体，社会学、政治学、法学、经济学、伦理学、宗教学、哲学、文学艺术都是史学的基础。特别是政治经济学，研究历史必须了解。卢绍稷的《史学概要》指出 20 世纪是历史学的"科学时代"，故史家对伦理学、教育学、数学、生理学、博物学、农学、商学、工艺、医药、建筑、雕刻、美学、哲学、政治学、法律学、经济学、地理学、人类学、心理学都需了解，但有 14 门学科最需要了解，即政治学、社会学、地理学、天文学、人类学、年代学、谱系学、古物学、宗教学、论理学、文学、哲学、美术、心理学。吕思勉的《历史研究法》提出："现代史学的进步，可说所受的都是别种科学之赐。"他具体论述了历史学与自然科学（如生物学、地质学、地理学）、社会科学（如政治学、经济学、人生哲学、社会学、考古学）、文学的关系。①

上述近代史家的看法，与当代学者的论述虽有深浅、宽窄之不同，间或尚存错谬，总体上亦不免宽泛，但基本精神与基本意思是一样的。因此，在注意吸收西方有益资源之时，亦应加大开掘本土资源的力度。

20世纪80年代，还有学者介绍了历史人口学的理论与方法。历史人口学是处在历史学和人口学衔接点上的边缘学科，它主要研究人口再生产的历史过程与发展规律以及人口政策史。历史人口学采用的主要方法是计量研究法，其次是聚集分析法、家庭重现法和新模拟法。在唯物史观指导下，它可以避免滑向人口决定论。

第四节　历史计量方法②

历史计量方法在专业的意义上，也称作计量史学。计量作为一种方法，很早就已运用于史学之中。那时的"计量"，与今日大数据时代概念的"计量"不可同日而语，故通常称之为"统计"，但与"计量"的源流关系是确实的。

在我国古代史著中，已有关于历史现象的粗略数量统计，但那时还谈不上将数学作为一种历史研究的方法来运用，古代统计资料既不准确，也不完整。近代以来，应用统计学方法对历史上的某些现象进行归纳、统计与量化分析，在历史研究中开始成为方法自觉，故以各种统计图谱与表格形式展现的史学成果，开始出现。清末，随着社会学理论和方法的广泛传播，统计学理论和方法在我国也得到传播，应用统计学方法进行历史研究的主张不断出现。1902年，陈黻宸提出统计学是"其质善于合"的归纳科学，编撰史书"宜仿泰西统计比

---

① 本部分内容参考了《史学理论大辞典》（安徽教育出版社2000年版）中李洪岩撰写的条目以及《论陈介石的史学思想》（《史学理论研究》1992年第4期）、《杨鸿烈的史学思想》（《史学理论研究》1994年第3期）等文章。

② 本节参考了蒋大椿、李洪岩的文章《历史计量方法研究概述》，刊载于《世界史研究动态》1992年第1期。

例史例"，说："我闻欧美统计之学，所以振社会之文化而树政体之先声者，于户口特加详焉。""欧美文化之进，以统计为大宗。"因而倡导用统计学方法研究古代的人口变化及风土人情。曹佐熙则在1909 年编著的《史学通论》中提出："欲于群演之事门分类聚，以致其精博，使所据以阐义者弗失之诬，则宜通统计学（英人伯古路《文明史》论曰：史学之所宜研究者，当用概括之法，如统计表，其尤著者也）。群演之事，至为繁颐，不知其实数，则其真理无由明。然非有统计，莫由得其实数也。昔之言治者，无统计以为之根据，见一时之然也，推之前后，而以为无不然；见一隅之然也，推之左右，而以为不然。凡有发明，半由臆测，揆之事实，莫能行也。莫能行而强行之，此政之所以日敝，而民之所以重困也。近世欧西之研究政术者，无不以统计为始基，职此故也。"五四运动后，更多的史学家强调统计学方法对历史研究的重要作用，梁启超是其代表。1922 年 11月 10 日，梁启超以"历史统计学"为题在南京东南大学史地学会作学术演讲，提出："历史统计学是用统计学的法则，拿数目字来整理史料推论史迹。"亦即"史学上之统计的研究法"，认为这是"研究历史的一种好方法，而且在中国史学界尤为相宜"。他说：统计学的作用是要"观其大较"，即专看各种事物的平均状况，拉匀了算总账，具体步骤是制作各种统计表，从中可以抽绎出人类社会的"共相"或历史的"原则"。梁启超的讲演产生很大影响，"历史统计学"因之成为一种学术时尚，其后代表性著作有丁文江《历史人物与地理的关系》、朱君毅《中国历代名人年寿之统计研究》等。20 世纪二三十年代，许多史家积极倡导历史统计学。吴贯因《史之梯》说："史家编史，必兼具统计学之智识，其记载世系始不越出科学常识之范围。非然者，其涉及统计之记载，必常陷于错误。"李则纲《史学通论》说："历史里的政治、法律、哲学、经济等现象，都可以数字关系说明其消长与因果。欲使历史学达到科学境地，则不能不注意统计学在历史里的作用。"但也有个别史学家对历史统计学持慎重态度，认为历史统计学带有很大的局限性，并非万能。例如柳诒徵说："近人讲统计之法亦善，然其性质不能一一均等，如史传中之人物，有大有关系者，有无足轻重者，甲地所产生之人物虽少，其事大有关系；乙地之人名见是传者虽多，然其大有关系之人物亦不过等于甲地之数，则优劣不能以多少而定，且此等事虽不知史事者亦能为之。"还有个别史学家对历史统计学持反对态度，认为它不能揭示历史的因果关系。例如，受法国史家塞诺波（认为统计方法无法解决社会事实的内部动机，人口统计对历史定性研究没有作用）的影响，何炳松认为："世之学者，鉴于社会科学之方法重在统计之比较也，遂以为历史事实之演化亦可以数目或曲线代表之。殊不知欲以此种方法研究演化上之因果关系实不可能。而且即使能藉数目得到一种相当之概念，亦仍未足以尽史学之能事也。盖统计方法所能为力者，充其量仅物质状况或人类行为之外表而已，而非社会演化之真因也。真因维何？即人类内心之动机是已。统计学在史学上所以为似而非是、偏而不全之方法者此也。"何炳松解释说："所谓统计法实在很简单，只要拿数目来代表各种社会现象的变动即可。例如列一个中国人数统计表来表明中国人口增减的趋势，或者用一种进出口货曲线来代表中国对外贸易盈虚消长的情形。"但"统计法在历史的研究上并不是一个理想的方法"，因为历史统计学"所要研究的那类事实一定要和人口或面积一样可以用数目或曲线代表出来"，而且"要有绝对充分的材料，就是要有各时代的数目表来做比较或综合的根据"。"假使研究材料不充分，而且那类事情又不便于用数目代表出来，那么使用统计法所得的结果，最多不过一种测度，有时还要闹出笑话。"何炳松的结论是："社会演化的直接动因为动机，这正是非统计法所能表示得出来的东西。所以统计法切不可随便使用，统计所得的数目也不一定是精确的，切不可随便根据它来下非科学的断语。"

民国时期采用历史统计方法的代表性著作，是卫聚贤 1934 年 11 月在上海商务印书馆出版的《历史统计学》。该书是中国近代唯一一部以统计学方法研究中国历史的方法论专著。书中的《中国统计学史》包括《导言》《中国发明统计的时期》《战国时统计的图表已发明》《汉代的统计表》《魏晋至唐的统计表》《宋至清的统计表》《中国的统计图》《用西洋统计方法研究中国历史》《结论》十个部分。

它着重从统计学角度对古代史书中的"表"进行分析研究，认为"史表"是古代学者应用统计方法研究历史的实践性成果，表明中国统计学的产生比欧洲要早得多。《历史统计学》则包括五部分：《总论》《统计材料的搜集》《统计谱的编制》《统计表的制造》《统计图的绘制》。作者认为统计学是一种方法学与工具学；历史统计学有两种类型：方法统计学与应用统计学。历史统计学隶属于应用统计学。作者还认为统计学可以将复杂的事物化为总数或平均数，或绘图以示趋向，以便于人的智能去掌握，亦即使复杂的事物易于显明及比较；可以排除各种人为的主观干扰，使结论具备客观性与稳定性，求得正确的见解；能够预测将来人事的变迁。

新中国成立以后，由于受苏联史学模式影响较大，而苏联学术界在 20 世纪 50 年代曾对西方数学方法（如控制论和计算机）在社会科学中的应用进行过不恰当批判，故我国对采用统计方法从事社会科学研究非常慎重。揭露资产阶级数量方法在社会科学运用中的虚伪性，确有必要，但对数量方法在社会科学中的应用一概排斥，便不是科学的态度了。① 改革开放前 30 年中，史学界除梁方仲的《中国历代户口、田地、田赋统计》一书运用计量方法，足可称道外（该书写成于 20 世纪 60 年代，到 1980 年才正式出版），整体说来，历史学基本上是定性研究，极少考虑量的因素。② 从 20 世纪 80 年代开始，数量方法在我国史学界突然"热"起来，一时似乎成为最能代表史学前沿的潮流。1986 年，在全国史学理论讨论会上，对计量史学方法作了探讨。张椿年、陈之骅、华庆昭指出，将数量方法应用于历史研究，必须引起重视。随着历史研究手段和工具的现代化，史学中的计量方法必将会得到日益广泛的运用。③ 翌年，《史学理论》第 4 期专门设置了计量史学研究专栏。山东教育出版社出版了项观奇编的

① 参看胡代光《资产阶级计量学的虚伪性》，《北京大学学报》1963 年第 3 期。
② 参阅吴渝陵《数学在社会科学中的应用》，《国外社会科学研究》1985 年第 3 期；石潭《计量史学研究方法评析》，《西北大学学报》1985 年第 4 期。
③ 《开拓新领域，研究新问题：出席第 16 届国际历史科学大会有感》，《世界历史》1986 年第 1 期。

《历史计量研究法》一书，收录美、法、苏、英、日、罗马尼亚、波兰七国学者的计量史学论文 27 篇，四川人民出版社推出苏联著名计量史学专家伊瓦利琴科主编的《计量历史学》一书，比较系统地论述了计量方法的理论基础、基本方法、具体运用等问题。其他翻译或介绍有关国外计量史学情况的文章，散见于《世界史研究动态》等刊物，尚有二三十篇。历史计量方法的研究和初步应用，成了那时我国史学方法研究的重要特色之一。

毋庸置疑，我国学者对历史计量方法的热情，来自西方史学思潮的影响。所以，对西方的情形，他们也投入很大精力作了介绍。有学者提出，西方计量史学发展经历了四个阶段。一是从公元前 6 世纪到公元 17 世纪，特征是运用极不普遍，应用范围仅局限于人口史、经济史领域的个别方面，而且估算的成分较大。二是从 17 世纪至 19 世纪，以实证主义为哲学基础。三是从 20 世纪初至 50 年代，基础理论范围扩大，单一化的、以实证主义为唯一理论依据的计量历史学，在发展中融合了历史学、经济学、哲学和某些自然科学理论的成就，研究范围也更为广泛，传统上只采用定性研究的政治史、社会史等也引入了计量方法。四是 20 世纪 50 年代后，建立了专门研究机构，应用范围更广泛，研究更深入，取得一批重大成果。[1]

这里要提及两部外国人的著作。一部是英国史学家杰弗里·巴勒克拉夫著《当代史学主要趋势》，杨豫译，上海译文出版社 1987 年出版。一部是美国史学家伊格尔斯、帕克主编《历史研究国际手册——当代史学研究和理论》，陈海宏、刘文涛、李玉林、张定河译，华夏出版社 1989 年出版。这是两部在 20 世纪 80 年代中后期影响很大的译著。它们是我国史学工作者研讨史学方法问题所导致的译介结果，又反过来进一步推动了那一时期对史学方法的广泛探讨。可以说，当时我国史学界所讨论的史学方法前沿议题，这两本书都提供了

---

[1]　石潭：《计量史学方法研究评析》，《西北大学学报》1985 年第 4 期。另参看王小宽：《国外计量史学的兴起与发展》，《史学理论》1987 年第 4 期；陈春声《统计分析方法在史学研究中的应用》，《学术研究》1985 年第 3 期；金哲、陈燮君、乔桂云《数学向哲学社会科学渗透的新趋向》，《社会科学》1980 年第 6 期。

翔实的西方背景。特别是巴勒克拉夫的著作，提出西方史学最强大的新趋势，是对量的探索；当代西方史学的突出特征就是所谓"计量革命"。这些观点极大地影响了中国史学界，特别是史学理论界。于是，对"量"的探索同样成为20世纪80年代中后期我国史学理论界津津乐道的话题。①

关于历史研究中运用计量方法的依据，是学者们着重论述的议题。有学者提出，因为客观历史过程中确实存在着数量关系，所以可以运用数学来加以研究。人类历史这个复杂的运动着的大系统，也是一个复杂的变化着的数量关系的大系统，人类社会历史的物质性是这种数量关系的唯物主义依据。这就决定了运用数量方法是可行的、必要的。这是把握历史事物的质的限度，使之对于质的认识深刻化、精确化的必要条件。② 有学者提出，马克思曾经说，一种科学，只有成功地运用数学之后，才算达到了完善的地步。但如恩格斯说的，当时的数学只能精确地应用于固体力学；在液体和气体力学中，便只能得近似值。在化学中，就只有一元一次方程式。在生物学中，便已不能运用，更不用说应用于解决人类历史问题了。如今数学已大大发展，由常量数学，经过变量数学，发展成为各种变化着的量的关系和相互联系的数学了。很多抽象的结构、形式、性质与关系，运动与变化，量变与质变，都已成为数学研究的对象。现代概率论、数理统计、模糊数学诸最新数学分支学科的出现，使得它的抽象程度更高，适应性也就更强，更广泛，以至那些十分抽象复杂的对象（包括人类社会）也有可能进行定量化的研究。③ 其他学者的论述，也大体与这样的思路相近。

关于历史计量方法的含义，我国学者全都提到计算机的作用，这

---

① 人们将看到，几年以后，"计量史学"被指责为"反历史主义"，不再时髦。代之而起的是所谓"叙事史"的复兴。参看陈启能《从"叙事史的复兴"看当代西方史学思想的困惑》，《史学理论丛书》编辑部编：《当代西方史学思想的困惑》，中国社会科学出版社1991年版，第31—52页。

② 项观奇：《试论历史数量研究法》，《学术研究》1987年第4期。

③ 蒋大椿：《关于中国史学科的现代化》，《学术界》1987年第3期。

在当时史学界还几乎没有人接触过计算机的情况下，其眼光与观念是非常可贵的。比如有学者说，数学在社会科学中的应用，主要体现在利用计算机实现资料的储存、管理和检索的自动化；在研究过程中，它要求设立一些数学形式，将其作为衡量手段，对同类社会现象进行比较，还要分析在研究社会现象中得到的数据，找出它们之间的相对稳定的关系或某类数据本身的存在规律，设立数学模式对这类关系或规律进行定量描述，还要对所研究的社会现象中各种有关因素进行分析，建立相应的数学模式，用以研究各因素间的相互关系，包括主要因素的识别和各种因素相互影响的程度，等等。[1]　其他学者也提到建立数理模式、运用数学语言等话题，表现了很强的前沿性。

一般说，数量史学最适用于经济史、人口史、生产力发展史。也就是说，越是存在数量关系的历史领域，越适合于用数量史学去研究。这是很自然的道理。但是，对于思想史、哲学史这样数量关系很少、很难用数量去表达的领域，数量史学作为辅助性的科研工具，也并非不起作用。关键在于科学合理。

要将历史计量方法运用得科学合理，关键在于处理好"定量"与"定性"的关系。有时候，定性需要定量的支撑。但有的时候，却未必如此。甚至还可能出现这种情况，即量的运用越充分，"质"越会被淹没。所谓"人人都创造历史"的命题，就是以最大"量"淹没了最大"质"。所以，对历史计量方法的缺陷与不足，必须予以充分认识。认识得越充分，它的运用就会越科学。越是夸大数量方法的作用，得出的结论反而越荒唐。中外清醒的历史学家对此的认识是一致的。

我国学者对历史计量方法局限性的认识，是非常到位的，因之相关言论颇为不少。总结起来，他们都认为不可将数量方法无限制的扩大，以致滥用，不可用数学方法代替或者否定历史研究的科学方法论，否认唯物史观的指导作用。它只是一种工具，只有在科学历史观指导下，才能更好地发挥作用。

---

① 吴渝陵：《数学在社会科学中的应用》，《国外社会科学动态》1985 年第 3 期。

　　与历史计量方法密切相关的，还有所谓模糊方法。1965 年，美国应用数学家、自动控制专家查德首先提出用"模糊（弗晰）集合"作为表现模糊事物的数学模型，从而创建了模糊数学。随着模糊数学的创建与发展，又产生了模糊逻辑、模糊语言学等学科。20 世纪 80 年代后，我国开展了对模糊数学的研究，带动了模糊方法的传播。1979 年 8 月在北京召开的第二次全国逻辑讨论会，集中讨论了模糊逻辑的有关学术理论问题。1983 年又先后出版了《模糊数学及其应用》和《模糊数学》等著作，分别论述了模糊语言与逻辑的问题。这种情况加上数量史学方法追求精确化的反向推动，促使人们注意在历史研究中运用模糊方法的问题。

　　我国史学理论界注意到这一动向，很快做出反应。有学者写道，模糊认识不仅迅速、近似，而且高度灵活，不仅可应用于自然现象、社会生活现象，而且可应用于社会科学和人文科学的研究领域，不仅可以了解事物表面，而且有助于理解事物本质。[1] 有学者说，模糊方法可以适当地应用于历史研究的某些领域。历史学在许多问题上模糊不清，历史认识存在着模糊性。历史科学在总体上不可能达到自然科学那样的精确状态，但这并不妨碍历史学成为科学。[2] 有学者说，人类历史过程中，常会出现一些带有很大模糊性的客观历史现象。比如，两种不同质的社会形态或历史现象间，在发展交叉过渡中，常常产生某些"亦此亦彼"现象。有些现象甚至忽隐忽现，时有时无，具有相当的不确定性。又如，在几种社会历史因素间，并没有明显的因果关系或从属关系，但它们同时发生，彼此在某些点上又相互影响和制约，从而呈现出某种模糊关系。对这类问题，很难用准确的概念加以表述。采用模糊方法进行研究，反而比用准确概念表述更加接近历史真实。[3]

　　当然，我国学者也认识到，精确性研究与模糊性研究应结合进

---

①　彭卫：《略谈历史研究的模糊性》，《安徽史学》1986 年第 3 期。

②　徐兆仁：《历史认识的十大特性》，《社会科学研究》1987 年第 6 期。

③　李桂海：《谈在历史研究中运用模糊方法的问题》，《社会科学研究》1986 年第 3 期。

行。模糊性研究、精确性研究、模糊性与精确性的有机结合研究，是历史研究的三种必要方式。

　　总而言之，20 世纪 80 年代我国史学理论界关于历史研究方法的研讨，思想活跃，内容丰富，成绩很大。它坚持唯物史观指导与丰富历史研究方法相结合，拓展了马克思主义史学的视野与范围、深化了马克思主义史学的内涵与思想认识，培养了一大批史学人才，带动了一大批新型史学论著的出版，使得中国史学迎来一个崭新的局面。特别是面对当代世界巨大而深刻的变化，面对科学技术日新月异发展所带来的人类知识形态与认识领域的飞跃与变革，面对新学科、新思潮、新观点、新问题、新挑战层出不穷的新局面，我国马克思主义史学家既能严守正道，又能放眼世界，超前思维，迎接挑战，以开放、前沿的心态，跟上了时代的步伐，做出了阶段性的成绩。虽然在这一过程中存在着这样那样的不足，还从外部时常传来噪声与杂音，但马克思主义者始终主导着史学发展的方向，唯物史观始终驾驭着史学发展的航船，使得中国马克思主义史学昂首迈向 21 世纪。

主要参考文献

一 参考书目

[美] 卡尔·A. 魏特夫:《东方专制主义》,徐式谷等译,中国社会科学出版社 1989 年版。

[意] 翁贝托·梅洛蒂:《马克思与第三世界》,高銛、徐壮飞、涂光楠译,商务印书馆 1981 年版。

[英] 佩里·安德森:《绝对主义国家的系谱》,刘北成、龚晓庄译,上海人民出版社 2001 年版。

"从五四运动到人民共和国成立"课题组:《胡绳论"从五四运动到人民共和国成立"》,社会科学文献出版社 2001 年版。

《"史学"论文选》,光明日报专刊丛书,光明日报出版社 1984 年版。

《曹操论集》,生活·读书·新知三联书店 1960 年版。

《反对资产阶级社会科学复辟》(第 3 辑),科学出版社 1958 年版。

《胡乔木传》编写组编:《胡乔木谈中共党史》(修订本),人民出版社 2015 年版。

《胡适思想批判》(8 辑),生活·读书·新知三联书店 1955 年 3 月至 1956 年 4 月版。

《翦伯赞纪念文集》编委会编:《翦伯赞纪念文集》,人民教育出版社 1998 年版。

《历史剧问题论文选》,人民日报理论宣传部、文艺部,1965 年 12 月编印。

《历史研究》编辑部编:《尚钺批判》(第 1 辑),1960 年 3 月印本。

《历史研究》编辑部编:《中国近代史分期问题讨论集》,生活·读书·新知三联书店 1957 年版。

《史学理论丛书》编辑部编：《八十年代的西方史学》，中国社会科学
　　出版社 1990 年版。

《史学理论丛书》编辑部编：《当代西方史学思想的困惑》，中国社会
　　科学出版社 1991 年版。

《苏联修正主义史学观点批判》（第 1 辑），人民出版社 1977 年版。

《中共中央党校老讲稿选编》，《中共中央党校报告选》2010 年增刊。

《中国史研究》编辑部、《近代史研究》编辑部、《世界历史》编辑
　　部：《系统论与历史科学》，中州古籍出版社 1987 年版。

白钢编著：《中国封建社会长期延续问题论战的由来与发展》，中国
　　社会科学出版社 1984 年版。

白钢等：《历史学的发展趋势》，辽宁教育出版社 1989 年版。

白寿彝：《中国史学史论集》，中华书局 1999 年版。

北京市历史学会编：《吴晗纪念文集》，北京出版社 1984 年版。

卜宪群、王建朗、张顺洪主编：《马克思主义史学理论研究》（第 2
　　辑），中国社会科学出版社 2013 年版。

岑大利、刘悦斌：《中国农民战争史论辩》，百花洲文艺出版社 2004
　　年版。

陈其泰主编：《20 世纪中国历史考证学研究》，北京师范大学出版社
　　2005 年版。

陈其泰主编：《中国马克思主义史学的理论成就》，国家图书馆出版
　　社 2008 年版。

陈启能、王学典、姜芃主编：《消解历史的秩序》，山东大学出版社
　　2006 年版。

陈启能：《史学理论与历史研究》，团结出版社 1993 年版。

陈启能主编：《二战后欧美史学的新发展》，山东大学出版社 2005
　　年版。

陈智超主编：《陈垣全集》，广西师范大学出版社 2009 年版。

陈祖武主编：《从考古到史学研究之路：尹达先生百年诞辰纪念文
　　集》，云南人民出版社 2007 年版。

当代中国研究所、中央档案馆编：《中华人民共和国史编年》
（1949—1963 年卷），当代中国出版社 2004—2014 年版。

当代中国研究所：《中华人民共和国史稿》，人民出版社、当代中国
出版社 2012 年版。

邓拓：《论中国历史的几个问题》，生活·读书·新知三联出版社
1979 年版。

董郁奎：《新史学宗师范文澜传》，杭州出版社 2004 年版。

方敏、宋卫忠、邓京力：《中国历史人物研究论辩》，百花洲文艺出
版社 2004 年版。

费孝通：《费孝通全集》第 13 卷，内蒙古人民出版社 2009 年版。

冯林主编：《重新认识百年中国——中国近代史热点问题研究与争
鸣》，改革出版社 1998 年版。

高翔：《在历史的深处》，中国社会科学出版社 2012 年版。

葛洪泽：《苏双碧访谈录：中国百年史学的回顾与前瞻》，台海出版
社 2005 年版。

葛懋春、项观奇编：《历史科学概论参考资料》（上下册），山东教育
出版社 1985 年版。

葛懋春：《史论集》，山东大学出版社 1991 年版。

葛懋春主编：《历史科学概论》，山东教育出版社 1983 年版。

耿化敏：《何干之传》，中共党史出版社 2012 年版。

龚继民、方仁念：《郭沫若年谱》（三册），天津人民出版社 1992
年版。

龚书铎、金冲及、宋小庆：《历史的回答：中国近代史研究中的几个
原则争论》，北京师范大学出版社 2001 年版。

龚云：《中国近代史学科体系形成的评析（20 世纪 30—60 年代
初）》，北京出版社 2008 年版。

光明日报社《史学专刊》编：《历史理论研究》，重庆出版社 1984
年版。

郝镇华编：《外国学者论亚细亚生产方式》（上下册），中国社会科学
出版社 1981 年版。

何干之：《何干之文集》，中国人民大学出版社 1989 年版。

何兆武、陈启能主编：《当代西方史学理论》，上海社会科学院出版社 2003 年版。

何兆武：《历史理性的重建》，北京大学出版社 2005 年版。

何兆武：《历史理性批判散论》，湖南教育出版社 1994 年版。

胡良甫、阮芳纪、戴开柱主编：《吕振羽研究文集》，中国社会科学出版社 1999 年版。

胡乔木：《胡乔木文集》（三卷），人民出版社 2012 年版。

胡乔木：《中国共产党的三十年》，人民出版社 1951 年版。

胡乔木传编写组：《胡乔木传》，当代中国出版社、人民出版社 2015 年版。

胡绳：《胡绳集》，中国社会科学出版社 2003 年版。

胡绳：《胡绳全书》（六卷），人民出版社 1998 年版。

黄浩涛主编：《卅载回眸社科院》，方志出版社 2007 年版。

季国平：《毛泽东与郭沫若》，北京出版社 2003 年版。

翦伯赞：《翦伯赞史学论文选集》，人民出版社 1980 年版。

姜锡东主编：《漆侠与历史学：纪念漆侠先生逝世十周年文集》，河北大学出版社 2012 年版。

蒋大椿、陈启能主编：《史学理论大辞典》，安徽教育出版社 2000 年版。

蒋大椿：《唯物史观与史学》，吉林教育出版社 1991 年版。

蒋大椿编著：《历史主义与阶级观点研究》，巴蜀书社 1992 年版。

教育部社会科学委员会历史学学部编：《史学调查与探索》，北京师范大学出版社 2011 年版。

金冲及：《金冲及自选集》，学习出版社 2003 年版。

金冲及：《一本书的历史：胡乔木、胡绳谈〈中国共产党的七十年〉》，中央文献出版社 2014 年版。

金景芳：《中国奴隶社会史》，上海人民出版社 1983 年版。

考古杂志社编：《考古研究所编辑出版书刊目录索引及概要》，四川大学出版社 2001 年版。

黎澍、蒋大椿主编：《马克思恩格斯论历史科学》，人民出版社 1988
　　年版。

黎澍：《近代史论丛》，学习杂志社 1956 年版。

黎澍：《黎澍自选集》，广东人民出版社 1998 年版。

黎澍：《再思集》，中国社会科学出版社 1985 年版。

黎澍纪念文集编辑组编：《黎澍十年祭》，中国社会科学出版社 1998
　　年版。

李桂海：《现代人与历史的现代解释》，湖北人民出版社 1989 年版。

李杰：《历史进程与历史理性——唯物史观史学方法论》，人民出版
　　社 2010 年版。

李杰：《马克思社会经济形态理论及其论争》，云南教育出版社 1999
　　年版。

李振宏：《历史与思想》，中华书局 2006 年版。

李祖德、陈启能主编：《评魏特夫的〈东方专制主义〉》，中国社会科
　　学出版社 1997 年版。

历史科学规划小组史学理论组编：《历史研究方法论集》，河南人民
　　出版社 1987 年版。

梁景和：《中国近代史基本线索的论辩》，百花洲文艺出版社 2004
　　年版。

梁柱、龚书铎主编：《警惕历史虚无主义思潮》，人民出版社 2006
　　年版。

林甘泉、黄烈主编：《郭沫若与中国史学》，中国社会科学出版社
　　1992 年版。

林甘泉、田人隆、李祖德：《中国古代史分期讨论五十年（1927—
　　1979）》，上海人民出版社 1982 年版。

林甘泉：《林甘泉文集》，上海辞书出版社 2005 年版。

刘大年：《中国近代史诸问题》，人民出版社 1965 年版。

刘潞、崔永华编：《刘大年存当代学人手札》，中国社会科学院近代
　　史研究所 1996 年印本。

刘潞、刘衡山编：《大路：刘大年的学术人生》，湖北人民出版社

　　2015 年版。

刘茂林、叶桂生：《吕振羽评传》，社会科学文献出版社 1990 年版。

陆键东：《陈寅恪的最后 20 年》（修订本），生活·读书·新知三联
　　书店 2013 年版。

罗荣渠：《现代化新论——世界与中国的现代化进程》，北京大学出
　　版社 1993 年版。

罗荣渠：《现代化新论续篇——东亚与中国的现代化进程》，北京大
　　学出版社 1997 年版。

罗新慧《20 世纪中国古史分期问题论辩》，百花洲文艺出版社 2004
　　年版。

吕浦、黄巨兴等译：《西方资产阶级学者论苏联历史学》，商务印书
　　馆 1964 年版。

吕振羽：《史学研究论文集》，华东人民出版社 1954 年版。

马宝珠编著：《说不尽的历史话题》，河南大学出版社 2008 年版。

马国川：《争锋》，中国水利水电出版社 2008 年版。

马立诚：《当代中国八种社会思潮》，社会科学文献出版社 2012
　　年版。

穆欣：《办〈光明日报〉十年自述》，中国青年出版社 2015 年版。

南京大学历史系明清史研究室编：《明清资本主义萌芽研究论文集》，
　　上海人民出版社 1981 年版。

南京大学历史系明清史研究室编：《中国资本主义萌芽问题论文集》，
　　江苏人民出版社 1983 年版。

南京大学历史系中国古代史教研室编：《中国资本主义萌芽问题讨论
　　集（续集）》，生活·读书·新知三联书店 1960 年版。

南开大学历史系中国古代史教研组编：《中国封建社会土地所有制形
　　式问题讨论集》，生活·读书·新知三联书店 1962 年版。

牛润珍：《关于历史学理论的学术论辩》，百花洲文艺出版社 2004
　　年版。

庞卓恒：《唯物史观与历史科学》，高等教育出版社 2004 年版。

彭卫：《历史的心镜——心态史学》，河南人民出版社 1992 年版。

齐世荣、余绳武、李嘉恩等选译：《苏联历史论文选辑》（共三辑），
　　生活·读书·新知三联书店 1964 年、1965 年版。

瞿林东：《史学在社会中的位置》，商务印书馆 2011 年版。

瞿林东《中国简明史学史》，上海人民出版社 2005 年版。

人民出版社编辑部编：《历史科学中两条道路的斗争（续辑）》，人民
　　出版社 1959 年版。

人民出版社编辑部编：《历史科学中两条道路的斗争》，人民出版社
　　1958 年版；荣孟源：《史料和历史科学》，人民出版社 1987 年版。

尚钺：《尚钺史学论文选集》，人民出版社 1984 年版。

尚钺：《中国资本主义关系发生及演变的初步研究》，生活·读书·
　　新知三联书店 1956 年版。

尚钺编：《奴隶社会历史译文集》，生活·读书·新知三联书店 1955
　　年版。

沈宝祥：《真理标准问题讨论始末》，中国青年出版社 1997 年版。

石父辑译：《苏联历史分期问题讨论》，中华书局 1954 年版。

史学史研究室编：《新史学五大家》，社会科学文献出版社 1996
　　年版。

唐宝林主编：《马克思主义在中国一百年》，安徽人民出版社 1998
　　年版。

田居俭、宋元强编：《中国资本主义萌芽》，巴蜀书社 1987 年版。

童书业：《童书业著作集》，中华书局 2008 年版。

王学典：《二十世纪后半期中国史学主潮》，山东大学出版社 1996
　　年版。

王学典：《翦伯赞学术思想评传》，北京图书馆出版社 2000 年版。

王学典：《历史主义思潮的历史命运》，天津人民出版社 1994 年版。

王学典主编：《20 世纪中国史学编年（1950—2000）》（上下册），商
　　务印书馆 2014 年版。

王玉璞、朱薇编：《刘大年来往书信选》，中央文献出版社 2006
　　年版。

王毓铨：《莱芜集》，中华书局 1983 年版。

王正平：《史学理论与方法》，杭州大学出版社 1990 年版。

王仲荦：《关于中国奴隶社会的瓦解及封建关系的形成问题》，湖北人民出版社 1957 年版。

王仲荦：《𪩘华山馆丛稿》，中华书局 1987 年版。

翁独健主编：《中国民族关系史研究》，中国社会科学出版社 1984年版。

吴大琨：《白头惟有赤心存：风雨九十年琐忆》，中国人民大学出版社 2005 年版。

吴大琨：《吴大琨自选集》，中国人民大学出版社 2007 年版。

吴晗：《吴晗史学论著选集》，人民出版社 1984 年版。

吴廷嘉、沈大德：《历史唯物论与当代史学理论的发展》，浙江人民出版社 1995 年版。

吴英主编：《马克思恩格斯列宁斯大林论历史科学》，中国社会科学出版社 2014 年版。

吴玉贵主编：《马克思恩格斯列宁斯大林论社会形态》，中国社会科学出版社 2012 年版。

吴玉杰：《新历史主义与历史剧的艺术建构》，中国社会科学出版社 2005 年版。

吴泽：《吴泽文集》（四卷），华东师范大学出版社 2002 年版。

吴泽主编：《史学概论》，安徽教育出版社 1985 年版。

武力主编：《中国人民共和国经济史（增订版）》，中国时代经济出版社 2010 年版。

项观奇：《论毛泽东历史思想》，莱茵出版社 2014 年版。

项观奇主编：《历史比较研究法》，山东教育出版社 1987 年版。

肖黎主编：《20 世纪中国史学重大问题论争》，北京师范大学出版社 2007 年版。

肖黎主编：《中国历史学 40 年》，书目文献出版社 1989 年版。

徐秀丽主编：《过去的经验与未来的可能走向：中国近代史研究三十年（1979—2009）》，社会科学文献出版社 2010 年版。

徐宗勉、黄春生编：《黎澍集外集》，社会科学文献出版社 2003

年版。

许涤新、吴承明主编：《中国资本主义发展史》，人民出版社 2005 年版。

杨国璋、金哲、姚永抗、陈燮君主编：《当代新学科手册》，上海人民出版社 1985 年版。

杨西光主编：《历史科学研究的新历程：1978 至 1986 年〈史学〉专刊文论》，光明日报出版社 1987 年版。

叶桂生、谢保成：《郭沫若的史学生涯》，社会科学文献出版社 1992 年版。

于沛主编：《20 世纪的西方史学》，武汉大学出版社 2009 年版。

袁雷、张云飞：《马克思恩格斯"论东方村社"研究读本》，中央编译出版社 2013 年版。

苑书义：《明月斋史学文选》，人民出版社 2009 年版。

曾业英主编：《五十年来的中国近代史研究》，中国书店出版社 2000 年版。

张传玺：《新史学家翦伯赞》，北京大学出版社 2006 年版。

张耕华：《历史哲学引论》，复旦大学出版社 2004 年版。

张广志：《中国古史分期讨论的回顾与反思》，陕西师范大学出版社 2003 年版。

张海鹏、龚云：《中国近代史研究》，福建人民出版社 2005 年版。

张海鹏主编：《中国历史学 30 年（1978—2008）》，中国社会科学出版社 2008 年版。

张稼夫：《庚申忆逝》，山西人民出版社 1984 年版。

张剑平：《中国马克思主义史学研究》，人民出版社 2009 年版。

张剑平等：《新中国历史学发展路径研究》，人民出版社 2012 年版。

张顺洪、步平、卜宪群主编：《马克思主义史学理论研究》（第 1 辑），中国社会科学出版社 2012 年版。

张文生：《史学要论》，中央民族大学出版社 2012 年版。

张艳国：《史学理论：唯物史观的视域和尺度》，华中科技大学出版社 2009 年版。

张艳国主编：《史学家自述：我的史学观》，武汉出版社 1994 年版。

张永攀、舒建军编：《〈历史研究〉五十年总目》，社会科学文献出版社 2006 年版。

赵吉惠：《历史学方法论》，四川人民出版社 1987 年版。

赵智奎主编：《改革开放三十年思想史》（上下卷），人民出版社 2008 年版。

中共中央党史研究室：《中国共产党历史》（第 2 卷，1949—1978），中共党史出版社 2011 年版。

中共中央党史研究室第三研究部：《中国改革开放史》，辽宁人民出版社 2002 年版。

中共中央文献研究室：《关于建国以来党的若干历史问题的决议注释本》，人民出版社 1983 年版。

中共中央文献研究室编：《毛泽东年谱（1949—1976）》，中央文献出版社 2013 年版。

中国科学院近代史研究所资料编译组编译：《外国资产阶级是怎样看待中国历史的》（二卷），商务印书馆 1961 年、1962 年版。

中国科学院团委会编印：《中国科学院北京区青年反右派斗争大会材料选编》，1957 年 12 月印行。

中国青年出版社编：《插红旗，拔白旗——把资产阶级的最后阵地夺取过来》，中国青年出版社 1958 年版。

中国人民大学中国历史教研室编：《中国资本主义萌芽问题讨论集》，生活·读书·新知三联书店 1957 年版。

中国人民解放军南京政治学院历史学系：《中国近代史争鸣录》，江苏教育出版社 1987 年版。

中国社会科学院近代史研究所编：《范文澜历史论文选集》，中国社会科学出版社 1979 年版。

中国社会科学院近代史研究所编：《回望一甲子：近代史研究所老专家访谈及回忆》，社会科学文献出版社 2010 年版。

中国社会科学院近代史研究所编：《中华民国史研究三十年（1972—2002）》（三卷），社会科学文献出版社 2008 年版。

中国社会科学院历史研究所编：《求真务实六十载：历史研究所同仁述往》，中国社会科学出版社 2014 年版。

中国社会科学院历史研究所等编：《"封建"名实问题讨论文集》，江苏人民出版社 2008 年版。

中国社会科学院历史研究所中国思想史研究室编：《侯外庐史学论文选集》（上下册），人民出版社 1988 年版。

中国社会科学院马克思列宁主义毛泽东思想研究所编：《毛泽东邓小平江泽民论哲学社会科学》，中国社会科学出版社 2005 年版。

中国史学会秘书处编：《中国史学会 50 年》，海燕出版社 2004 年版。

中央文献研究室编：《毛泽东传》，中央文献出版社 2011 年版。

周谷城：《周谷城史学论文选集》，人民出版社 1983 年版。

周秋光、黄仁国：《刘大年传》，岳麓书社 2009 年版。

周伟洲主编：《中国当代历史学学者辞典》，西北大学出版社 1993 年版。

朱本源：《历史学理论与方法》（修订本），人民出版社 2012 年版。

朱本源：《朱本源史学文集》，陕西师范大学出版社 2005 年版。

朱佳木主编：《当代中国史研究》（二辑），中国社会科学出版社 2012 年版。

朱佳木主编：《唯物史观与新中国史学发展》，中国社会科学出版社 2014 年版。

朱永嘉口述：《巳申春秋：我对文革初期两段史实的回忆》，金光耀、邓杰整理，大风出版社 2014 年版。

朱政惠：《吕振羽和他的历史学研究》，湖南教育出版社 1992 年版。

朱政惠：《吕振羽学术思想评传》，北京图书馆出版社 2000 年版。

邹兆辰：《变革时代的学问人生：对话当代历史学家》，首都师范大学出版社 2011 年版。

邹兆辰：《为了史学的繁荣：对话当代历史学家》，首都师范大学出版社 2011 年版。

二　参考文章

《"清官"问题讨论中的几种意见》，《人民日报》1966年2月28日。

《北京学术界部分人士座谈"清官"问题》，《新建设》1966年1月、2月号合刊。

《近代史研究所1950年工作概况》，《科学通报》1951年第1期。

《开展马克思主义史学理论研究》（座谈会发言摘要），《世界历史》1983年第3期。

《上海学术界部分人士笔谈"清官"问题》，《学术月刊》1966年第1期。

《上海学术界部分人士座谈吴晗的〈关于"海瑞罢官"的自我批评〉》，《文汇报》1966年1月7日。

《中国科学院成立中国自然科学史研究委员会》，《科学通报》1954年第10期。《中国科学院近代史研究所近况》，《科学通报》1950年第4期。

《中国科学院所长会议社会科学组会议总结》，《科学通报》1954年第1期。

《中国科学院学部委员名单》，《中华人民共和国国务院公报》1955年第9期。

《中国科学院召开关于开展中国科学史研究工作的座谈会》，《科学通报》1954年第4期。

本刊评论员：《让马克思主义史学理论之花迎风怒放》，《世界历史》1983年第3期。

蔡美彪：《汉民族形成的问题——记中国科学院历史研究所第三所的讨论》，《科学通报》1955年第2期。

戴逸：《世纪之交中国历史学的回顾与展望》，《历史研究》1998年第6期。

邓广铭：《回忆"文革"前的〈史学〉专刊》，见《光明日报四十年（1949年—1989年）》，光明日报出版社1989年版。

高希中：《近50年历史人物评价标准问题述评》，《山东社会科学》

2007 年第 5 期。

高翔：《始终引领当代中国史学的前进方向——写在"历史研究"创刊 60 周年之际》，《人民日报》2014 年 6 月 29 日。

吉伟青：《我所了解的〈新建设〉》，《百年潮》2003 年第 6 期。

兰梁斌、方光华：《侯外庐的中国封建社会史研究》，《长安大学学报》（社会科学版）2012 年第 2 期。

林甘泉：《二十世纪的中国历史学》，《历史研究》1996 年第 2 期。

刘大年：《〈历史研究〉的创刊与"百家争鸣"方针的提出》，《历史研究》1986 年第 4 期。

刘大年：《郭沫若关于〈历史研究〉的六封信》，《历史研究》1994 年第 1 期。

刘大年：《历史研究所第三所的研究工作》，《科学通报》1954 年第 8 期。

刘大年：《苏联的先进历史科学》，《科学通报》1953 年第 11 期。

刘大年：《新中国的历史科学》，《历史研究》1962 年第 2 期。

刘大年：《中国历史科学现状》，《科学通报》1953 年第 7 期。

陆荣、卜宪群：《林甘泉先生的学术经历与治学特点》，《高校理论战线》2008 年第 6 期。

牛润珍：《尚钺先生与"魏晋封建说"》，《淮北煤炭师范学院学报》（哲学社会科学版）第 24 卷第 1 期，2003 年 2 月。

庞卓恒：《新中国马克思主义史学发展历程》，《史学理论研究》2009 年第 4 期。瞿林东：《新中国史学五十年的理论建设》，《安徽大学学报》第 23 卷第 6 期，1999 年 11 月。

孙祚民：《建国以来中国民族关系史若干理论问题研究评议》，《东岳论丛》1987 年第 1 期。

孙祚民：《中国农民战争史研究的回顾与展望》，《文史哲》1984 年第 5 期。

谭家健：《〈新建设〉编辑生涯拾零》，《百年潮》2007 年第 11 期。

汪维真：《期刊史视野下的〈新史学通讯〉》，《河南大学学报》（社会科学版）第 48 卷第 4 期，2008 年 7 月。

王可风：《历史研究所第三所南京史料整理处工作介绍》，《科学通报》1954 年第 11 期。

吴英：《唯物史观与历史研究 60 年》，《史学理论研究》2009 年第 4 期。

夏鼐：《新中国的考古学》，《红旗》1962 年第 17 期。

夏鼐：《中国考古学的现状》，《科学通报》1953 年第 12 期。

徐秀丽：《中国近代史研究中的"范式"问题》，《清华大学学报》（哲学社会科学版）2015 年第 1 期。

徐宗勉：《介绍新创刊的历史科学期刊——〈历史研究〉》，《科学通报》1954 年第 6 期。

杨德霞：《1952 年〈学习〉杂志事件的政策与理论意蕴》，清华大学人文社会科学学院硕士论文（指导教师王传利），2007 年 5 月。

杨生茂：《〈历史教学〉创刊第一年》，《历史教学》2001 年第 1 期。

杨志玖：《关于中国封建社会土地所有制问题的讨论情况简介》，《历史教学》1961 年第 10 期。

曾景忠：《中国近代史基本线索讨论述评》，《近代史研究》1985 年第 5 期。

张剑平：《新中国历史学发展的道路和成就》，《史学理论研究》2009 年第 4 期。

张新刚：《新中国成立初期的马克思主义学习运动研究——以〈新建设〉杂志为视角》，广西师范大学马克思主义学院 2011 级硕士论文（指导教师韦健玲），2014 年 5 月。

张亚：《新中国成立初期的马克思主义学习运动——以〈学习〉杂志为视角》，《中共党史研究》2013 年第 7 期。

张越：《〈新史学通讯〉与中国马克思主义史学》，《史学月刊》1998 年第 1 期。张越：《新中国建立后十七年"中生代"史家群体与马克思主义史学》，《史学理论研究》2012 年第 2 期。

周少川：《陈垣晚年史学及学术思想的升华》，《史学史研究》2000 年第 4 期。

周书灿：《郭沫若与中国古史分期论争——兼论中国古代社会形态研

究的未来路向》，《河北师范大学学报》（哲学社会科学版）第 35
　卷第 6 期，2012 年 11 月。

朱慈恩：《〈进步日报〉"史学周刊"与新中国成立之初的历史学》，
　《南阳理工学院学报》第 4 卷第 5 期，2012 年 9 月。

朱绍侯：《回忆〈新史学通讯〉》，《史学月刊》2001 年第 1 期。

朱绍侯：《回忆与展望——为〈史学月刊〉60 华诞而作》，《史学月
　刊》2011 年第 9 期。

邹强：《〈文史哲〉大事记（1951—2004)》，《文史哲》2005 年第
　6 期。

索　引

J

嵇文甫　33,37,53,88,96

翦伯赞　2,9,32,33,37,40,41,53,63,
70,71,75,80,81,95,96,111,134,
142,148,149,151,153,172,173,
177,183 – 186,192,205,209 –
213,216,226 – 229,236,238,244,
247,248,260 – 262,264,266 –
268,271,278,287,291,301 – 304,
307,317,365,412,422,432,466,
469,472,474

蒋大椿　224,230,256,410,413,414,
418,425,428,432,433,436,457,
462,469,470

阶级分析　3,41,43,45,70,71,193,
214 – 216,220,224,227,229,240,
271 – 273,299,302,318,333,334,
344,360,361,381,382,425,435

阶级观点　43,72,73,76,149,179,
206,207,209,210,212 – 226,
228 – 230,241,242,244,267,271,
272,317,318,333,469

金宝祥　137

金冲及　6,327 – 330,356,404,
468,469

金景芳　100,103,104,119,250,469

金兆梓　193

进化史观　13

近代史研究所　32,59,179,203,204,
234,307,342,344,475,477

K

可比性原则　413,416 – 418

跨学科方法　410,436,438 – 440,456

L

雷海宗　69,70,80,81,115,116,129,
176 – 179,191

黎澍　153,200 – 205,277,278,342,
380,381,399,413,470,473

李大钊　17 – 20,36,82

李根蟠　92,109,110,140,141,
377,378

李鸿哲　115,116,176

李埏　134

李时岳　247,322,323,335 – 341,
360,361

李文海　202,278,350,366,387,
403,404

李新　252,330,332

李秀成　258,276 – 287

李亚农　37,102

历史比较　197,408,410 – 422,
424,473

历史创造者　62,367,378,380,381

历史地理学　65,310,449 – 452

历史发展动力　9,40,62,76,354,367,
378,379,381

历史计量方法　457,461 – 464

《历史教学》　61,115,129,139,143,

M

N

后　记

　　本书是6卷本《马克思主义史学思想史》第4卷，本卷的作者是李红岩。马克思主义史学思想史的研究，是我国史学理论与史学史研究的重要内容之一。在课题立项、课题进行各阶段的检查，以及课题结项时，都得到了中国社会科学院科研局、中国社会科学院世界历史所科研处的大力支持和具体指导；世界史所科研处的马渝燕、陆晓芳等同志还承担了大量繁杂的事务性工作，保证了本课题的顺利完成，在本书出版之际，一并表示感谢。

　　中国社会科学出版社社长赵剑英先生、副总编辑郭沂纹女士，对《马克思主义史学思想史》的编辑出版给予了全力的支持、鼓励和具体指导。他们的热情关注和精益求精的科学态度，有力地提高了本书的学术质量，给编写者留下了深刻的印象。特约编辑丁玉灵，历史与考古出版中心的刘志兵、安芳、张湉、郑彤、耿晓明、刘芳等同志做了大量具体工作。他们的敬业精神，是保证本书顺利出版的基本条件。他们不仅在学术思想上，而且也在体例的准确性、规范性等方面严格把关，加班加点做了大量深入细致的工作，使本书可能出现的一些错误得以避免。在此，向中国社会科学出版社的领导和诸位编辑朋友表示真诚的敬意和谢意。

　　任何一项科学研究成果，在本质上都是阶段性的成果，而不可能是穷极真理、达到真理顶峰的成果。《马克思主义史学思想史》就更是如此。迄今为止，这是国内，也是国外第一部系统阐释马克思主义史学理论与研究实践的专著，但限于时间和研究条件，特别是课题承担者的理论素养和学识有限，毋庸讳言，这项成果不尽如人意之处在所难免。诚挚地欢迎各界读者提出批评建议，我们将认真汲取、改正，努力在研究马克思主义史学思想史这一时代的课题方面，做出更多更有益的贡献。

编者

2015 年 12 月 4 日